SOMOS NÓS COM UMA VOZ

DO MEGAFONE À TRIBUNA

DEFENDENDO A LIBERDADE, O ESTADO DE DIREITO E A DEMOCRACIA

CB002788

Marcel van Hattem

SOMOS NÓS COM UMA VOZ

DO MEGAFONE À TRIBUNA

DEFENDENDO A LIBERDADE, O ESTADO DE DIREITO E A DEMOCRACIA

LVM
EDITORA

Segunda Edição Atualizada.

São Paulo | 2019

Impresso no Brasil, 2019
Copyright © 2018 by Marcel van Hattem

Os direitos desta edição pertencem à
LVM Editora
Rua Leopoldo Couto de Magalhães Júnior, 1098, Cj. 46
04.542-001. São Paulo, SP, Brasil
Telefax: 55 (11) 3704-3782
contato@lvmeditora.com.br · www.lvmeditora.com.br

Editor Responsável | Alex Catharino

Preparação de texto | Conrado Lenz Esber e Mateus Colombo Mendes

Revisão ortográfica e gramatical | Conrado Lenz Esber, Dirceu Godoi de Quadros, Cláudio Júnior Damin, Fabiano Portela dos Santos, Vítor Azambuja, Renan Artur Pretto e Leonardo Teixeira Martins

Revisão final | Márcio Scansani e Moacyr Francisco | Armada

Produção editorial | Alex Catharino

Capa | Mariangela Ghizellini e Victor Moura

Projeto gráfico, diagramação e editoração | Ricardo Bógea | Artífices

Pré-impressão e impressão | Rettec

H366s

Hattem, Marcel van
     Somos nós com uma voz: do megafone à tribuna defendendo a liberdade, o Estado de direito e a democracia / Marcel van Hattem. - 2ª Edição revista e ampliada - São Paulo: LVM Editora, 2019.
     384p.

ISBN 978-85-93751-73-8

1. Ciências Sociais. 2. Governo e Política. 3. Discursos Parlamentares. 4. Liberalismo. 5. Conservadorismo. I. Título.

362.1   CDD

Reservados todos os direitos desta obra.
Proibida toda e qualquer reprodução integral desta edição por qualquer meio ou forma, seja eletrônica ou mecânica, fotocópia, gravação ou qualquer outro meio de reprodução sem permissão expressa do editor.
A reprodução parcial é permitida, desde que citada a fonte.

O autor e a editora agradecem aos titulares dos direitos autorais de todas as fotos utilizadas neste livro, a saber: Juliana Mutti (página 332), Marcelo Bertani (páginas 12, 158, 219 e 258), e Rafael Camargo (páginas 16, 22, 26 e 72). Se porventura for constatada a omissão involuntária na identificação de alguma delas, dispomo-nos a efetuar, futuramente, os possíveis acertos.

Sumário

Parte I
Uma Voz a Favor do *Impeachment* de Dilma

Parte II
Uma Voz que Não se Intimida Nem se Deixa Calar

Parte III
Uma Voz Liberal Contra o Inchaço Estatal

Parte IV
Uma Voz em Defesa do Estado de Direito e das Instituições

Parte V
Uma Voz que Prioriza a Segurança Pública

Parte VI
Uma Voz Contra o Marxismo Cultural

Parte VII
Uma Voz a Favor da Aproximação do Cidadão com a Política

Parte VIII
Uma Voz de Convicção e Esperança de Quem
Quer Viver em Outro Brasil

Parte IX
Outras Vozes

Agradecimentos

Eu teria muitas pessoas para agradecer. Na verdade, tenho – tanto é assim que muitos desses "obrigados" aparecem ao longo deste livro, por exemplo nas notas de rodapé. Contudo, para que esta publicação se tornasse realidade, há duas pessoas a quem devo homenagens especiais.

A primeira delas é o professor José Antônio Giusti Tavares. Cientista político, autor do excelente livro Democracia Totalitária, foi meu professor na especialização em Direito, Economia e Democracia Constitucional que cursei na UFRGS. Foi ele a primeira pessoa, ainda nos primeiros meses de mandato em 2015, que sugeriu-me a publicação dos meus pronunciamentos na forma de livro. Infelizmente, deixou-nos em março de 2019, mas seus ensinamentos eternizam-se em suas publicações e multiplicam-se pelas vozes de seus alunos.

A segunda dessas homenagens especiais é ao historiador Alex Catharino, editor deste volume. O Alex acreditou no projeto desde a primeira vez que conversamos a respeito e seguiu defendendo-o com admirável paixão, competência e dedicação ao longo de todo o processo editorial. Sem o Alex – e obviamente, sem o apoio de todo o pessoal da LVM Editora, liderados pelo ícone Helio Beltrão –, este livro não estaria hoje em suas mãos.

Portanto, meu muito obrigado a ambos, professor Tavares e Alex Catharino, em nome dos quais agradeço emocionado a cada um dos prefaciadores, a cada um dos que me enviaram depoimentos, e a cada familiar, amigo, eleitor e, por ocasião desta segunda edição, a cada leitor que fez esgotarem-se os primeiros exemplares o que nos permitiu atualizar e reimprimir este livro para que chegue a mais pessoas. Enfim, agradeço a Deus e a cada cidadão que, de uma forma ou de outra, deram-me suporte ao longo dessa trajetória para que eu pudesse me manter autêntico na defesa das minhas convicções e inabalável no uso da minha voz.

Muito obrigado.

Nota do Editor à 2ª Edição
Por um Novo Brasil

Alex Catharino[*]

Nesta segunda edição revista e ampliada de *Somos Nós com Uma Voz: Do Megafone à Tribuna Defendendo a Liberdade, o Estado de Direito e a Democracia*, o leitor encontrará inúmeras diferenças em relação à versão anterior. A primeira edição deste livro, do nosso amigo Marcel van Hattem, foi lançada em abril de 2018, na cidade de Porto Alegre, durante o XXXI Fórum da Liberdade, organizado pelo Instituto de Estudos Empresariais (IEE). Em menos de seis meses a tiragem inicial de 5.000 livros esgotou nos estoques da LVM Editora, restando somente algumas poucas centenas de exemplares distribuídos em inúmeras lojas de diferentes redes de livrarias dispersas em várias cidades do Brasil.

O nosso plano original era fazer imediatamente uma reimpressão deste título, visto que a demanda pela obra continuava. Encomendas não paravam de chegar das redes de livrarias e alguns exemplares chegaram a ser comercializados em sites na internet por valores acima de R$ 400,00. Todavia, as rápidas mudanças pelas quais passaram a nossa sociedade, desde o lançamento da obra até o início das campanhas eleitorais de 2018, fizeram que tanto o autor quanto o editor acreditassem na necessidade de alterações no livro, suprimindo discursos incluídos na primeira edição e acrescentando novos textos. Além das transformações na conjuntura de nosso país, a própria biografia de Marcel poderia em poucas semanas ter mais um notável feito a ser acrescentado neste

---

[*] Alex Catharino é historiador, editor responsável pela LVM editora. pesquisador do Russell Kirk Center for Cultural Renewal e membro da Philadelphia Society. Autor do livro *Russell Kirk: O Peregrino na Terra Desolada* (É Realizações, 2015).

volume. No lugar de tentar a reeleição para a Assembleia Legislativa do Rio Grande do Sul, ele estava concorrendo pelo NOVO a uma vaga para a 56ª legislatura da Câmara dos Deputados do Brasil, como representante de seu estado.

Van Hattem foi eleito em 7 de outubro de 2018 o deputado federal mais votado do Rio Grande do Sul, tomando posse em 1º de fevereiro de 2019. Na atuação como deputado estadual, entre 2015 e 2018, o autor foi a principal voz na política partidária brasileira em defesa dos princípios da ordem, da liberdade e da justiça, bem como das instituições da família, do Estado de Direito, da economia de livre mercado e da democracia representativa, encarnando os anseios de muitos liberais e conservadores, não apenas em seu estado, mas em todo o país. Seu discurso de posse como deputado federal oferece uma melhor conclusão para esta obra e mostra o que podemos aguardar de sua atuação parlamentar ao longo dos próximos anos.

Os discursos de Marcel van Hattem reunidos no presente volume ecoam os ideais de liberdade individual, Estado de Direito, livre mercado e democracia representativa, tal como propostos pelo liberalismo e pelo conservadorismo. De acordo com o que ressaltei no texto de orelha da primeira edição desta obra, tais princípios foram defendidos de forma mais efetiva, desde o século XVIII, nas tribunas dos parlamentos. A atuação parlamentar do autor é uma continuação da tradição representada por nomes como Edmund Burke (1729-1797), James Madison (1751-1836), Visconde de Cairu (1756-1835), Benjamin Constant (1767-1830), John Randolph de Roanoke (1773-1833), François Guizot (1787-1874), Bernardo Pereira de Vasconcelos (1795-1850), Alexis de Tocqueville (1805-1859), Visconde de Uruguai (1807-1866), Benjamin Disraeli (1804-1881), William Gladstone (1809-1898), Joaquim Nabuco (1849-1910), Rui Barbosa (1849-1923), Winston Churchill (1874-1965), Carlos Lacerda (1914-1977), Ronald Reagan (1911-2004), Roberto Campos (1917-2001) e Margaret Thatcher (1925-2013). Tanto por causa deste fato quanto devido ao conteúdo doutrinário dos textos aqui coligidos, *Somos Nós Com Uma Voz* não é meramente uma coletânea de discursos parlamentares, mas uma compilação de reflexões proferidas da tribuna acerca de temas fundamentais para a vida política, econômica e cultural da nação. A obra é leitura obrigatória para todos que, assim como o autor, não desejam viver em um outro país, mas em um outro Brasil.

Apresentação
Vozes que ecoam!

*Cleber Benvegnù**

Este livro trata de pioneirismo. Os textos contornam a história de um menino que, tão jovem, decifrou a dominação cultural que se impunha no Brasil nas últimas décadas do milênio passado. Trata de coragem e de um novo tipo de rebeldia. Mostra a tentativa de rompimento dessa hegemonia, feita meio que a fórceps, contra poderosos formadores da opinião pública. Contra a supremacia do charme social que se desenhava até então. Sob a cátedra de figuras como Olavo de Carvalho e Percival Puggina, consciências e vozes se elevaram para fazer nascer um contraponto consistente ao domínio do marxismo cultural. O estereótipo do jovem rebelde precisava mudar de lado, porque muitos se sentiam intelectualmente subjugados àquele processo todo. Nascia ali uma disruptura – para usar a palavra da moda na comunicação –, que ganharia

---

*Cleber Benvegnù é jornalista, advogado e empresário, sócio-proprietário da Critério (criterioic.com.br), empresa de estratégia em comunicação e geração de conteúdo, responsável por criar o conceito da campanha de Marcel van Hattem para deputado estadual nas eleições de 2014 e que dá título a este livro: "Somos nós com uma voz". Sua empresa também atende o mercado corporativo e institucional. Articulista de diversos jornais e conferencista sobre temas ligados a comunicação e política, prestou serviços profissionais em diversas campanhas eleitorais. Desde 2015 licenciou-se das atividades empresariais e, a convite do governador do Rio Grande do Sul, José Ivo Sartori, assumiu o cargo de Secretário de Estado da Comunicação.

Nota do Autor: Quando perguntei ao Cleber se ele poderia escrever esta apresentação, logo lhe disse: "tua participação é indispensável". Não à toa: o idealizador da frase "somos nós com uma voz" não poderia ter sido mais certeiro na época em que a criou a ponto de, agora, eu poder compilar os principais discursos de meu mandato em um livro com o mesmo título, quase quatro anos depois. Sou muito agradecido pela competência e acurácia do Cleber de então e de sempre, bem como por sua sinceridade e sensatez toda vez que dialogamos.

uma forma mais visível e consistente agora, já na segunda década do novo milênio.

Marcel van Hattem procurou minha empresa, em 2013, pedindo um conceito sobre o qual pudesse começar a organizar sua campanha para deputado estadual. Atuo na área de comunicação política, empresarial e institucional desde 2002, mas ali, mais que um profissional, ele buscou alguém com propósitos semelhantes, como quando defendi a privatização de estatais, visando a dinamizar a economia do estado e combater o rombo fiscal. Nós nos conhecíamos há mais tempo. Pois bem: juntei meus sócios para fazer a "anamnese" do candidato e iniciar o processo de criação. Logo vimos que estava à nossa frente um político diferente, que teria chance de materializar o rompimento em toda a estratégia gramscista no Brasil – ou ao menos ser um sinal disso. Tudo o que ele dizia, bem como sua forma de dizer, desenhavam uma candidatura representativa de muitas vozes até então silenciosas – ou pouco ouvidas. A candidatura de Marcel era a antítese do #nãomerepresenta, que se materializaria nos anos seguintes, sintoma de uma das maiores crises políticas da nossa história.

Somos nós com uma voz surgiu como algo além de um conceito convencional de campanha eleitoral, pois tem a quentura do pertencimento e do chamamento. Na comunicação, assim como no cotidiano da vida, a beleza muitas vezes está no óbvio. Foi essa a nossa proposta para ele. E sua aprovação imediata, como de quem veste um uniforme para entrar em campo, era o primeiro sinal de que estávamos no caminho certo. Concebemos um raciocínio de política e de comunicação que, para além de escrever a trajetória do Marcel, materializava todo o levante de contraposição política e cultural à esquerda de viés totalitário que estava por começar. Somos nós jovens, democratas, liberais, conservadores. Um pessoal inteligente, conectado e criativo. Empreendedores. Guris e gurias que querem, apenas, ter sua família, trabalhar honestamente, evoluir, viver em paz e servir ao país com civismo. Gente que crê em Deus, também.

Os leitores já conhecem a história que veio depois, e este livro ajudará a descer a seus detalhes. A campanha e o mandato parlamentar de Marcel tiveram lado, posição e clareza de propósitos. Tiveram consistência. Mesmo seus mais radicais adversários sabem a força que este franzino descendente de holandês carrega consigo. Fazem-no inimigo, porque muitas vezes não sabem combatê-lo. Porque ele não é apenas ele, mas são os muitos que se veem representados em suas teses – mesmo que, volta e meia, haja dissidências no próprio front, o que é absolutamente normal na práxis política. A propósito: eu mesmo divergi de Marcel em algumas pautas, eis que a vida me fez secretário de Estado de Comunicação no mesmo período em que ele era deputado estadual. Mas ninguém pode deixar de reconhecer que Marcel presta um grande serviço ao debate democrático gaúcho e brasileiro. Figuras como ele, impulsionadas por intelectuais que abriram esse caminho antes, promovem um alargamento de reflexões no cenário político nacional. Causam estranhamento, é verdade. Repulsa, muitas vezes. Negação, noutras. A esquerda não estava preparada para lidar com adversários inteligentes, consistentes, valentes e, ainda por cima, *pops*. Pior: com muitos seguidores nas redes sociais e verbalizando o que aquela tal de "maioria silenciosa" há tanto tempo queria dizer.

Faço votos de que todo esse acúmulo, protagonizado por figuras como Marcel, não seja desperdiçado por uma nova espécie de demagogia ou de sectarismo, agora à direita. Populismo é feio para qualquer lado. Não será apenas com *likes* de Facebook que mudaremos a política. Só uma verdadeira consciência cívica é capaz de fazer história, o que é sinônimo de sacrifício e contraposição. Isso exige muitas vezes, nas palavras do poeta Geir Campos, morder o fruto amargo sem cuspir, mas avisando aos outros o quanto é amargo. Falo, por exemplo, das reformas estruturais de que o país precisa. E de tantas outras pautas que terão a incompreensão quase unânime da mídia, muitas vezes da própria opinião pública, mas que só irão avançar com coragem e desprendimento. Porque o fruto é amargo.

Este livro é certamente o primeiro capítulo de uma história que continuará tendo Marcel como protagonista, mas será reforçada por centenas de outros homens e mulheres, de adolescentes a anciãos, que agora falam e são ouvidos. Eles errarão em algumas escolhas, certamente, mas continuarão promovendo uma salutar e necessária oxigenação na política do país. Marcel impulsionou, em especial aqui no recanto sul-brasileiro, o despertar dessas tantas vozes. O pequeno menino cravou um grande marco histórico. E fará isso, ainda com mais força, no Brasil inteiro.

São essas vozes que iremos ouvir ao ler tão oportuna seleção de discursos, palestras e depoimentos reunidos nas páginas seguintes da presente obra. E não tenho dúvida de que seus sons ecoarão cada vez mais.

Boa leitura!

Prefácio
David contra Golias

*Percival Puggina**

A emoção que cotidianamente nos assedia ao contemplarmos o Brasil real é um misto de vergonha e revolta. As páginas de política se fundem com as policiais e, por isso, polícia e justiça assumem incomum protagonismo. Ambas, porém, em meio a excessos e carências, oferecem, aqui e ali, terreno razoavelmente sólido para nele cravarmos a bandeira das nossas esperanças mais imediatas.

Os brasileiros que foram assistir, nestes mesmos dias, ao filme *O Destino de uma Nação*, dirigido por Joe Wright, certamente saíram da sala de projeção com um vácuo interior, como se a força de atração do personagem representado na tela por Gary Oldman produzisse uma sucção e não identificasse o que arrastar, não encontrasse reciprocidade individual ou nacional a tão extraordinária liderança de Winston Churchill (1874-1965), a tão notáveis instituições e a tão brava entrega de um povo às causas da própria liberdade e da defesa da civilização ocidental.

Quis começar este prefácio pelo *O Destino de uma Nação*. Bem assistido e entendido o filme, ele e seu título proporcionam ocasião

---

* Percival Puggina, membro da Academia Rio-Grandense de Letras, arquiteto, empresário e escritor é titular do site www.puggina.org, colunista de dezenas de jornais e *sites* no país. Autor dos livros *Crônicas contra o totalitarismo* (Fundação Tarso Dutra, 2001), *Cuba: A tragédia da utopia* (Literalis, 2004) *Pombas e Gaviões* (AGE, 2010) e *A tomada do Brasil pelos maus brasileiros* (Concreta, 2015). Integrante do grupo Pensar+.

Nota do Autor: É a minha maior referência política. Chamo-o de meu presidente do "Supremo Tribunal Federal" pessoal: quando tenho dúvidas ou dilemas enormes a respeito de alguma matéria, recorro aos conselheiros do meu mandato. Quando não há mais a quem recorrer, é ao supremo mestre e professor Puggina que recorro, que invariavelmente me socorre com sua sabedoria, bom senso e integridade moral.

para um exame de nossa consciência cívica. O que fizemos e o que deixamos de fazer para chegarmos ao turvo cenário do tempo presente? O que nos é exigido para retomarmos o bom caminho? O Brasil não era assim! Já fomos uma nação respeitada e respeitável; já fomos um país para onde as pessoas queriam vir – e vinham. Hoje, perdemos o respeito e nos tornamos uma nação de onde os próprios filhos querem sair e saem.

Confrontou-se com esse fato o jovem Marcel van Hattem, autor dos discursos contidos neste volume. Num dado momento do ano de 2014 precisou fazer uma escolha decisiva. Ele poderia prosseguir sua vida profissional na Holanda, terra de onde seu pai emigrou para o Brasil e onde concluía seu segundo curso de mestrado, ou podia retornar para a aventura de uma campanha eleitoral e disputar cadeira na Assembleia Legislativa do Rio Grande do Sul. Sua decisão, após cuidadoso pensar, se transformou num brado que marcou vários de seus discursos desde então: *"Eu não quero viver num outro país; eu quero viver num outro Brasil!"* Era o almejado destino de uma nação orientando a escolha do jovem Marcel. Era a política, enfim.

O tema não lhe era novo. Já lhe dava brilho aos olhos quando o conheci como o mais jovem vereador do Rio Grande do Sul, eleito, aos 18 anos, para a Câmara Municipal de Dois Irmãos. Experimentara, depois disso, as duras escarpas das disputas eleitorais quando, sem vitória, concorrera a deputado estadual em 2006 e 2010. No correr do ano de 2013, na esteira das manifestações de junho daquele ano, uma nova legislatura se aproximava a passos rápidos, exigindo decisão do pensativo mestrando Marcel, perambulando nos corredores da Universidade de Amsterdã. Conversamos. Voltou ao Brasil e embrenhou-se na campanha eleitoral. Novamente, desta feita por uns poucos votos, não aconteceu a almejada vitória. Mas, se ela não veio, veio o êxito, que, convenhamos, é algo bem superior. O primeiro suplente Marcel van Hattem, o mais jovem deputado da legislatura, assumiu o mandato. E não levou mais do que algumas semanas para o Rio Grande do Sul conhecer e reconhecer o valor do deputado do Partido Progressista. Com a vastidão de horizontes abertos à comunicação pelas redes sociais, o estreante parlamentar gaúcho tornou-se, também, nacionalmente conhecido.

Durante muitos anos presidi, no Partido Progressista do Rio Grande do Sul, a Fundação Tarso Dutra de Estudos Políticos e Administração Pública. Ali, dediquei absoluta prioridade à formação de nossos quadros jovens. Dentre eles, em tantos cursos, comparecia aquele menino de Dois Irmãos que presidia a Juventude Progressista. Fiz isso com gosto e gratuita dedicação à causa da Esperança, do porvir, do destino de um Estado e do destino de uma nação. Há toda uma geração admirável de rapazes e moças que nesse ambiente partidário desabrocharam e bem orientaram suas vocações.

O novo Brasil pelo qual Marcel clama, ou virá com os jovens, ou não acontecerá. A participação política é um instrumento da democracia, mas pode ser um instrumento tosco quando legado a mãos incompetentes. O mais funesto dos males de uma sociedade é o desmazelo da juventude com sua formação. Aí, nessa fase, nesse estágio da vida, milhões de extraordinárias possibilidades humanas fenecem na falta de oportunidades, no mau uso do sistema de ensino, no ócio, na preguiça e no vício. Se houvesse uma "Declaração Universal dos Deveres Humanos", entre os primeiros de seus itens deveria rezar este: "Todo ser humano está moralmente obrigado a fazer o melhor de si mesmo." É também com esta convicção que se preparam os estadistas para o serviço das nações.

Vivi algumas das minhas mais emocionantes experiências cívicas nas manifestações que viabilizaram o *impeachment* da presidente Dilma, arregimentaram a nação contra a corrupção e se posicionaram em proteção à Operação Lava Jato e ao juiz Sérgio Moro. Foi muito bom estar vivo para testemunhar aquele renascimento nutrido com a seiva do que há de melhor na juventude brasileira. Há quem goste de desfigurar a beleza. Há quem rejeite e se revolte ante qualquer sentimento nobre. Há, então, quem tente descaracterizar aquelas manifestações e suas lideranças. Mas eu estava lá. Vivi para participar delas na minha Porto Alegre. Fui içado por aquela moçada para cima de todos os carros de som. E eu, o único idoso ali, sei o que vi. Vi beleza e vi nobreza. Em todas aquelas manifestações, era empolgante a sintonia do Marcel com a população que começava a conhecê-lo. Também ali se estavam forjando estadistas que haverão de dar novo destino à nação.

Em algum lugar deste livro o leitor encontrará um breve currículo de apresentação de seu autor. Não vou, por isso, reproduzi-lo aqui. O que nesse resumo poderá ser lido é uma evidência de quão bem o autor dos discursos nele publicados está comprometido com o próprio desenvolvimento pessoal. Marcel é um permanente aprendiz, não apenas dos fatos, mas dos livros; não apenas da vida, mas dos mestres; e não apenas dos mestres, mas do Mestre que, como disse Pedro, "tem palavras de vida eterna". Quantas vezes, ao longo destes últimos quatro anos, em meio à voracidade com que a atividade política levada a sério devora o tempo dos que a ela se dedicam, Marcel aproveitava feriadões, recessos e férias para dar sequência a seu curso de mestrado em Amsterdã! E todas essas idas e vindas eram custeadas pelo próprio bolso, onde não entrava o aumento de subsídio que os deputados se concederam e ele se recusou a receber. Observe o leitor que esse "fazer o melhor de si mesmo" se aplica a todas as dimensões do ser humano e, não raras vezes, o autor deste livro dá testemunho disso com seu violino. A arte, a música, o gosto pelo Belo são parcerias indispensáveis para o apreço ao Bem, à Verdade e à Justiça.

Extremamente pedagógicos, os pronunciamentos deste livro estão alinhados com uma necessidade que acompanha o orador sempre que assoma à tribuna: valer-se da Razão para o diálogo intelectual com os colegas deputados ou com o público, buscando remover entulhos do caminho que a nação deve percorrer rumo a seu destino. Tal determinação não o impede de arrostar galerias. As sonoras vaias que o acompanham quando combate duramente escusos interesses políticos e corporativos dão testemunho de bravura do filho que não foge à luta. As vaias passam e os aplausos se perpetuam no tempo, chegam às ruas, entram nas salas de aula e se manifestam em efusivas mãozinhas amarelas na *vox populi* das redes sociais.

Habituamo-nos, no Brasil, a conviver com líderes políticos cujas convicções têm a volatilidade das pesquisas de opinião pública. "O ativo mais volátil do mercado é a convicção" escreveu há quatro anos, com muita razão, uma colunista do jornal *O Globo*. E isso se vem repetindo com crescente intensidade nos mais diferentes setores com influência no pensar das pessoas. Os "isentões" estão por toda parte, concedendo igual tratamento e atenção à verdade e à mentira. Partidos políticos escondem sua identidade em programas que pasteurizam as melhores intenções, como se boas intenções não cobrassem meios e modos, e pudessem ser concretizadas sem identificar e superar adversários específicos. Certos auditórios cobram pedágio das opiniões que se tenha. Quem critica A, B e C, é cobrado a criticar D, E e F, como se assim, e só assim, as primeiras críticas ganhassem legitimidade. É improvável que da submissão a tais exigências se extraiam lideranças como as de que o Brasil precisa.

Por outro lado, os contratantes da luta de classes (principais beneficiários) e seus promotores (militância comissionada e pro bono) aprenderam, nos últimos anos, que é possível estender o mesmo esquema para multiplicar tablados para conflitos entre raças, faixas etárias, posições de poder (inclusive no âmbito familiar), sexos (eles dizem "gêneros"), regiões do país, cor dos cabelos e dos olhos, e assim por diante. E proclamam, com eco na mídia formal, que toda condenação a isso é "discurso de ódio".

Empolga perceber que Marcel van Hattem, por sua conduta e firmeza de convicções, recolhe um prestígio que já ultrapassa em muito as fronteiras do Rio Grande do Sul. Como previ no prefácio à primeira edição, Marcel foi eleito deputado federal no pleito do dia 7 de outubro de 2018. O Rio Grande do Sul o consagrou nas urnas como o mais bem votado dentre todos os eleitos. Foi escolhido por seus pares como líder da bancada do Novo e iniciará esta nova delegação recebida do povo gaúcho como um líder de expressão nacional.

As pautas que leva consigo recheiam as páginas deste volume. Aí estão defesas enérgicas das liberdades individuais e da dignidade da pessoa humana. Ali, o orador se defronta, qual David ante Golias, empenhado por uma nova ergometria do aparelho de Estado, na qual é menor seu peso fiscal e mais curto o braço que estende para tolher a nação, ansiosa por ter de volta seu país e realizar seu destino.

Prólogo do Autor
Do megafone à tribuna:
"Eu não quero viver em outro país.
Eu quero viver em outro Brasil!"

Marcel van Hattem

Meu retorno à política, gradativamente iniciado em 2013 e consolidado nas eleições de 2014 como candidato a deputado no Rio Grande do Sul, foi por mim inesperado. Aliás: a minha própria entrada na política, aos 17 anos de idade, não havia sido planejada. Fui líder de turma por algumas vezes e, aos 16, vice-presidente do Grêmio Estudantil no final do Ensino Médio. Ainda assim, atividade política, de fato, não era o que eu me via fazendo quando crescesse, fosse nos meus sonhos de criança, fosse nos da adolescência. Longe disso.

Filho de profissionais liberais que trabalhavam em conjunto, pai engenheiro civil e mãe arquiteta, ouvia em casa muito mais queixas do que elogios à política: burocracia extenuante, altos impostos, calotes do poder público, corrupção e leis trabalhistas injustas para quem empreende. Ou seja: por razões muito práticas sempre tive muito mais motivos para me afastar da política do que para nutrir interesse por ela.

Já na teoria, ávido leitor que sempre fui, tampouco via sentido nos totalitarismos e populismos de quaisquer tipos, tão comuns na política. Textos que li durante minha adolescência na virada do milênio, assinados por Percival Puggina e Olavo de Carvalho, por exemplo, já apontavam no que poderia descambar um eventual governo petista no Brasil – e o quanto, independentemente de que partido ou grupo político viesse a assumir o poder, as instituições no Brasil já estavam contaminadas pelo marxismo cultural que, há décadas, gracejava por todos os lados.

Foi esse misto de prática e teoria que me levaram, ainda aos 17 anos de idade, a filiar-me a um partido político (na época, o PP) e concorrer a vereador no meu município de Dois Irmãos, RS, onde havia iniciado cedo a trabalhar como jornaleiro e depois como repórter no mesmo jornal, local. Um espanto para a minha família. "Está querendo virar ladrão?" era uma pergunta habitual de quem estava mais próximo e que, de política, mais sabia o que se fala mal da atividade do que da necessidade, justamente, de que os bons se envolvam para diminuir o impacto dos maus que em geral a dominam.

A vitória como vereador eleito aos 18 anos de idade com uma campanha feita de forma franciscana, batendo às portas de praticamente todas as casas do meu município de pouco mais de 25 mil habitantes à época, surtiu rápido alcance regional, e acabou servindo como motivação para que eu concorresse a deputado estadual já na eleição seguinte, em 2006. Mesmo com apenas 20 anos de idade (caso fosse eleito completaria 21 ainda antes da posse, cumprindo a exigência constitucional), recebi cerca de 40% dos votos válidos em Dois Irmãos e um total de 11.656 votos no Estado todo. Apesar de ser um resultado ainda muito aquém dos 35 mil votos necessários para que fosse eleito, surpreendeu a muitos e acabou levando-me a ascender dentro do PP, vindo a vencer no ano seguinte a disputa para a presidência da Juventude Progressista Gaúcha, que ocupei por dois anos (2007-2009).

Ainda em 2006, após as primeiras eleições que disputei para o legislativo estadual deputado, enfrentei também a primeira de quatro eleições para o Diretório Central de Estudantes (DCE) da UFRGS, até chegarmos à vitória, em 2009. Estudante de Relações Internacionais de 2004 a 2007 e, depois, de Administração entre 2008 e 2010, percebia na sala de aula e também fora dela o quanto o esquerdismo militante fazia parte do dia a dia da Universidade. No Diretório Central dos Estudantes, então, nem se fala: as opções para os estudantes votarem eram de vários tons de vermelho. Candidatamo-nos ao DCE, contudo, com uma proposta inovadora para o contaminado ambiente esquerdista do movimento estudantil brasileiro: nossa chapa apresentava propostas de real representação dos estudantes, abordando temas relacionados à discência, não a qualquer tipo de pregação ideológica.

Foi ali, nas disputas eleitorais para o DCE, que enfrentei de frente a esquerda mais radical no meio universitário, inclusive superando incontáveis dificuldades que comissões eleitorais parciais nos impunham em um processo fraudulento que beneficiava apenas a esquerda. Nosso objetivo, porém, era o de engajar os estudantes omissos e pelo menos atrair às urnas parte dos mais de 20 mil de um total de 25 mil estudantes que não costumam sequer comparecer às urnas, o que acaba permitindo que uma minoria se adone da necessária representação estudantil. Após quatro anos consecutivos de tentativas e muitos embates dignos de figurarem em um livro somente sobre esse tema, vencemos pela primeira vez em quarenta anos a esquerda radical para o DCE da UFRGS.

Em 2010 concorri pela segunda vez a deputado estadual, licenciando-me da diretoria de relações institucionais que ocupava no DCE e, uma vez mais, baseei minha campanha em princípios e valores, na teoria; e na sola de sapato, na prática. A votação de 14.068 votos, maior do que a de quatro anos antes, demonstrou que o trabalho vinha sendo notado, mas não o suficiente para chegar a conquistar uma cadeira na Assembleia. A campanha, altamente regionalizada em um sistema eleitoral de voto proporcional, não distrital, mesmo com todo esforço, não havia me permitido, novamente, chegar próximo da votação mínima de cerca de 35 mil votos. Decidi, então, que meu lugar não era na política. Que minha vocação não era a de ser candidato e que provavelmente era realmente verdade o que muitos me diziam: política não é para gente séria, idealista e que defende os princípios liberais e conservadores.

Por que conto toda essa trajetória pessoal? Porque ela é, também, similar à de muitos brasileiros na busca dos seus sonhos. Não só na política, mas em todas as áreas. As regras de todo um sistema - político, econômico, social -, que beneficiam quem já está no poder ou já tem acesso às suas benesses, acabam desanimando todos os novos entrantes. As oportunidades de progresso são limitadas porque a liberdade de iniciativa do brasileiro é limitada. Não por acaso, pesquisa recente do DataFolha aponta que 62% dos jovens entre 16 e 24 anos de gostariam de deixar o país se pudessem. Foi o meu caso também. Ainda aos 24 anos, logo após as eleições de 2010, decidi que buscaria no exterior novas oportunidades. Primeiro vieram as acadêmicas, e logo seguiram-se as profissionais.

Mudei-me, à Holanda, terra de origem do meu pai. Cursei em 2011 mestrado em Ciência Política na Universidade de Leiden. Trabalhei, no ano seguinte, como estagiário no Ministério da Agricultura, Assuntos Econômicos e Inovação do governo holandês em Haia e, assim que terminou meu contrato, decidi iniciar minha própria consultoria em relações internacionais. Abri empresa na Holanda com apenas um documento em mãos – minha identidade – na única visita que precisei fazer à Junta Comercial local e que durara pouco mais de meia hora. Em quatro dias estava na caixa de correio da minha residência em Utrecht o equivalente ao CNPJ brasileiro, emitido pela Receita local. Algo totalmente destoante da burocracia, do alto custo e do tempo dispendido para abrir uma empresa similar no Brasil.

Ainda naquele 2012, após ser graduado como mestre em Ciência Política por Leiden, iniciei segundo mestrado, desta vez em Jornalismo, Mídia e Globalização. Com o objetivo de voltar no futuro próximo a exercer a profissão de jornalista que havia me cativado na adolescência, mudei-me para a cidade de Aarhus, na Dinamarca, em busca de qualificação na área. Tanto a Holanda como a Dinamarca, avançados países em todos os índices econômicos, com Estado de Direito funcionando e sociedade civil ativa, são exemplos de desenvolvimento e organização social para todo o mundo. Por isso mesmo que, quando concluí o primeiro ano do mestrado em Jornalismo e retornei à Holanda para cursar o segundo ano do mestrado, o ano de especialização em Mídia e Política na Universidade de Amsterdã que iniciaria em setembro de 2013, a decisão de retornar ao Brasil e interromper meus estudos chocou meus amigos e familiares mais próximos.

Voltar ao Brasil? E, ainda por cima, para retornar à política e concorrer novamente a deputado estadual no ano seguinte? O que de tão fundamental havia mudado para que eu voltasse a considerar tal hipótese, descartada totalmente dos meus planos não fazia muito tempo?

O Brasil. O Brasil estava mudando.

Em junho de 2013, os protestos que encheram as ruas com milhões de brasileiros indignados com a velha política, a incompetência, a corrupção e os desmandos lulopetistas capitaneados então por Dilma Rousseff, eram sinal de que algo estava mudando. Os mais de dez anos de petismo, baseados na aliança com a velha política brasileira, começavam a dar sinais de esgotamento claros, e o uso das redes sociais para denunciá-los catalisavam a indignação popular.

Convencido por amigos e apoiadores em eleições passadas, decidi retornar ao Brasil, preparar-me para mais um desafio eleitoral e defender, novamente, as ideias, princípios e valores que levaram tantas nações à prosperidade. Obviamente não foi uma decisão fácil. Eu sabia que deixaria muitas oportunidades pessoais e profissionais para trás, no outro lado do Oceano. Mas talvez justamente porque tinha muito a perder a sensação era de liberdade para dizer abertamente o que eu gostaria de ver mudado no meu Brasil. O fato de não ter mais nada a perder dava-me força extra para dizer sem rodeios o que eu achava que precisava ser dito.

O que se seguiu foi uma campanha eleitoral baseada em princípios claros e compromissos bem definidos. Estruturada no diálogo com estudantes universitários, no engajamento de voluntários, no poder das redes sociais e, claro, na amplificação constante dos compromissos e valores defendidos por meio da minha voz por escrito, em áudio e em vídeo. Inclusive, literalmente, com o uso de megafone.

Apesar de ser um processo que depende de inúmeros fatores para dar certo, nenhum episódio foi tão significativo na minha campanha eleitoral de 2014 do que o uso do megafone no Parque da Redenção, em Porto Alegre. Tradicional reduto de manifestações da esquerda, que gosta de monopolizar para si espaços públicos e torná-los simbólicos para as suas atividades, o Parque Farroupilha, como é oficialmente conhecido, foi palco de espontânea manifestação de indignação antipetista a 31 de agosto de 2014, em plena época de campanha eleitoral.

Eu havia convocado, pelo Facebook, os apoiadores que quisessem tomar um chimarrão na Redenção para estarem comigo naquele domingo de manhã. Não veio muita gente: amigos próximos, familiares (minha mãe, meu pai e minha agora falecida avó) e alguns voluntários da campanha. Não demorou muito, porém, para que eu identificasse, em pleno Brique da Redenção, a também candidata e deputada federal Maria do Rosário (PT/RS) fazendo sua campanha à reeleição para a Câmara. Munido de megafone, convoquei aqueles que estavam comigo para que nos dirigíssemos à deputada e candidata para expressarmos nossa indignação com uma das figuras mais ferrenhas do petismo gaúcho e nacional. A deputada estava acompanhada de sua militância.

Seguiu-se à convocação a seguinte fala, amplificada com o pequeno megafone que eu carregava :

31 de agosto de 2014

Maria, Maria do Rosário! Estou aqui com a minha família e meus amigos. Minha vó, minha mãe, meu pai. Eu gostaria de dizer que a senhora nos envergonha como representante, porque a senhora defende bandido. Defende bandido, e nós queremos a defesa da família! Nós queremos segurança! Nós queremos uma política correta, com ética. Nós não queremos saber de ideologismo dentro da política.

[Percebendo que Maria do Rosário se retirava, fugindo do local, prossegui]

Está fugindo! Nós não aguentamos mais essa forma velha de fazer política, essa defesa de regimes comunistas. O Brasil investe em um porto em Cuba, traz médicos cubanos, investe com o nosso dinheiro em uma ilha que está apenas matando a sua população.

[Fui interrompido pela militância petista, que gritava "fascista" repetidas vezes. Respondemos, em uníssono e também por repetidas vezes: "Fora PT! Fora PT! Fora PT!"]

O que estão fazendo com o futuro do País? O que estão fazendo com a nossa juventude? O que estão fazendo com a nossa família?

[Fui novamente interrompido por militantes petistas, desta vez praticamente de forma física].

Não vão me impedir de falar!

[Virei-me para a câmera do Rafael Camargo, que estava registrando tudo, e falo, já sem o Megafone na mão]:

Pessoal, a Maria do Rosário não aguentou. A pressão popular é grande. Os direitos individuais estão sendo desrespeitados, e as liberdades no país...

[Sou interrompido por militante petista que se coloca entre mim e a câmera]

Está vindo gente aqui inclusive para cima de nós... eles estão fazendo bobagem! Eu tenho meu direito à liberdade de expressão. Tenho meu direito à liberdade de expressão, de defender minha família e meus amigos. E eu não quero saber de pessoas como Maria do Rosário na Câmara dos Deputados, em um ministério, qualquer que seja.

Maria do Rosário e PT, fora! Nós não queremos mais saber desse jeito totalitário de fazer governo. Nós queremos uma política limpa, que respeite a juventude, que respeite todo o cidadão de bem, respeite as liberdades individuais, o direito à propriedade, o direito ao cidadão civil ter como se defender. Nós não aguentamos mais essa barbaridade, querendo vender uma ideologia que não deu certo em nenhum lugar do mundo e jamais daria certo no Brasil!*

* * *

Esta fala improvisada, um discurso ao ar livre e ao megafone, viralizou rapidamente não apenas no meu Facebook e no YouTube, mas também pelo WhatsApp. Acabou sendo a melhor representação durante a campanha da frase "somos nós com uma voz", não só pela utilização de um megafone a amplificar o que eu dizia, mas pelo conteúdo da fala. Costumo dizer que, se eu tivesse escrito antecipadamente o que falaria, ou se existisse um roteiro previamente estabelecido a ser seguido por todos os que participaram daquele momento, certamente não teria ocorrido da mesma maneira. A espontaneidade da indignação foi fundamental para que se demonstrasse genuína, como foi, e viralizasse nas redes.

Eram, como diz Cleber Benvegnù na sua apresentação a este livro, vozes que ecoavam não só no Parque da Redenção mas também pelas redes sociais; e, aproveitando-me da metáfora de Percival Puggina, a impressão de quem viu por anos o Parque da Redenção ser dominado por manifestações petistas era a de que aqueles cidadãos que estavam ali a gritar "Fora PT" fizeram Golias fugir de cena.

Daquele momento até o dia da eleição faltava pouco mais de um mês. A campanha de porta em porta que eu havia feito nas eleições anteriores foi em grande parte substituída pela campanha virtual, com ajuda de voluntários. O inbox do Facebook e as mensagens por WhatsApp foram a campanha de porta em porta virtual que me ajudaram a chegar aos 35.345 votos. Faltaram apenas 351 votos para que me fosse garantida a titularidade da cadeira de deputado. A primeira suplência, porém, oportunizou-me ocupar uma cadeira na Assembleia Legislativa Gaúcha em virtude da oficialização, dois meses após as eleições, do convite feito pelo governador eleito José Ivo Sartori (PMDB) para

---

* Confira no Facebook: https://bit.ly/2WtGJsX ou no YouTube: https:// youtu.be/gG0QNx41Viw

que dois deputados titulares do meu partido de então fossem membros do seu secretariado.

Tomei posse na Assembleia a 10 de fevereiro de 2015. E, então, pude da tribuna expressar o que sentia ao ter recobrado a fé no Brasil e retornado da Europa para concorrer mais uma vez. Considero o próximo discurso, de posse, o meu preferido. Talvez seja, também, o preferido de muitas pessoas que acompanham minha trajetória. É um discurso que, apesar de curto, aborda todas as diferentes vozes que expressaria ao longo do meu mandato, e que estão contidas também nas diferentes partes deste livro.

Fiz uma análise das crises política, econômica e moral que enfrentávamos – e ainda enfrentamos. Esbocei soluções. Agradeci ao incontáveis voluntários que me ajudaram na campanha. Frisei que não estava ali por interesses outros que não fossem aqueles vinculados à defesa de ideias, de princípios e de valores.

E anunciei, usando minha voz da tribuna da Assembleia, aquilo que tantos e tantos outros brasileiros também gostariam de dizer pois entendem que temos, sim, problemas, mas a solução está em nossas próprias mãos. Fiz esse anúncio diante de mais de uma centena de apoiadores que se faziam presentes nas galerias da Assembleia, coisa rara no Parlamento expressada com clareza nas palavras de um colega parlamentar experiente logo após minha fala: "Marcel, o que vi hoje aqui, tantas pessoas que vieram para a Assembleia sem que se precisasse fretar um ônibus ou pagar cachorro quente para atraí-las, é algo que eu ainda não tinha visto durante meus vinte anos de Assembleia".

Em nome dessas pessoas e de incontáveis outras que acompanharam a repercussão deste pronunciamento nas redes sociais, expressei, emocionado e a plenos pulmões que, apesar de já ter estudado e trabalhado no exterior, e de ter inclusive considerado a hipótese de viver fora do país, eu não quero viver em outro país. Eu quero viver em outro Brasil!

10 de fevereiro de 2015

Sr. Presidente, Sras. e Srs. Deputados
Saúdo a prezada assistência que se encontra nas galerias, representantes da imprensa e autoridades presentes.

Com muita honra assumo hoje uma cadeira no Parlamento gaúcho. Com muitíssima honra, sim, mas também com muita preocupação.

Vivemos tempos sombrios; enfrentamos três graves crises – diferentes, mas relacionadas.

A primeira crise, política, é alarmante. Os partidos políticos e os parlamentos estão nos dois últimos lugares na credibilidade das instituições na opinião dos brasileiros. Para piorar: fomos governados até há pouco no Rio Grande e ainda somos governados em Brasília por amigos de ditadores, por defensores de uma ideologia marxista que não deu certo em nenhum lugar do mundo e que tampouco poderia dar certo por estes pagos.

[manifestações de apoio nas galerias]

O Brasil vive os efeitos do casamento do marxismo com a corrupção, cujos principais rebentos são o desrespeito às leis e aos nossos valores mais caros, num ataque permanente às nossas instituições. A democracia representativa e o Estado de Direito agonizam, clamam por salvação!

A segunda crise, econômica, revela-se claramente com a alta dos preços e a redução do poder de compra do salário de cada cidadão trabalhador. Sofremos com impostos extorsivos, incompetência de maus gestores públicos, roubalheira descarada do dinheiro dos pagadores de impostos e excesso de amarras que um Estado historicamente, elefante, inchado, excessivamente burocratizado, impõe a todos nós indivíduos. A livre iniciativa, o mérito, a transparência e a eficiência suplicam por uma chance!

Por fim, uma crise moral nos assola. Vemos governos inchados por companheiros que sugam o dinheiro dos nossos impostos enquanto não recebemos nem o mais básico em serviços públicos. Vemos criminosos impunes e repletos de direitos transitando armados e tranquilos pelas ruas, entrando nas nossas propriedades, tomando nossos bens, enquanto o cidadão honesto refugia-se, com medo, em casa, desarmado, desamparado. Leis são desrespeitadas por quem deveria dar o exemplo. A mentira virou estratégia vitoriosa de campanha eleitoral, instrumento de governantes para iludir a população. A inversão de valores é total. Nós, agentes públicos, Sr. Presidente, devemos respeito ao direito de propriedade, à transparência, à ética e à moralidade no trato com o que é público – de todos, não de nossa propriedade particular!

O Rio Grande do Sul e o Brasil clamam por um basta, Sr. Presidente! Felizmente, há muita esperança.

Desde o início do ano, contamos aqui no Estado com um desses sopros de esperança. O governador José Ivo Sartori (PMDB), cujo governo a bancada Progressista integra, tem demonstrado que não limitará seus horizontes a preciosismos ideológicos ou a demagogias baratas. "Nem vitimismo, nem derrotismo, nem bairrismo", disse desta tribuna o governador em contundente fala contra a burocracia excessiva e os gastos públicos desnecessários. Apoiarei toda proposta de redução do tamanho do Estado onde ele não deva atuar. Não é moralmente aceitável que um governo se imiscua em atividades atinentes unicamente à iniciativa privada. Ainda mais quando policiais, professores, médicos, bombeiros, enfermeiros são mal remunerados e pouco valorizados. Privatizar o que não deveria estar nas mãos do Estado não é apenas uma convicção ideológica: é também dever moral de quem tem compromisso e respeito para com o pagador de impostos, empreendedores, profissionais liberais, trabalhadores, aposentados, estudantes, enfim, com o povo gaúcho e brasileiro, representado por quem se encontra nestas galerias e que está pagando a conta.

[manifestações de apoio nas galerias]

É, no entanto, Sr. Presidente, um trabalho que não se faz sozinho. Sou muito grato pelo suporte familiar – minha família está aqui presente –, pelos meus amigos e pelo amparo divino nesta trajetória. E sou grato a cada um dos 35.345 eleitores que me dão hoje esta oportunidade, a alegria e a honra de ocupar uma cadeira neste Parlamento. Com a minha voz nesta tribuna e a atuação na sociedade, buscarei com todos os meus esforços bem representá-los, com coerência, correção, transparência e eficiência. Quero também contar com o apoio da minha bancada progressista e de V. Exas., nobres colegas deputadas e deputados, para, juntos, retirarmos o nosso Estado desta preocupante situação de crise em que se encontra.

Ouço com frequência, Sr. Presidente, de diversas pessoas que não dá mais para viver no Brasil. Escutei, também, de muitos cidadãos que na primeira oportunidade que surgisse de viver, estudar ou empreender em outro país, deixariam o Brasil. Há pouco mais de um ano, eu – eu! – era um desses gaúchos e brasileiros. Vivia, estudava e empreendia no exterior. Morei em países verdadeiramente democráticos que respeitam as liberdades individuais. Fiz o caminho inverso, no entanto: retornei ao Brasil e contei com o apoio decidido de amigos e de voluntários em todo o Estado que se somaram a uma campanha por princípios e valores. Essa imensa força voluntária e idealista que me trouxe aqui quer contribuir diariamente para que haja mudanças em nosso Rio Grande do Sul e em nosso Brasil.

E neste momento, tenho a oportunidade de, do alto desta tribuna, ser a voz de muitos outros gaúchos e brasileiros que, no fundo, também estão dizendo para si mesmos: "Eu não quero viver em outro país. Eu quero viver em outro Brasil; um Brasil próspero, democrático, um Brasil livre!"

Muito obrigado, Senhor Presidente. Muito obrigado a todos.

Parte I

Uma Voz a Favor do *Impeachment* de Dilma

Introdução
Escolhas fazem a diferença

*Paulo Eduardo Martins**

A obra de um homem é resultado de suas escolhas, mas há escolhas que destroem os resultados da obra de um homem. Este é um conflito permanente na mente do chamado "homem público", ao menos daqueles que têm respeito pelo que fazem e o fazem não só por si.

O conflito se apresenta sem maior cerimônia no momento seguinte em que ele escolhe exercer atividade político-partidária. Aquele que faz tal opção e não é herdeiro de um clã político, herda apenas a desconfiança das pessoas sobre suas intenções, enquanto os herdeiros são carregados pela expectativa de poder causada naqueles que, de alguma forma, foram beneficiados durante o exercício de poder do clã que representa.

Senti isso na pele quando fui levado a fazer essa "escolha" em 2014, aos 33 anos de idade. Foi durante esse período que conheci o gaúcho Marcel van Hattem, por indicação de amigos que diziam que ele defendia posições semelhantes às minhas. Pesquisei e encontrei um descendente de holandeses que tinha feito a escolha antes dos seus 20 anos. Se custou para mim, imaginei o quanto mais para alguém naquela idade. Foi admiração imediata.

O que torna tudo ainda mais complexo é o cenário político real que tivemos – e ainda temos – que enfrentar nessa Era da República Sindical fundada pelo PT. A economia combalida, a universidade aparelhada, a imprensa contaminada, instituições capengas e a cul-

---

* Paulo Eduardo Martins, jornalista, exerceu o mandato de deputado federal na atual Legislatura e votou favoravelmente pelo *impeachment* de Dilma Rousseff. Nas eleições de 2018 elegeu-se deputado federal (PSC) no estado do Paraná com 118.754 votos.

Nota do Autor: O deputado que melhor me representou, em todos os sentidos, na Câmara dos Deputados nesta última legislatura. Já era fã do Paulo Eduardo em virtude de suas falas na TV que viralizavam nas redes muito tempo antes de ele vir a me conhecer.

tura dilacerada. Enfim, a base de sustentação do Brasil está trincada. Diante desta realidade, a figura pública, especialmente em exercício de mandato, sente a responsabilidade bater em seus ombros. Suas posições podem ajudar a recuperar a base de sustentação ou a destruí-la e gerar as piores consequências possíveis, como o autoritarismo.

A situação é tão grave que leva o povo brasileiro a realizar as maiores manifestações públicas da história. Capitaneados por diversos e verdadeiros movimentos sociais, especialmente o Movimento Brasil Livre (MBL) e o Vem Pra Rua (VPR), milhões tomam as ruas em protesto contra o governo e pelo *impeachment* da presidente Dilma Rousseff e, assim, fazem do dia 15 de março de 2015 uma data para sempre.

O *impeachment* de um presidente é muito mais que um grito de ordem. É sempre um processo político traumático e que pode salvar a já citada base de sustentação do país ou pode fragmentá-la de forma irrecuperável. Para os responsáveis, não é uma decisão simples.

Os políticos tradicionais detentores de mandato se escondem. Marcel van Hattem era detentor de mandato, mas não era um político tradicional. Naquele 15 de março ele declarava publicamente que era preciso realizar o *impeachment* da Presidente da República. Fez a escolha, arcou com toda a responsabilidade, e foi o primeiro homem com mandato a fazê-lo. Ele destruiu a barreira mental que impedia os outros de fazerem o mesmo - e que, a partir daí, o fizeram.

Um ano depois eu estava na Câmara dos Deputados no exercício do mandato de deputado federal, era suplente até então. Tive a responsabilidade e o prazer de votar pelo *impeachment* da Dilma. Nunca perguntei ao Marcel a respeito, não sei se o Marcel gostaria de estar no meu lugar no dia da votação do *impeachment*; no entanto, sei que eu gostaria de ser o Marcel naquele dia 15 de março.

Repito: há escolhas que destroem os resultados da obra de um homem, mas as escolhas do Marcel têm ajudado a reconstruir o Brasil. E as escolhas que os brasileiros fizeram, em particular nas eleições de 2018, podem ajudar ainda mais nesta reconstrução. Com o aval do voto dos gaúchos e dos paranaenses, estaremos, Marcel e eu, na Câmara dos Deputados a partir de 2019. O trabalho de reconstrução segue árduo, mas com o PT no poder era ainda muito mais. Marcel já foi essencial para mobilizar a população e apontar os erros cometidos pela esquerda e pela velha política, e será ainda mais importante no processo seguinte, de avaliação e proposição de soluções para o futuro do Brasil e dos brasileiros.

"A Culpa é do FHC"

Na minha terceira semana de mandato, subi à tribuna para alertar a respeito dos problemas que o movimento dos caminhoneiros em greve poderia desencadear no país – e que acabou desencadeando. Mas, como disse na descrição deste discurso na minha página do Facebook então[1], expressei algo que estava entalado na garganta de todos os brasileiros decentes, aviltados com o nível de escárnio praticado pelas principais lideranças do PT – incluindo a presidente Dilma: a hipocrisia manifesta de quem não assumiu até o último minuto - e até hoje não assume – a responsabilidade pelas crises política, econômica e moral então em curso. O pronunciamento a seguir foi feito de improviso e foi o primeiro, nesses moldes, a viralizar nas redes. A expressão espontânea do que eu sentia passava a se tornar constante em cada discurso, levando apenas à tribuna uma folha de papel com tópicos anotados sobre o que eu pretendia abordar.

O discurso abaixo, em específico, falava em um país que estava em ebulição – e só não via isso quem não queria ou estava cego pelo poder. Petistas colocavam então a culpa da crise até mesmo sobre FHC, que havia sido presidente da República já fazia mais de uma década. Não que o governo de FHC não tivesse pavimentado o caminho para a chegada do PT ao poder, mas a desfaçatez do PT em eximir-se de qualquer responsabilidade, recorrendo até mesmo à terceirização da culpa a um ex-presidente, ficava cada vez mais clara. O povo clamava por mudança e o histórico dia 15 de março estava cada vez mais próximo.

24 de fevereiro de 2015

O Brasil está em ebulição. Ouvi atentamente os discursos dos colegas que falaram sobre a grave situação por que passa o nosso País.

A deputada Silvana Covatti, da nossa bancada progressista, abordou a questão dos caminhoneiros. É o início de uma situação, de um filme que se repete no Brasil, porque já rodou em outros países e está rodando de forma muito piorada por aí. Vejamos a situação na Venezuela e na Argentina.

O 15 de março será de fato um grande dia para o Brasil. O povo brasileiro está percebendo que oposição faz parte da democracia. Chamar o povo brasileiro que vai às ruas de golpista ou dizer que não há terceiro tur-

[1] Confira este discurso no Facebook: https://goo.gl/BsGGj2 ou no YouTube: https://goo.gl/P1z5UZ

no é uma infâmia. País que não tem oposição é ditadura. É verdade. Não é à toa que o PT e seus líderes andam abraçados com os piores ditadores do mundo! Ditadores de outros países, no entanto.

O Brasil é um país democrático. Mas é preocupante a situação do País, ainda mais quando vemos que depois de 12 anos de um mesmo modelo os integrantes desse governo não são capazes sequer de assumir as próprias culpas e os próprios erros. A culpa, dizem, é do sistema de financiamento privado das eleições; a culpa é do sistema político; a culpa é da base aliada; a culpa é do FHC; a culpa é da Geni! Mas não é de quem roubou. Quem roubou não assume a culpa.

O deputado Sérgio Turra (PP), nosso líder partidário, ontem, representando o Partido Progressista, foi muito feliz ao ler trechos da nota oficial do Partido Progressista do Rio Grande do Sul. Ali está dito que um partido que se preza não passa a mão sobre a cabeça de bandidos, muito menos trata bandidos como se heróis fossem.

Infelizmente, há partidos que fazem o oposto. Tratam como heróis quem roubou dinheiro público, deputado Pedro Pereira (PSDB), como se heróis fossem, afinal, dizem, foi pela causa. Mas que causa, que empobrece a nossa população? Mas que causa, que faz com que o sentimento de ser brasileiro comece a ser um sentimento ruim?

Que vergonha, Sr. Presidente, que momento horrível que vivemos neste País.

Daqui a pouco, aqui no estado do Rio Grande do Sul, também irão dizer aqueles que depredaram o patrimônio público, que deixaram a situação muito pior do que receberam, que a culpa pela crise financeira é do FHC. Há que se resgatar a moral neste País! Há que se passar por cima desta crise política e desta crise econômica!

No dia 15 de março, a população irá às ruas no Brasil inteiro e aqui em Porto Alegre também, que não irá às centenas, mas, sim, aos milhares, pois estado afora estão se organizando: São Leopoldo, Novo Hamburgo, Caxias do Sul, Santa Maria, enfim.

Em todos os lados, brasileiros e gaúchos, há descontentes com a situação nacional. Tenho dito que não irei falhar com o meu dever de cidadão. Irei às ruas dizer que basta disso, que basta deste desgoverno, que basta de tanta mentira, que o que queremos de verdade é um Brasil próspero, democrático e livre.

Voz aos caminhoneiros

O próximo discurso não foi dado no plenário da Assembleia mas no chamado "Plenarinho", ou Sala João Neves da Fontoura. Publico ele aqui, porém, pelo caráter histórico e pela grande repercussão: no local, aplausos dos presentes. Nas redes sociais, a maior viralização até então desde o meu discurso de posse: quase 400 mil visualizações de vídeo apenas no Facebook. Naquele dia, ocorria audiência pública convocada pela deputada Silvana Covatti (PP) com representantes dos caminhoneiros que haviam paralisado suas atividades em todo o Brasil, como forma de protesto contra o governo Dilma e em favor do fim do petismo no poder. Na ocasião, pedi pelo *impeachment* de Dilma. Foi a primeira manifestação de um parlamentar na Assembleia e, talvez, no Brasil, que oficialmente pedia pelo fim constitucional do governo petista.[2]

2 de março de 2015

Hoje, vocês, caminhoneiros, são os heróis do povo brasileiro. Por pior que tenham sido e estejam sendo as consequências dos protestos... Nós todos, a população em geral, estamos sentindo essas consequências. Mas vocês estão representando os gritos, a voz de todos os brasileiros revoltados com esse desgoverno que nós temos hoje. O protesto de vocês é legítimo. Ilegítimo é o governo que nós temos. E vocês estão demonstrando isso.

Não fosse o aumento da Cide[3], que incide diretamente sobre o preço do óleo diesel, por decreto da presidente Dilma, vocês não estariam aqui hoje. Foi o aumento nos combustíveis! E aí que começa a solução na verdade, porque se falou aqui em subsídio, mas o subsídio é dinheiro dos impostos de todos nós, utilizado para beneficiar uma categoria que se vê vilipendiada no seu direito de poder ir trabalhar. A solução real seria o governo reduzir os impostos sobre os combustíveis, sobretudo sobre o óleo diesel. Mas o governo não quer negociar. Vamos tirar o cavalinho da chuva! O governo não veio aqui [não enviou representante à audiência pública]. A Dilma esteve aqui no Rio Grande do Sul. E ela recebeu os caminhoneiros?

Não há um sinal de negociação. Esse governo perdeu a legitimidade. E o povo está indo às ruas. Hoje são os caminhoneiros. Temos os exemplos

[2] Confira no Facebook: https://goo.gl/ujSFMH ou no YouTube: https://goo.gl/qSxqDy

[3] Contribuições de Intervenção no Domínio Econômico.

que vêm de outros países, como Venezuela e Argentina: o caos social que está acontecendo. É o povo todo. As outras categorias logo vão às ruas. Não são só vocês, caminhoneiros, porque o governo se tornou ilegítimo! São 12 anos já de um modelo que não deu certo em nenhum lugar do mundo e não podia dar certo aqui no Brasil. Dia 15 deste mês de março de 2015 o povo brasileiro vai às ruas e vai pedir aquilo que é a solução no momento: gritar pelo *impeachment*. Não há outra solução! O Collor sofreu *impeachment*, e tinha que ter sofrido mesmo, porque roubou galinhas, que é o que ele fez, se comparado com esse governo. O governo Dilma, o governo do PT, se apropriou do galinheiro, do estábulo, do chiqueiro.

Para meu profundo desgosto, deputado Mainardi, eu ouvi o senhor, que é do PT, colocar a culpa no FHC, aqui. Deputado Mainardi, de tal maneira o senhor colocou há pouco a culpa sobre outros governos, inclusive, FHC, que já faz mais de 12 anos que governou este país. Já passa da hora de o PT assumir a sua responsabilidade sobre o que está fazendo e não enrolar mais como a gente viu o senhor fazer aqui!

O Lula, inclusive em reação ao que vocês, caminhoneiros, estão fazendo disse que o exército do Stédile, o MST, vai às ruas defender esse projeto de poder falido do PT. Ou seja, nós estamos na iminência de uma guerra civil nesse país!

Concluo aqui a minha intervenção dizendo que os caminhoneiros hoje são heróis do povo brasileiro. E não tenho a menor dúvida de que vão ajudar a derrubar este governo ilegítimo que nós temos no nosso país.

Mortes na guerra de Lula e do PT

Assim postei no meu Facebook o pronunciamento a seguir (às vésperas da primeira manifestação de uma série de protestos verdadeiramente populares, que entrariam para a História do Brasil – e mudariam a História do Brasil):

"Lula convocou o 'exército do Stédile' a ir às ruas contra a 'oposição' – na verdade, contra todos nós, brasileiros, indignados com esse desgoverno do PT. O MST atendeu ao chamado e está invadindo propriedades e marchando com foices em riste Brasil afora. O primeiro resultado prático e lamentável dessa convocação irresponsável de Lula foram três mortes, incluindo a de uma criança, hoje, na BR-101 em Sergipe, por consequência das manifestações do MST.[4]

[4] Confira matéria a respeito: http://migre.me/oYXfw

O Brasil, porém, não é a Venezuela. Nem Cuba. Nem é do MST, nem do PT. É dos brasileiros. Dia 15, todos na rua!"[5]

11 de março de 2015

O que me traz a esta tribuna são as manifestações que estamos vendo Brasil afora, em diversos Estados e também aqui em Porto Alegre, protagonizadas pelo MST.

Causa-me no mínimo estranheza que, quando caminhoneiros fecham estradas, quando trabalhadores ousam fazer oposição a medidas governamentais que elevaram impostos e o valor do combustível, diante do fato de não poderem trafegar em estradas minimamente decentes, a presidente Dilma mande para o enfrentamento balas de borracha, mande a Força Nacional. Mas, quando o MST está na rua, quando o MST invade propriedades, quando militantes do MST andam com foices pelas ruas, o governo não faz nada.

E o PT, nesta Assembleia, convida [os membros do MST] para tirar foto! Foi isso que vimos nesta tarde. Vimos inclusive o autointitulado líder Cedenir Oliveira sentado nesta mesa com uma boina verde, com estrela vermelha e bandeira de Cuba, um país totalitário, uma ditadura que não respeita direitos individuais.

Assim, começamos a ver a verdadeira natureza deste governo. Aliás, não começamos, pois já estamos vendo há um bom tempo. E a população agora, em oposição civil e democrática, como bem foi dito, também acordou para isso.

Não é, como disse o deputado Jeferson Fernandes (PT), uma oposição golpista. O PT tem dificuldade de conviver com uma oposição civil e democrática. É uma oposição que vai em paz para as ruas, uma oposição que só quer ter a liberdade de se expressar e dizer inclusive que o *impeachment*, se tiver que ocorrer, é constitucional. Ou não era constitucional na época do Collor?

Vamos comparar as situações? Collor sofreu *impeachment*, e deveria ter sofrido. Por que, então, o governo do PT, que tem nas suas costas junto com a base aliada muitas vezes mais responsabilidades e explicações a dar à população, não pode sofrer *impeachment*? Aí é golpe? Não! Não é. É oposição civil. É oposição democrática. São os brasileiros indo às ruas.

E causa-me ainda mais espanto quando leio que essas manifestações do MST são consequências diretas de um chamado do ex-presidente Lula, que disse que o exército do Stédile, líder dos vândalos, enfrentaria a oposição – agora palavras minhas – civil e democrática nas ruas. Disse Lula:

---

[5] Confira: https://goo.gl/5cd7xM ou no YouTube: https://goo.gl/QNW5FY

"Também sabemos brigar, sobretudo quando o Stédile colocar o exército dele nas ruas."

Hoje, veio a notícia da primeira baixa dessa guerra irresponsavelmente chamada por Lula. Leio no *G1* que dois adultos e uma criança morreram após explosão em acidente na BR-101. O acidente aconteceu no momento da liberação da via fechada pelo MST. A Polícia Rodoviária Federal não recebeu nenhum comunicado do MST de que a pista seria interditada. Trata-se, pois, de um movimento que age à margem da lei, que não informa às autoridades o que vai acontecer e o que vai fazer, até porque muitas das coisas que faz são manifestamente ilegais e criminosas.

É hora de aqueles que dizem respeitar a democracia que de fato o façam; e de aqueles que falam que é necessário o respeito à lei que o digam para os seus também a cumprirem.

Eu sempre disse que, independentemente de partido e de a que tipo de movimento uma pessoa pertença, uma vez comprovada e condenada, ela deve ser tratada como aquilo que é: bandida. Não como herói, como, infelizmente, vimos os condenados do Mensalão serem tratados. Esperemos que não ocorra o mesmo com os condenados do Petrolão.

As primeiras palavras pelo *impeachment* de Dilma no Parlamento gaúcho

Postei o discurso a seguir no meu Facebook com esta mensagem:

"Tratei hoje na tribuna das manifestações do próximo dia 15 e apresentei o parecer jurídico de Ives Gandra Martins favorável ao *impeachment* de Dilma Rousseff. Também, li uma mensagem que recebi pelo Facebook de um cidadão gaúcho preocupado com a situação do país. Tão preocupado, aliás, que sequer quis se identificar, por medo. Que país está virando o Brasil, onde temos medo de manifestar o que pensamos? Dia 15 vamos às ruas, pacificamente, para dizer "CHEGA!"".[6]

12 de março de 2015

---

[6] Confira no Facebook: https://goo.gl/SPr3tv ou no YouTube: https://goo.gl/avRDiz

Venho a esta tribuna para falar sobre as manifestações do próximo domingo, dia 15. Recebi uma mensagem na página do Facebook que gostaria de ler desta tribuna:

> *"Marcel, espero que leia esta mensagem. O povo – o povo que realmente produz – está cansado de tudo isso! Entretanto, somos dispersos. Por que dispersos? Enquanto a esquerda está nas ruas, o povo de bem está produzindo. Compartilho das mesmas ideias tuas e estou cansado. Sou formado por uma instituição pública e desempregado por achar que mereço mais do que o mesmo salário recebido por presos. Dessa forma, venho te fazer um pedido. O povo de bem, como te falei e já citei os motivos, é desarticulado. Por isso, usa de toda a tua influência política que te levou à Assembleia, reúne o máximo de pessoas que puder e leva-os domingo às ruas. O MST está preparando uma guerra. Sinto que a democracia está por um fio. O próprio aliado governista, ditador da Venezuela – Maduro –, já está dando provas."*

Perguntei se poderia citar o nome desse cidadão de São Gabriel para poder trazer aqui nesta tribuna. Ele respondeu: *"Não sei. Sou temerário quanto a essa divulgação. A população está com medo. Prefiro não me expor. Mas vou às ruas".*

Esse cidadão, de São Gabriel, vai às ruas de forma pacífica, assim como, tenho certeza, milhões de pessoas Brasil afora vão, de forma ordeira e pacífica. Farão o seu protesto contra o governo, que perdeu legitimidade.

Enquanto isso, como disse nessa mensagem, outros estão na rua em dia de semana fazendo baderna, inclusive pichando a fachada da nossa Assembleia Legislativa. É um claro desrespeito a este Parlamento, a esta instituição, invadindo propriedades, caminhando com foices pelas ruas. Mas o povo brasileiro que se opõe a este desgoverno vai às ruas no dia 15 de março de forma pacífica, de forma ordeira.

Tenho em mãos também o parecer do eminente jurista Ives Gandra Martins, que diz que há, sim, justificativa jurídica para o *impeachment*. Diz ele:

> "[...] apesar de ser um processo a ser analisado mais política do que juridicamente pelo Congresso Nacional, há elementos jurídicos para que seja proposto e admitido o 'impeachment' da atual presidente da República, Dilma Rousseff, perante a Câmara dos Deputados e o Senado Federal. Considerando que o assalto aos recursos da Petrobras, perpetrado durante oito anos de bilhões de reais, sem que a presidente do Conselho e depois presidente da República o detectasse, constitui omissão, negligência e imperícia, confirmando a figura da improbidade administrativa a ensejar a abertura de um processo de 'impeachment'. Assim como no passado deu-se

o processo de *impeachment* de Collor dentro dos ditames constitucionais e defendido efusivamente pelo Partido dos Trabalhadores, agora é a hora de a presidente Dilma Rousseff, desse mesmo partido, encontrar-se com a História."

A imprensa tem me telefonado e dito: "Queremos falar com o senhor, deputado Marcel, pois é o único a defender como deputado o *impeachment*." Respondo: "Fico muito contente de poder dar esta entrevista para dizer por que o *impeachment* é constitucional, legal e necessário nesta hora".

Pois, fico contente de, neste momento, ser o único, por já ter entendido o clamor das ruas, que se confirmará no dia 15. Mas ficarei ainda mais feliz em ver que sou não apenas o único, mas o primeiro de muitos e muitos outros que se seguirão, que ouvirão o clamor das ruas pelo fim deste desgoverno e desses maus-tratos com os recursos públicos em Brasília e em qualquer ponto deste país. É para que se coloque um ponto final neste governo ilegítimo que a população pacífica e ordeiramente vai às ruas no próximo dia 15 e quantas vezes mais forem necessárias.

Mas que barbaridade!

O êxtase de quem foi às ruas no dia 15 de março era indisfarçável: após três manifestações menores mas importantíssimas no final de 2014, logo após a reeleição de Dilma, nas quais cidadãos foram às ruas questionar a própria apuração do resultado eleitoral, milhões de brasileiros somaram-se à indignação contra o governo do PT. O discurso a seguir foi, justamente, uma celebração do novo momento histórico do Brasil. E também uma oportunidade para escancarar a desfaçatez do PT, que nas palavras do deputado federal Sibá Machado (PT/AC), acusou a CIA de estar por trás dos protestos. Em bom gauchês, exclamei: "mas que barbaridade!"
O serviço de taquigrafia da Assembleia Legislativa do Rio Grande do Sul (ALRS)[7] registrou este discurso nos anais da Casa da seguinte forma: "Afirma

---

[7] A transcrição da maioria dos discursos feitos em tribuna e que compõem este livro é da taquigrafia da ALRS. Os discursos dos meses finais de 2015 e iniciais de 2018, porém, não foram ainda transcritos pelo setor responsável por alegada falta de estrutura da Casa. Agradeço ao Fabiano Portela dos Santos "Binho" que fez o resgate histórico e transcreveu muitos dos discursos faltantes enquanto trabalhava na assessoria do meu gabinete e mesmo depois, voluntariamente. É dele também a transcrição dos discursos

que o dia 15 de março foi uma data histórica da oposição civil e democrática do país, quando os brasileiros foram às ruas protestar contra a corrupção e os desmandos da classe política; diz que o PT perdeu sua base social e legitimidade e, por isso, acusa todos que protestam de golpistas." A mentirosa narrativa petista do golpe já estava em curso, mas o povo brasileiro não se intimidou e seguiu indo às ruas até que o governo do PT caísse de podre, exatamente como previa o título que dei a este discurso no post que o acompanhava no Facebook: "nas ruas até o governo do PT cair de podre!".[8]

17 de março de 2015

Dia 15 de março: um dia na História do Brasil! No dia 15 de março de 2015, como previamos, os brasileiros na oposição civil e democrática, foram às ruas para dar um basta à corrupção, aos desmandos da classe política, independentemente de partido, e a este governo de Dilma e do Partido dos Trabalhadores.

Infelizmente, o Partido dos Trabalhadores, na figura da sua líder máxima atual, a presidente Dilma Rousseff, acusou o golpe, no sentido de que percebeu o que os manifestantes querem. Mas eles não assumem isso. Primeiramente, porque tentam terceirizar a culpa, alegando que o problema é unicamente da corrupção – e é também. Disse a presidente Dilma que a culpa é do dinheiro, mas nunca admite que a culpa é de quem roubou.

O deputado Luiz Fernando Mainardi, petista, veio à tribuna dizer que espera que todos os deputados de quaisquer partidos condenem os corruptos de seus partidos. Concordo, deputado Mainardi. E se, porventura, houver corruptos condenados no meu partido, espero que dividam a cela com os corruptos do seu partido, na Papuda. E não esperem de mim a organização de vaquinhas para pagamentos de eventuais multas.

Também, a presidente Dilma pede que haja um esforço para que ocorra uma reforma política no Brasil. Ora, todos nós queremos que haja uma reforma política, principalmente uma reforma nos atos dos nossos políticos. Mas uma reforma política vinda do PT, que perde a legitimida-

que fiz fora da tribuna da Assembleia, eventualmente auxiliado por colegas e amigos, como Conrado Esber, a quem também agradeço. Tratei de revisar todos os textos e emendá-los e até esclarecer certos pontos onde fosse necessário, com o uso de colchetes, mas o cerne da obra é baseado sobre o serviço de taquigrafia da ALRS, que entrega aos deputados os discursos e a eles dá publicidade com uma breve introdução.

[8] Confira no Facebook: https://goo.gl/fEsHru ou assista no YouTube: https://goo.gl/uRpLil

de, dia após dia, não é uma reforma política que se possa dizer, portanto, legítima.

O que nós estamos vendo e o que vimos é o Partido dos Trabalhadores mais uma vez terceirizando a culpa, uma presidente da República que não teve coragem de olhar nos olhos dos brasileiros no dia das manifestações e mandou dois ministros seus para falar, cada um, algo diferente. É isto que os brasileiros estão vendo: um governo que foge ao problema, que não quer admitir que os manifestantes foram às ruas para gritar: "Fora, PT!" e "Fora, Dilma!", porque querem um governo decente, um governo que os respeite.

O brasileiro foi às ruas fazer democracia. Tive de ler, inclusive, deputados do Partido dos Trabalhadores, que o líder do PT, na Câmara dos Deputados, disse que suspeita que a CIA esteja por trás dos protestos do dia 15 de março. Mas que barbaridade! Não houve 35 reais que levasse o povo às ruas! Não houve pão com mortadela que levasse os manifestantes às ruas!

O PT está desacostumado com esse tipo de protesto porque perdeu base social, porque perde legitimidade dia a dia. Agora, vem dizer que a manifestação é democrática, mas, na semana passada, chamava quem ia às ruas de golpista.

Essa é a coerência do PT que pediu "Fora, Collor!", que, de fato, deveria ter sofrido *impeachment*. E que também pediu: "Fora, FHC", por meio de um artigo do ex-governador deste estado, Tarso Genro, no início do segundo mandato do Fernando Henrique Cardoso. E, agora, quem pede o *impeachment* da presidente Dilma, por meio de processo absolutamente constitucional, democrático e que é um direito do cidadão brasileiro, aí é golpista.

Não, senhor. A população brasileira – já que o PT talvez tenha desaprendido (a meu ver nunca soube) o que é ser democrático e fazer democracia – a população brasileira, no dia 15 de março de 2015, demonstrou o que é fazer democracia. E vai voltar a demonstrar no dia 12 de abril. E vai voltar a demonstrar quantas vezes mais forem necessárias, até que este governo respeite as pessoas, respeite os brasileiros e caia de podre. Porque é isso que nós estamos vendo neste país.

Uma convocação para a História

Entre março e abril de 2015 fizemos duas das maiores manifestações populares da História do Brasil. A maior de todas ocorreria um ano depois, em março de 2016. E todas elas tinham um mesmo motivo: acabar com o maior esquema de assalto aos valores, às finanças e às esperanças do Brasil e dos brasileiros.

Assumi meu mandato na Assembleia Legislativa do Rio Grande do Sul em fevereiro de 2015, a tempo de repercutir na tribuna o que acontecia nas ruas. Foi o que fiz ao tomar o microfone para defender a manifestação de 12 de abril de 2015, lendo a pauta do Movimento Brasil Livre, movimento que ajudei a organizar no Rio Grande do Sul nos protestos pós-eleições em 2014 e que foi fundamental para a realização dos protestos contra o governo corrupto e socialista de Dilma e do PT[9].

9 de abril de 2015

Estou aqui com a pauta do Movimento Brasil Livre (MBL) para o dia 12 de abril. Dia em que, mais uma, vez o Brasil vai tremer. O povo de bem vai às ruas dizer o que quer.

De forma muito organizada, o Movimento Brasil Livre, sem dúvida nenhuma, representa aquilo que eu quero, aquilo que a sociedade brasileira pede.

Em primeiro lugar, nobres colegas, *impeachment* já! Para que se abra um processo de *impeachment*, porque é democrático, constitucional e já há, sim, eminentes juristas dizendo que há espaço para investigação de tudo o que aconteceu, para verificar até onde foi a responsabilidade da presidente Dilma Rousseff em todas essas denúncias de corrupção que vimos. O povo que foi às ruas no último dia 15 de março não pediu reforma política; o povo que foi às ruas, apesar de saber que uma reforma é necessária, disse: "Fora, PT! Fora, Dilma".

O Movimento Brasil Livre diz de forma clara que deseja a redução do número de ministérios pela metade. E isso começou, talvez, de forma meio torta, com a demissão do ministro Pepe Vargas (PT). Agora não são mais 39 ministérios, mas 38, com a ida de Michel Temer, vice de Dilma, para a articulação política do governo. Mas queremos muito mais: queremos a redução pela metade!

O terceiro ponto da pauta é o fim da fraude orçamentária, o respeito à Lei de Responsabilidade Fiscal, que foi rasgada por este governo no fim do ano passado. Aliás, aqui no governo do Rio Grande do Sul, com Tarso Genro, tampouco foi respeitada. Já disse nesta tribuna e repito: Tarso Genro, se tivesse de ser cumprida a Lei de Responsabilidade Fiscal pelo Executivo, sairia do Palácio Piratini não pela porta de frente, caminhando, mas dentro de um camburão.

---

[9] Confira no Facebook: https://goo.gl/r7XAyC ou assista no YouTube: https://goo.gl/x33NYg

Quarta reivindicação do MBL: a saída de Dias Toffoli do colegiado julgador da Lava Jato, no STF. Isso é um acinte para a população brasileira. É um acinte que um ex-advogado do PT, que nunca passou num concurso para juiz, agora seja o julgador da Lava Jato.

A CPI do Programa Mais Médicos é o quinto ponto da pauta. É um programa populista, um programa demagógico, um programa totalitário que está financiando um regime ditatorial em Cuba e que não trouxe solução para os graves problemas da saúde brasileira.

A CPI do BNDES é o sexto ponto de pauta, para que se abra a caixa-preta desse banco brasileiro público. Infelizmente, ontem recebemos a notícia de que senadores retiraram as suas assinaturas para a sua abertura da CPI no Senado. São eles: Omar Azis, do PSD do Amazonas; Rose de Freitas, do PMDB do Espírito Santo; Fernando Ribeiro, suplente de Jader Barbalho; Otto Alencar, do PSD da Bahia; Zezé Perrela, do PDT de Minas Gerais; e, para minha vergonha como partidário do Partido Progressista, Ivo Cassol, do PP de Rondônia. Não tenho medo de dizer dos meus correligionários aquilo que os outros partidos teimam em não dizer sobre os seus: quem está envolvido em falcatrua deve ser investigado e, se condenado, deve ser punido exemplarmente.

Sétimo ponto de pauta: ajuste fiscal sem aumento de impostos. Um ajuste fiscal que possa cortar gastos públicos desnecessários, reduzir o tamanho do Estado onde ele não deve estar presente e fazer com que as áreas básicas de saúde, de segurança, de educação e de infraestrutura sejam bem atendidas, que a nossa população não continue sofrendo deste jeito.

Repúdio ao Foro de São Paulo é o oitavo ponto de pauta. É um foro que organiza todas as entidades de esquerda, inclusive grupos terroristas como as FARC, sob a liderança de Lula e Fidel Castro, que fizeram deste Foro o seu joguete e agora querem dominar toda a América Latina com um projeto totalitário de poder. [...]

Outro tópico: concessão de asilo político a Leopoldo López. O Brasil, que sempre foi visto como país pacífico, respeitador de acordos internacionais e que sempre repudiou, oficialmente, violências de governos estrangeiros, não concede asilo político a Leopoldo López. Deveria conceder, afinal, ele está há mais de um ano preso ilegalmente na Venezuela – hoje, uma ditadura apoiada pelo PT, por Dilma e por Lula. É uma vergonha!

Por fim, o décimo item da pauta do Movimento Brasil Livre: fim das verbas de publicidade estatal. Estamos pagando, com o nosso dinheiro de pagadores de impostos, por jornalistas chapa-branca, que se veem acuados como outros jornalistas, para escrever a favor do governo, porque a publicidade estatal, hoje, infelizmente, manda em grande parte da nossa mídia.

É muita falcatrua! Um governo sério, um governo que tivesse vergonha na cara, não precisaria sequer ter ouvido o item número um – o pedido de investigação e de abertura de um processo de *impeachment*. Se tivesse vergonha na cara, Dilma Rousseff, a senhora renunciaria ao mandato de presidente da República. Não tem! Mas o brasileiro que tem vergonha na cara, esse, sim, vai às ruas. Esse, sim, dia 12 de abril próximo vai às ruas, como já foi no último dia 15 de março, com vergonha na cara, sim, mas com muito respeito, com muita paz, com sua família. Vai às ruas dizer que quer um Brasil próspero, democrático, livre!

É hora de pensarmos para a frente. No dia 12 de abril, vamos às ruas de novo. Temos esperança. Queremos um Brasil livre, um Brasil melhor.

O que foram as pedaladas fiscais de Dilma?

A condenação do governo Dilma no Tribunal de Contas da União, por unanimidade, precisava ser melhor compreendida. As pedaladas feitas por Dilma eram amplamente divulgadas, mas muitos não entendiam exatamente do que se tratavam. No pronunciamento a seguir, explico exatamente quais leis foram desrespeitadas pela presidente, e quais eram as punições previstas – incluindo, além de eventual impeachment, a própria prisão da mandatária. Pedaladas fiscais foram o crime de responsabilidade que embasariam, depois o processo de impeachment de Dilma Rousseff, um processo legal, constitucional e, sobretudo, necessário para moralizar o país e demonstrar que ninguém pode se achar acima da lei e da Constituição.

8 de outubro de 2015

[...] Quando falo que petista não deve se envolver com a administração pública, a maior prova disso veio da decisão do TCU ontem, que, por unanimidade, rejeitou as contas de Dilma Rousseff. É tão difícil para um petista entender o porquê... Parece que não tem, realmente, o conhecimento necessário da legislação.

Farei aqui a leitura de alguns dispositivos legais e constitucionais infringidos pelo PT e pela presidente Dilma para maquiar as contas no ano passado, para vencer as eleições com mentiras, o que acabou gerando esse julgamento no TCU, que lhe reprovou as contas.

Para começar, a presidente fez empréstimos que não poderia ter feito junto à Caixa Econômica Federal para pagar Bolsa Família, seguro-desemprego e abono salarial.

A Lei de Responsabilidade Fiscal é muito, muito, muito clara. Diz em seu art. 36: "É proibida a operação de crédito entre uma instituição financeira estatal e o ente da Federação que a controle, na qualidade de beneficiário do empréstimo". Vejamos mais especificamente ainda. Conforme o art. 38, inciso IV, alínea b, é expressamente vedado que isso ocorra no último ano de mandato do presidente, governador ou prefeito municipal.

O que diz a lei penal? Em seu art. 359-A, está escrito que terá uma pena de reclusão de um a dois anos quem ordenar, autorizar ou realizar operação de crédito, interno ou externo, sem a prévia autorização legislativa – ou seja, sem autorização do Parlamento – da Câmara, do Senado –, do Congresso. Prisão!

Não é à toa que digo aqui que, em virtude de o governador Tarso Genro (PT) ter assinado contratos na área da saúde sem previsão orçamentária, tendo infringido a lei deveria sair do Piratini em um camburão, e não pela porta da frente como saiu.

A Lei do Impeachment é muito clara quando diz que um dos crimes de responsabilidade contra a lei orçamentária é ordenar ou autorizar a abertura de crédito em desacordo com os limites estabelecidos pelo Senado Federal, sem fundamento na lei orçamentária ou na de crédito adicional ou com inobservância de prescrição legal. E para concluir, estabelece a Constituição que são crimes de responsabilidade os atos cometidos pelo presidente da República que atentarem contra a Constituição Federal, e, especialmente, contra a probidade na administração e a lei orçamentária.

Somo-me ao coro de quem foi às ruas e ao coro iniciado nesta Casa Legislativa pelo deputado Sérgio Turra (PP): "Pede para sair, Dilma!" Mas, com tudo isso acontecendo, certamente o impeachment chegará, Dilma, e não será mais necessário pedir para sair.

Dilma, pede pra sair!
E que renunciem todos!

Postei este discurso no meu Facebook, com a seguinte descrição:

"Desabafei. Ninguém aguenta essa incoerência criminosa e ditatorial do PT: para caminhoneiros, multa e força nacional; já com as badernas do MST não acontece nada. Dilma, pede pra sair! E se quiser liderar um processo, que lidere o de renúncia coletiva de todos os políticos. O povo brasileiro merece respeito e tem direito a novas eleições." Sugeri, inclusive, a minha própria renúncia se houvesse dignidade da presidente em liderar esse processo de renúncia coletiva. Óbvio que não houve[10].

12 de novembro de 2015

O governo federal estabeleceu multas para os caminhoneiros enquanto deixa que o MST deprede, invada e faça as maiores barbaridades em propriedades privadas produtivas. Isso para não falar de quando o MST destruiu pesquisas científicas e não deu em nada.

Agora, com os caminhoneiros, quando eles protestam legitimamente contra um governo que não está apenas sufocando a eles, mas a toda a população brasileira, este governo, que já não tem mais credibilidade, não tem mais legitimidade... Dilma Rousseff, a senhora perdeu qualquer credibilidade e legitimidade de poder continuar governando o país! E a senhora, de forma ditatorial, foi para cima dos caminhoneiros, dos trabalhadores brasileiros, estabelecendo multas para evitar que protestem contra a senhora.

O que nós realmente precisamos é de uma campanha nacional de moralização na política, que inclua a renúncia da presidente da república, Dilma Rousseff. Mas, talvez, não só dela, mas também do vice Temer, dos senadores, dos deputados federais. E, por que não, dos deputados estaduais? Uma renúncia geral, coletiva, para que a população possa voltar às urnas, talvez juntamente com as eleições do ano que vem para prefeitos e vereadores e fazer valer o seu voto de verdade. Para fazer uma limpa na nossa política nacional, porque a mentira foi tanta e agora está tão fresca essa memória na cabeça da população brasileira. A população se sentiu enganada, está percebendo quem está do seu lado e quem está contra ela. Esse seria um grande gesto da presidente Dilma Rouseff. Talvez, o único grande gesto que ela ainda pode dar, que é sugerir a própria renúncia e uma renúncia coletiva de toda a classe política.

Eu não tenho problema com isso, eu não sou apegado ao cargo. Pelo contrário, acho que o verdadeiro representante dos eleitores deve estar disposto a enfrentar as urnas todos os dias. Todos os dias! Falta credibilidade e legitimidade à presidente Dilma. E também ao ex-presidente Lula, que

---

[10] Confira no Facebook: https://goo.gl/xBvCwH ou assista no YouTube: https://goo.gl/AQ3Vsd

UMA VOZ A FAVOR DO *IMPEACHMENT* DE DILMA

hoje aparece tão mal nas pesquisas. Tudo isso por causa do falido projeto de poder do PT. Com essa demonstração inequívoca, o povo brasileiro não vai jamais repetir um voto nesse partido ou nos seus representantes, lá em Brasília ou aqui no Rio Grande do Sul. Pois entregaram aqui também o estado quebrado, um estado que sempre foi pujante e que agora precisa passar por parcelamento de salários do funcionalismo, por causa da situação do nosso caixa.

E a população brasileira não consegue mais ver na política a solução, pelo menos não na classe política atual, não nos partidos políticos atuais. Todos carecendo de credibilidade nas pesquisas de opinião pública. Portanto, presidente Dilma Rouseff, pede para sair. E se for tão difícil renunciar sozinha, eu aceito o desafio. Peça para que todos saiam coletivamente, dê uma nova oportunidade para o povo brasileiro, de ter esperanças no futuro dessa nação, elegendo novos representantes, reelegendo aqueles que merecem.

Mas, por favor, presidente Dilma Rousseff, pede pra sair!

Impeachment não é golpe

A narrativa mentirosa de que o *impeachment* de Dilma seria um "golpe" esteve nas falas do PT desde o princípio. Quando o *impeachment* foi aceito na Câmara dos Deputados por Eduardo Cunha (PMDB), então, tornou-se o principal mantra petista. Um dia após a abertura do processo de *impeachment* de Dilma Rousseff no Congresso Nacional, subi à tribuna para defender novamente seu *impeachment*: desta vez, porém, demonstrei quem são os verdadeiros golpistas, baseando-me em grande parte em um excelente artigo de quem prefacia este livro, Percival Puggina. Até hoje, esta fala minha está certamente entre as dez que mais repercutiram[11].

3 de dezembro de 2015

O *impeachment*, na verdade, é um pedido do povo brasileiro[12].Na sua absoluta maioria, o povo brasileiro – que o PT, aliás, sempre disse

---

[11] PUGGINA, Percival. *Sessenta tons de vermelho (ou sessenta motivos para não apoiar o PT)*. Porto Alegre. 2015: https://goo.gl/cgrh8c.

[12] Discurso baseado no artigo *Sessenta Tons de Vermelho (ou sessenta motivos para não votar no PT)*, de Percival Puggina: http://goo.gl/Lwst23

querer ouvir e disse representar – quer o *impeachment*. Basta ver as pesquisas.

Impeachment não é golpe!

Mas se o PT quer saber o que é golpe, eu digo, olhando para a história do PT, antes e depois de o PT chegar ao poder, o que é golpe.

Golpe é ter votado contra a Constituição da República Federativa Brasileira.

Impeachment não é golpe.

Golpe é ter sido contra o Plano Real.

Impeachment não é golpe. Aliás, *impeachment* está previsto na Constituição aprovada pelos constituintes brasileiros.

Golpe é ter sido contra todas as privatizações. Aliás, que bem que trouxeram! Vejam as comunicações: se fosse para manter como era antes, o que seria do brasileiro que hoje pode ter acesso, por exemplo, a um telefone celular?

Golpe é ter sido contra a Lei de Responsabilidade Fiscal.

Isso tudo antes de chegar ao poder.

Quando chegou ao poder, o PT ensinou ainda melhor o que é golpe.

Golpe é, desde o primeiro dia, ter tentado censurar a imprensa.

Impeachment não é golpe!

Golpe foi ter tentado criar o Conselho Federal de Jornalistas para punir os jornalistas que o PT considerava incômodos.

Impeachment não é golpe.

Golpe foi tentar implementar o PNDH3.

Golpe foi criar o Foro de São Paulo e se submeter a seus ditames durante o período em que esteve no poder (e ainda está no poder, acredito, por apenas mais uns dias).

Golpe é o PT ter dado refúgio a terroristas como Cesare Battisti. E golpe é ter mandado boxeadores cubanos de volta a Cuba – aliás, pela mão do ex-governador gaúcho Tarso Genro, que era Ministro da Justiça. Isso é golpe à democracia, golpe à liberdade. O PT ensina o que é golpe.

Golpe do PT foi tentar desarmar o cidadão de bem e, infelizmente, ter conseguido, enquanto os bandidos andam armados pelas ruas e nos acuam todos os dias com a insegurança que nós temos. Isso é golpe!

Impeachment não é golpe!

Golpe é ter não apenas criado o MST, mas mantido o MST, nutrido com verbas públicas e não fazer nada quando os integrantes e militantes do MST vão às ruas com foices, invadem propriedades, ao passo que caminhoneiros/trabalhadores são recebidos com balas de borracha e a Força

Nacional. Isso é golpe na democracia. Isso é golpe nas nossas liberdades. Isso o PT ensinou ao Brasil.

Impeachment não é golpe.

Golpe foi o aparelhamento que o PT fez na administração pública, nos órgãos do Estado, nos tribunais superiores.

Impeachment não é golpe.

Golpe foi ter criado uma infinidade de ONGs, patrocinadas com dinheiro dos nossos bolsos, com dinheiro dos nossos impostos.

Impeachment não é golpe.

Golpe é ter usado os mais miseráveis através do Bolsa Família para compra de votos institucionalizada porque, se fosse realmente um programa do qual o PT pudesse se orgulhar, deveria comemorar a saída das pessoas depois de 13 anos no Bolsa Família, e não o incremento anual no número de beneficiários.

Golpe é ter corrompido o Congresso Nacional com o Mensalão, é ter perdoado dívida de ditadores africanos e tiranetes aqui da América Latina.

Golpe foi ter instituído o Programa Mais Médicos para mandar dinheiro para Cuba – um país totalitário, um país comunista.

Golpe foi ter destruído a Petrobras para comprar o Congresso Nacional.

Golpe foi, sim, pedalar, porque foi um desrespeito ao Legislativo, a quem cabia decidir se poderiam ser utilizados recursos de bancos públicos para as finalidades que o PT queria utilizar.

Mas, não! O PT não sabe o que é democracia, não sabe respeitar isso, porque o PT, sim, é adepto do golpe.

Impeachment não é golpe.

Golpe é não saber explicar e nem querer explicar o que aconteceu com o companheiro Celso Daniel. O PT mostra bem, fora do poder, o que é golpe porque não gosta de deixar os outros governar. E mostra no poder o que é golpe porque não sabe governar.

Golpe é ser a favor do "Fora, FHC" com um mês de mandato e, agora, ser contra que se tramite um processo de *impeachment* contra Dilma Rousseff, sobre cujos ombros recai muito mais culpa certamente pelo seu governo e o conjunto da obra do que na época de Collor, que deveria ser impichado, sim, mas que hoje não passaria de um ladrão de galinhas.

O Brasil não aguenta mais o PT. O Brasil não aguenta mais essa mentalidade ditatorial contra as liberdades.

Impeachment não é golpe!

Por isso, o povo brasileiro quer democracia, quer liberdade, quer *impeachment*. Já!

Na rua contra a herança maldita do PT

Desemprego aumentando, crise econômica piorando, produtividade caindo e sua renda (sim, a sua!, caro leitor) despencando. Essa era a herança maldita do PT, poucos dias antes da maior manifestação popular da História do Brasil, que ocorreria em 13 de março de 2016, levando mais de seis milhões de pessoas às ruas em todo o Brasil[13].

11 de fevereiro de 2016

Senhora presidente, senhores deputados, ouvi atentamente o discurso do deputado Tiago Simon (PMDB). Preciso dizer que senti muita tristeza pela sua expressão genuína, honesta, realmente demonstrando nas palavras e na forma como se pronunciou também tristeza pela situação em que o país se encontra, além de profunda indignação.

Li as principais revistas semanais do país, entre elas a *Época, IstoÉ* e a *Exame*, que é quinzenal. Todas elas, sem exceção, noticiavam exatamente a situação como está e com tintas extremamente escuras. A manchete de capa da *Época* é: *Um país de dez milhões de desempregados.* Foi o que disse o deputado Simon desta tribuna. Esse número é equivalente a ter a população inteira de Portugal dentro do Brasil desempregada. Faço menção especial, como jornalista, a Alana Rizzo, Aline Ribeiro e a Hudson Corrêa, que fizeram um relato jornalístico fantástico, apesar de muito triste, sobre a situação pessoal de muitos desses brasileiros que estão na fila do desemprego, buscando uma oportunidade.

A vida real é muito diferente do que diz a propaganda do PT, é muito diferente do que diz o partido que sempre pregou que defendia a classe dos mais pobres. Os pobres pagam a conta. Essa é a verdade. Esta é a vida real: o desemprego cresce, a renda cai, os preços sobem, os juros do cheque especial disparam, os saques na caderneta batem recorde, a nova classe média perde força e a satisfação com a vida diminui.

Logo que se termina de ler, na revista *Época*, a matéria sobre essa situação calamitosa, triste, vê-se uma entrevista com Miguel Rossetto, ministro do Trabalho, dizendo que tivemos um ano difícil em 2015 – pelo menos isso ad-

---

[13] Confira no Facebook: https://goo.gl/kjRk56 ou assista no YouTube: https://goo.gl/Qes7nT

mite. Mas foi muito mais do que difícil, ministro! Foi um ano perdido, assim como foram todos os anteriores, graças à administração deste governo. Pior do que perdido, pois regredimos.

O deputado Simon utilizou muito bem aqui os dados da desindustrialização no país, e no nosso estado também. Lemos no jornal *Zero Hora*: "Setor despencou 11,8% em 2015 no estado. Indústria do RS tem pior resultado dos últimos sete anos em 2015." Ou seja, a situação é tão grave que um ministro diz que vai resolver com saques do FGTS – que é justamente do trabalhador brasileiro –, entendendo que com isso vai resolver a crise de confiança no momento em que ninguém quer investir e nem tomar dinheiro emprestado. Isso é debochar de todos os brasileiros. Isso provém de um profundo preconceito com a iniciativa privada, que está pagando a conta.

Afinal, só quem produz pode pagar a conta do setor público, que está cada vez mais alta. E o mais pobre, que é neste país quem mais paga impostos, proporcionalmente à renda, é quem mais está sofrendo. Dizem que trazer más notícias é ruim, porque não se traz soluções, muitas vezes combate-se apenas o mal e tem-se dificuldade em propor alternativas. Mas a alternativa está na sociedade que produz. O governo não precisa intervir tanto!

No momento em que um governo sufoca [o cidadão, a iniciativa a privada], em especial um partido que só gosta da iniciativa privada quando é para reformar um tríplex, precisamos dizer claramente aquilo que está acontecendo: acorda, Brasil! Não dá para aguentar mais dois, três anos de PT! *Impeachment*, já! Dia 13, todos na rua.

O golpe fatal no esquema petista

Assim postei o discurso a seguir no meu Facebook:

"Ainda estou procurando algum petista gritando NÃO VAI TER GOLPE!... De fato, parece que não vai ter golpe, pois o PT vai cair! Falei sobre isso no meu pronunciamento neste histórico 3 de março, quando a revista *IstoÉ* divulgou a delação do líder do PT no Senado, que pode estar encaminhando Dilma, Lula e o PT para a sarjeta de nossa História. Cinco minutos [meu tempo regimental de tribuna] não são suficientes para falar de 1% das falcatruas do PT..."[14]

3 de março de 2016

---

[14] Confira no Facebook: https://goo.gl/7jcJjV. Ou assista no YouTube: https://goo.gl/kqgXJR

Sra. Presidente, Sras. e Srs. Deputados: Permitam-me, ao iniciar meu pronunciamento, neste dia tão simbólico para a República Federativa do Brasil, ser bastante gráfico, até porque para algumas pessoas não basta falar, não basta explicar, não basta sequer desenhar. Permitam-me, portanto, ser bastante gráfico.

Dilma e Lula foram finalmente desmascarados por um dos seus. Talvez não precisasse falar muito mais, apenas mostrar isso, porque, para bom entendedor, meias-palavras bastam. Mas é necessário, sim, vir à tribuna para dizer que dessa vez não foi a Veja, não foi o Fernando Henrique

Cardoso, não é culpa do FHC. Desta vez, foi o líder do governo no Senado – Delcídio do Amaral – quem disse o que se passou nesta república petralha durante os governos Dilma e Lula.

Lula e Dilma arruinaram a institucionalidade do Brasil. Debocharam de todos os brasileiros honestos e transformaram a nossa República num parque de diversões petista. Abusaram da impunidade. Pensaram que jamais pagariam pelo que fizeram. Dilma, aliás, não merecia sofrer apenas um processo de *impeachment*. Basta ler a matéria sobre a delação premiada de Delcídio do Amaral para perceber que um *impeachment* é muito pouco. Seu currículo, presidente Dilma, merece muito mais.

Cadê o PT? Vemos onze cadeiras vazias neste plenário[15]. Onde está a linha auxiliar do PT? O Partido Comunista do Brasil, com os deputados Manuela d'Ávila e Juliano Roso? Onde está o PSOL, que estou chamando de "PT mirim"? E deixei bem claro, não é só porque a Luciana Genro, ex-candidata a presidente pelo PSOL, é filha de Tarso Genro (PT),... Onde está o deputado Pedro Ruas (PSOL), tão combativo, neste dia tão importante, apesar de trágico, para a República Federativa do Brasil? Não estão aqui.

A denúncia de que houve uma nomeação de um ministro no STJ com o único propósito de limpar a barra e soltar presos da Lava Jato é mais do que suficiente para que o PT inteiro peça a renúncia da presidente Dilma Rousseff. É muito mais do que suficiente! Houve também a nomeação do Cerveró para a Petrobras – que Dilma disse que não era responsabilidade dela, mas, agora, Delcídio afirmou que foi ela quem o indicou. E o caso Pasadena, aquele rombo da Petrobras para pagamento de propina, e que Dilma, sendo parte do conselho, sabia o que estava acontecendo?

Fatos suficientes, sem dúvida nenhuma, para que este governo acabe imediatamente. E o *consigliere* do presidente Lula? Para quem gosta de gráficos, já que desenhar não é suficiente, temos o famoso poderoso chefão, e aqui o, outrora, poderoso chefão brasileiro[16]. Está com seus dias contados, Lula! Agora, o ministro Cardozo está dizendo que o Delcídio do Amaral está sem credibilidade, mas, até há pouco tempo, tinha credibilidade! O

---

[15] Era muito comum os petistas se ausentarem do plenário durante as minhas manifestações na tribuna. Às vezes restava um, ou dois, pelo dever de "defender a causa". Mas foram inúmeras as vezes em que me via no plenário sozinho, ou acompanhado de poucos mas leais colegas no combate ao PT, dentre os quais destaco, sem medo de cometer injustiça com ninguém, os deputados Sérgio Turra (PP) e Tiago Simon (PMDB).

[16] Nesse momento, levantei na tribuna duas fotografias impressas em folhas A4, erguidas cada uma por uma mão: Lula e Marlon Brando interpretando o mafioso Don Corleone, o Poderoso Chefão.

PT, aliás, com exceção de dois senadores, votou em peso pela soltura de Delcídio quando ele foi preso na Operação Lava Jato. Agora, diz o ministro Cardozo que ele não tem credibilidade! Não é assim, ministro Cardozo! Não é assim, petistas!

Se a régua moral do PT era uma, e, agora, diz que é outra, o cidadão brasileiro sabe o engano que foram esses governos. Por isso, no dia 13 de março, irão encher as ruas. Fora, PT!

O fim do "sonho" petista virou esperança para os brasileiros

Na semana da maior manifestação popular de nossa História, ficava claro que o Brasil não estava dividido. Isso era discurso de petista. Pelo contrário: o Brasil nunca esteve tão unido. A esmagadora maioria da população já apoiava silenciosamente o fim do governo petista. A movimentação pré-13 de março, data das maiores manifestações da história do Brasil, era prova disso[17].

10 de março de 2016

Sinto-me, nesta tarde de quinta-feira, 10 de março de 2016, no momento de crepúsculo de uma era política brasileira. Percebo que o sonho propalado por tantos no passado finalmente acabou. Infelizmente, o sonho nascido de uma estrela virou um pesadelo. E esta tarde crepuscular, que se estenderá até domingo, dia 13 de março, e esses dias obscuros, darão lugar a um novo alvorecer.

É isso que busca a sociedade brasileira. É isso que busca o cidadão brasileiro que ama o seu país e vai às ruas no dia 13, próximo domingo. O Brasil não está dividido. O Brasil está unido. Há poucos que estão isolados, cada vez mais sozinhos. Basta ver este plenário, mais uma vez vazio à nossa esquerda.

Os deputados da estrela, tão combativos outrora, sequer apareceram nesta tribuna na tarde de hoje. Gostaria de pensar que é vergonha pelo legado que estão deixando para os brasileiros, em especial à juventude. Mas, lamentavelmente, pelo que se percebe, a maioria [dos petistas] ainda

---

[17] Confira no Facebook: https://goo.gl/yVsbif ou assista no YouTube: https://goo.gl/Rty8Ri.

se agarra a um líder moribundo que foi à televisão e ao diretório do PT dar um comício e autoproclamar-se uma jararaca, animal rasteiro, traiçoeiro, em vez de pedir desculpas à nação brasileira e explicar aquilo que se lhe atribui.

Vivemos um momento crepuscular, mas o alvorecer brasileiro está aí, nas suas mãos, ao seu alcance, cidadão. Dia 13, vá às ruas. Sou jovem, e muitos jovens como eu estão extremamente decepcionados com a política, decepcionados com o que está acontecendo no nosso país, mas, ao mesmo tempo, com muita, muita esperança.

A esperança que disse que venceu o medo e agora se transformou em escárnio, essa finalmente vai ser enterrada. Temos todo o direito de participarmos desta grande festa da democracia brasileira e pacificamente irmos às ruas, unidos. Sim, nós vamos em paz. O PT quer confronto. O PT faz aquele discurso de que vai colocar as suas milícias nas ruas. Mas a população brasileira não se entrega mais[18].

Assim como também não se entregaram os venezuelanos quando foram às urnas: apesar de haver milicianos com armas, nas áreas de votação, votaram a favor da oposição. Um povo oprimido não se cala. Um povo oprimido vai às ruas. Um povo oprimido não deixa que debochem, como, aliás, debochou o "grande líder" Lula mais uma vez nesta semana, quando disse, vejam bem meus colegas: "A partir de agora, se me prenderem, eu viro herói. Se me matarem, viro mártir. E, se me deixarem solto, viro presidente de novo".

Que deboche! Lula, se o prenderem, é porque o senhor cometeu crimes, porque o Estado de Direito funciona e porque o senhor é bandido. Não o matarão, porque quem mata adversários é comunista, é gente que está do outro lado do corredor, dos totalitários que o senhor defende, não os democratas que vão às ruas. Se o deixarem solto, ex-presidente Lula... Olha, sinceramente, está cada vez mais difícil de acreditar nessa possibilidade. O Brasil é dos brasileiros.

No dia 13, domingo, vá às ruas, demonstre seu amor. A nossa Pátria é verde, amarela, azul e branca. E a nossa bandeira jamais será vermelha. Vamos gritar, juntos: Fora, PT! Fora, Dilma! Chega de corrupção! Todos nós queremos um Brasil verdadeiramente livre.

---

[18] "A esperança venceu o medo" foi parte do discurso de vitória de Lula na sua primeira eleição, em resposta à estratégia da candidatura adversária, de José Serra (PSDB), que explorara em grande medida na sua campanha o sentimento de medo que muitos brasileiros tinham em relação a uma vitória, ainda inédita, do PT nas urnas. Malgrado a vitória de Lula, o medo que muitos tinham acabou se justificando ao longo das desastrosas administrações petistas, passando pelo agora presidiário Lula e culminando com a presidência inepta e corrupta de Dilma Rousseff.

O jeito petista de fazer política

Dilma é corrupta, sim! E se o Brasil prosperou durante os primeiros anos de Lula não foi por causa do PT mas apesar do PT. Afinal, quando não estão no governo, não deixam governar. E quando estão no governo, não sabem governar[19].

29 de março de 2016

Ouvi atentamente ao pronunciamento do meu colega do Partido dos Trabalhadores, do PT, deputado Jeferson Fernandes, e apenas gostaria de fazer algumas considerações a respeito do seu discurso, que foi suave nas palavras, mas bastante agressivo no conteúdo, pois atenta, em muitos pontos, contra justamente aquilo que diz defender: o Estado de Direito e a democracia. Inicialmente, porque [o deputado Jeferson Fernandes] deveria ter trazido aqui, creio eu, quando falou em defesa das instituições e em manifestar-se com rebeldia, mas dentro da lei, deveria lembrar que, ontem, quando a OAB tentou protocolar o seu pedido de *impeachment* – direito constitucional que qualquer instituição tem, e a OAB tinha e tem esse direito – com o presidente da Câmara, não foi permitido [à Ordem que o fizesse] justamente por uma claque de advogados, que são uma minoria no Brasil, que não quer o *impeachment* de Dilma Rousseff.

A OAB decidiu, democraticamente, por 26 a dois, uma esmagadora maioria, que Dilma precisa sofrer o processo de *impeachment*. Lá [na hora do protocolo do pedido de *impeachment* da OAB no Congresso] havia deputados do PT, familiares de deputados do PT e advogados do PT, algumas poucas dezenas, que impediram o Presidente Nacional da Ordem dos Advogados do Brasil de cumprir a sua função como representante daquela instituição, ao querer protocolar o pedido de *impeachment* com o presidente da Câmara dos Deputados. Então, considero muito necessário repor os fatos.

O deputado Jeferson Fernandes falou sobre a capa da revista Veja, lançada pouco antes das eleições passadas, dizendo que ela tentou influenciar o eleitor... Mas, lembrem-se bem qual era a capa! Era com Dilma e Lula com os dizeres "Eles sabiam de tudo". Há alguma

---

[19] Confira no Facebook: https://goo.gl/hJAuE6 ou assista no YouTube: https://goo.gl/tJfv2g

mentira nisso? Pelo contrário! O líder do governo do PT no Senado até há poucos dias, disse em sua delação premiada exatamente isto: que Lula e Dilma não apenas sabiam, como também comandavam tudo. Vamos continuar caindo na história de que Dilma não é corrupta? Dilma é corrupta, sim! Vamos parar com a hipocrisia e vamos reescrever a história também da forma como deve ser escrita, atenta aos fatos.

O governo Lula não foi o melhor governo da história do Brasil, como ele insiste em dizer. Pelo contrário, um governo como o de Lula, que gera tanta pobreza, nos dias de hoje, com essa severa crise econômica, e o governo de Dilma, a reboque, foram, na verdade, os piores governos da História do Brasil. Não se pode repetir mais aquela história de que foi um governo que tirou os miseráveis da pobreza, porque é mentirosa! Lula surfou em um período de bonança internacional.

Lula se aproveitou de um período de governo muito favorável, por causa das reformas estruturais que o Fernando Henrique Cardoso teve coragem de fazer e, antes dele, Itamar Franco também. Ou seja, na verdade, é mentirosa essa história de que Lula fez um excelente governo por méritos próprios. Não!

O Brasil se deu bem, naquela época, apesar do Lula e do PT, e não por causa do PT. Se fosse por causa do PT, teriam de ter feito muitas reformas que o Lula, no alto de sua popularidade, não teve a coragem de fazer. Por isso a saída do PMDB do governo neste momento, anunciada hoje, é tão importante. Estamos nos estertores de um projeto de poder que não pode mais continuar, sob risco de deixarmos gerações e gerações à frente sem ver mais a luz da esperança.

O juiz Sérgio Moro é um herói nacional. Foi criticado aqui, mas 97% das suas decisões em primeira instância foram mantidas. Como pode ser tão severamente criticado? Como podem dizer que ele agiu contra o Estado Democrático de Direito? Não, quem age hoje contra o Estado de Direito é quem diz que, se porventura o Temer assumir, não vão deixá-lo governar. E quem está dizendo isso hoje é a liderança do PT no Congresso. Esses, sim, são golpistas! Quando estão fora do governo, não deixam governar; e quando estão no governo, não sabem governar.

Não seja trouxa!

Ficamos sempre muito indignados, revoltados mesmo, com a quebradeira nas ruas promovida por quem apoia a esquerda. No entanto, esquecemos que grande parte dessas pessoas, compradas por R$30 ou um pão com mortadela, lamentavelmente estão sendo feitas de trouxas, como diz o ditado popular. As redes sociais, aliás, têm sido ótimo meio para revelar que os manifestantes pró-PT - ou como gosto de dizer, os que fazem protesto a favor da corrupção - em grande parte estão alienados e nem sabem bem o que estão defendendo. O canal *Mamãe Falei*, (de Arthur do Val, que prefacia a próxima parte deste livro), é um exemplo muito bom de como as redes sociais podem expor quem é feito de trouxa. Mais vergonhoso do que aparecer no YouTube em contradição é continuar acreditando cegamente nos mentirosos e ilusionistas do PT.[20]

14 de abril de 2016

Este meu pronunciamento não é direcionado diretamente a nenhum colega – embora, evidentemente, muito me honre a presença de parlamentares dispostos a ouvir o que eu tenho a dizer. Também não é para meus eleitores, às pessoas que foram às ruas e que estão em um dos lados – majoritário, sim, evidentemente – nesse entrave político a que chegamos.

Este meu pronunciamento vai diretamente às pessoas que estão, por exemplo, aqui na Praça da Matriz[21], ou acampadas nas barracas vermelhas em Brasília ou em qualquer outro lugar do país. Infelizmente, há muitas pessoas que são levadas a crer num projeto falido de poder, numa ideologia torpe, numa ideia que não deu certo em nenhum lugar do mundo e, por isso mesmo, tampouco está dando certo aqui no Brasil.

Peço a você que está, por exemplo, em Brasília, onde em pleno acampamento um dos líderes do MST foi preso pela Polícia Militar com uma bolsa com 55 mil reais e não soube dizer a origem desse dinheiro, a você que

---

[20] Confira no Facebook: https://goo.gl/ZV6rYm ou assista no YouTube: https://goo.gl/Uk7N33

[21] A Praça da Matriz, ou Praça Marechal Deodoro, é a "Praça dos Três Poderes" gaúcha: Assembleia Legislativa a oeste, Palácio Piratini ao sul e o da Justiça ao norte. É palco constante de manifestações sindicais e políticas.

porventura está sendo pago para estar aí, que coloque a mão na consciência e pergunte a si mesmo de onde vem esse dinheiro, ainda mais em um momento em que muitos brasileiros não têm dinheiro para pagar suas contas no final do mês porque estão desempregados.

Peço a você que pergunte a si mesmo de onde está vindo esse dinheiro, de que fonte e por que razão quem foi pego com ele não quer revelar de onde veio. Você, que está disposto a invadir terras na segunda-feira, liderado por verdadeiros loucos, que não respeitam o direito de propriedade daqueles que a adquiriram com muito suor e com muito trabalho, você acha justo fazer isso?

Pense bem se você não está sendo enganado, sendo feito de trouxa por líderes que não respeitam certamente nem a você mesmo – e que na primeira oportunidade jogarão você na sarjeta.

Aliás, falando em justiça, qual é o conceito de justiça de um partido que não consegue admitir para os seus o mesmo peso da lei que arroga para os outros? Qual é o conceito de justiça? Pense bem. Na verdade, é um conceito absolutamente calcado em uma ideologia, como já disse, ultrapassada, baseado no marxismo, que surgiu no século XIX e que já é ultrapassado há muito tempo, porque se baseia numa luta de classes, que é absolutamente inexistente, um conceito que divide a sociedade, que estimula o ódio e que vê todas as leis produzidas em um país como fruto de um desejo da burguesia, de uma classe social que hoje, em pleno século XXI, não existe mais.

Pense na sua responsabilidade, Ari Vanazzi, presidente do PT estadual: prometeu invasões de terra se o *impeachment* de Dilma passar, justamente num momento em que o PIB gaúcho cai 3,4%, e é a agropecuária, o setor agrícola, que deu a única boa notícia, com 13% de aumento. Pense se você militante de esquerda, do PT, do MST, não está sendo feito de trouxa, porque neste momento está muito fácil discernir quem está de um lado do corredor e quem está de outro. Quem está do lado dos 90% dos brasileiros, quem está ali, e quem está junto aos outros 10%.

Eu vejo pessoas, pacificamente, democraticamente, pedindo Estado de Direito. Do outro lado, vejo líderes que talvez cumpram simplesmente o papel de atores, infelizmente muito bem remunerados pelo dinheiro público, vindo aqui na tribuna falar asneira atrás de asneira. Vejo, talvez, alguns psicopatas, por não terem remorso daquilo que fazem ou do que fizeram no passado. Vejo ladrões que roubam dinheiro público como se tivesse isso como direito. Eu vejo charlatães.

Talvez os únicos que possam ser classificados como honestos sejam, na verdade, inocentes úteis que, também na figura de um trouxa um pouco mais alto no nível, está fazendo também você de trouxa. Não deixe isso acontecer. Pelo bem do Brasil, não à violência! Vamos mudar o Brasil e vamos mudar em paz.

O dia em que a Câmara representou o povo brasileiro

O *impeachment* de Dilma Rousseff acabara de ser aprovado. Fazia dois dias. Acompanhei o processo presencialmente, na Câmara. Vi, portanto, *in loco* o voto do prefaciador desta parte do livro, Paulo Eduardo Martins, e de todos os 367 deputados federais que representaram o povo brasileiro que exigiu, nas ruas, o fim do governo Dilma Rousseff. O processo então seguia para ser endossado, corroborado, sacramentado pelo Senado. Cumprindo seu papel constitucional em uma democracia representativa, o Congresso de representantes do povo e dos estados daria ouvidos a seus representados[22].

19 de abril de 2016

Estive em Brasília acompanhando todo o processo de discussão e votação do *impeachment* da presidente Dilma Rousseff, líder do governo mais corrupto e incompetente da história brasileira. Governo que o *Washington Post* declarou estar passando pelo mais abjeto colapso político. Governo cujos líderes políticos estão envolvidos em um amplo escândalo de corrupção. É fácil vir aqui a esta tribuna, ser seletivo e escolher, dentre matérias, as que tenham apenas o dever jornalístico de informar os cidadãos no mundo todo do que está acontecendo no Brasil, selecionando ali apenas aquilo que interessa ao PT dizer[23].

Diz o *Washington Post*: "Governo que passa por um abjeto colapso político." Também diz: "Governo cujos líderes políticos estão envolvidos em um amplo escândalo de corrupção." Aliás, um governo tão corrupto, tão lacaio, que comprou os votos do Partido da República a 50,5 milhões de reais em emendas, conforme acabou de

---

[22] Assista no Facebook: https://goo.gl/x7r8Sj ou no Youtube: https://goo.gl/1qpXD9

[23] Foi o que o deputado petista Adão Villaverde havia feito na tribuna em pronunciamento anterior ao meu, na mesma sessão.

ser anunciado hoje. Foram 50 milhões e meio de reais em emendas parlamentares, para que os deputados do PR votassem contra o *impeachment.*

Por isso, volto para o Rio Grande do Sul orgulhoso da posição do meu partido, que sempre foi, aliás, aqui no Estado, de contrariedade ao governo do PT e que resultou no plenário da Câmara em 38 votos favoráveis, dos 45, ao *impeachment* da presidente Dilma Rousseff. O partido, que poderia ser aquele que melaria o *impeachment,* acabou fazendo com que outros partidos saíssem da base, fechassem questão a favor do *impeachment* e, antes tarde do que nunca, abandonassem esse governo corrupto e incompetente.

O cenário, o clima, hoje, em Brasília é o de fim de feira. Presidente Dilma Rousseff, o seu governo acabou. Acabou! Se a senhora tiver dignidade, na próxima entrevista que conceder, renuncie ao mandato. É só o que lhe resta. Se tiver dignidade, renuncie ao mandato. É isso que a população brasileira quer, e é isso que o Parlamento decidiu por 367 votos. A voz do povo nas ruas e representada no Congresso Nacional decidiu pelo fim desse governo. Continuar um dia a mais é debochar da cara de cada brasileiro. Mas, não adianta: o PT não quer respeitar a democracia representativa, porque jamais a respeitou. É um desrespeito do PT ao Estado de Direito. Agora, está nas mãos do Senado Federal, que irá cumprir – eu tenho inteira convicção – o seu papel de dar andamento ao processo de *impeachment* e afastar de uma vez esse mal da presidência da República.

E quem assume? Quem assume é Temer. Não votei no Temer. O PT acusa Temer de não ter voto, mas quem botou o Temer no Palácio do Jaburu foi o PT! Foram os eleitores do PT que votaram na chapa Dilma e Temer. Havia, de fato, alguns eleitores do PMDB, mas, mesmo aqui no Rio Grande do Sul, a grande maioria votou em Aécio Neves, nas últimas eleições. Por isso, agora, convivam com o que criaram. Espero que Temer faça um governo de estabilização política no Brasil. E qualquer coisa, neste momento, é muito melhor do que um país parado, um país que não anda mais para a frente.

Portanto, meus colegas deputados, é hora de o Brasil voltar a ter esperança e olhar para a frente. Felizmente, o Partido Progressista, repito, antes tarde do que nunca, tomou a decisão correta e apoiou o *impeachment* da presidente Dilma Rousseff, como quis o povo brasileiro – e continua querendo.

Agora é com o Senado Federal, que não nos decepcionará.

Tchau, querida!

Golpista é o PT, que golpeou nossas instituições

Esquerdistas têm o descaramento de debochar por termos ido às ruas para mudar o Brasil usando roupas verdes e amarelas. Revelam apenas que a cor deles de fato é o vermelho, o vermelho da destruição, da fome, do sangue e do genocídio do socialismo e do comunismo. Não temos vergonha do verde-amarelo - pelo contrário! Temos orgulho de sermos patriotas. Vergonha deveria ter quem acha que, porque ganhou uma eleição, pode fazer o que quiser, impunemente. Na História, vimos isso acontecer outras vezes como com Hitler, na Alemanha, eleito pelo povo e, depois, tirano no poder. No Brasil, o projeto totalitário do PT foi interrompido com o *impeachment* de Dilma. É responsabilidade dos brasileiros, que amam o verde-amarelo, impedir que algo parecido se repita. PT, nunca mais![24]

9 de agosto de 2016

Infelizmente, acabamos tendo de nos acostumar com a covardia de quem ataca, [de quem] chama de golpista quem é democrata e foi às ruas de forma pacífica, e depois se vai, desaparece do plenário, pois não aguenta ouvir a verdade.

Estou há um ano e meio no mandato nesta Assembleia Legislativa, e é impressionante como acabamos nos acostumando com essa falta de respeito por parte de quem não aguenta ouvir a verdade, justamente depois de encher este plenário de mentiras, de falácias.

É uma pena que tenhamos de nos acostumar com isso, mas é um alento saber que o povo brasileiro não se acostumou, que jamais vai se acostumar e deu provas de que não vai deixar que essa tese absurda e falida de golpismo prospere. Pelo contrário: golpista é o PT, que golpeou as nossas instituições. Golpista é quem diz que é pelo voto. Sabe quem foi eleito pelo voto e depois permaneceu no poder com apoio popular? Adolf Hitler. Nazistas, fascistas, comunistas, tudo é farinha do mesmo saco. Ditadores que o PT aprova, segue, agindo de forma igual quando no governo. Esta é a verdade: Adolf Hitler foi eleito pelo voto e continuou lá, desrespeitando as

---

[24] Confira no Facebook: https://goo.gl/M9PgBa. Ou assista no YouTube: https://youtu.be/4kNWnWslk3U.

instituições. E, hoje, o PT diz que, por maioria de votos, Dilma foi eleita, como se isso a absolvesse de qualquer crime que ela ou o seu partido viessem a cometer. Isso é um absurdo.

O voto popular, que é sagrado, que garante o funcionamento das instituições e da democracia representativa, precisa ser respeitado não só no dia das eleições ou na campanha eleitoral: ele precisa ser respeitado durante todos os dias de uma administração, precisa ser respeitado durante todos os dias de um governo. O PT não soube respeitar isso, assim como Adolf Hitler. Não soube, porque não poderia saber respeitar isso quando assumiu o governo alemão. E o PT tem em si o gene do totalitarismo, tem em si o DNA das ditaduras, cujos líderes dizem que lutaram pela democracia no Brasil, mas foram financiados pela União Soviética e treinados em Cuba, para instituir aqui no Brasil um regime comunista.

O PT jamais poderia ter dado certo. E depois, covardemente, saem do plenário. Jogam acusações aqui ao vento, mas, na verdade, fogem, porque são também acusados por delatores.

Aliás, isso se percebe nesse sindicalismo torpe que tomou conta das instituições e nos discursos dos petistas, do PSOL do Pedro Ruas, "PT mirim" da Luciana Genro, dos comunistas Manuela d'Ávila e Juliano Roso. Isso foi percebido com as galerias cheias, neste plenário. Mais uma vez, a sociedade se viu sendo desrespeitada.

Nós mudamos o Brasil – I

O verbo mudar, na primeira pessoa do plural, adquire a forma "mudamos" tanto no pretérito perfeito como no presente do indicativo. É o verbo ideal para descrever o sentimento de quem mudou o Brasil, no passado recente, tendo ido às ruas e exigido um *impeachment* e o conquistado, mas também no presente, pois a batalha das ideias persiste e a vigilância sobre os políticos bem como o ativismo a favor do Brasil devem ser permanentes. Sim, com orgulho, no passado e no presente, nós mudamos o Brasil! Dei dois discursos com este tema otimista mas pés no chão, "nós mudamos o Brasil", que agora tenho a oportunidade de publicar para a posteridade. O primeiro é mais curto, generalista, e está publicado na parte VIII deste livro. O segundo, mais longo e que publico nesta parte, faz um relato histórico das manifestações desde 2014 até a antevéspera da finalização do processo de *impeachment* de Dilma, no Senado da República.

25 de agosto de 2016

Esta quinta-feira já é histórica para o Brasil. Inicia-se hoje o julgamento no Senado, presidido pelo presidente do Supremo Tribunal Federal, do crime de responsabilidade cometido pela presidente afastada Dilma Rousseff. É um dia histórico para o Brasil, pois todos os brasileiros que foram às ruas não aguentavam mais um governo corrupto, incompetente e ideologicamente contrário às instituições, ao Estado de Direito, à liberdade e à democracia.

Podemos dizer, com muito orgulho e bem alto, que nós mudamos o Brasil! Mudamos o Brasil no passado, quando decidimos ir às ruas, quando nos indignamos, quando nos informamos mais sobre política e quando decidimos não nos omitir mais diante de tantos descalabros. Também, mudamos o Brasil no sentido de que esse processo continua, não para. Nós mudamos também – é verbo no tempo presente, na primeira pessoa do plural –, nós mudamos o Brasil. Essa história precisa ser contada.

O processo de *impeachment* da presidente afastada Dilma Rousseff termina na próxima quarta-feira. Mas não termina, de forma nenhuma, a necessidade de que deixemos para a posteridade as lições que aprendemos e que todos os brasileiros precisarão observar para não cairmos jamais nos mesmos erros e para não repetirmos jamais os mesmos equívocos que permitiram que tal viés ideológico, contrário ao Estado de Direito, à democracia e às liberdades, fosse preponderante em uma eleição presidencial.

Essa história, portanto, precisa ser contada, também porque nada foi resolvido. Pelo contrário, precisamos continuar vigilantes. Até porque, quem assume oficialmente o poder, Michel Temer, é vice de quem será – é a expectativa de todos os brasileiros – afastada definitivamente. Foi eleito com os votos de Dilma Rousseff e com os votos de todos que digitaram 13 na urna. Precisamos continuar cobrando, acompanhando e fiscalizando quem assume o poder, a fim de que aja com responsabilidade e respeite o povo brasileiro.

Nada foi resolvido também porque o nosso despertar é recente. Já sinto ares de mudança nas eleições municipais deste ano. Tenho rodado o Estado e percebido muitos candidatos que têm fugido do método tradicional, velho e arcaico de fazer política, buscando novas ferramentas para garantir transparência na sua representação, se vierem a ser eleitos nas urnas, no próximo dia 2 de outubro.

É importante mencionar isso, pois vejo muitas pessoas saindo dessa omissão, largando suas profissões e suas carreiras consolidadas, muitas vezes na iniciativa privada, para encarar esse duro desafio de ser vereador, ou mesmo vice-prefeito ou prefeito, em cidades que, literalmente, hoje estão quebradas. Isso é fruto de um sistema federativo, construído de cabeça para baixo e que funciona cada vez pior. Estamos falando de municípios que têm seus representantes em Brasília circulando com pires nas mãos pelos ministérios, na Câmara, no Senado e no Palácio do Planalto, para cobrar um retorno dos impostos que o cidadão paga lá na base.

Por isso mesmo, ao estarem lá mendigando recursos que já seriam seus, acabam demonstrando a falência desse sistema que permitiu tanta quebradeira em nível municipal. A situação não está resolvida, mas afastar Dilma e o PT do poder, do governo federal, já é um excelente começo. É alvissareiro, pois justamente eles acabaram agravando todas essas deficiências institucionais contra as quais se diziam os grandes adversários – e hoje, percebe-se, acabaram sendo grandes beneficiários, não somente para um projeto de poder, o que já seria ilegítimo flagrantemente, mas, inclusive, para seus próprios enriquecimentos pessoais. Haja vista, por exemplo, a prisão de José Dirceu e de outros comparsas do mensalão, da Lava Jato e, mais recentemente, tudo o que se descobriu a respeito de Luiz Inácio Lula da Silva, antes tido como santo e hoje visto como um bandido comum.

É um começo de mudança, caros estudantes que estão aqui[25], que ocorreu lá, em 2014. Aqui em Porto Alegre, uma semana depois das eleições, centenas de gaúchos foram ao Parcão protestar e, já naquela época, pedir que se fizesse uma apuração decente dos votos, uma auditoria sobre o processo eleitoral – que, de tão duvidoso que foi, acabou deixando parte da população encucada, realmente duvidando de um sistema eleitoral de urnas eletrônicas que não têm o voto impresso para que se confira, de fato, se aquele voto que ocorreu na urna chegou a ser computado.

Lá em 2014, no dia 1º de novembro, no dia 15 de novembro e no dia 6 de dezembro, centenas de gaúchos e milhares de brasileiros (pois em outros pontos do país eles também foram às ruas) decidiram não se omitir diante do descalabro e protestar, já naquela época, logo após a reeleição e antes da posse da presidente reeleita Dilma Rousseff, contra o que acontece em nossa política nacional. Portanto, aquele processo foi motivado sobretudo por questões ideológicas, como eu diria, já que muitos dos que inicialmente foram às ruas estavam mais angustiados com a postura bolivariana do PT, que, inclusive, naquela época, tentava forçar, logo após a

---

[25] A Assembleia Legislativa, com frequência, recebe estudantes nas suas galerias – nesta sessão em particular, eram estudantes do 3º ano do Colégio Estadual Paula Soares. É uma forma de aproximar o cidadão, jovem, da política, demonstrando na prática como funciona o Parlamento.

reeleição de Dilma Rousseff, a manutenção de um decreto, o de nº 8.243, que criaria algo como os sovietes, os conselhos populares (em russo é "soviete"). A indignação marcadamente ideológica de uma parcela significativa da população esclarecida fez com que surgisse o embrião dos grandes protestos que varreriam o Brasil em 2015 e em 2016.

Em 2015, em fevereiro, foi a vez de a classe produtiva brasileira cruzar os braços e se indignar. Lembro-me muito bem de que houve aqui na Assembleia uma audiência pública para receber os caminhoneiros em greve. E, então, pela primeira vez em um parlamento brasileiro, um deputado pediu o *impeachment* da presidente Dilma Rousseff. Fui eu, aplaudido pelos caminhoneiros angustiados, pedindo também o fim daquele governo corrupto e ilegítimo, que não permitia não apenas que trabalhassem, mas sequer que protestassem, demonstrando o viés autoritário, totalitário, de quem, com muita arrogância, não permitia o contraditório nem uma oposição realmente civil e democrática

Depois, vieram as contas de luz – muito caras –, os impostos e a extinção de certos direitos trabalhistas, os quais a presidente Dilma Rousseff disse, na campanha, que não extinguiria nem que a vaca tossisse e que motivaram milhões de brasileiros a irem às ruas em 15 de março. Paralelamente a tudo isso, no mês de março do ano passado, corria a Operação Lava Jato, operação que será lembrada na História como, sem dúvida alguma, o fato mais importante – ainda mais do que o próprio *impeachment*, porque deu luz ao *impeachment*. É a operação que será lembrada em todos os livros de História do Brasil!

Em Porto Alegre, em 15 de março de 2015, 100 mil foram às ruas; em São Paulo, milhões, na Avenida Paulista; e no Brasil todo pessoas gritavam "Fora, Dilma! Fora, PT!". Repetiu-se a dose em abril de 2015; e, em maio, um grupo de jovens marchou de São Paulo para Brasília para pressionar pelo *impeachment*, que já contava com o parecer favorável do jurista Ives Gandra Martins.

Isso fez com que muitos brasileiros acabassem apoiando essa investigação importantíssima. Durante todo o ano, escândalos envolvendo petistas e participantes do esquema não pararam de vir a público, o que fez com que em agosto se repetisse a dose e, em março de 2016, neste ano, mais uma vez milhões de brasileiros fossem às ruas. Dessa forma, percebe-se que este processo, que agora se inicia no Senado, cujo julgamento está previsto para a próxima semana, é o que muitos brasileiros esperam que seja de fato a mudança, para cada um voltar a ter orgulho de ser brasileiro, de dizer que o Brasil já mudou. Mas nós continuaremos mudando.

Pois, se fomos às ruas para pedir o *impeachment* de uma presidente da República, e ele está acontecendo, voltaremos quantas vezes mais forem necessárias para que, com muito orgulho, digamos que nós, de fato, mudamos o Brasil.

A reforma política feita pelo povo e pela Lava Jato

Enquanto deputados em Brasília teimam em não fazer uma reforma política de verdade, apenas aumentando seus próprios poderes, privilégios e vantagens para as próprias eleições, o povo nas ruas e a Lava Jato fazem, de baixo para cima e de dentro para fora, parte importante da reforma política de que o Brasil tanto precisa[26].

15 de março de 2017

Venho a esta tribuna para dizer que o Brasil está passando por um processo muito importante de reforma política, uma reforma política pressionada de baixo para cima, do povo em direção às elites. Mas também de dentro para fora, com as instituições, Poder Judiciário, Polícia Federal e Ministério Público, demonstrando que podem trabalhar bem quando apoiadas, evidentemente, pelo apelo popular, para que tudo aquilo que hoje nos traz a uma situação de calamidade financeira, sem falar na calamidade moral, possa ser, de fato, passado a limpo.

É isso que queremos para o nosso país, independentemente de siglas partidárias, independentemente de cores ideológicas. No nosso Brasil, precisamos continuar vendo a mudança que foi iniciada, já em 2013, nos protestos de rua que levaram milhões de pessoas a se manifestar.

Até é interessante lembrarmo-nos de 2013, porque, naquele ano, as manifestações haviam sido provocadas, inicialmente, por causa de um aumento de 20 centavos nas passagens, por grupos aparelhados. O PSOL era um dos que mais estava envolvido naquelas manifestações. A indignação da população era tão grande, naquele junho de 2013, que transbordou com a questão dos 20 centavos.

---

[26] Confira no Facebook: https://goo.gl/SGri3b ou assista no YouTube: https://goo.gl/XpYgHE

O mais curioso é recordar o que ocorreu quando transbordou a questão dos 20 centavos, quando o povo foi às ruas aos milhões, dizendo que estava indignado com a política, que estava indignado com a má administração. E ali ainda não havia a bandeira do *impeachment*, ainda não havia o alvo PT, Dilma, Lula, partidos aliados e todos os que devem pagar pelo crimes que cometeram. O alvo era a classe política como um todo, de forma generalizada.

É importante lembrar, porque aqueles que estavam se manifestando inicialmente pelos 20 centavos, que fizeram as badernas por causa dos 20 centavos, depois, quando já não era mais pelos 20 centavos, caíram fora e voltaram como *black blocs*, protegidos também, claramente, pelo próprio PSOL.

É fundamental lembrar isso neste meu pronunciamento, porque revela como, na conquista da democracia ou na reconquista do Estado de Direito e da moralização da política nacional, alguns partidos atuaram contra. E a maioria [dos demais partidos] não pôde sequer atuar, porque o povo não queria saber de partido político envolvido em manifestações. Mas alguns atuaram contra. E isso precisa ser dito. Isso precisa ser lembra-do.

Veio 2014, a reeleição de Dilma Rousseff, e logo ficou claro o engo-do, o quanto mentiram para poder vencer as eleições, o quanto roubaram para manter de pé um projeto de poder.

As pessoas que foram às ruas no final de 2014, logo após a reeleição da felizmente ex-presidente (que sofreu *impeachment* por crime de respon-sabilidade) Dilma Rousseff, sabiam que algo de muito errado iria acontecer no País: o decreto bolivariano prevendo a criação dos sovietes, no fim de 2014. Isso levou um núcleo de pessoas a se unir para ir às ruas em três ma-nifestações: em 1º de novembro, em 15 de novembro e em 6 de dezembro, em Porto Alegre, em várias capitais e em São Paulo também.

Isso é História do Brasil. E essas pessoas se uniram, nuclearmente, se organizaram democraticamente, pacificamente, sem agredirem uma única pessoa. Aliás, com o apoio da Polícia Militar, não xingando os policiais. No dia 15 de março de 2015, em virtude da derrocada fatal do projeto petista de poder, com a falta de dinheiro, com o aumento de impostos, com a conta de energia elétrica, houve os grandes protestos, no Brasil, que levaram milhões às ruas.

Houve mais alguns protestos durante o processo de *impeachment*, andando na Câmara e, depois, no Senado. E, em 13 de março de 2016, ocorreram as maiores manifestações da História do Brasil. E há quem cha-me de golpista a quem estava do lado do povo, quem estava do lado da população, que volta às ruas no dia 26 de março para defender a Lava Jato, para dizer que a lista do Janot deve ser publicada.

Precisamos saber quem são as pessoas delatadas, como já sabemos de algumas, e, se condenadas, precisam cumprir as penas rigorosamente. Penso que isso nos difira muito, a mim e a outros deputados em relação à turma da esquerda. Estivemos juntos, ao lado do povo, porque defendemos a democracia, aquilo que as pessoas queriam. E é neste momento que precisamos, no Brasil, fazer a mesma coisa.

Nem por toda mortadela da cidade

Passadas as manifestações que lograram o *impeachment* de Dilma, era evidente que o tamanho dos protestos seguintes diminuiria. Mas para os petistas, o que importam são as narrativas, não os fatos. Por isso, insistiam em tentar comparar quaisquer manifestações menores contra o PT às que levaram milhões às ruas de todo o Brasil. No entanto, petista criticando tamanho de protesto é piada – basta ver o tamanho das suas manifestações mais recentes. O partido que de fato arrastava multidões, já não consegue mobilização social sem pagar a maior parte de sua militância, nutrida, como se tornou célebre, a pão com mortadela[27].

28 de março de 2017

Há pouco, assisti ao pronunciamento do deputado Luiz Fernando Mainardi (PT), falando sobre o governo Temer e também sobre as manifestações do MBL, do Vem Pra Rua, do povo, que, mais uma vez, foi pacífica e democraticamente para as ruas. E eu fui também.

Quando o deputado Luiz Fernando Mainardi falou sobre o governo Temer, pensei que falaria daquilo que mais me preocupa e mais me enoja no sistema político, que é a corrupção. Só que, quando chegou nesse tema, faltavam 15 segundos, não havia mais espaço para continuar e, apesar de hoje dizer que gostaria de responder ao que vinha abordando na tribuna, ausentou-se do plenário. Não posso, portanto, dizer frente a frente aquilo que gostaria em relação ao governo Temer e às manifestações.

---

[27] Confira no Facebook: https://goo.gl/NUUwDT ou assista no YouTube: https://goo.gl/9CMs6i

Deputado Luiz Fernando Mainardi, referente ao governo Temer, digo e repito: o que mais me preocupa – e não só referente a Temer, também ao governo Dilma, ao meu partido, ao seu, o PT, e a todos os demais partidos – é a corrupção[28]. A Operação Lava Jato, que precisa ser apoiada – e estamos apoiando-a – está fazendo um trabalho fundamental de limpar a classe política e empresarial do país, mas sobre isso o senhor não falou.

Deputado Mainardi, o senhor abordou a terceirização, mas a terceirização de um serviço, via de regra, permite maior flexibilidade para a contratação. O deputado, que é de um partido que se diz dos trabalhadores no próprio nome, parece não se preocupar com o fato de que Dilma deixou 13 milhões de desempregados. Esta deve ser a prioridade: valorizar a geração de emprego, valorizar quem quer trabalhar formalmente.

De que adianta ser contra a terceirização e ficar defendendo sindicalista? Aqui no Rio Grande, aliás, tem quem ganhe 40 mil, 50 mil – 50 mil reais! – dos cofres públicos, por mês, para não precisar trabalhar e fazer política sindical, para não precisar bater ponto e poder vir, em plena tarde de terça-feira, ofender deputados nesta Assembleia Legislativa. De que adianta um partido que se diz dos trabalhadores se colocar tão frontalmente contra a terceirização, quando não percebe o quanto o nosso país foi golpeado por uma presidente reeleita sob uma fraude, que deixou 13 milhões de desempregados?

Portanto, as pessoas que foram às ruas, no último domingo, foram em uma quantidade menor, obviamente, do que foram antes às ruas aquelas que pediram o *impeachment* de Dilma Rousseff. Agora, é preciso também lembrar que o principal objetivo já foi alcançado, que foi o *impeachment* da presidente Dilma. Haverá eleições em 2018, e esperamos que até lá o nosso país possa, mesmo em águas turbulentas, ter um barco para navegar e chegar com mais tranquilidade do que estava sendo prevista a trajetória política, econômica e, sobretudo, moral deste país, quando o PT estava no poder. Essa é a diferença.

Também é importante lembrar que, se o deputado petista acha pouco de mil a mil e quinhentas pessoas nas ruas, no último domingo, desafio o PT a colocar 10% disso nas ruas para um protesto. Contra a corrupção, não bota nem 1%, porque o petista de carteirinha está indignado, o petista das antigas não pode nem olhar para os seus líderes.

---

[28] Gostaria, se pudesse, incluir no discurso também a corrupção ideológica. A corrupção financeira é muito preocupante, mas a ideológica protagonizada pelos totalitários é tão ou mais preocupante, pois utiliza-se da abjeta corrupção financeira para atingir fins escusos e sangrentos – além dos financeiros também, lógico.

O petista mesmo, sincero, que votou no Lula pensando que fosse um cara bacana e vê agora o seu tríplex e o sítio de Atibaia, não pode nem olhar mais para o seu título de eleitor. Pode comprar toda a mortadela dos supermercados Zaffari e de toda a Porto Alegre que [o PT] não juntará 10% das pessoas que foram às ruas por um Brasil melhor, no último domingo.

Por isso, quero saudar a cada uma das pessoas que foram às ruas e saudar sobretudo aquelas que estão fazendo militância em tempo de redes sociais. Hoje, a política se faz – e muito – nas redes sociais, sobretudo num ambiente de nojo com a política.

As pessoas estão com nojo da política, e há aquele nojo cético, que diz: *"Eu não vou às ruas, porque não adianta nada mesmo..." E há aquele nojo otimista, que diz: "Eu estou com nojo dos políticos, mas pelo menos as instituições estão funcionando. A Polícia Federal, o Ministério Público e o Judiciário estão dando um jeito neste país, botando os políticos corruptos e os empresários corruptos na cadeia..."*

Por isso, tivemos diferenças nas manifestações. Mas não é por isso, muito menos por um discurso de um deputado petista, que as pessoas, com a maior boa vontade, vão se sentir diminuídas. Pelo contrário, quando ouço um discurso desse tipo aqui na tribuna, que diz se preocupar com o governo Temer, mas não toca – ou toca apenas por dez segundos – no tema da corrupção, e afirma que havia poucas pessoas, diminuindo os protestos, considero um elogio [aos manifestantes que foram às ruas contra a corrupção].

Parte II

Uma Voz que Não se Intimida Nem se Deixa Calar

Introdução
Fale! Fale! Fale!

*Arthur do Val**

Todos os brasileiros têm dentro de si o infeliz sentimento de que "política não presta", "só tem bandido", "não adianta que não vai mudar". Eu também estive infectado com esse sentimento, por muito tempo. Porém, quando comecei a me interessar mais pelos assuntos políticos, percebi o quanto esse desinteresse acaba deixando o *status quo* mais e mais forte. Por isso, resolvi soltar a minha voz.

O exercício da política é a única maneira de resolvermos nossos conflitos de interesses sem arrancarmos uns as cabeças dos outros. Em um sentido mais prático: quanto menos pessoas boas estiverem na política (seja por falta de estímulo, seja por impossibilidades várias), menos a política resolverá nossos conflitos de maneira condizente com as expectativas da população de bem.

Logo que comecei a me expor um pouco mais, ouvi falar de um carinha jovem lá do Sul, que tinha mandato e militava pelas causas de liberdade e diminuição do Estado. Marcel van Hattem era um tal que tinha mandato e falava em alto e bom som todos aqueles ideais de diminuição de privilégios. Identifiquei-me na hora, talvez pela pouca idade ou pelos discursos pouco arcaicos e bastante arrojados. Como uma pessoa "de dentro" falava aquelas coisas?

Arthur Moledo do Val é empresário do setor de reciclagem do aço, transportes e combustíveis, estudou Engenharia Química na Escola de Engenharia Mauá. Criador do canal *Mamãe Falei* com mais de 1 milhão de seguidores. Aborda temas polêmicos e mostra em campo as contradições do pensamento de quem milita contra as liberdades, ainda que sem notar. Nas eleições de 2018 elegeu-se deputado estadual (DEM) pelo estado de São Paulo com 478.280 votos.

Nota do Autor: A coragem de Arthur do Val em enfrentar a esquerda em plena atividade fala por si só. Não se intimida nem se cala, jamais!

Conhecendo seu trabalho, cada vez mais pude perceber que tentavam calá-lo das mais diversas maneiras, mas nunca conseguiram.

O que fazer para calar uma voz? Muitos acreditam na repressão, ou mesmo em violência. Eu acredito na exposição ao contraditório.

Pesquisando sobre as ações do Marcel, descobri que ele efetivamente cortava os próprios privilégios e nunca se deixou abater pela truculência daqueles que defendiam os seus de maneira egocêntrica. Essa retidão é o que mantém seus discursos sólidos, firmes, mesmo diante das críticas mais hipócritas. Sua base é firme, pois está calcada na coerência.

Eu espero que o Marcel continue sendo essa pessoa maravilhosa, esse parlamentar exemplar e que fale, fale e fale cada vez mais alto! O dom da oratória nada representa sem uma base sólida para se sustentar. Marcel tem esse dom e essa base. Fale, fale e fale. Suas falas e discursos têm a capacidade de atrair milhões para o que realmente importa – suas ações.

Censura covarde

Quando solicitei ao serviço de taquigrafia da Assembleia Legislativa do Rio Grande do Sul o discurso que segue, relembrei que eu fora – vejam só! – censurado pelo deputado Zé Nunes (PT) e, por consequência, pelo Parlamento gaúcho. Havia a seguinte advertência junto ao texto que me foi enviado: "Conforme determinação da presidente, foram retiradas expressões antiparlamentares deste pronunciamento." Ora, antiparlamentar é impedir que um parlamentar... parle! Silenciar um representante é silenciar toda a sociedade – ainda mais se esse representante estiver se pronunciando a respeito do que há de pior em nossa política: petismo, esquerdismo, revolucionarismo. Mas, enfim, os degravadores do discurso na Assembleia, a mando do comando da Casa e por solicitação do orador petista, substituíram algo que eu falei pela sinalização "expressão antiparlamentar". Então, não se assuste ao deparar-se com esse sinal de censura no discurso a seguir.

Censurado nos anais da casa, não manterei a censura que me foi imposta aqui. Pelo contrário. Sabem quais foram as palavras consideradas antiparlamentares pelo deputado que se sentiu ofendido? "Covardia" e "covarde". É o legítimo caso em que se pune o carteiro, não quem escreveu a carta. Quer dizer, eu apenas descrevi o comportamento do deputado petista, utilizando as expressões mais precisas possíveis. Porém, fui censurado pelo petista – esta, sim, uma atitude covarde de quem não suporta o debate, nem ouvir a verdade a seu próprio respeito.

18 de março de 2015

Deputado Zé Nunes (PT), pena que não tive a mesma honra de ser nominado pessoalmente pelo senhor, apesar da evidente menção à minha pessoa durante todo o seu discurso. Para mim, é motivo de orgulho ser alvo do PT. É motivo de muito orgulho! E as palavras bondosas[1] que o senhor dirigiu a mim no início do discurso ainda me orgulhariam mais se pudesse depois mostrar que estava falando diretamente da minha pessoa.

O senhor, deputado Zé Nunes, acusou-me de chamar a bancada do PT de arrogante. Pois eu o desafio a buscar nos anais desta Casa em que momento eu disse isso. Nunca! Eu disse que a bancada sofre de surdez – e o partido inteiro – ao que dizem as ruas. Mas eu não disse que são

[1] Se não está evidente a ironia, faço questão de evidenciá-la agora.

arrogantes. Aliás, o deputado Tiago Simon (PMDB), há pouco, disse que considerava arrogante, de fato, a postura do PT. Eu, não [disse]!

Já chamei de irresponsável, em virtude de todas essas denúncias e dos desmandos que vemos no País, mas não de arrogante. Já chamei de esquizo-frênico o discurso dos senhores, afinal, ora chamam de golpistas quem vai às ruas, ora dizem que faz parte da democracia. Mas, de arrogante, não chamei.

Poderia incluir na minha lista, também, a palavra (*expressão antiparlamentar*)[2], uma vez que ninguém que está aqui nesta tribuna e nesta Casa é idiota para não perceber que o senhor se referia à minha pessoa quando estava na tribuna. Mas pouparei a bancada do PT desse adjetivo, pelo menos por ora.

Gostaria de dizer, deputado Zé Nunes, que, quando [o sr.] vem aqui tentar me imputar algo que não fiz, está dando a prova da própria incompetência em conseguir ler uma mera prestação de contas, que o senhor mesmo assinou, de sua própria campanha. Se não conseguiu ver que os 20 mil reais que entraram na minha campanha foram da Calçados Beira Rio, por meio da conta do deputado federal Renato Molling (PP-RS), se não conseguiu ler isso, ou o senhor é muito mal assessorado, ou é extremamente mal intencionado[3]. É uma atitude (*expressão antiparlamentar*)[4] fazer imputação de algo que não ocorreu. Não quero dizer que o senhor tenha intencionado fazer isso. Vamos deixar por aí...

Mas gostaria de dizer, deputado, que no seu partido, na sua bancada – e eu digo nomes –, há uma deputada chamada Stela Farias (PT) que recebeu 50 mil reais diretamente da companhia Toyo Setal, que foi a primeira a participar da delação premiada e que admitiu ter passado propinas. Mas isso o senhor não disse nesta tribuna!

Os pingos devem ser colocados sobre todos os *is*. Assassinato de reputação, comigo? Não! Não vai acontecer. Nem hoje, nem amanhã, como já não aconteceu no passado.

Muito cuidado com as palavras! Muito cuidado com aquilo que o senhor vem dizer desta tribuna, porque, caso contrário, infelizmente, quando não se diz a verdade aqui, ela aparece depois, nua e crua, a todos os eleitores.

---

[2] Palavra censurada: "covardia".

[3] A acusação feita pelo parlamentar era de que o valor recebido, doado legalmente à minha campanha, teria sido fruto de corrupção na Lava Jato - um descalabro total para quem tem o mínimo de boa vontade para ler uma prestação de contas e sabe que Calçados Beira Rio não tem nada a ver nem com Petrobras, nem com empreiteiras.

[4] Palavra censurada: "covarde".

Programa Mais Médicos: demagógico, irresponsável, populista e totalitário

As condições da saúde pública brasileira são extremamente precárias. Aproveitando-se da própria incompetência em gerir o Sistema Único de Saúde, o governo petista decidiu criar um programa de importação de médicos para o Brasil, a maioria de Cuba. Contudo, o que estava por trás da estratégia demagógica e irresponsável, pois trazia profissionais sem a garantia da qualificação necessária para o atendimento da população, foi o financiamento do regime ditatorial cubano com dinheiro dos pagadores de impostos brasileiros.

O populismo, a serviço de totalitários, é o mais nefasto possível. E, pior: com uma roupagem demagógica acabou calando a muitos que deveriam ter se pronunciado contra esse verdadeiro programa de escravização de mão de obra, uma vez que médicos cubanos sequer podiam trazer suas famílias para o Brasil; não podem ser livres. Calou a muitos por medo do marketing barato feito por quem dizia estar levando médicos aos rincões brasileiros enquanto vilipendiavam os próprios médicos brasileiros. Calou a muitos, mas eu falei em alto e bom tom o que eu pensava do Programa Mais Médicos, um programa demagógico, irresponsável, populista e totalitário.

25 de março de 2015

A revista Veja desta semana traz uma revelação, que precisou ser comprovada por áudios, de uma reunião que vazou. Na verdade, revela aquilo que todos nós já sabíamos sobre o programa Mais Médicos. A reportagem, com o título Sob Ordens de Havana, diz que o áudio obtido pela Band demonstra que o Mais Médicos foi apenas uma armação do governo brasileiro para mandar dinheiro para a ditadura cubana.

Aproveito este espaço, Sr. Presidente, para falar pela primeira vez da tribuna desta Assembleia Legislativa sobre esse programa do governo federal. Em posicionamentos anteriores, deputado Frederico Antunes (PP), de público já disse que é um programa demagógico, irresponsável, populista e totalitário.

O programa Mais Médicos é demagógico, porque diz pretender solucionar um problema existente no País, ou seja, a falta de médicos em rincões do Brasil, mas não remete à total falta de estrutura para a atuação dos profissionais da saúde – não somente médicos – onde quer que seja. Só o Mais Médicos está longe, muito longe de ser a solução.

É um programa irresponsável, deputado Ibsen Pinheiro (PMDB), porque traz ao País médicos com formação claramente deficiente, para dizer o mínimo, colocando em risco a saúde e mesmo a vida dos cidadãos. É um programa populista, porque se utiliza de um jargão bonitinho – mais médicos – para vender-se como um programa positivo – mais – e acaba fazendo com que a oposição silencie por medo de perder votos.

Não tenho esse medo; e denuncio o populismo desse programa. Aliás, dizer-se contra o Mais Médicos já dá quase uma conotação negativa, o que nos obriga a colocar, inclusive, um parênteses logo ao lado, explicando por que somos contra o programa e não contra mais médicos. É o uso do discurso populista pelo PT, para tentar nos silenciar.

Por fim, é um programa totalitário, porque, como demonstra a revista Veja na matéria desta semana, visa a financiar uma ditadura comunista com o grosso do dinheiro das bolsas destinadas aos cubanos, escravos cubanos trabalhando no Brasil. Estamos financiando com o nosso dinheiro uma ditadura que cerceia a liberdade da sua população. Isso precisa ser denunciado dia e noite.

O PT não tem limites. Enquanto falta tudo no Brasil, tudo, ainda manda dinheiro para Cuba e perdoa a dívida de ditadores amigos somente para alimentar a sanha ideológica de seus líderes.

Por fim, o Programa Mais Médicos foi criado por medida provisória justamente para evitar o debate mais amplo no Congresso e na sociedade – como disse no meu artigo cujo título é A Ditadura das Medidas Provisórias –, o que demonstra total falta de vontade deste governo de fazer algo realmente bom para a população.

Essa é a minha opinião, Sr. Presidente, caros colegas deputados e deputadas. Infelizmente o que vemos agora, deputada Zilá Breitenbach (PSDB), é a corroboração daquilo que muitos já diziam: o Programa Mais Médicos, na verdade, tem como primeiro objetivo financiar uma ditadura e não auxiliar a nossa população. Lamentável.

"Acuse os adversários do que você faz; chame-os daquilo que você é!"

A esquerda radical é campeã em denunciar "discursos de ódio" mas, na verdade, ela o faz apenas para cercear a liberdade de expressão de quem a critica. Quem faz discurso de ódio é justamente quem semeia a discórdia, quem defende guerra de classes. Enfim, quem é comunista. Abaixo, minha resposta às queixas da deputada comunista Manuela D'Ávila depois de, novamente, dizer-se vítima de discursos de ódio[5].

20 de maio de 2015

Gostaria de aproveitar este meu pronunciamento para me somar ao debate proposto pela deputada comunista Manuela d'Ávila (PCdoB) sobre o ódio nas redes sociais e fora delas por motivação política. Gostaria de me somar a esse debate porque acredito que ele precisa ser visto sob todos os aspectos, sob todos os ângulos, não apenas sob os propostos pela deputada comunista Manuela d'Ávila.

Também sou, com bastante frequência, vítima de ódio nas redes e fora delas por motivação política. E é importante que se veja, portanto, todas as implicações sob todos os aspectos. Não podemos deixar de lembrar que quem se profissionalizou em disseminar as diferenças para colher o ódio nas redes sociais foram os MAVs (Miltância em Ambiente Virtual), financiados pelo PT, pelo Partido dos Trabalhadores. E desses, repito, sou frequentemente vítima.

Também é importante lembrar que, durante as manifestações de junho de 2013, quando o povo brasileiro foi às ruas de forma decente, ordeira e pacífica, foram os *black blocs*, apoiados pela esquerda, que quebraram tudo e deixaram a população de bem aflita, com medo. E essa população acabou voltando para casa.

Também é importante lembrar a depredação promovida contra a Editora Abril no ano passado, na véspera da eleição, num claro ataque aos direitos de propriedade, ao direito de liberdade de imprensa, de

---

[5] Assista no Facebook: https://goo.gl/YAcYke ou no YouTube: https://goo.gl/uMnBXP

expressão e de opinião, para ficar apenas nesses direitos. Um ataque terrorista assumido pela UJS, que é ligada ao PCdoB, ao Partido Comunista do Brasil.

É preciso relembrar esses fatos quando falamos de ódio, nas redes e fora delas, por motivação política; quando falamos de violência, nas redes e fora delas, também por motivação política.

Também é preciso lembrar aos funcionários que estão aqui do que aconteceu no dia do debate da reforma política, nesta Casa, em que também houve depredação. E mais uma vez, todos os cartazes mostravam entidades ligadas a partidos políticos de esquerda.

Por fim, não podemos esquecer o exército do MST, convocado pelo Lula, que já causou mortes inclusive.

É preciso que o debate seja muito amplo, senão a sociedade vai acabar entendendo que um jovem com mouse na mão é disseminador de ódio e que o MST, com suas foices e facões, faz apenas justiça social.

No fim das contas, temos sempre de lembrar do velho jargão do grande líder comunista para que ele não se torne jamais realidade, deputada comunista Manuela d'Ávila: "acuse os adversários do que você faz, chame-os do que você é!"

A velha solução comunista: Paredão

A esquerda totalitária brasileira não tem vergonha de revelar todo seu ódio em público, isso nós já sabíamos. Mas dizer que quem é de direita ou conservador merece "uma boa espingarda, uma boa bala e, depois de uma boa pá, uma boa cova" é passar de TODOS os limites! Pois foi exatamente o que fez o "professor" da Universidade Federal do Rio de Janeiro Mauro Iasi, presidente do Partido Comunista Brasileiro (PCB). Pior do que isso: o fez na presença de Luciana Genro, ex-candidata à Presidência da República pelo PSOL.
Isso não poderia passar em branco! Cobrei um a um meus colegas deputados do PCdoB e do PSOL para que se pronunciassem taxativamente contra esse disparate criminoso proferido pelo seu "parceiro de armas". No entanto, mesmo com a minha cobrança por várias vezes, nunca condenaram Iasi[6].

22 de outubro de 2015

"Nós estamos dispostos a oferecer para você o seguinte: um bom paredão, onde vamos colocá-lo na frente de uma boa espingarda, com uma boa bala e vamos oferecer depois de uma boa pá, uma boa cova. Com a direita e o conservadorismo, nenhum diálogo. Luta!"

Essas palavras, Sr. Presidente, foram proferidas no 2º Congresso Nacional da CSP-Conlutas, pelo – não deveria usar essa palavra, mas preciso, pelo cargo que tem –, professor Mauro Iasi, presidente do PCB. E falou isso, incitou não à violência apenas, à morte, de quem pensa diferente dele, e que chamou de conservador, que chamou de direita, diante das maiores lideranças da esquerda nacional. Diante de Luciana Genro, do PSOL, que estava presente naquele congresso nacional.

Deputado Pedro Ruas (PSOL), o senhor precisa se pronunciar a este respeito. O senhor é nosso colega aqui nesta Assembleia Legislativa, o senhor é meu colega na Comissão de Direitos Humanos da Assembleia e faz dos direitos humanos uma bandeira sua. Eu não posso acreditar que o senhor não virá a esta tribuna para rechaçar o que disse Mauro Iasi, na frente de Luciana Genro, do seu partido, o PSOL.

Deputado Juliano Roso, deputado Piaia, ambos do PC do B, Partido Comunista do Brasil, partido coirmão do PCB: os senhores

---

[6] Assista no Facebook: https://goo.gl/xjomZp ou no YouTube: https://goo.gl/j4c8dh

também não poderão ficar calados nesta Casa, pois os cobrarei, sempre, para que se manifestem a respeito desta barbaridade dita pelo professor da UFRJ, Mauro Iasi, Ph.D. em Sociologia, pois está aí na internet um abaixo-assinado pedindo a exoneração deste professor, Mauro Iasi.

Quero fazer aqui uma saudação especial justa neste momento em que trago esse assunto à Assembleia, ao escritor Percival Puggina, membro da Academia Rio-Grandense de Letras, um verdadeiro democrata e defensor da democracia, incansável e que não deixa, em nenhum momento, de denunciar aqueles que não nos veem a nós, que somos democratas, como adversários a serem vencidos com argumentos. Não! Veem-nos como o senhor Mauro Iasi nos vê: como inimigos a serem eliminados do espectro político.

Deputado Pedro Ruas, do PSOL, Luciana Genro, Coordenadora da Bancada do PSOL, e que também trabalha aqui nesta Casa, Deputado Juliano Roso e deputado Piaia: os senhores precisam vir a esta tribuna deplorar o que disse esse senhor Mauro Iasi. Não façam como os seus colegas do PT, que silenciaram quando o presidente da CUT disse que pegaria em armas se fosse necessário para defender o projeto falido de poder de Dilma Rousseff e de seu Partido dos Trabalhadores. Não façam como os deputados do Partido dos Trabalhadores que se acovardaram.

Deputado Juliano Roso, deputado Piaia, Luciana Genro, deputada Manuela D'ávila, que não está aqui, mas é muito ativa nas redes sociais. Deputado Pedro Ruas, Luciana Genro: pronunciem-se! Não se acovardem diante de um parceiro de luta que incita à violência e à morte contra aqueles de quem discorda. Ajam como verdadeiros democratas, se o forem realmente, verdadeiros democratas.

Vivemos em um país que respeita a lei e a ordem, e os direitos básicos do cidadão à vida, à propriedade e à sua liberdade. Não podemos permitir que um discurso tão vil, tão descolado da realidade, tão violento, tão demagógico e tão criminoso continue ecoando, como estamos vendo agora ecoar nas redes sociais o discurso desse senhor, presidente do PCB, Partido Comunista Brasileiro, Mauro Iasi.

Não se acovardem, venham a esta tribuna e denunciem aquilo que é uma afronta aos direitos humanos, à liberdade e à democracia no Brasil.

Lula comparado a perseguidos judeus? Tarso deve desculpas!

Cobrei na tribuna da Assembleia um pedido de desculpas do ex-governador Tarso Genro. O petista teve a insanidade de comparar, em seu Twitter, a cobertura da mídia sobre o tríplex de Lula no Guarujá à perseguição de judeus durante a 2ª Guerra Mundial.

Tarso disse literalmente que "a mídia faz de Lula o judeu da década, como os nazis fizeram deles e comunas os alvos do seu ódio à democracia social. É só ler. Weimar". (Veja aqui: http://migre.me/sTsfP).

Não sei se foi obra de algum tipo de alucinógeno, mas uma frase insana dessas explica muitas das atitudes fascistas do PT quando está no poder[7].

4 de fevereiro de 2016

Procurarei ser breve, até porque não me sinto tão à vontade de falar sobre o assunto que vou tratar aqui, quando vejo que a bancada inteira do Partido dos Trabalhadores está vazia agora, como esteve durante toda esta sessão plenária.

Mas preciso, deputada Zilá Breitenbach (PSDB), tenho o dever moral de fazer um ato de desagravo ao povo judeu, pelo que disse o ex-governador Tarso Genro em seu Twitter. Não sei que tipo de alucinógeno, para dizer de uma forma muito branda, o ex-governador Tarso Genro andou tomando. Mas disse ele, em seu Twitter: "A mídia faz de Lula o judeu da década, como os nazis fizeram deles e comunas os alvos do seu ódio à democracia social. É só ler. Weimar". É de uma enormidade, é de uma falta absoluta de bom-senso, de caráter mesmo!

Uma figura pública, um ex-governador do Estado fazer uma declaração dessas?! Disse o jornalista Guilherme Macalossi, de Farroupilha – excelente jornalista, aliás, que fala aquilo que deve ser dito –, que essa declaração equivale a uma cusparada sobre os milhões de cadáveres de judeus, perseguidos durante

---

[7] Assista no Facebook: https://goo.gl/L3JE2p ou no YouTube: https://goo.gl/YneRta

91

a segunda guerra mundial. Uma declaração dessas, e a falta, depois, de um pedido de desculpas, é algo que não cabe dentro de uma democracia! É atitude de fascista! E este é um problema que estamos vivendo hoje, no Brasil, deputados, meus colegas, os que se encontram em plenário! Infelizmente, o Partido dos Trabalhadores está tendo várias atitudes reiteradamente fascistas, defendendo apenas o seu próprio partido, o seu próprio projeto de poder!

Lula, perseguido pela mídia… o que é isso? A casa do Lula está caindo. A casa, não! O triplex! O sítio inteiro! E, aí, vem um ex-governador dizer que Lula está sendo perseguido pela mídia como o foram os judeus? Que falta de proporção! Lula é, na verdade, não o judeu da década. Lula é o picareta do século que passou pela presidência da República! Até porque disso ele entende pois um dia falou que, no Congresso, há trezentos picaretas. Quero ver o que vai ser dele, desse cidadão, que se utilizou do seu poder dentro, e depois fora, da presidência da República, para enriquecer, tanto a si, como a sua família. Mas dizer que ele é perseguido?!

Aqui, aliás, nesta Assembleia Legislativa, a deputada Zilá vai se recordar, havia inclusive o líder do governo Lula. Cadê? Está na hora de vir aqui defender [o Lula]! Ou o tal líder Lula acabou. Acabou! Agora, comparar uma pessoa que em breve, caso se confirmem todas as denúncias, verá o Solaris – para fazer um trocadilho aqui – nascer quadrado, aos judeus – um povo perseguido covardemente –, é atitude, sim, fascista. Isso não se faz. É uma afronta!

Se o ex-governador Tarso Genro não tem a hombridade de ir ao Twitter fazer esse pedido de desculpas e formalizar esse ato de desagravo, falo eu, como autoridade pública, ao povo judeu. Esse nível de insanidade que desgovernou o Estado do Rio Grande do Sul durante quatro anos, revelado de forma nua e crua no Twitter, precisa ser repudiado. É por isso, senhor presidente, que não posso deixar de me manifestar aqui, hoje, e fazer, de peito aberto, esse ato de desagravo em nome de todos os gaúchos que não aceitam a roubalheira que está acontecendo.

Quem teve má-educação?

Esse discurso é mais uma resposta a um ataque *ad hominem* que sofri, desta vez do deputado Pedro Ruas, do PSOL. Não convém discorrer mais para não incorrer aqui em graves *spoilers*.

15 de março de 2017

Não é necessário muito tempo, senhor presidente, para as explicações pessoais, porque quase nada foi respondido sobre o que eu disse em relação ao deputado Pedro Ruas (PSOL).

A licença classista, da elite sindical a que ele pertence, nem foi objeto do seu pronunciamento. E sob que desculpa? Que eu seria mal-educado. Deputado Pedro Ruas, se sou mal-educado, segundo sua forma de pensar, isso me é um elogio. A educação que recebi dos meus pais e a educação formal a que tive acesso talvez não se comparem à educação que o senhor tem.

E se o senhor tem o dobro da minha idade[8], além do preconceito aparente, totalmente claro com quem é mais jovem, o senhor ainda demonstra que teve o dobro do tempo para aprender a ser mais humilde e tratar de responder a seus colegas na forma como convém dentro de um Parlamento.

Infelizmente, a instituição parlamentar não é uma tradição na ideologia marxista, que é a seguida pelo PSOL. Marx sempre quis que os parlamentos fossem extintos. Não por acaso, os sovietes e os conselhos populares são tão populares na cabeça de quem defende o marxismo.

Por esse motivo, deputado Pedro Ruas, justamente por uma questão de educação, de formação, não me surpreende que o senhor me considere mal-educado, até porque, repito, se o senhor me considera mal-educado, eu levo isso como um grande elogio à educação que recebi da minha família.

Aqui, farroupilha!!!

A melhor apresentação para o discurso que segue é a que traduz o calor daquele momento e a minha indignação, que me tomou na tribuna, que continuava presente quando postei o vídeo, e que também era a indignação de milhões de gaúchos e brasileiros. Entregar a maior honraria do Parlamento Gaúcho a Jean Wyllys e ainda usar dinheiro público dos gaúchos para isso era um escárnio! Eis o que escrevi, então, na descrição que acompanhava o vídeo que postei no meu Facebook e que passou de 700 mil visualizações: "Era o que me faltava! Deputada comunista Manuela D'Ávila indicou Jean Wyllys para receber a Medalha do Mérito Farroupilha, maior honraria do Parlamento, e ainda por cima queria que

---

[8] Incomodado com alguma coisa que eu havia dito anteriormente durante a sessão, algo de que já não me recordo mas certamente não foi pessoal pois jamais baixei-me a esse nível rasteiro, o deputado Pedro Ruas respondeu que eu deveria respeitá-lo pois ele teria "o dobro da minha idade".

a Assembleia Gaúcha pagasse os custos de passagem e hospedagem da sua vinda a Porto Alegre. Aí, não! Aqui, Farroupilha!!!"[9]

22 de março de 2017

Chamo a atenção deste plenário e de toda a sociedade para a grande repercussão que está tendo a decisão da deputada comunista Manuela d'Ávila de outorgar a Medalha do Mérito Farroupilha, a mais alta honraria que este Parlamento concede a um cidadão gaúcho ou brasileiro, ao deputado federal Jean Wyllys (PSOL-RJ), ex-Big Brother.

A decisão de conceder a Medalha do Mérito Farroupilha é individual. Para que o cidadão que está acompanhando a transmissão desta sessão pela TV Assembleia ou pelas redes sociais saiba como funciona, cada deputado decide a quem dará a sua Medalha do Mérito Farroupilha. Cada um de nós tem o direito de dar uma Medalha do Mérito Farroupilha durante o seu mandato.

Decidi dar a minha Medalha do Mérito Farroupilha a um cidadão brasileiro que já fez muito por todo o País e também pelo Rio Grande do Sul, o juiz Sérgio Moro. Não pôde ainda vir aqui buscar a sua honraria, mas confesso, deputado Sérgio Turra (PP), que depois da tradição de alguns deputados entregarem as suas medalhas, ou de dizerem que querem entregar as suas medalhas, a certas personalidades, como é o caso de Jean Wyllys, até me constrange entregar uma medalha dessas ao juiz Sérgio Moro.

Os demais colegas, ou muitos dos demais colegas deputados, têm primado pela entrega dessa maior honraria do Parlamento gaúcho a pessoas sérias e que realmente prestaram serviços aos cidadãos do Rio Grande do Sul. Tenho a convicção de que essa medalha permanece uma honraria devido a tantas pessoas maravilhosas que já a receberam. Agora, preciso vir a esta tribuna repercutir inclusive o sentimento de uma grande parte da população gaúcha que hoje, pelas redes sociais, tem-se demonstrado indignada com a concessão da Medalha do Mérito Farroupilha ao deputado federal Jean Wyllys por vários motivos.

Serviços prestados pelo deputado Jean Wyllys ao Estado do Rio Grande do Sul, cá para nós, eu nunca vi. Desserviços, inclusive ao País, isso, sim, já vi ele prestar muitos. Aliás, é um deputado que diz defender os direitos humanos, mas defende país totalitário; é homossexual declarado, mas defende Che Guevara, que defendia o fuzilamento de homossexuais, assim como Fidel Castro. Ou seja, é uma incoerência ambulante, e a sua

[9] Assista no Facebook: https://goo.gl/ywZBoc ou no YouTube: https://goo.gl/m1ieyX

própria incoerência demonstra o quanto pode prestar de desserviços à sociedade.

Mas é uma escolha da deputada comunista Manuela d'Ávila, referendada pela Mesa. Essas são as regras, e cada deputado tem a sua escolha. Mas quando fiquei sabendo que a deputada Manuela d'Ávila solicitou à Comissão de Direitos Humanos que o deputado federal Jean Wyllys viesse ao Estado como hóspede oficial do Rio Grande do Sul, da Assembleia Legislativa, com suas despesas de viagem e hospedagem pagas por nós, gaúchos, aí não pude deixar passar em branco.

Aqui, farroupilha!!!

Vir à Assembleia Legislativa do Rio Grande do Sul um deputado federal – que, aliás, tem à sua disposição diárias, passagens aéreas, para representar o seu mandato – às custas do nosso dinheiro suado, que por sinal tanta falta faz a professores e policiais militares, que têm os seus salários parcelados, tanta falta faz ao Estado, dar esse nosso dinheiro para custear uma viagem do deputado Jean Wyllys para participar de uma festa partidária ou ideológica do PSOL, do PCdoB e da esquerda, aí, não, deputada Manuela d'Ávila! Tanto é que hoje, na Comissão de Direitos Humanos, declarei a minha contrariedade a esse convite para que fosse hóspede oficial.

A Comissão de Cidadania e Direitos Humanos, aliás, vai mudar de nome. Passará a ser Comissão de Direitos Humanos, da Cidadania e das Vítimas de Violência. Estamos relatando um projeto da deputada Zilá Breitenbach (PSDB), que propôs essa alteração, para incluir todas as vítimas da violência, e não só aquelas preferidas das minorias totalitárias. Serão incluídas todas as minorias, inclusive a menor de todas, que é o indivíduo.

Quando declarei na Comissão de Cidadania e Direitos Humanos que seria contrário a essa declaração de Jean Wyllys como hóspede oficial do Estado do Rio Grande do Sul, desta Assembleia Legislativa, com suas despesas pagas, vários outros deputados também perceberam o que estava em pauta e disseram que não concordavam com o pleito. A deputada Manuela d'Ávila teve, então, uma atitude lúcida, que foi retirar esse ofício.

Agora, imagino que com toda essa pressão que está vindo – e estou vendo muita gente se pronunciando nas redes –, o segundo passo será a deputada Manuela d'Ávila ter uma nova atitude de lucidez e retirar a sua solicitação à Assembleia para que conceda a Medalha do Mérito Farroupilha ao deputado federal Jean Wyllys. Apostando no bom-senso, mesmo de quem não se espera, gostaria de ver isso acontecendo.

Censura petista

Mais uma vez, um petista pediu à Mesa Diretora da Assembleia que censurasse uma palavra de um pronunciamento que eu havia dado na mesma sessão, anteriormente. Eu havia dito que a atividade parlamentar do deputado Jeferson Fernandes (PT), que presidia a Comissão de Direitos Humanos mas incentivava a doutrinação de crianças em sala de aula, era "vergonhosa". Dessa vez, porém, além de me pronunciar contundentemente contra a censura, recorri à Comissão de Constituição e Justiça pedido reconsideração. Quando da publicação deste livro, o processo ainda estava em análise mas já tinha parecer a meu favor, lavrado pelo membro titular da CCJ, deputado Ciro Simoni (PDT). Dizia em trecho o parecer do deputado:

> *"Naquele momento, em 4 de abril, o calor do debate, derivado dos fatos em discussão, oferecia-se para deslizes de ambos os lados. É verdade que o deputado Marcel van Hattem tangenciou os limites da razoabilidade ao proferir o termo vergonha em relação ao seu colega de parlamento. Mas, se não incorreu em quebra de decoro, é bem verdade que também não ultrapassou os limites de razoabilidade, ficando em uma situação limítrofe [...]"*

Ou seja: ainda que o relator tivesse entendido que, no caso, eu tangenciei o limite, dele não ultrapassei – como, com prudência, não o faço para manter o nível do debate nas ideias e nos argumentos. Creio que meu pedido de reconsideração será, portanto, aceito, e a censura imposta pelo parlamentar petista seja revista. Contudo, para a História, fica registrado nas linhas abaixo o pronunciamento que dei indignando-me com tal postura ditatorial do deputado petista.

4 de abril de 2017

Volto a esta tribuna após as manifestações vergonhosas do deputado Jeferson Fernandes (PT). E faço questão aqui de dizer que não o faço com satisfação. É lamentável que quem assista em casa a esses pronunciamentos veja muitas vezes ser feita, nesta tribuna da Assembleia Legislativa, uma "lavação de roupa suja". É isso que muita gente do público acaba identificando, quando vê um debate mais acirrado entre deputados, sobretudo quando feito na baixíssima qualidade do pronunciamento do deputado Jeferson Fernandes.

Não aguenta crítica, não está aqui para ouvir. Disse que eu havia chegado para ouvi-lo. Pois cheguei no início do seu pronunciamento. Estive aqui e ouvi cada palavra que disse. Ele, contudo, não está aqui. Fugiu! Não quis ouvir a verdade, porque, quando ouve a verdade, quer censurá-la. Quando ouve argumentos, censura. E isso que preside a Comissão de Direitos Humanos!

O deputado Jeferson pediu à presidência da Assembleia que retire termos que são absolutamente concernentes ao meu direito de, como deputado, emitir opiniões, palavras e votos, sem ser censurado. Essa é a imunidade parlamentar que esta Casa preserva já há 181 anos. E o deputado Jeferson Fernandes, o próprio presidente da Comissão de Direitos Humanos, acha que pode me censurar.

Continuo me envergonhando da presença do deputado Jeferson Fernandes, aqui nesta Assembleia, pelos seus pronunciamentos. E sou muito claro quando digo – e tenho o direito de, como parlamentar, dizê-lo.

Agora o deputado retornou. Tenho o direito, deputado Jeferson Fernandes, de dar a minha opinião. O senhor não tem o direito de me censurar. O senhor não tem o direito de vir aqui e pedir à presidência, ainda que o Regimento Interno signifique alguma coisa. O senhor não tem o direito de me censurar. [...]

O senhor acha que não conheço os estratagemas de debate? Está debatendo com a pessoa errada. Não sou um dos tolos com quem, talvez, o senhor esteja acostumado a debater. Pelo contrário. Muito menos pode o senhor vir aqui fazer pronunciamentos falando sobre participação de juventude na política ou em relação à indignação com a corrupção. Antes, muito antes de qualquer palavra dita por mim nesta tarde, já falei sobre a corrupção de todos os partidos, inclusive do meu, do seu, do PSDB, do PMDB, de Lula, de Dilma, de Temer. O senhor acha que assim está me provocando?

Que baixaria, deputado Jeferson Fernandes! Que baixaria! O senhor, filiado ao Partido dos Trabalhadores, que simplesmente organizou a maior corrupção institucionalizada no Brasil e que não tem a capacidade de fazer o *mea culpa,* vem dizer que não é possível continuar com esse sistema, do jeito que está aqui, e vir me acusar de defender corruptos? Por favor, deputado Jeferson Fernandes! Devagar com o andor que o santo é de barro!

Essas denúncias de que me vão colocar na Comissão de Ética já houve de outros colegas aí. O PT me colocar na Comissão de Ética?! Mas aí, realmente, o mundo está invertido. O PT me colocar na Comissão de Ética?! Por gentileza, deputado Jeferson Fernandes, se quiser aumentar o nível, acho que deveria começar por seus pronunciamentos, parando de distorcer aquilo que digo e vindo debater de verdade, com argumentos, porque, quando eu venho com a verdade dos fatos, o senhor prefere censurar, em vez de responder.

E não há nada mais antidemocrático do que censurar um colega parlamentar, um colega deputado, de quem o senhor discorda. Censura! Censura! Censura! Censura do PT! Repito essas palavras e faço deste pronunciamento meu recurso à decisão tomada de acolher o pedido do deputado Jeferson Fernandes para que me censurassem no meu pronunciamento anterior.

Filhinhos de papai e filhotes de ditadores

Outro ataque *ad hominem* recorrente de petistas contra as "elites", "MBL", os "neoliberais", os "coxinhas", é chamar quem foi às ruas de verde-amarelo de *playboy* ou de filhinho de papai. Foi o que o deputado Zé Nunes (PT) fez em discurso anterior a este que publico aqui. Se há um célebre "filhinho de papai" na política brasileiro hoje, este é o filho de Lula, que enriqueceu por tráfico de influência.

1º de agosto de 2017

O deputado Zé Nunes (PT) falou muito sobre *"playboy"*. O PT conhece *playboys*, sobretudo o maior filhinho de papai que o Brasil já teve: Fábio Luís da Silva, o Lulinha. De catador de cocô de girafa e elefante no zoológico a empresário multimilionário! Esse é o filhinho de papai legítimo. Esse é o *playboy* da zoeira. Esse é o exemplo mais acabado do que disse o deputado Zé Nunes, que, aliás, tacha tudo o que for contra o seu conhecimento, contra o seu posicionamento, de "neoliberal". Esse é o fantasma que se cria.

Eu sou liberal, sim. Agora, "neoliberal" é palavrão[10]. "Neoliberal" o PT usa só para substituir por palavras de baixo calão, que não se pode pronunciar nesta tribuna, como, aliás, foram muitas das palavras proferidas pelo deputado Tarcisio Zimmermann (PT), maquiando a sua vontade de falar impropérios àqueles que vieram

---

[10] Refiro-me, aqui, não à classificação científica – ainda que controversa – de "neoliberalismo" mas, logicamente, à utilização pejorativa feita pela esquerda do termo.

aqui[11], na tarde de hoje, quando os chamou de representantes do MBL ou fascistas.

Mas que falta de respeito do deputado Tarcisio Zimmermann! E que falta de respeito do deputado Zé Nunes! Falar em filhinho de papai, quando, claramente, deve estar se referindo ao maior filhinho de papai que este país já teve, Fábio Luís da Silva, o Lulinha.

Está circulando um vídeo de Whatsapp em que, supostamente, Lulinha aparece em uma Ferrari, no principado de Mônaco, na Europa. Foi compartilhado pelo Whatsapp de uma forma avassaladora e rápida, tamanha a indignação das pessoas. Verdade ou não, é verossímil. Verdade ou não, as pessoas acreditam, porque sabem que o maior filhinho de papai que o Brasil já teve é o Lulinha. De catador de cocô de girafa e elefante no zoológico a empresário multimilionário!

[O deputado Tiago Simon (PMDB) pede um aparte e comenta:]

– *Uma pequena consideração, deputado Marcel van Hattem. Na verdade, os deputados do PT não tiveram coragem de refutar esse atentado à democracia e essa destruição de uma nação, que é o que está acontecendo com a Venezuela.*

Vimos essa tentativa de atacar o liberalismo, principalmente usando essa expressão tão pequena, "playboy". Se nós tivéssemos um exemplo de playboy, seria o filho do Lula.

Mas o pior de tudo é que, se ele tivesse conquistado o que conquistou pelo seu trabalho e pelo seu mérito, não teria problema. Mas não foi assim, foi com tráfico de influência, foi se aproveitando das relações políticas e utilizando os favores do Estado que acumulou aquela fortuna maravilhosa. E o seu pai disse que não tinha culpa se o filho dele era um gênio.

Então, isso demonstra mais uma vez que esse é um discurso que não se sustenta. Se Deus quiser, como no Brasil, na Venezuela também vamos virar essa página triste e implantar uma democracia e uma economia de mercado.

Muito obrigado, deputado Marcel van Hattem.

---

[11] Recebíamos no Parlamento, naquela tarde, venezuelanos que residem em Porto Alegre e que são contrários à ditadura de Maduro. Eles estavam sentados nas galerias e, do plenário, o deputado Tarcísio Zimmermann (PT) dirigiu-lhes a palavra chamando-os de "fascistas" e "defensores do MBL" (se você quiser entender melhor a situação envolvendo os visitantes venezuelanos nessa sessão específica, acesse https://goo.gl/zeA5J5)

Muito obrigado pelo esclarecimento, no ponto, deputado Tiago Simon. De fato, eu não tenho nada contra, pelo contrário, sou muito a favor de quem começa de baixo e chega a enriquecer licitamente, a produzir riqueza, dar empregos, porque prosperou por meio do trabalho. Não foi o que ocorreu com o filho do Lula. Durante a presidência do pai, ele se beneficiou do tráfico de influência que fez e se tornou um empresário aparentemente bem-sucedido.

O curioso é que essa história não se limita ao Brasil. Basta ver os filhos de Nicolás Maduro. Não é assim? Não é assim? Não estão com problemas e não podem sequer sair do país? Serão presos em qualquer outro país democrático em que eles, os filhos de Nicolás Maduro, botarem os pés.

Playboys, filhinhos de papai... Esses são os verdadeiros *playboys* que a esquerda admira, que o deputado Zé Nunes admira, de quem a esquerda lambe as botas.

Filhotes da ditadura... esses são os filhotes da ditadura! E filhotes de ditadores. *Playboys*, filhinhos de papai. O vice-presidente da Venezuela atual tem 500 milhões de dólares bloqueados nos Estados Unidos em virtude de corrupção e tráfico de drogas. Esses enriqueceram ilicitamente.

Há uma minoria que se opõe a uma maioria, mas uma minoria bem armada, que se opõe a uma maioria que busca democracia, que busca liberdade, busca empreendimento, busca fazer aquilo que lhe satisfaz pessoalmente. E isso os ditadores, os petistas, não podem ver. Querem sempre dominar de cima para baixo e lamber as botas de quem o faz. Eu aqui, não. Quero um Brasil e uma Venezuela livres.

Melancolia

Conforme resumo do serviço de taquigrafia da Assembleia, que degravou o discurso que segue:
"Reclama da ausência do petista Zé Nunes durante sua manifestação, quando aborda questões que envolvem a gestão pública, dando como exemplo o rigor com que vem cuidando dos gastos de seu gabinete. Desafia o parlamentar a também exibir a gestão de seu gabinete durante a legislatura".

11 de outubro de 2017

É pena que o deputado Zé Nunes (PT) se ausente do plenário justamente no momento em que quero falar de gestão pública. Mas, como me desafiou, não vou deixar aqueles que nos assistem de casa sem saber que não tenho problema nenhum em comparação de gestão pública, deputado Zé Nunes.

Em primeiro lugar, desafio o deputado Zé Nunes a mostrar, no seu gabinete, na sua própria administração, os números que mostro no meu gabinete, na minha administração. Para começar, deputado Zé Nunes, abri mão do aumento salarial aprovado na legislatura passada, e todos os meses – a própria imprensa é prova disso – devolvo a diferença. O aumento não foi aprovado por mim, mas eu o devolvo em respeito à crise, pois sei que essa medida de gestão, apesar de ser no meu próprio salário, não impacta nas contas públicas em geral, mas demonstra que a boa gestão começa dando-se exemplo, deputado Zé Nunes.

Falando em exemplo, também o desafio, deputado Zé Nunes, a dizer quantas diárias retirou para o seu trabalho desde o início do seu mandato. Eu não retirei nenhuma. Zero! Também desafio a mostrar a economia nos gastos do gabinete. Estou aqui com a minha prestação de contas do ano de 2015, sendo que a de 2016 foi ainda melhor. Em 2015, verba de gabinete disponível: 163 mil reais; total utilizado: menos de 30%, menos de um terço do que estava à disposição.

O deputado Zé Nunes está com um discurso atrasado, arcaico, dizendo que a nova direita é treinada nos Estados Unidos. Nunca retirei uma diária, de fato, para ir para os Estados Unidos, embora tenha sido convidado para vários eventos, justamente por causa do exemplo que estamos dando aqui na Assembleia Legislativa e em outros lugares do Brasil.

Estamos indo, sim, para receber informações, onde quer que seja – seja nos Estados Unidos, seja na Holanda, onde acabei de concluir meu mestrado e para onde voltarei na próxima semana, para buscar o meu diploma, com muita honra e orgulho, porque não tenho vergonha nenhuma de estudar. Precisamos ter orgulho de nos dedicarmos àquilo que gostamos. Estou todos os dias estudando e demonstrando um bom exemplo, inclusive no meu gabinete, onde a minha gestão está transparentemente colocada na parede para quem quiser ver.

Os grandes exemplos do deputado Zé Nunes e do PT sabem onde obtiveram treinamento? Em Cuba. Mas que exemplo! José Dirceu, o grande ícone da esquerda caviar brasileira, do petismo, condenado, com uma ficha corrida que já tive oportunidade de mostrar aqui, e que não coube nem neste plenário de tão longa. Treinado em Cuba. É obvio que prefiro buscar o conhecimento em nações que realmente têm exemplos a dar para o nosso país.

Precisamos deixar a hipocrisia de lado e, sobretudo, esse discurso velho, arcaico, atrasado, chamando os outros de "neoliberais", de "imperialistas", de "privatistas". Chamem-me do que quiserem, mas certamente, hoje, no Brasil, a maior ofensa é chamar alguém de petista, tanto é que, quando subo a esta tribuna para falar com petistas, eles saem correndo, fogem, não dão as caras, porque ser chamado de petista é uma vergonha, uma ofensa.

Eu, com orgulho, sim, posso dizer que integro um time que só cresce no Brasil, de uma nova direita: uma direita que não tem vergonha de dizer que quer o Brasil andando para a frente, que quer imitar os melhores, que estuda – e estuda muito! –, que tem condições de debater e tem tanta condição de debater que, no momento em que se coloca à disposição, para falar sobre as ideias, no confronto *mano a mano*, a esquerda envelhecida, arcaica – velha mesmo –, foge, porque não tem mais argumentos para dar. Se, antes, tinha grandes construções filosóficas e teóricas, hoje, tem apenas um insucesso de uma nação destruída pelo petismo para demonstrar como grande feito e mérito. E, como troféu, não tem estrela nenhuma mais para mostrar, tem apenas os seus condenados na Papuda.

Que fim de tarde melancólico! Que tragédia que nos legam a esquerda e o petismo no Brasil, deputado Zé Nunes, graças a discursos como o do senhor, dos seus colegas que estão hoje na tribuna. Pois, de fato, se não fosse a indignação minha e de milhões de brasileiros com aquilo que vocês diziam e faziam, certamente a política hoje não estaria mudando, porque pouca gente tomaria atitude.

Mas, para azar de vocês – e para o bem da nação –, estamos tomando atitude, tomando a responsabilidade nas nossas mãos e mudando de fato o Brasil. Afinal, não queremos viver num outro país, muito menos num Cubão, numa Venezuela da forma que está hoje. Queremos viver num outro Brasil.

Parte III

Uma Voz Liberal Contra o Inchaço Estatal

Introdução
Sem liberdade econômica, nada feito

Ubiratan Jorge Iorio[*]

A sociedade brasileira carece enormemente de uma compreensão correta do fato de que a liberdade econômica é um dos elementos essenciais da liberdade plena do ser humano e tão importante quanto a liberdade política e a liberdade de consciência. E, mais do que isso, poucos percebem que o Brasil somente vai conseguir realizar de fato sua vocação de sociedade próspera e feliz quando essa verdade for entendida. O que vem a ser liberdade econômica? Seus elementos centrais desse conceito são a liberdade pessoal de escolha, a proteção à propriedade privada e a liberdade de negociar.

Costuma-se enaltecer bastante a liberdade política e a democracia, porém a pura existência destas não é por si só condição necessária e suficiente para a formação de uma sociedade madura com uma economia forte. É uma pena que não se compreenda também que sem liberdade econômica não pode existir permanentemente nem uma e nem outra e que ela é essencial para o crescimento auto-sustentado da economia.

Os liberais sempre souberam que o verdadeiro insumo do progresso resume-se na palavra liberdade: liberdade de criar, de gastar, de

---

[*] Ubiratan Jorge Iorio é economista graduado pela Universidade Federal do Rio de Janeiro (UFRJ), Doutor em Economia pela Escola de Pós-Graduação em Economia da Fundação Getúlio Vargas (EPGE-FGV); é Diretor Acadêmico do Instituto Ludwig von Mises Brasil (IMB) e autor, entre outros, do primeiro livro sobre a Escola Austríaca publicado no Brasil, a obra *Economia e Liberdade: A Escola Austríaca e a Economia Brasileira* (Forense, Rio de Janeiro, 1997), além do famoso *Ação, Tempo e Conhecimento* (IMB, 2010).

Nota do Autor: Contar com um texto de Ubiratan Jorge Iorio no meu livro é um privilégio enorme. Digo isso inclusive porque o discurso que encerra esta seção contém um excerto de um artigo seu em parceria com Leandro Roque, de tantos que já consultei para meus pronunciamentos. Iorio é referência obrigatória para quem quer aprender mais sobre liberalismo e redução do tamanho do Estado em língua portuguesa.

poupar, liberdade de crescer, de eleger líderes, de impedir esses mesmos líderes caso não atendam aos anseios dos eleitores, liberdade, enfim, sob um clima de respeito aos direitos dos cidadãos. O progresso a que todos almejamos – e que não é de forma alguma um desejo exclusivo dos ditos "desenvolvimentistas" – não depende de recursos naturais, que são apenas fósseis geológicos, nem de soluções distributivistas, que não passam de cópias mal feitas das práticas de Robin Hood, e muito menos de políticas que elegem setores considerados "estratégicos" e tornam esses setores vazadouros de recursos do BNDES, mas que na verdade são nossos. As intromissões do Estado na ação econômica dos indivíduos servem apenas para desorganizar a estrutura econômica e impedir que as ordens espontâneas dos mercados exerçam seu papel de coordenar essa estrutura.

Se a liberdade econômica, que pressupõe a propriedade privada, é condição necessária para a existência da economia de mercado, se esta é condição necessária para a formação dos preços, se a formação destes é condição necessária para o cálculo econômico, então, se não existe liberdade econômica, não é possível realizar o cálculo econômico, isto é, não se pode averiguar e escolher, entre os múltiplos métodos de produção colocados para opção, o que apresenta os menores custos. Isto inviabiliza o sistema socialista como sistema econômico, porque nesse sistema não há como existir preços. O que há são pseudo-preços, que nada mais são do que números estabelecidos pelas autoridades planejadoras, sem qualquer significado econômico. Em outras palavras, como não existem preços econômicos, apenas e necessariamente "preços" políticos, o socialismo é um sistema que se guia às cegas. O fracasso de todos, literalmente todos, os experimentos socialistas, está aí para atestar essa afirmação.

O único sucesso do socialismo, cujo mote sempre foi o de ajudar os pobres, foi o de fazer com que esses passassem a contar com a companhia de muitos outros pobres. Quem acredita que A é pobre porque B é rico e que, portanto, o Estado deve tirar de B para entregar a A, desconhece que o efeito dessa política será o de empobrecer B sem enriquecer A.

E o que dizer sob o ponto de vista da lógica, da possibilidade de existência de um terceiro sistema, híbrido entre o liberalismo e o socialismo, como a social democracia? Esquecendo a enorme impropriedade semântica dessa expressão, que ganhou tanta popularidade e atendo-nos apenas às exigências da lógica, a resposta é que a possibilidade de um terceiro caminho não existe, porque os problemas de organização econômica da sociedade não se apresentam em termos contrários, mas em termos contraditórios.

Termos contrários admitem um termo intermediário: entre frio e quente, existe "morno"; entre fechado e aberto existe "semi-aberto"; entre branco e preto, existe "cinza", etc. Mas o princípio lógico da exclusão dos terceiros mostra que, quando os termos são contraditórios, não existe uma terceira possibilidade intermediária entre eles: por exemplo, entre chover e não chover, entre frio e não frio, entre economia de mercado e economia controlada, entre liberdade (política, econômica e de consciência). A formulação metafísica desse princípio é que a única possibilidade intermediária entre ser e não ser, entre dois termos contraditórios, é ser e não ser a um só tempo, o que viola o princípio de não contradição.

Logo, não existe uma terceira opção entre economia de mercado e "economia não de mercado", que seria uma economia parcialmente de mercado. Como os sistemas intervencionistas que caracterizam a social-democracia diferem do socialismo em grau, mas não em essência, o que diferencia ambos sendo apenas os graus diferentes de controle estatal sobre a economia, a disjuntiva, portanto, é: se o Estado controla a economia ou não a controla, se os consumidores dirigem o uso dos recursos ou não dirigem, enfim, se existe economia de mercado, que pressupõe a liberdade econômica, ou não existe.

É, portanto, o processo de mercado, em uma economia caracterizada pela liberdade econômica, que funcione dentro de um ambiente institucional favorável, com leis concisas e estáveis, o principal elemento para desencadear um processo de cooperação social que, por intermédio dos mecanismos de aquisição e de disseminação de novos conhecimentos, representa o melhor sistema de alocação dos recursos econômicos escassos que se conhece. Tal sistema pode ser equiparado a um universo, onde há ininterruptamente forças em expansão e forças em contração, sendo o conjunto de todas essas forças desconhecido e incontrolável pelo homem. Em outras palavras, uma ordem espontânea de mercado, fruto natural da ação humana, mas não do desejo deliberado de planejadores e economistas do governo, é a melhor forma de organização econômica.

O crescimento de qualquer economia decorre dos investimentos que movimentam o seu motor, que sempre se refletem em aumentos de produtividade e de lucratividade. De fato, sob um regime de liberdade econômica, o processo de mercado, marcado pela necessidade permanente de estar alerta às boas oportunidades de investimentos, premia naturalmente os empreendedores mais eficientes e castiga os ineficientes, o que faz com que os resultados líquidos sejam reflexos de lucratividade e produtividade. Os maus empresários, se não se transformarem em bons empresários, irão à falência, o que beneficiará os consumidores. Tudo muito diferente de um processo decisório centralizado e movido pelo combustível nefando das decisões políticas.

O mal dos que se dizem "progressistas" é que eles não sabem que as chaves do progresso são a liberdade econômica, que incentiva a criatividade, o Estado de Direito, que garante a moralidade do respeito aos direitos individuais e o capital humano, que promove a distribuição na largada e não na chegada.

Precisamos também fazer os brasileiros compreenderem que a liberdade econômica é uma das bases da moralidade, uma condição indispensável para as demais liberdades. A liberdade de trabalhar, por exemplo, requer padrões morais definidos, que são a crença na responsabilidade individual e a aceitação de um sistema que recompensa materialmente os serviços do trabalho realizado por um indivíduo na razão direta do que eles oferecem para os demais. A ausência desses padrões morais e sua substituição por outros padrões (de necessidade dita comumente "social") terminam destruindo a liberdade e, portanto, corroendo as bases de todos os valores morais.

Enquanto o Brasil insistir no esquerdismo para a condução das políticas econômicas, enquanto a dupla formada pelo PSDB e pelo PT com suas variantes permanecer dando as cartas alternadamente, sempre com o apoio do agora MDB, não conseguiremos crescer de forma sustentada nem, muito menos, "distribuir" melhor o crescimento. No sistema político extremamente defeituoso que temos em nosso país, caracterizado pela baixa representatividade, pela fusão entre governo e Estado, pelo presidencialismo de coalizão e por outras estrovengas, a atividade política inevitavelmente se transforma em um feroz cabo-de-guerra para fazer a partilha do bolo da renda e só esse fato faz com que seja impossível a existência de um governo minimamente decente. O poder, então, tende a se concentrar e uma das piores manifestações dessa concentração passa a ser o cerceamento progressivo das liberdades individuais e, entre elas, a liberdade econômica.

Como o leitor deste importante livro perceberá facilmente, Marcel van Hattem, em sua atuação como parlamentar no Rio Grande do Sul, tem demonstrado sempre ser um defensor dessas liberdades e, em especial, da liberdade econômica. O Brasil precisa de muitos com as suas qualidades para que possa, finalmente, acordar do sono profundo que o impede de, como um Lázaro, levantar e andar.

Estorvo para o cidadão, fonte de renda para o corrupto

A deputada Any Ortiz (PPS), oriunda do setor privado e que fazia Grande Expediente pela desburocratização do Estado, contou com meu aparte em apoio à sua iniciativa. Na oportunidade, eu disse que "para o cidadão honesto, a burocracia é um estorvo; para o corrupto, uma fonte de renda". Dois anos depois, Any e eu percorremos o estado do Rio Grande do Sul, respectivamente como relatora e presidente da Comissão Especial de Revisão Legal da Assembleia Legislativa, para buscar junto aos cidadãos gaúchos e especialistas exemplos de leis esdrúxulas, inúteis ou redundantes que burocratizam a vida do indivíduo e, em particular, do empreendedor[1].

24 de fevereiro de 2015

Deputada Any Ortiz, parabéns pelo seu discurso e pela oportunidade de trazer ao grande expediente um tema que é tão caro também à bancada do Partido Progressista.

Inicio o aparte citando o estadista britânico, Benjamim Disraeli, evidentemente com todo o respeito ao Estado de Direito que temos. Dizia ele que *"leis para os cidadãos honestos são desnecessárias e para aqueles que são corruptos são inúteis"*, porque eles vão descumpri-las de qualquer forma.

Trazendo isso para a questão da burocracia, poderíamos dizer – apesar de a Sra. ter construído muito bem o seu discurso filosoficamente e com citações de Max Weber, que dizia que a burocracia é importante para a vida de toda a sociedade – que para o cidadão honesto hoje, no Brasil, a burocracia é um estorvo, e para o corrupto é uma fonte de renda.

Precisamos mudar os conceitos. Se para a vida civil a burocracia atrasa a vida de governos, para a vida econômica ela é mortal. E quem mais sofre com isso é o cidadão pobre, quem quer começar um empreendimento e se vê às voltas para conseguir até mesmo abrir sua empresa.

Quando tive oportunidade de viver, estudar e também empreender na Holanda, abri a minha empresa com apenas um documento: meu documento de identidade. Em apenas meia hora, consegui algo semelhante à inscrição estadual no Rio Grande do Sul. Há casos de exemplos positivos

---

[1] Confira no Facebook: https://goo.gl/WbWsVw

que precisamos trazer para cá, para que a nossa produção de riqueza na sociedade seja efetivada.

Não adianta continuarmos com discurso de distribuição de renda se não produzirmos riqueza antes. E produzir riqueza significa desatar as mãos do cidadão, do indivíduo, de todos nós, gaúchos e brasileiros, que queremos empreender e ter espaço para uma vida melhor e, assim, também construirmos uma sociedade melhor.

Estado grande ou serviços prestados?

Abordei, no meu primeiro Grande Expediente[2] na Assembleia, a crise das finanças públicas gaúchas e sua relação com decisões morais e escolhas de prioridades: preferimos um estado grande, inchado, ou que preste os serviços mais básicos ao cidadão, pagador de impostos?

Disse Adam Smith em *A Riqueza das Nações*: "Pouco mais é necessário para erguer um Estado, da mais primitiva barbárie até o mais alto grau de riqueza, além da paz, impostos leves e de boa administração da justiça. Todo o resto corre por conta do curso natural das coisas"[3].

Mantive aqui, na publicação do meu pronunciamento os apartes proferidos por deputados representantes das bancadas do PSDB, PP e PTB, PDT, PMDB e PSB. Apesar do boicote feito ao meu discurso pela bancada inteira do PT, é importante perceber que em muitos outros partidos, abertos ao debate, o tema da privatização e enxugamento da máquina pública são bem-vindos. É usando

---

[2] Grande Expediente é o espaço mais nobre para intervenções mais longas dos parlamentares durante as sessões ordinárias, que ocorrem de terça a quinta-feira. Apenas um Grande Expediente é realizado por sessão, e cada um dos 55 deputados tem direito a esse espaço à medida em que seu nome chega na vez por meio de lista de espera em ordem alfabética. Abriga pronunciamentos de vinte minutos, quatro vezes mais longo do que as costumeiras intervenções de cinco minutos na tribuna, e durante os quais são acrescidos ainda apartes de no máximo três minutos realizados por representantes das bancadas representadas na Assembleia que quiserem contribuir com a discussão, tema ou mesmo homenagem proposta pelo orador. Como observará o leitor, busquei utilizar meus espaços de Grande Expediente justamente para repercutir temas que são caros à defesa das liberdades, do Estado de Direito e da democracia.

[3] SMITH, Adam. *A Riqueza das Nações – Uma Investigação Sobre a Natureza e as Causas das Riquezas das Nações. São Paulo: Madras, 2009.*

a voz no Parlamento que se garante uma profunda reflexão com todos os colegas deputados estaduais sobre o que se quer para o futuro do Rio Grande do Sul: um estado grande ou serviços prestados?[4]

14 de maio de 2015

A escolha do Rio Grande do Sul: estado grande ou serviços pres-tados? Confesso, Sr. Presidente, que o título que dei a este Grande Expediente soa simplista, ainda mais quando são de conhecimento público tanto a complexidade como o tamanho do problema financeiro em que se encontra o Rio Grande do Sul – e, aliás, também a União.

Optei por um título enxuto, porém, pois a solução neste momento é simples: ou admitimos que nosso governo, há décadas, intervém onde não é chamado e faz falta onde é mais necessário, ou não sairemos deste buraco. É isso. É simples.

Temos um governo grande, inchado e caro para o cidadão, mas que não cumpre com seus compromissos mais fundamentais. É a famosa venda, no ditado popular, de gato por lebre: o cidadão paga impostos esperando por uma coisa, enquanto os políticos e a máquina pública entregam outra, muito distinta – isso quando entregam.

O estado do Rio Grande do Sul vive hoje uma crise que não é apenas financeira; é uma crise estrutural e moral, resultado direto de decisões do passado e cujos efeitos, de longo prazo, agora nos alcançam.

A crise estrutural das nossas finanças vêm de longa data. Em 40 anos, as contas públicas gaúchas não fecharam no vermelho em apenas sete oportunidades. Há quatro décadas, portanto, o estado do Rio Grande do Sul assume obrigações que não pode cumprir. Há quatro décadas, gastamos o que não temos.

Cidadão gaúcho, cidadã gaúcha: faz quarenta anos que o dinheiro que o senhor e a senhora pagam em impostos – que não é pouca coisa – não chega para cobrir os custos da máquina pública. Faz quarenta anos que o governo precisa se valer de outras fontes – claro, pagando juros – para fazer frente às suas despesas, pois sabe-se que a sociedade não aguentaria pagar ainda mais impostos para cobri-las. Mesmo assim, com tanto dinheiro sendo gasto, seja vindo do bolso do cidadão, seja de empréstimos externos, a decadência do serviço público mais básico é evidente.

---

[4] Confira no Facebook: https://goo.gl/HX3VN7 ou assista no YouTube: https://goo.gl/yWbAX6

Qualquer que seja a medição que se faça, qualquer que seja o índice que se use, o Brasil e o Rio Grande do Sul estão no terceiro mundo quando se fala do nível dos serviços públicos prestados.

Estamos entre os países de maior criminalidade do mundo. O número de homicídios por ano passa de 50 mil. O Brasil é o 11º país mais inseguro do mundo. No Rio Grande do Sul, a violência também vem crescendo, e a batalha entre facções criminosas pelo controle do nosso território já começa a tomar as páginas dos jornais.

Avaliar a saúde pública do Rio Grande do Sul – que recebeu nota 5,9 no índice oficial do governo federal e, portanto, rodou – é uma tarefa ingrata e triste. Especialmente triste porque implica visitar filas de hospitais nas quais as pessoas esperam por um atendimento que, muitas vezes, não chega a tempo.

A condição dos hospitais públicos é lamentável. E é justamente o cidadão mais necessitado quem mais sofre com as consequências do péssimo atendimento da saúde pública. É o cidadão que não tem condições de pagar por planos de saúde privados a verdadeira vítima dessa deficiência que temos no setor.

Por fim, a educação pública. Pela avaliação do PISA, a principal medição internacional do nível de educação, os alunos da rede privada brasileira têm média de 516 pontos, o que nos colocaria entre o Canadá e a Bélgica. Já os da rede pública pontuaram em média 398 pontos, o que nos coloca entre a Tunísia e a Albânia.

Como pode? Como pode tanto dinheiro ter passado ao longo dos tempos pelos cofres públicos, dinheiro que saiu do bolso de cada cidadão trabalhador gaúcho e brasileiro e, além de continuarmos ainda mais endividados, recebermos serviços públicos básicos tão precários?

Nossa resposta é simples: historicamente – e isso é inegável –, optou-se por um Estado grande, inchado, em detrimento do foco na prestação de serviços públicos básicos à população.

Do que decorre essa escolha? Não tenho dúvidas de que decorre de uma severa crise moral que nos assola há décadas. Primeiro, porque optou-se, historicamente, pela intervenção estatal em domínios estranhos às suas funções básicas. Intervenção estatal é intervenção. Ponto. Grande ou pequena, é intervenção! E intervenção estatal, onde não deveria haver, reduz a liberdade do indivíduo e aumenta o poder do Estado. Em outras palavras, mais simples ainda: a intervenção estatal dá mais poder ao político e reduz a liberdade do cidadão – sempre.

Pode parecer difícil, por vezes, avaliar os impactos políticos, econômicos e sociais indesejáveis de uma empresa, por exemplo, mantida com dinheiro público. É comum, por isso, cairmos na falácia de explicações pontuais: "Ah, mas essa estatal dá lucro!" Ainda mais quando não levamos em conta as variáveis que levam à formação desse lucro. A atuação monopolística no mercado e contratos impostos, em lugar da livre negociação entre as partes, são apenas dois exemplos de práticas comuns que emprestam uma saúde financeira artificial a muitas estatais.

Porém, se é difícil avaliarmos o impacto da intervenção estatal em casos específicos – difícil, mas de forma nenhuma impossível, desde que estejamos dispostos a ver também o que não se vê, parafraseando Bastiat –, podemos avaliar os impactos da intervenção como processo. A conclusão é cristalina: quanto mais intervencionista um governo é, inchando sua burocracia, intervindo na economia e na vida do indivíduo e aparelhando todas as instituições, mais pobre e mais escravo é o seu povo. Por outro lado, quanto mais liberal um governo é, mais rica e próspera é sua nação.

Não nos faltam exemplos históricos: mais intervenção, mais escravidão; menos intervenção, mais liberdade. Infelizmente, já conhecemos históricas situações-limite, que hoje devem nos servir como exemplo.

Como lembra Ludwig von Mises, em seu livro *As Seis Lições*[5], na Alemanha de Hitler não havia empresa privada ou iniciativa privada. Na Alemanha de Hitler havia um sistema de socialismo que só diferia do sistema russo na medida em que ainda eram mantidos a "terminologia e os rótulos" do sistema de livre economia. Ainda existiam empresas privadas, como eram denominadas. Mas o proprietário já não era um empresário; chamavam-no de gerente ou chefe de negócios.

O próprio economista e filósofo austríaco faz menção nesse trecho ao caso da Rússia soviética, e é muito importante lembrar que o comunismo e o fascismo, a exemplo do nazismo, também sempre apostaram todas as suas fichas no Estado forte e onipresente – na estatização de todos os meios de produção, nas palavras de Marx –, apesar de só conseguirem entregar, onde quer que fossem implementados, fome, miséria e morte. Se o nazismo não falava abertamente em estatizar os meios de produção, desejava submetê-los ao governo, assim como diz expressamente o *Manifesto Comunista*.

Não: o Rio Grande do Sul não é um Estado grande por ser nazista, fascista ou comunista – não é isso que estou dizendo. Mas aceitamos

---

[5] MISES, Ludwig von. *As Seis Lições: Reflexões sobre Política Econômica para Hoje e Amanhã*. Apres. Murray N. Rothbard; Prefs. Ubiratan Jorge Iorio & Margit von Mises; Intr. Bettina Bien Greaves; Posf. Alex Catharino; Trad. Maria Luiza X. de A. Borges. São Paulo: LVM, 2017. (N. E.)

com muita naturalidade o crescimento do Estado, e é preciso apontar as consequências últimas dessa aceitação para que possamos interromper o crescimento do Estado antes de chegarmos a esse ponto. Caso não interrompamos esse processo, trilharemos o que Hayek definiu como *O Caminho da Servidão*[6].

Infelizmente, a história se repete e se desenrola a olhos vistos no presente: ideologias estatizantes e intolerantes com a liberdade individual, mais uma vez, estão impregnadas no seio do poder em Brasília e, também, à nossa volta, na América Latina. Não podemos, de forma nenhuma, permitir que esse rumo continue sendo tomado. As consequências de nossas decisões morais podem ser nefastas. E disso a história (e também o presente) são provas cabais.

Tomar decisões baseadas na moral e a consequente definição de prioridades: eis os dois grandes desafios que temos, como gaúchos e brasileiros. Estado grande ou serviços prestados?

Muitos continuam vociferando que o Rio Grande do Sul passou por diversos governos – entre aspas – "neoliberais", jargão, aliás, vazio, que, na verdade, é apenas mais um palavrão utilizado por estatistas para criticar quem discorda deles. Os fatos insistem em desmentir essa tese. O Rio Grande do Sul tem hoje nove autarquias, 20 fundações e 11 empresas estatais, a esmagadora maioria sem qualquer vínculo direto ou indireto com saúde, segurança ou educação. Há mais autarquias, fundações e estatais no Rio Grande do Sul do que ministérios no governo Dilma. Mas a disputa é apertada: 40 a 39. É preciso reconhecer que esse tamanho de máquina pública não se produz sozinho: resulta de ideias e de tomadas de decisão.

Há ideologias que querem tudo no Estado, querem todo o poder concentrado nas mãos de governantes. Os entusiastas dessas ideias de concentração de poder político e econômico são os mesmos que a cada eleição prometem benesses aos companheiros de viagem e direitos para todo o povo.

Não se pode negar que a estratégia é eficaz. Nós, como cidadãos, temos grande simpatia pela ideia de receber. Quem não tem? Mas quem oferece faz isso de que forma? Ora, da forma mais simplista e irresponsável possível, comprometendo as verbas públicas. Chegam ao governo para fazer o "bem", entre aspas, com o dinheiro alheio!

O Rio Grande do Sul largueia os passos rumo à falência porque, entre outros aspectos, nossa máquina pública possui cabides demais! Porque,

[6] HAYEK, F. A. *O Caminho da Servidão*. Trad. Anna Maria Capovilla, José Ítalo Stelle e Liane de Morais Ribeiro. São Paulo: Instituto Ludwig von Mises Brasil, 6ª ed., 2010. (N. E.)

ao longo de nossa história, o que mais vimos foram governantes e parlamentares prometendo benesses e benfeitorias travestidas de direitos. E o rol desses supostos direitos prometidos é vasto, em quantidade e irresponsabilidade, pois ignora-se que cada direito traz consigo uma proporcional carga de deveres e entra em conflito com outros direitos.

Governos não nos dão nada de graça! Tudo que deles recebemos vem dos impostos que pagamos. Ademais, a atual sanha por privilégios só faz aumentar as tensões sociais.

O que lamentavelmente vemos no Brasil hoje é insano: deixamo-nos dividir em raças, gêneros, classes sociais. Talvez por isso o Brasil atravesse uma grave crise ética e moral. Quando cada um coloca os direitos de sua preferência à frente do bem comum, o resultado é a guerra de todos contra todos.

Enquanto isso, os serviços de educação, saúde e segurança continuam deteriorados. Professores e servidores da educação, médicos, enfermeiros e servidores da saúde, brigadianos, bombeiros, policiais civis e demais servidores da área de segurança são as categorias mais mal-remuneradas de toda a máquina do Estado gaúcho.

Esses fatos guardam entre si uma relação de causa e efeito.

Em primeiro lugar, como disse a estadista britânica Margaret Thatcher, não existe dinheiro público. Existe apenas o dinheiro do pagador de impostos. Quem mantém o serviço público funcionando é o cidadão que sustenta a máquina pública com o suor do seu rosto. Somente ele. Só a sociedade cria riqueza, só o indivíduo empreende. O pagador de impostos, que no Brasil atende pelo eufemismo hipócrita de contribuinte, é quem deveria ser o fim supremo de tudo o que se faz nos governos. Não o contrário. O governo deve servir ao cidadão, não se servir dele.

Ao longo dos anos, porém, a máquina pública cresceu. Em 1994, a carga tributária brasileira era de 27,9% do PIB. Hoje, chegamos a quase 40%. Uma nota agravante: a divisão do bolo tributário na Federação também se alterou, mas em favor de Brasília, não dos municípios – e, portanto, não dos cidadãos.

O Estado cresceu para o lado errado. Talvez, por falta de coragem no enfrentamento às corporações organizadas, sobretudo quando comparadas à desorganização da menor de todas as minorias: o indivíduo. Há falta de coragem para enfrentar essas galerias, que tão rapidamente se enchem pelos que pedem e tão raramente, como hoje, recebem aqueles que estão pagando a conta.

É muito fácil aprovar projetos de lei que dirigem os recursos provenientes dos impostos para outras finalidades que não as principais prioridades do cidadão. Difícil é, depois, redirecionar os recursos para a saúde, a segurança e a educação. Quando o dinheiro vai para qualquer outro lugar que não para essas três áreas, é muito difícil que ele volte. E assim, sob a constatação da precariedade dos serviços públicos e a necessidade de manter a máquina pública rodando, pedem-se mais recursos, e o povo sangra novos impostos. Agora, o povo clama: "Não dá mais! A crise foi causada pelos políticos. Que eles a resolvam sem passar a conta adiante!" É isso que nós ouvimos. Como fazê-lo?

Decisões morais. Definição de prioridades. Estado grande ou serviços prestados? Não temos saúde, educação e segurança, mas temos uma gráfica estatal, um zoológico estatal, uma empresa de TI estatal, uma empresa de silos e armazéns estatal, uma mineradora estatal e uma empresa de rodovias estatal. Temos também uma emissora de televisão estatal, que não chega a 1% de audiência.

Essa discussão precisa ser levada aos cidadãos de forma completa. É dever de honestidade política informar o cidadão decentemente sobre esse tipo de escolhas que fazemos em seu nome. É enganoso apenas perguntar: "Você acha importante termos uma gráfica pública?" O verdadeiro questionamento deve ser: "Temos uma gráfica que custa 52 milhões de reais por ano de dinheiro dos seus impostos. Esse dinheiro compraria 479 ambulâncias – quase uma por município gaúcho – ou colocaria na escola 14.995 alunos. Onde você, pagador de impostos, prefere que seja gasto esse dinheiro?"

Decisões morais. Definição de prioridades. Estado grande ou serviços prestados?

[O deputado Jorge Pozzobom (PSDB) pede aparte]

– *Permite um aparte? Deputado Marcel van Hattem, em primeiro lugar, é extremamente oportuna essa discussão. Gostaria de parabenizá-lo e fazer algumas comparações. [...] O ex-governador Tarso Genro (PT) – ainda bem que é ex-governador – vivia dizendo: "Desafio a oposição a comparar o meu governo com o governo passado." Só que, de maneira covarde, nunca aparecia para debater o governo passado, pois o PT tem em sua cartilha duas expressões. A primeira delas, que é magnífica, é o "Estado máximo" – explicarei qual é o Estado máximo do PT; e a segunda é a "irresponsabilidade fiscal".*
Estamos discutindo a responsabilidade fiscal, pois a Lei de Responsabilidade Fiscal foi feita pelo PSDB, e o PT votou contra. Não contente, foi ao Supremo buscar sua inconstitucionalidade. Não levou. Perdeu!

Por que estou dizendo isso?
No governo do PSDB [de Yeda Crusius, 2007-2010], *o primeiro projeto que encaminhamos a esta Casa previa a extinção de 800 cargos de confiança, gerando uma economia para o meu Estado – para o seu Estado e para o Estado dos seus convidados – de 256 milhões de reais.*
Nosso governo conseguiu honrar as contas públicas – nos últimos anos, foi o único governo que gastou menos do que arrecadou – e, ao final do ano, conseguiu pagar o 13º salário sem necessitar de empréstimo do Banrisul.
Eu, tu e todos os gaúchos temos de saber que economizamos 256 milhões de reais. Portanto, essa é a forma de governar. Em quatro anos, gastamos 241 milhões de reais em diárias – o que já considero muito. O PT gastou 475 milhões de reais em diárias, ou seja, 100% a mais. O PT fez uso de mil cargos de confiança, que é o Estado máximo. Não é Estado máximo coisa nenhuma! É o Estado aparelhado pelos companheiros do PT.
Se o Estado máximo fosse tão maravilhoso como ele quer, o Tarso não teria perdido a eleição. Perdeu pela maneira irresponsável com que aparelhou o Estado com cargos de confiança. Porém, foi tão incompetente que, mesmo tendo um exército de mil cargos de confiança, não conseguiu vencer as eleições.
Existe outra coisa importante de se discutir. Somente em diárias, foram gastos 100% a mais. Com cargos de confiança, gastaram 70% a mais. Essa é a prática do PT.
Ary Vanazzi – gravem bem: presidente estadual do PT – foi condenado, anteontem, por improbidade administrativa, porque criou 500 cargos de confiança em São Leopoldo. O Tribunal cancelou os cargos, mas ele não obedeceu à determinação da Justiça.
Por isso, não nos causa nenhuma surpresa o ajuste fiscal do Estado máximo para garantir os 39 ministérios da presidente Dilma. Não podemos mais saber quem era a candidata Dilma e quem é a presidente Dilma, já que uma falava uma coisa e a outra faz outra coisa – com esse exército aparelhado no Brasil inteiro pelo PT. O que fazem com a gente? Aumentam a conta de energia elétrica, aumentam a gasolina e o óleo diesel.
O senhor está de parabéns: Estado mínimo, eficaz e eficiente.

[O deputado Sérgio Turra (PP) também faz um aparte]

[…] Falo aqui também em nome do PTB, com muita honra – e mais responsabilidade ainda –, por designação do deputado [Aloísio] Classmann. Em primeiro lugar, deputado Marcel van Hattem, como seu colega de bancada, desejo externar o nosso contentamento e o nosso orgulho com sua ação, com o trabalho respeitoso que traz a esta Casa propostas para mudar-

117

mos um cenário que ninguém aguenta mais. Cenário com o qual o cidadão gaúcho e o cidadão brasileiro não conseguem mais conviver. Sem dúvida alguma, um Estado inchado, pai de tudo e de todos, inclusive – e especial-mente – da corrupção. Não queremos mais esse Estado.

Lamento muito – muito! – que a bancada do PT não esteja aqui para ouvir, respeitosamente. Mesmo que sem concordar, porque não somos os donos da verdade.

Parabéns pela coragem, pela postura, deputado. Estamos juntos para construir um Estado e um Brasil diferentes. Estas republiquetas que nos cercam não nos servem de exemplo. Queremos, sim, um Estado que bem preste os seus serviços, porque é isso que o povo gaúcho e brasileiro mere-cem. Meus parabéns, deputado.

[Retomo a palavra]

Muito obrigado, deputado.

Decisões morais, definição de prioridades: Estado grande ou serviços prestados?

Por isso, protocolei na semana passada uma proposta de emenda constitucional que submete a criação de qualquer nova empresa estatal a plebiscito e exige que o governo estadual apresente um plano detalhado dos impactos orçamentários e financeiros sobre o caixa do Estado[7]. Queremos provocar essa discussão. Tenho certeza de que esta Casa deseja ouvir a população antes de passar-lhe a conta.

Fomos ensinados, ao longo do tempo, a pensar que Estado grande é sinônimo de prestação de bons serviços públicos. Fomos ensinados a esperar soluções do governo para demandas de toda ordem. Fomos convencidos de que governo bom é o que gasta mais. Fomos incentivados a atacar quem dissesse que era preciso reduzir o tamanho do Estado.

Pois bem, eis o resultado: não temos os serviços e temos uma conta alta a pagar. As soluções não vieram. O Estado, inchado, é impagável.

A crise atual não foi causada pela má aplicação desses preceitos: ela é o próprio resultado desses preceitos. A quebra do estado do Rio Grande do Sul é o resultado dessas ideias.

[Gilmar Sossella (PDT) solicita aparte]

---

[7] Trata-se da PEC 240/2015, cujo inteiro teor pode ser consultado aqui: http://www.al.rs.gov.br/legislativo/ExibeProposicao/tabid/325/SiglaTipo/PEC/NroProposicao/240/AnoProposicao/2015/Origem/Px/Default.aspx

– Deputado Marcel van Hattem, parabéns pelo tema. Por isso é importante estarmos numa democracia: para que possamos fazer também algumas observações. [...]

Deputado Marcel, quero dizer, com toda a tranquilidade, que em muitos pontos concordo e, em outros, não. Entendo que são importantes pontos para a soberania nacional.

Trago a esta Casa um debate que se realizou, por exemplo, na nossa coirmã Argentina. Quando a Argentina precisou segurar o preço do petróleo, lá não havia mais Repsol, que foi privatizada. Quando foi para mexer na questão dos juros, não havia nenhum banco, porque todos foram vendidos. Creio que devemos seguir esta questão: não é o Estado máximo e também não é o Estado mínimo, mas um Estado que seja possível de se fazer, sim, com eficiência.

Fui prefeito, como tantos que estão aqui. Podemos ser eficientes. É importante ser eficiente nas atividades que temos.

Nesse sentido, por exemplo, na questão de baixar os juros, foram o Banco do Brasil, a Caixa Econômica Federal e o Banrisul, aqui no estado, que bancaram a redução de juros.

Se deixarmos ao livre arbítrio de todo o mercado, creio que nem sempre vão ter este olhar da função pública que exercem os órgãos.

Também com relação à Petrobras, cheia de escândalos, sabemos disso e somos contra. Temos de limpar tudo e tirar, logicamente, quem desonrou o mandato na presidência da Petrobras. Mas a Petrobras para nós é fundamental, porque foi ela que trouxe grandes pesquisas na questão do petróleo, do pré-sal. Na economia, foi a décima segunda empresa mundial. Poderemos recuperar esse ponto, logicamente com seriedade e com honestidade. [...]

Com toda a liberdade, saliento que concordo com o deputado em muitos temas que levantou aqui. Mas alguns pontos que entendemos serem estratégicos, como energia, petróleo e bancos públicos, são funções em que o governo tem de ter um instrumento para que, no momento certo, possa também equilibrar o mercado e a sua economia. [...]

[O deputado Gabriel Souza (PMDB) solicita aparte]

– [...] Mesmo que alguns membros deste Legislativo possam não concordar, pelo menos na integralidade, com as suas opiniões, sempre é bom manter o respeito e primar pelo diálogo interno.

Lamentavelmente, devo registrar a ausência de algumas bancadas, que deliberadamente se ausentaram do plenário de maneira um pouco des-

respeitosa, porque, mesmo que discordemos uns dos outros, é condição sine qua non mantermos o respeito para o bom funcionamento da democracia no Parlamento gaúcho.

Com a vinda do ex-secretário da Fazenda, do governo Tarso Genro (PT), Odir Tonollier, a esta Casa, levantei o debate, nesta semana, sobre a irresponsabilidade fiscal que o governo anterior tenta mascarar e que tem relação com o tema abordado hoje. A irresponsabilidade do governo anterior com a política fiscal acabou por esculhambar ainda mais as finanças, que já estavam bastante fragilizadas no Rio Grande do Sul.

Ouvi alguns parlamentares e o próprio ex-governador dizerem que, na verdade, faziam nada mais, nada menos do que uma política keynesiana, citando John Maynard Keynes, grande economista britânico.

Ontem, ao ocupar a tribuna mais uma vez para tratar desse tema, conceituei o keynesianismo de Tarso como um keynesianismo gambiarra, porque era um keynesianismo às avessas. Keynes nunca disse que era para quebrar o Estado ou quebrar o poder público aumentando os seus gastos acima da receita. Ao contrário, Keynes disse que se houvesse crise na macroeconomia é que seria a favor de aumentar a política fiscal, as divisas da política fiscal para gerar emprego e sair da crise.

Mas esse não era o caso do Rio Grande do Sul nos últimos quatro anos. Portanto, do keynesianismo Tarso nunca esteve nem perto. O que Tarso e o PT fizeram de fato aqui no Rio Grande do Sul foi esculhambar com as nossas finanças de maneira extremamente irresponsável, fazendo com que esses produtos negativos da sua herança governamental ainda sejam enfrentados por este governo durante todo seu quadriênio.

Pasmem, senhoras e senhores e deputado Marcel van Hattem, no último ano do governo Sartori ainda estaremos pagando as contas do governador Tarso Genro.

[Elton Weber (PSB) faz seu aparte]

– *Deputado Marcel van Hattem, cumprimento pela proposição deste Grande Expediente, que nos traz as escolhas do nosso Estado: Estado grande ou serviços prestados? Trata-se de uma indagação importante. Trazer a esta Casa temas que possam gerar opiniões divergentes faz-se necessário até para que possamos fazer uma reflexão da forma como o nosso Estado está sendo conduzido, como tem sido trabalhado ou andado na sua história e para que possamos fazer melhor as coisas no futuro. A opinião que quero trazer, em nome da bancada do PSB, dos deputados*

Catarina Paladini e Liziane Bayer, é de que o Estado deve ser um in-dutor do desenvolvimento e deve ter um olhar para as prioridades sociais também para que possamos ter uma educação de qualidade, uma segu-rança e uma saúde que possa atender aos anseios da população – e isso já foi tema de tantos debates.

Sendo as nossas opiniões das mais diversas formas, parabenizo-o, depu-tado Marcel van Hattem, pela sua atitude de trazer este tema no dia de hoje. Comemoro o fato de termos, neste plenário, os debates necessários para que possamos discutir como avançar ainda mais na melhoria dos serviços que um Estado do tamanho do nosso pode oferecer e também ob-servar as escolhas que temos a nossa frente.

Portanto, eficiência e transparência são importantes. [...]

Fico muito contente de poder acolher os apartes e gostaria de falar um pouco sobre a Lei de Responsabilidade Fiscal, deputado Jorge Pozzobom, so-bre a qual o senhor tratava há pouco.

É verdade, o PT foi contra a aprovação da Lei de Responsabilidade Fiscal. Percebemos por quê. Porque, na prática, praticou a irresponsabili-dade fiscal no Estado, assim como também a está praticando em Brasília.

A despeito do enorme crescimento do Estado nas últimas décadas, fomos incapazes de prover os serviços públicos que tanto interessam à nos-sa sociedade. Fomos incapazes de gerir as contas públicas com responsabi-lidade e escolhendo prioridades corretamente.

Governadores de vários partidos, a despeito de suas mais magnâni-mas intenções, sucumbiram, muitas vezes, ao pesado fardo de administrar o curto prazo das iminentes crises financeiras que desviaram e continuam a desviar a nossa atenção do desafio de longo prazo, que é a construção do caminho que leva à prosperidade e à inclusão social.

Para o controle das finanças públicas estaduais e municipais, deputado Jorge Pozzobom, o governo federal criou a importantíssima Lei de Responsabilidade Fiscal em 2000, que, embora necessária, foi insuficiente para resolver essa questão.

Responsabilidade fiscal é mais do que uma questão de legislação: é uma questão de espírito, é necessário tê-la no DNA. Como podemos atrair investimentos privados para o nosso Estado, que gerem renda, empregos e arrecadação, se estamos sempre na iminência de quebras contratuais, atraso de pagamentos ou calotes da dívida? Como podemos atrair investimentos de longo prazo, que exigem comprometimento, se as nossas exigências são motivadas somente pelas necessidades ditadas pelo curto prazo?

Decisões morais, definição de prioridades: Estado grande ou serviços prestados?

Também foi expressada respeitosamente pelo deputado Gilmar Sossella a sua discordância, citando o exemplo argentino. Somente gostaria de dizer, como forma de resposta, que desde que se iniciou essa crise na Argentina – e isso já faz muitos e muitos anos –, a solução foi sempre mais e mais Estado, e a Argentina está indo cada vez mais e mais para o buraco.

Decisões morais, definição de prioridades.

Por isso, é momento de escolher. Devemos decidir se manteremos o rumo que vem sendo seguido há anos – e aprofundaremos, assim, a crise do Rio Grande do Sul, com seu grande e ineficiente Estado – ou se vamos retornar às prioridades fundamentais, que são, não canso de repetir, saúde, segurança e educação. Se optarmos pela segunda opção, daremos um grande salto para garantir o futuro das próximas gerações.

Disse Adam Smith no clássico *A Riqueza das Nações*: *"Pouco mais é necessário para erguer um Estado, da mais primitiva barbárie até o mais alto grau de riqueza, além da paz, impostos leves e de boa administração da Justiça. Todo o resto corre por conta do curso natural das coisas".*

Durante tempo demais acreditamos que bons serviços públicos precisavam de um Estado grande para serem prestados. Já vimos que, em verdade, temos à nossa frente uma escolha: Estado grande ou serviços prestados.

Em defesa do Uber

Infelizmente, o excesso de regulação estatal na atividade do taxista criou uma falsa disputa com os novos transportes por aplicativos. Em vez de unirem-se contra o Leviatã, taxistas e motoristas de Uber travaram intensas batalhas entre si, lamentavelmente, em Porto Alegre, chegando às agressões físicas, inclusive, de taxistas a ubers – neologismo que define um motorista de transporte por aplicativo no Brasil. Sempre fui um defensor da tecnologia e da liberdade de mercado, razão suficiente para estar ao lado de ubers, mas também ao lado dos taxistas (não dos agressores, claro) e de todos os empreendedores brasileiros que precisam focar na batalha contra os excessos do Estado para que possam trabalhar livremente.

2 de dezembro de 2015

Eu gostaria de falar sobre o Uber. Eu fiquei muito satisfeito em ver o prefeito municipal de Porto Alegre José Fortunatti voltar atrás da decisão inicial de simplesmente proibir o serviço e conversar com os representantes do Uber. Se de parte a parte houve desentendimentos, e podemos e devemos levar tudo isso em conta, por outro lado também precisamos ver quais são os principais fatores que levam o Uber a ser tão bem-sucedido onde se instala. Em São Paulo e Belo Horizonte, por exemplo, onde estive recentemente, funciona e funciona muito bem. E por que funciona muito bem? Em primeiro lugar porque a regulação do serviço público de transporte é excessiva, é asfixiante para quem quer empreender. A regulação para quem quer ter um táxi em Porto Alegre é absurda. Ou em qualquer capital ou em qualquer cidade brasileira.

É uma interferência estatal que sufoca aqueles que só querem trabalhar, ainda mais em um período de crise econômica tão severa, com tantos desempregados. Em segundo lugar é preciso levar em consideração que o consumidor tem que ter direito a escolher, e que se o serviço do Uber é mais atrativo, ele tem que ter direito a utilizá-lo. É evidente que precisa ter a mesma condição de outros empreendimentos no Brasil, todos que querem empreender pagam seus impostos e pagam em dia, mas não é diferente no caso do Uber, que é uma empresa formalizada. É como se agora quisessem proibir a atividade de motorista profissional, porque não tem a mesma regulação que tem a atividade do taxista. Portanto, é muito importante nos lembrarmos de que o direito do consumidor precisa ser levado em consideração.

E, por fim, a liberdade de empreender. Repito: nesse momento de crise econômica, ela também precisa ser respeitada. Até porque conheço muitos taxistas que hoje, se pudessem, e alguns estão fazendo isso, migrariam para o Uber porque gostariam de ter o seu próprio carro. A forma como funcionam os táxis em Porto Alegre, eu não digo todos, porque há muitos bons profissionais e muita gente bem intencionada, mas há gente que atua nesse mercado como se fosse integrante de uma máfia. De uma máfia!

Motoristas extremamente mal remunerados nas mãos de detentores de licenças públicas de operação, e que ficam em casa. Se fossem empreendedores, eu entenderia: o empreendedor que abre uma empresa e daí expande seu serviço precisa estar no seu escritório e muitas vezes não pode atuar na sua atividade-fim, ou seja, não pode estar atrás de uma direção. Mas nesse caso não são necessariamente apenas empreendedores, são pessoas que têm um direito garantido pela prefeitura, de uma forma monopolística, ou muito restrita, e que atuam nesse setor e subempregam outras pessoas para fazer esse serviço, que acaba se degradando, e acaba trazendo para todos os moradores de Porto Alegre, no geral, tanta insatisfação.

Portanto, para que os bons taxistas possam sobreviver nesse mercado tão árduo, tão difícil, peço ao prefeito José Fortunatti que não trabalhe em uma regulação excessiva do Uber. Parece-me que Belo Horizonte e São Paulo estão caminhando muito bem da forma como o Uber está operando. Mas peço que trabalhe em uma desregulamentação do táxi, inclusive atuando contra alguns sindicalistas que se utilizam daqueles que dizem representar para criar ainda mais insatisfação, tanto na categoria, sobretudo entre os bons trabalhadores, como naqueles que utilizam os serviços de transporte. Seja no táxi, seja no Uber.

Salário não se aumenta pela caneta dos políticos

O melhor que se pode fazer pelos trabalhadores é não atrapalhar sua produtividade com regulações, como o salário mínimo regional no Rio Grande do Sul. Não é papel dos deputados decidir quanto os empreendedores, já massacrados por impostos, devem pagar aos funcionários. Isso deve caber à negociação entre patrão e empregado, com base na REALIDADE, não em um índice qualquer decidido por políticos. Apesar de ser um discurso mais longo do que de costume – foram quase dez minutos de fala – o vídeo viralizou no Facebook, somando hoje mais de 120 mil visualizações apenas na minha página oficial. Na votação das emendas, ajudei o governo a derrubar todas aquelas feitas demagogicamente pela oposição, que buscavam aumentar ainda mais o valor do salário mínimo regional. Na votação do projeto, por ser contra tal intervenção estatal por princípio, acabei sendo o único deputado a votar contrariamente. Mas em breve seremos mais e, no longo prazo, maioria[8].

1º de março de 2016

Saúdo os representantes dos sindicatos, bem como os representantes dos empreendedores deste estado.

Inicio dizendo que é uma pena que neste momento da política nacional, em pleno século XXI, infelizmente esteja terceirizada para este

---

[8] Confira no Facebook: https://goo.gl/G4kdQT.

Parlamento uma discussão que deveria ter ficado na verdade entre aqueles que ocupam as galerias, tanto de um lado como do outro. O valor do salário deve ser negociado entre empregadores e empregados. É assim que funciona numa economia saudável. Infelizmente, estamos aqui legislando como se pudéssemos, com o poder de uma caneta, ter a aprovação de uma lei e interferir positivamente na economia. Infelizmente, meus colegas deputados, a experiência mostra que esse é um engano muito grande.

No ano passado, o salário mínimo regional teve um aumento de 16%. Que belo impacto teve na economia gaúcha: hoje somos os quinto PIB no nosso País[9]. Foi dito hoje aqui que desta vez foi encaminhado um projeto de lei propondo um reajuste abaixo da inflação. Mas quem deixou desandar a inflação, caro líder do governo, deputado Alexandre Postal (PMDB), foi o PT, em Brasília.

É isso que precisa ser dito aqui: por pura interferência governamental. Se fosse tão fácil resolver no canetaço, por que em vez de a proposta ser de 9% ou 11% não se propôs aqui 100% ou 200%? Mesmo o mais ferrenho defensor que vem a esta tribuna sabe que não é pelo poder da caneta que se vai fazer com que os salários cresçam. Pelo contrário, é impossível vir a esta tribuna dizer que esse dinheiro vai circular na economia gaúcha sem que se tenha consciência de que é necessário que ele seja produzido primeiro. Uma economia sem produção de valor não tem como gerar maiores salários.

Em vez de estarmos preocupados em tentar no canetaço aumentar o salário do setor privado – enquanto, aliás, o setor público aqui nesta mesma Assembleia Legislativa passou pela experiência de ver os seus salários congelados pela LDO em virtude da crise financeira[10] –, deveríamos estar aqui discutindo como o governo pode ajudar, ou deixar de atrapalhar, quem empreende, reduzindo a burocracia, o custo Brasil ou o custo Rio Grande do Sul e, inclusive, impostos. Novos impostos e mais impostos não significam mais arrecadação, e estamos vendo hoje os efeitos do aumento de impostos aprovado no ano passado.

Não digo aqui que se aprovou aumento de impostos e não houve maior arrecadação; eu digo aqui que foi por causa desse aumento que a

---

[9] Tratou-se de uma ironia fácil de se entender no Rio Grande do Sul pois, no ano anterior, o Estado era o quarto PIB no país.

[10] Durante a gestão Sartori (PMDB), até a publicação deste livro, todas as Leis de Diretrizes Orçamentárias (LDOs) do Estado aprovadas contiveram as despesas e congelaram os salários do funcionalismo público em virtude da crise legada pelo governo anterior de Tarso Genro (PT).

arrecadação também está caindo. Da mesma forma, não é aumentando os salários no setor privado que vamos conseguir aumentar o poder de compra do cidadão. Pelo contrário, precisamos raciocinar em termos reais.

Precisamos nos lembrar de que os mais prejudicados com a aprovação dessa lei são justamente os menos qualificados. Aqueles que vêm aqui dizer que estão defendendo os trabalhadores menos qualificados precisariam ter a consciência de que na hora em que um empreendedor tiver de tomar a difícil decisão de demitir num período de economia em crise, ele optará pela demissão do menos qualificado. Se todos recebessem igualmente um salário mínimo regional, um aumento de 9% num momento de queda na produção significaria que de cada 10 pessoas que recebessem esse salário igual, uma teria de ser imediatamente demitida, a menos que os empreendedores reduzissem outros custos.

A redução de outros custos, entretanto, impactaria no restante da economia e geraria demissões em outros setores. A economia é uma só; é o setor privado que sustenta as contas públicas e a sociedade. O que infelizmente podemos acabar fazendo com a aprovação dessas emendas[11] é aumentar a informalidade, prejudicando ainda mais o setor público com a redução da arrecadação e dos serviços prestados, como se pudéssemos dizer aqui que os serviços prestados hoje estão a contento. O valor proposto de 9,612% baseia-se numa média nacional levantada pela PNAD, e não estadual, que esteve em 5,8%.

Portanto, o que precisamos ver aqui é em que ponto estamos e para onde queremos caminhar. A fixação desse reajuste, como eu disse no início deste pronunciamento, subverte a lógica da negociação coletiva. Há milhares de sindicatos no Brasil que representam tanto empregados quanto empregadores, os quais são mantidos através da contribuição sindical obrigatória, ou seja, através do imposto sindical. São eles os agentes que devem, caso a caso, observando as especificidades de cada setor, negociar reajustes, e não esta Casa. É impossível tanto para o Legislativo quanto para o Executivo conhecer os detalhes de cada negócio, e aí está a importância de haver em cada ramo sindicatos bem organizados, honestos, tanto de empregados como de empregadores.

Se o estado do Rio Grande do Sul está vivendo essa crise, se não vai reajustar os salários dos servidores – como já vimos aqui no passa-

---

[11] Havia emendas protocoladas pela oposição aumentando ainda mais o índice de reajuste do salário mínimo regional gaúcho.

do recente – e ainda tem de parcelar salários, como nós, legisladores, de um Poder do estado, podemos obrigar os cidadãos que compõem o setor privado, que são os criadores de riqueza, a concederem um reajuste em momento de crise econômica? Será que achamos que essa crise afeta apenas o setor público? Chega de fazer caridade com a carteira dos outros! Não é possível continuarmos nessa toada.

Se não nos comovermos com a crise do setor privado, com as empresas que sustentam o Rio Grande do Sul, com os empreendedores e com os trabalhadores, sobretudo os que ganham menos, se não é possível nos convencermos com esse argumento, que pensemos nas finanças do Estado. Essa medida agravará a crise das empresas e reduzirá ainda mais a arrecadação do Rio Grande do Sul, um estado já combalido e que terá cada vez menos receita.

Ainda há outra questão. O trabalhador empregado tem, no mais das vezes, plano de saúde da empresa para os seus filhos e, em muitos casos, ainda paga escola e creche privadas em virtude da falência do setor público. Com o aumento do desemprego que esse tipo de política gera e o aumento da informalidade, esses serviços vão se somar às despesas públicas do estado do Rio Grande do Sul. E, no fim das contas, para quem se repassa essa conta? Para o consumidor, é claro! É ele que vai acabar pagando. Maiores salários e maior produtividade só são possíveis de duas formas: com o empenho das empresas, dos empreendedores junto com seus empregados, e com o empenho do governo.

Por parte das empresas, com mais inovação, mais eficiência e mais qualificação, em conjunto com seus empregados; por parte do governo, sobretudo não atrapalhando, mas também com oferta de melhor educação e segurança pública – que é a prioridade número um – e menos burocracia e impostos. Como dizia o filósofo e economista Henry Hazlitt: "Salário real vem da produção, não de decretos governamentais"[12].

[12] HAZLITT, Henry. *Economia Numa Única Lição*. São Paulo: Instituto Ludwig von Mises Brasil, 4ª ed., 2010. p. 139.

Estamos em crise: não há como aumentar despesas públicas, em nenhum poder

No Brasil, infelizmente, é frequente a ideia de que crises só se abatem no setor privado. Quando chega ao setor público, porém, a história se repete: parece só ser problema do Poder Executivo. No Rio Grande do Sul, enquanto parcelavam-se os salário de professores, policiais e demais servidores do Poder Executivo, os demais Poderes seguiam encaminhando projetos para aumento dos vencimentos de seus quadros, em total descompasso com a realidade financeira do estado. Infelizmente, a Assembleia Legislativa aprovou o aumento nos salários dos servidores do Judiciário, Ministério Público, Tribunal de Contas, Defensoria Pública e Assembleia Legislativa no ano de 2016, em meio à crise sem precedentes por que passava o poder público gaúcho e, também, a iniciativa privada. Foram 35 votos favoráveis e 14 contrários – o meu entre os últimos, lógico. Contudo, não deixei passar esta aprovação em brancas nuvens, sem que houvesse um contundente pronunciamento meu contrariamente a tal demanda dos demais Poderes, mesmo que sob intensas vaias das galerias lotadas por sindicalistas[13]. Após o pronunciamento que segue abaixo, publico ainda um discurso anterior, datado de 3 de maio de 2016. Para dar mais fluência à leitura a respeito deste tema específico, é a única publicação de discursos que faço fora da ordem cronológica que caracteriza cada seção deste livro.

17 de maio de 2016

Começo saudando um pronunciamento como vi poucos nesta Casa desde que aqui cheguei.

[Gritos e vaias irrompem nas galerias da Assembleia Legislativa do Rio Grande do Sul. Sindicalistas não querem sequer me deixar começar a falar. O deputado João Fischer (PP) pede respeito, assim como a deputada e então presidente da casa Silvana Covatti (PP). Prossigo]

Como eu dizia, falou nesta tribuna há pouco um parlamentar que é conhecido por sua discrição, por utilizar pouco este espaço

[13] Confira no Facebook: https://goo.gl/F4msMU ou assista no YouTube: https://goo.gl/2MEp3h

que é o mais nobre de um parlamento, que é o espaço que concede ao deputado a possibilidade de, com a sua voz, representar os seus eleitores. É o local mais nobre de um parlamento.

O deputado João Reinelli (PV), que me antecedeu, utilizou deste espaço de uma forma extremamente respeitosa. Apesar de alguns não terem visto o seu pronunciamento, apenas ouvido, pois lhe deram as costas, acredito que é justamente a independência entre os poderes que precisa ser preservada em primeiro lugar.

A nossa independência como parlamentares de poder vir aqui para falar o que pensamos e representar, de fato, os nossos eleitores precisa ser assegurada pela Presidência da Casa, pelos demais parlamentares e, certamente, por cada uma das pessoas que aqui estão, sejam elas representantes de outros poderes, sejam assistentes que acompanham a sessão.

Fico muito feliz em ver algumas pessoas assistindo de frente, fazendo sinal de positivo, apesar de certamente discordar da minha posição inicial. Isso é democracia, é demonstrar respeito por quem está aqui fazendo um pronunciamento mencionando um colega, o deputado João Reinelli, que tanto orgulho me deu. Deputado João Reinelli, aqui ouvi um pronunciamento de uma pessoa, que, como dizia James Clark, não está pensando na próxima eleição, está pensando na próxima geração. É disso que se trata neste momento, deputados Sérgio Turra (PP) e Any Ortiz (PPS), colegas que, junto comigo, desde a semana passada têm procurado ampliar o debate em torno dessa questão específica.

Jamais dissemos que a recomposição, reposição, reajuste, aumento, termo que se queira dar, jamais dissemos que não poderia ser merecido. Jamais dissemos que as pessoas que o pleiteiam não teriam direito sobre isso, sobretudo se merecidamente trabalharam para conquistá-lo. Dissemos, isso sim, que não é momento. Não é momento, presidente Silvana Covatti. Vivemos num parlamento, numa Assembleia Legislativa que paga uma média salarial de R$ 10,1 mil por mês aos seus funcionários. Eu não entraria nos valores dos outros Poderes, mas vou fazê-lo, para que quem está em casa saiba. Média salarial dos servidores e CCs do Judiciário: R$ 8 mil por mês.

[Mais manifestações desrespeitosas nas galerias, tão estridentes, que quase me fizeram interromper mais longamente o pronunciamento]

Esses gritos por quê? Deveriam se orgulhar do salário que recebem. Se o salário é recebido pelo trabalho e serviço prestado pela sociedade, ele é digno de orgulho e não das manifestações que ouvi aqui. A média salarial dos servidores e CCs do Ministério Público, que pleiteiam essa recomposição, reajuste ou aumento, é de R$ 12,9 mil por mês.

[Manifestações nas galerias]

A média salarial do TCE é de 16 mil reais mensais; da Defensoria Pública, R$ 5,5 mil por mês. Portanto, aqui concluo com muito respeito a quem veio e a quem me ouve. Os servidores da Brigada Militar, que têm média salarial de R$ 3,9 por mês, e os servidores da educação, com R$ 2,2 reais por mês, têm seus salários parcelados por causa da crise financeira agravada pelo PT e por Tarso Genro. Agora, querem (o PT e a oposição) demagogicamente falar que é hora de dar aumento, elevando as despesas do setor público. Não é momento, Sra. Presidente, em respeito a quem recebe o salário parcelado e sobretudo à sociedade, que paga muito imposto e não tem retorno de serviço por isso.

Aumento para uns, custos para todos: Reposição é aumento, sim!

3 de maio de 2016

[...] Quando se trata de retroatividade, de reposição, dizem que não é aumento. Dizem que reposição não é aumento, que há uma retroatividade. Estou insistindo aqui que não é momento para isso, pela crise por que a sociedade passa. Reposição é, sim, aumento de poder aquisitivo, que é degradado pelo próprio governo, que acaba inflacionando a moeda porque corrói o seu valor gastando demais e não arrecadando o suficiente. É isso.

Quantas vezes a aparente solução para o problema do Estado não foi se endividar ainda mais? E agora não há mais como se endividar, porque atingimos todos os limites e chegamos a este ponto falimentar. Não há como, neste momento, conceder aumentos. Isso precisa ficar claro. Quem degrada o poder aquisitivo de vocês que estão aqui, pedindo recomposição, é o próprio Estado. E a população, em geral, que atua no setor privado também, no setor produtivo – há a população do setor público e do setor privado –, a população do setor privado, em suma, não consegue fugir desse tipo de abuso do Estado. Pois ela ou perde o poder de compra, ou perde o emprego. É isso que acontece. No setor privado, não há saída, nem estabilidade. Perde-se o poder de compra ou perde-se o emprego. Perde-se a própria empresa. Encerra-se o seu negócio. Encerra-se o seu comércio. Diminui-se a sua renda. Por isso, não podemos conceder aumentos se a sociedade está empobrecendo.

Estamos fazendo com que a sociedade, que cada vez está mais pobre, fique ainda mais pobre. É falácia dizer que esse dinheiro vai retornar à economia. Não é verdade. Ele simplesmente está deixando de ser gerado. Está indo numa mera transferência de um lado ao outro.

Precisamos falar sobre *vouchers* na educação – e outros tabus

Em meados de 2016, partidos políticos e sindicatos, infiltrados entre professores e entre o movimento estudantil, mobilizaram estudantes por todo o Brasil, para que invadissem as escolas e de lá não saíssem. Chamavam de ocupações, mas eram invasões ilegais, criminosas. O subterfúgio das invasões era a qualidade do ensino. Embora todo mundo soubesse que a coisa toda era uma reação ao *impeachment* de Dilma Rousseff e ao fim da farra do PT, fiz questão de responder aos pontos técnicos reivindicados pelos baderneiros invasores, a respeito da qualidade do ensino. E o fiz de várias formas. Uma delas foi falando sobre a proposta de *vouchers* na educação.

Acontece que, em média, os valores das mensalidades das escolas privadas gaúchas estão muito próximos dos valores que o Estado gasta com cada aluno nas escolas públicas. Há algo de muito errado nisso! As instituições públicas sofrem com anos de sucateamento, os salários de servidores atrasam e não acompanham o mercado. Mesmo que o Estado gaste de forma parecida com as escolas privadas, seu serviço de educação está muito aquém do necessário.

Por isso, pergunto: se o Estado desse para você o valor que gasta com cada aluno para matricular o seu filho em uma escola privada, você faria isso, mesmo que tivesse que complementar um pouco o valor, ou abriria mão da bolsa para mantê-lo na escola pública? Estou seguro de que a maior parte dos cidadãos optaria por receber uma bolsa a matricular os seus filhos em escolas com educação cada vez mais precária e dominadas, em muitos casos, por apoiadores das invasões.

Precisamos debater salário e capacitação de professores e infraestrutura das escolas públicas, sim. Mas também precisamos debater gestão, estabilidade e meritocracia. O Rio Grande e o Brasil não podem mais esperar! Educação não pode ser tratada, jamais, com demagogia – e, menos ainda, pode ser "debatida" com criminosos invasores[14].

9 de junho de 2016

Vou falar sobre dados polêmicos, porque hoje a verdade é polêmica, e dizer a verdade é ser polêmico. Sobre a questão da educação que acabou de ser trazida a esta tribuna pelo meu colega deputado Zé Nunes, do PT, faço questão de prosseguir no debate.

Primeiro, ressaltando mais uma vez que invasão é invasão, não é "ocupação". Não se tratam fatos duros com palavras que buscam ser eufemísticas. Não! Invasão é invasão! Quem ocupa a escola é o estudante que quer ter aula. Quem ocupa a escola é o professor que quer dar aula, que a ocupa saudavelmente, que a ocupa para a finalidade a que a escola é realmente destinada.

Quem impede o direito de ir e vir dos estudantes, quem impede o direito de dar aulas aos professores que querem dar aulas, quem impede o direito de frequentar aulas aos estudantes que querem ter aulas e impede o direito dos pais de verem seus filhos frequentarem as aulas são invasores, são infratores, e estão cometendo ilegalidades.

Mas eu prometi falar sobre dados polêmicos, sobre verdades. Eu não sei se os meus colegas deputados sabem, mas eu trouxe dados da Secretaria da Educação sobre o orçamento do estado do Rio Grande do Sul: são quase nove bilhões de reais destinados à educação. Mais precisamente R$ 8.843.135.981,90 (oito bilhões, 843 milhões, 135 mil, 981 reais e 90 centavos) para 973.020 alunos matriculados. A média gasta no ensino público, por aluno, é de 757 reais por mês, 9.088 reais por ano. Fato. É o que está no nosso orçamento, é o que é investido em educação, neste momento, no estado do Rio Grande do Sul, que, aliás, sim, deputado Zé Nunes, passa por severas dificuldades graças à administração do seu partido, o PT, e do seu ex-governador Tarso Genro, que hoje está curtindo as praias do Rio de Janeiro e deixou o abacaxi nas mãos do governador José Ivo Sartori (PMDB), que tem feito todo o possível para colocar a situação em dia.

---

[14] Confira no Facebook: https://goo.gl/s2WLMC

Vamos dissecar esses dados. Eu tenho aqui o custo por aluno do ensino fundamental: R$ 681,41. Ou seja, cada criança do ensino fundamental do Rio Grande do Sul representa R$ 681,41; e, no ensino médio, R$ 615,75. São dados da Secretaria da Educação do nosso estado. Muito bem. Vamos para o valor, por aluno, de uma matrícula no ensino privado: em Porto Alegre, a média dos 10 colégios mais caros, por mês, é de R$ 1.249,40 no ensino fundamental e R$ 1.507,60 no ensino médio. O mais barato dentre os 10 colégios mais caros custa 929 reais no ensino fundamental e 1.059 reais no ensino médio.

Agora vamos para o interior do estado, lembrando-nos da média do Rio Grande do Sul: 681 reais o ensino fundamental e 615 reais o ensino médio. [Na cidade de] Ivoti: 700 reais por mês o ensino fundamental e 600 reais por mês o ensino médio em colégio privado; Novo Hamburgo: 809 reais por mês o ensino fundamental, quase 130 reais a mais do que a média do ensino fundamental público no estado do Rio Grande do Sul, e 988 reais por mês no ensino médio; Dois Irmãos, na Região Metropolitana de Porto Alegre, média por aluno do ensino fundamental em colégio privado: 462 reais.

Posso relembrar quanto é a média do valor investido pelo Estado no ensino público fundamental? São R$ 681,41. Quase 240 reais mais cara é a média do Estado para o estudante da escola pública no ensino fundamental, do que custa uma matrícula no ensino privado na cidade de Dois Irmãos. E o ensino médio, 572 reais a matrícula na escola privada em Dois Irmãos. A média gaúcha é de R$ 615,75 na escola pública.

No entanto, o que nós vemos em todas as pesquisas é um deterioramento, é uma ruína do ensino público, lamentavelmente em detrimento do bom professor, porque há muito bom professor no ensino público, e uma diferença enorme na qualidade do ensino na escola privada. Todos os índices demonstram isso Brasil afora, não é só no Rio Grande do Sul. E quais são os motivos disso? Sim, um deles é a falta de valorização do professor, tanto salarial, já que recebe menos o professor de ensino público, como também na sua capacitação, mas também nos custos das greves, o custo do sindicalismo torpe, político, o custo da má gestão e o custo da falta de meritocracia no serviço público.

Nós precisamos falar sobre meritocracia, precisamos falar sobre melhoria na gestão, precisamos falar de menos doutrinação ou nenhuma doutrinação na escola, e mais ensino das matérias. Hoje, meu caros colegas deputados e sociedade que nos assiste, estamos enfrentando a dura realidade do desmonte e da falência do ensino público no Estado do Rio Grande do Sul e no Brasil. Vemos o CPERS[15], o PT, o PCdoB e o PSOL, que costumo chamar de "PT mirim", fazendo demagogia nas escolas, invadindo propriedade que é de todos os gaúchos, não permitindo que crianças, professores e pais de alunos exerçam seu direito de ir e vir nos colégios e querendo colocar a culpa em um governo que recebeu a estrutura da forma como vimos.

É hora de olhar para a frente, para os resultados que deram certo no mundo todo, é hora de discutir inclusive o *voucher*-educação. O que é *voucher*-educação? Os dados a que fiz referência há pouco aqui também os repassei aos pais de alunos que estão vendo as escolas sendo invadidas. Perguntei a eles se aceitariam que o Estado, em vez de garantir a escola pública a seu filho, garantisse no seu bolso o valor de R$ 681,41 para o ensino fundamental e de R$ 615,75 para o ensino médio na forma de uma bolsa, permitindo que pudessem escolher o colégio em que seu filho fosse estudar na rede privada. Esses pais responderam: "Sim, aceitaria na hora, ainda que tivesse que pagar a diferença!" Essa é a realidade.

Por que acontece isso? Não temos bons professores na rede pública? Claro que temos. Não temos bons colégios na rede pública? Fui aluno de escola pública no ensino fundamental e no ensino médio e sei que há bons colégios e bons professores. Mas a situação está cada vez pior, tanto é que, legitimamente, muitos brasileiros estão optando pela educação domiciliar, o *homeschooling*, que está sendo agora contestado no Supremo Tribunal Federal de forma absurda, porque a liberdade de educação deve ser garantida a todo cidadão, seja em casa, seja na escola. Se for dada em casa uma educação que seja suficiente para que o aluno tenha o mesmo nível educacional daqueles que saem do ensino fundamental e do ensino médio, públicos ou privados, qual é o problema?

O problema é que o *homeschooling* é muitas vezes tão libertador que a maior parte dos alunos ainda tem médias superiores à dos alunos que vêm das escolas públicas ou privadas. Há muitos interesses corporativos em jogo. Temos visto o que é o CPERS, um sindicato aparelhado que

---

[15] Sindicato dos Professores do Estado do Rio Grande do Sul, presidido então por uma petista que venceu três outras chapas de esquerda vinculadas ao PT, ao PSOL e ao PSTU. São estas as únicas infelizes opções que têm os professores do serviço público para a direção do seu sindicato, mais um exemplo de que os sindicatos foram tomados pela esquerda corporativista, populista e marxista, e que depende unicamente de uma forte reação da própria classe de professores para que esse predomínio e hegemonia sejam quebrados. Como sempre digo, quem muda a política somos nós, e quem pode mudar o sindicato dos professores, são os próprios professores.

está fazendo política partidária, doutrinação e mandando covardemente crianças para dentro das escolas, agindo da forma como agiu Hitler na Segunda Guerra Mundial, que enviava crianças para o *front* de batalha e as doutrinava. Essa é a realidade que precisa ser exposta. Outra realidade que precisa ser exposta em favor do bom professor é a falta de discussão sobre um instituto muito importante para a democracia e para a administração independente: a estabilidade no serviço público.

Por que precisa ser debatida a estabilidade no serviço público? Porque a estabilidade garante ao bom profissional não ser demitido pelo mau administrador. Essa é a finalidade da estabilidade do serviço público. Mas, o que está acontecendo?

Como não há mecanismos para definir o bom e o mau profissional, mecanismos transparentes, eficientes, que garantam a meritocracia no serviço público, como não há interesse de que haja essa discussão, não se fala sobre a importância da estabilidade no emprego público para garantir que o bom profissional não seja demitido pelo mau administrador. E não há porque não é do interesse, sobretudo, dos sindicalistas, que querem ficar mamando nas tetas do governo sem precisar trabalhar, sem dar o retorno que a sociedade espera deles.

Enquanto não se faz essa discussão e não há meritocracia no serviço público, o que acontece? O mau profissional, o profissional público incompetente, aquele que não se dedica ao serviço como deveria, esconde-se atrás do instituto da estabilidade no emprego, pois não pode ser demitido, e faz o profissional competente trabalhar duas, três, quatro, cinco vezes mais do que trabalharia se houvesse a cooperação de todos os colegas.

Portanto, precisamos discutir a valorização e a capacitação do profissional no ensino público. Sem dúvida nenhuma, são pautas importantes que não podem ser sequestradas por aqueles que fazem demagogia em vez de abordarem com seriedade um assunto que é muito mais amplo e que envolve inclusive o direito à greve, que lamentavelmente é utilizado de forma perversa, prejudicando pais de alunos e estudantes, a maioria silenciosa, que não está mais tão silenciosa assim. Basta ver as redes sociais ou os protestos dos pais, que querem que seus filhos tenham aula.

A má gestão precisa ser debatida, para que esses valores, tão discrepantes com a qualidade, sobretudo do ensino público, não sejam mais tão assustadores. Por fim, precisamos falar de meritocracia e de *voucher*-educação. Queremos que o estudante pobre, que não tem condições de receber um bom ensino, muitas vezes – pois na sua região o colégio está infiltrado por sindicalistas, por maus professores, que deseducam os alunos em vez de educá-los –, tenha direito a obter uma bolsa do governo, para pagar um colégio melhor. Se necessário, se seus pais pensarem que devem colocar um pouquinho em cima [financeiramente], que o coloquem naquele colégio privado, que tenha mais a ver com aquilo que ele quer, no futuro, para si como cidadão.

Quero este direito: que o estudante pobre tenha o direito de estudar no mesmo colégio em que o rico estuda. Essa é a diferença de uma visão liberal. Essa é a diferença de uma visão racional, que visa a debater, a trazer a verdade à tona, que não tem medo da polêmica, mesmo quando ela é respondida com muita baixaria, como tenho visto no nosso cenário político nacional. A verdade é polêmica, mas precisa ser dita.

Independência sem harmonia

Com o exemplo do bolo é sempre mais fácil. Imagine que João e mais cinco de seus amigos, Pedro, Paulo, Maria, José e Teresa, decidam fazer um bolo. Na verdade, quem vai fazê-lo é João, porque é João (que representa o Poder Executivo) o cozinheiro da turma e precisa da cozinha para si, e somente para si, na hora do preparo do bolo (independência). Mas, obviamente por serem amigos (representando os demais poderes: Legislativo e Judiciário; e, órgãos que detêm autonomia orçamentária: Ministério Público, Defensoria Pública e Tribunal de Contas), todos vão ajudar depois na hora de comer o bolo (harmonia).

Os amigos imaginaram, antes de começar a preparar a receita, que o bolo teria um determinado tamanho – digamos, se pesado, de 2 quilos. E decidiram que o bolo seria dividido em doze pedaços (duodécimo) e cada um dos pedaços seria dividido entre os 6. Não seria uma divisão igual, pois cada um tem um tamanho de fome diferente, e por isso um dos amigos (Pedro, o Legislativo) ficaria responsável por analisar os pedidos feitos por cada um dos demais e já deixaria definido, em gramas, que parcela de cada fatia caberia a cada um. Ah, importantíssimo: ficou definido também que a porção que caberia a cada um seria entregue antes aos amigos do que ao João, que ficaria com o restante.

O cozinheiro (ou seja, João) ficou responsável por fazer a compra dos ingredientes do bolo. Só que, na hora da compra, o dinheiro ficou curto – para simplificar, digamos que João já sabia que ficaria curta a grana, mas como sempre, previu alguns ganhos extras no seu salário que acabaram não se confirmando. Seus amigos, no fundo, também sabiam que tais ganhos não se confirmariam, e por isso mesmo, já conhecendo João, em vez de buscarem orientá-lo em seu descontrole financeiro, preferiram apenas garantir seus próprios pedaços na futura divisão do bolo (até porque, convenhamos, dentre os demais amigos não há nenhum que seja um exemplo real de controle nos seus próprios gastos...). O fato é que obviamente o bolo acabou ficando menor do que o esperado. Só que os seus amigos, por força do combinado, foram recebendo suas porções e a de João, o cozinheiro, foi ficando cada vez menor.

Esta é uma alegoria possível com a PEC do Duodécimo, rejeitada na Assembleia Legislativa pela esquerda gaúcha e que buscava solucionar uma injustiça orçamentária. O orçamento dos Poderes, quando aprovado no Parlamento é baseado numa previsão orçamentária que, no Rio Grande do Sul, não se realiza (em 2017, o orçamento total do Estado aprovado para 2018 foi de R$ 70 bilhões, mas R$ 7 bilhões de despesas não têm receitas correspondentes - ou seja, um déficit de 10%). Logo, aquilo que é orçado não é realizado. Mas os Poderes exigem para si, mesmo que não realizado, exatamente aquilo que está orçado por força de dispositivo constitucional. E o Executivo paga.

Qual o resultado? Os salários do Poder Executivo, na falta de receita de arrecadação, atrasam. São parcelados os proventos de professores e policiais militares. Já os salários de deputados, juízes, promotores, defensores públicos e conselheiros do Tribunal de Contas, além dos servidores dos órgãos a que tais autoridades pertencem, são pagos em dia. Não é injusto?

Para corrigir isso, o governador José Ivo Sartori (PMDB) encaminhou à Assembleia uma proposta de emenda à Constituição estadual prevendo que a receita do governo passaria a ser dividida entre os poderes de acordo com o que foi realizado de fato, não com o que foi orçado. Mas a esquerda gaúcha se posicionou contra a solidariedade e harmonia entre Poderes, ignorou a crise que o petista Tarso Genro deixou ao Estado, resultante no parcelamento de salários de policiais e professores, e não respeitou a crise econômica que atinge a iniciativa privada, sem condições de pagar a atual despesa pública. Foram somente 29 votos favoráveis à aprovação, faltando quatro para o mínimo necessário. Quem foi contrário? Justamente aqueles que se dizem defensores dos que ganham menos: parlamentares do PT, PCdoB, PSOL, PDT e REDE votaram a favor de manterem os salários dos deputados pagos em dia enquanto os de professores e policiais seguiam parcelados. João, o cozinheiro, calcula mal, faz o bolo, serve os amigos primeiro conforme o combinado mas passa fome depois. Isso pode até ser considerado independência. Mas não é harmonia[16].

23 de dezembro de 2016

---

[16] Confira no Facebook: https://goo.gl/i1piBw.

Saúdo às senhoras e aos senhores de todo o Rio Grande do Sul que nos assistem às 2 horas e 37 minutos pela TV Assembleia.

Esta certamente é a votação mais importante desde que assumi como deputado estadual, pelo menos eu assim a considero. Se estamos votando hoje esta medida é porque o problema vem de muito mais lá atrás. Não é de hoje.

Tanto a Constituição Federal quanto a Constituição Estadual trazem, literalmente, o mesmo conteúdo no artigo que trata sobre quais são os Poderes do Estado. Diz o artigo 2º da Constituição Federal: *"São Poderes da União, independentes e harmônicos entre si, o Legislativo, o Executivo e o Judiciário"*. Diz a Constituição Estadual no seu artigo 5º: *"São Poderes do Estado, independentes e harmônicos entre si, o Legislativo, o Executivo e o Judiciário"*.

No entanto o que vemos, não é de hoje (mas também não é de cinco anos atrás, mas de mais tempo), é que talvez sobre independência e falte harmonia na relação entre poderes. De forma muito clara, na *Zero Hora* do dia 24 de novembro de 2016, um levantamento da jornalista Débora Ely mostra como essa falta de harmonia representa-se em números.

A diferença, em 2011, entre o que foi orçado pelo Executivo, aprovado pelo Parlamento e aquilo que, de fato, foi realizado foi positiva, ou seja, azul. Apenas em 2011. Em todos os outros anos, foi vermelho, e da mesma forma, evidentemente, ocorreu com o Tribunal de Justiça, com o Ministério Público, com a Defensoria Pública do Estado e também com esta Assembleia Legislativa.

Ou seja, estamos aprovando orçamentos, nesta Assembleia Legislativa, porque não podem conter déficits que não condigam com a realidade. Não é só uma falta de harmonia e de sintonia entre os poderes, mas uma falta de harmonia entre o poder público, entre o Estado, entre o governo, entre nós, que representamos o povo, e entre a própria população, que paga a conta. Essa é a verdade. Por causa dessa desarmonia, hoje estamos aqui a decidir – e votarei favoravelmente a esta proposta de emenda à Constituição – aquilo que deveria ser óbvio desde o princípio, porque o orçamento, obviamente, deveria refletir aquilo que diz a realidade.

Aquilo que se arrecada se deve dividir. Evidentemente que, se há uma previsão orçamentária inicial maior – e o Judiciário, o Ministério Público, a Defensoria Pública e o Tribunal de Contas fazem os seus cálculos baseados nisso e acabam obtendo previsões orçamentárias diferentes daquilo que o Estado, de fato, poderia pagar – isso tem de mudar, pois não é possível que erremos tão grosseiramente nas aprovações orçamentárias. Tem que parar com essa história de aprovarmos orçamentos que não dizem respeito à realidade.

Não é possível que os mais pobres na escala de pagamentos de todos os Poderes, que são os [servidores] que estão no Poder Executivo, tenham os seus salários parcelados, e nós, deputados estaduais, que recebemos os nossos salários da mesma fonte de receita, que é o bolso do pagador de impostos, tenhamos os nossos salários pagos rigorosamente em dia. Não faz sentido para o cidadão. Não é demagogia dizer isso, pois não faz sentido na realidade.

Precisamos fazer com que – se estamos agora retroativamente resolvendo um problema na Constituição para o futuro – as peças orçamentárias aprovadas neste Parlamento e sugeridas pelo Executivo condigam com a realidade.

Isso é culpa de todos nós, de todos os partidos que passaram pelo Piratini, de todos os deputados que já estiveram neste Parlamento aprovando benefícios e privilégios, a torto e a direito, sem que estivessem previstos no orçamento, de todos os poderes, inclusive do Judiciário, que empresta dinheiro dos depósitos judiciais para o Executivo resolver as suas contas, até que um dia o dinheiro acabe – e acabou, não tem mais saída.

Trata-se de uma medida paliativa e corretiva, à qual votarei favoravelmente, mas precisamos dar mais retorno à sociedade gaúcha aprovando orçamentos reais aqui neste parlamento.

Muito obrigado.

Revoga, já!

Como disse em minha campanha eleitoral, preferiria ser o campeão de sugestões de leis existentes, inúteis, esdrúxulas, a serem revogadas do que proponente de leis novas protocoladas. Criamos na Assembleia, para debater o excesso de leis no Rio Grande do Sul – e também nos municípios e no país –, a Comissão Especial de Revisão Legal (Revoga, Já!) do Rio Grande do Sul. Composta por doze deputados titulares e nove suplentes, tivemos pouco mais de 120 dias (incluindo o período de recesso parlamentar) para realizar seminários em Porto Alegre e audiências públicas no interior do Estado. Na relatoria esteve a deputada Any Ortiz (PPS) e na vice-presidência o deputado Lucas Redecker (PSDB), além do deputado Tiago Simon (PMDB) que fez um trabalho mais voltado ao atendimento de empreendedores e seus dilemas burocráticos. O discurso que segue, proferido durante a instalação e início dos trabalhos da Comissão, teve lugar no Salão Júlio de Castilhos da Assembleia Legislativa.

Apesar de plural, partidariamente, nossa comissão foi boicotada pela esquerda (PT, PCdoB e PSOL recusaram-se a compô-la com representantes seus). Confesso que foi até melhor: pudemos fazer um trabalho profícuo, em parceria com deputados que realmente acreditam que o Estado precisa ser menos burocrático e intrusivo. O relatório final foi aprovado em 13 de março de 2018, por meio do Projeto de Resolução número 03/2018, pouco antes de eu deixar a Assembleia. Dentre outras recomendações, a principal: que se instale na Assembleia uma comissão permanente para desburocratizar e revisar leis permanentemente. O Projeto foi aprovado por 32 votos favoráveis e nenhum contrário. Os petistas e o deputado do PSOL, porém, que estavam presentes à sessão, preferiram abster-se de votar. Tal atitude apenas comprovou aquilo que já havíamos concluído com o excesso de leis existentes: muito ajuda aquilo que não atrapalha[17].

5 de setembro de 2017

É para mim um momento de extrema alegria, de extrema emoção, senhor vice-presidente desta Assembleia Legislativa do Estado do Rio Grande do Sul, deputado Frederico Antunes (PP), senhor vice-governador, José Paulo Cairoli (PSD), e também senhor ex-governador, Jair Soares (PP), em nome dos quais eu gostaria de saudar a todos os presentes aqui. É com muita alegria, muita emoção, muita satisfação que cumpro aqui um dos compromissos assumidos durante a campanha eleitoral. E meus colegas deputados sabem muito bem o que significa isso: deputado Eduardo Loureiro (PDT), deputado Ronaldo Santini (PTB), deputado Vilmar Zanchin (PMDB), deputado Gabriel Souza (PMDB), deputado Fixinha (João Fischer, PP). Também gostaria de saudar aqui, com especial atenção, o deputado estadual Altair Silva (PP), que veio especialmente de Santa Catarina e aqui representa o Legislativo estadual catarinense, onde proposta semelhante à nossa foi iniciada no ano de 2010, e hoje rende excelentes frutos, que pude ver com meus próprios olhos.

Digo isso porque durante a campanha eleitoral de 2014 um dos meus posts no Facebook que mais repercutiu, dizia o seguinte:

Sempre me estressou essa história de deputado "campeão de projetos de lei aprovados". Tanta lei inútil por aí! Se é para ter algum título, quero o de campeão de propostas de REVOGAÇÃO de leis esdrúxulas. Chega de tanta burocracia e interferência na vida do cidadão!

Nós sabemos que o período de campanha eleitoral é um período em que a emoção está à flor da pele. E assim nós dizemos com ainda mais

[17] Confira no Facebook: https://goo.gl/GGAiqU.

clareza tudo o que pensamos, uma vez que aquilo que pensamos e aquilo que defendemos precisa depois também ser respeitado durante o período em que estamos cumprindo o mandato.

Portanto, naquela época, contrariando os prognósticos de muitos que acreditam ser papel de um parlamentar apenas criar novas leis, a ampla repercussão positiva da mensagem – foram mais de cem compartilhamentos [muito para o nível de engajamento da minha página no Facebook à época] – demonstrava claramente que o eleitor, o cidadão, quer, na verdade, uma atividade menos burocratizante e mais resolutiva das casas legislativas.

E é com muita alegria que registramos nesta manhã, portanto, a instalação de uma Comissão de Revisão Legal, cujos propósitos são os de simplificar nossa legislação, consolidar leis que tratem de assuntos correlatos e, julgo eu, meu caro presidente do Instituto de Estudos Empresariais, Júlio Bratz Lamb, mais importante ainda, revogar leis que são obsoletas, inaplicáveis na prática ou até mesmo imorais, sob o ponto de vista da garantia da Justiça, a todos os cidadãos.

Como escreveu Frédéric Bastiat em 1850, caro amigo, vereador de Porto Alegre Ricardo Gomes (PP):

"A lei nem sempre se mantém dentro de seus limites próprios. Às vezes os ultrapassa, com consequências pouco defensáveis e danosas. É o que aconteceu quando a aplicaram para destruir a justiça, que ela deveria salvaguardar. Limitou e destruiu direitos que, por missão, deveria respeitar. Colocou a força coletiva à disposição de inescrupulosos que desejavam, sem risco, explorar a pessoa, a liberdade e a propriedade alheia. [...] A lei perverteu-se por influência de duas causas bem diferentes: a ambição estúpida e a falsa filantropia"[18].

A vontade de um político de promover-se sobre uma determinada proposta legislativa deletéria para o conjunto da sociedade, ou a ânsia da realização de boas intenções sem um cálculo econômico, social e moral correto a respeito de eventuais consequências danosas, foi o que quis dizer Bastiat. Como, aliás, ensinou Henry Hazlitt em sua única lição até hoje por muitos não compreendida:

"A arte da economia consiste em olhar não somente aos efeitos imediatos de qualquer ação ou política pública, mas também aos seus efeitos de longo prazo; consiste em traçar as consequências dessa política não apenas para um grupo [ou, o grupo supostamente beneficiado], mas que se tracem as consequências para todos os grupos"[19].

[18] BASTIAT, Frédéric. *A Lei*. São Paulo: Instituto Ludwig von Mises Brasil, 3ª ed., 2010. p. 13.
[19] HAZLITT, Henry. *Economia Numa Única Lição*. São Paulo: Instituto Ludwig von Mises Brasil, 4ª ed., 2010. p. 24.

Nesse ponto, casas legislativas têm falhado sistematicamente ao longo dos tempos: com vistas a conceder certos benefícios a um determinado grupo, com o aprazível discurso, é verdade, de que estaria, por exemplo, criando ou preservando empregos em um certo setor ao lhe conceder um subsídio ou um benefício qualquer, falham os legisladores em avaliar com propriedade os efeitos adversos que o desequilíbrio econômico causado pela imposição da caneta de um político acaba gerando em todo o restante da sociedade, redundando talvez em mais empregos no setor alvo, mas em maior retrocesso econômico ainda para aqueles empreendedores e cidadãos que não possuem fácil acesso aos bastidores do poder ou ao governante do dia.

A "falha de avaliação de legisladores" a que me refiro, porém, não é humanamente superável. Como magistralmente definida por Ludwig von Mises ao refutar a tese marxista da possibilidade de um planejamento econômico central, a "ação humana" não permite um cálculo econômico perfeito. Isso porque ela depende, justamente, das infinitas decisões tomadas a cada segundo, de forma imprevisível e recorrente, de bilhões de seres humanos diferentes entre si no mundo todo.

Sobre a qualidade das leis, meu caro vice-presidente Frederico Antunes, que por tantos anos, aliás, tem labutado nessa Assembleia Legislativa, cito dois juristas franceses.

O primeiro, François Geny, ensina que *"Uma boa lei, como toda obra literária, deve ter unidade, ordem, precisão e clareza"*, ao passo que Georges Ripert menciona as deficiências de um texto legislativo de redação precária: *"O mau emprego dos vocábulos, o desleixo, a confusão, a imprecisão de frases, os excessos, as lacunas, e outros erros de redação das leis, criam embaraços, tropeços e dificuldades para as leis"*[20].

Contudo, os excessos burocráticos, regressando a Mises, não são resultado apenas de más redações ou de considerações, meu caro vice-governador José Paulo Cairoli (PSD), acerca da eficiência ou ineficiência da máquina pública. São, antes de tudo, resultado da moralidade ou imoralidade de uma forma de pensar político, econômico e social.

De toda sorte, o problema do excesso de burocracia é identificado diariamente, mas propostas para reduzi-la de fato andam muito devagar. É testemunha disso o meu colega deputado Ronaldo Santini, sobretudo porque, repito, o mal que causa o excesso burocrático muitas vezes não é sequer identificado. E se não identificamos a causa do sofrimento que nos aflige, todo remédio acaba sendo paliativo e, até mesmo, ineficaz.

[20] FERREIRA, PINTO. Técnica legislativa como a arte de redigir leis. *Revista da Academia Brasileira de Letras Jurídicas*, 1(1). 1985, p. 222-53.

Afastando-me, porém, do campo moral e filosófico – essenciais, repito! –, adentrando agora no aspecto mais técnico do trabalho, não se trata de tarefa fácil. Pelo contrário! E quero saudar aqui, de forma geral, todos os representantes de entidades. Teremos de passar por um longo processo de identificação e revisão de milhares de diplomas legais, votados e aprovados por este Parlamento ou decretados e regulamentados pelo Poder Executivo Estadual ao longo de quase 200 anos.

O governo federal, entre 1979 e 1986, chegou a ter um Ministério da Desburocratização, conduzido por Helio Marcos Pena Beltrão. Por mais que muitas de suas propostas tenham andado, é lamentável que tantas outras simplesmente "não pegaram": mais uma prova de como é antigo e recorrente o problema. Estados da Federação, como Santa Catarina, deputado Altair Silva, e São Paulo, também já buscaram atacar as suas legislações antigas e ultrapassadas.

Em São Paulo, nada menos do que 17 mil leis foram revogadas e outras tantas ainda aguardam atenção política para sumirem efetivamente do arcabouço legal. Em Santa Catarina, houve a instalação de Comissão Parlamentar para Consolidar a Legislação Estadual e Aprimorar o Regimento Interno que, após uma análise preliminar, apontou que cinco mil leis, de um total de 18 mil, já não possuíam utilidade. Agora, atualizou-me o deputado Altair Silva em meu gabinete enquanto conversávamos, oito mil leis em Santa Catarina serão transformadas em apenas três, que consolidarão leis antigas, desnecessárias e obsoletas.

E aqui no Rio Grande do Sul, o ex-governador Jair Soares, em 2003 como deputado estadual, presidiu uma subcomissão da Comissão de Constituição e Justiça para efetuar levantamento das proposições da Assembleia entre 1998 e 2002. Essa comissão constatou que muitas leis careciam – e ainda carecem muitas delas, senhor governador – de complementação técnica ou de simples regulamentação.

Em 2014, meu colega nessa legislatura, e por isso faço reiteradas referências, Ronaldo Santini, fez uma análise dos Serviços Públicos em uma Comissão Especial para Desburocratização. Vários dos Projetos de Lei indicados por sua comissão para amenizar o problema ao indicar que tudo pudesse ser digitalizado no Serviço Público, colocado na internet, acabaram ainda não andando, inclusive a criação de uma comissão, um comitê temático especial, há dois anos aguarda aprovação aqui nesta Assembleia Legislativa.

Lamento profundamente pelo trabalho já empreendido [por não ter gerado tão claros resultados ainda], mas tenho certeza de que nossa comissão auxiliará vossa excelência e todos que estão aqui para que isso se torne realidade. Quero citar ainda aqui o vereador Felipe Camozzato (Novo), de Porto Alegre, e também os vereadores Valter Nagelstein (PMDB) e Wambert Di Lorenzo (PROS), da capital de todos os gaúchos, por estarem empreendendo esforços em desburocratizar e reduzir os empecilhos ao cidadão. Faço ainda questão de saudar aqui o deputado federal Paulo Eduardo Martins (PSDB), que vejo participando dessa solenidade e que também é um grande defensor da desburocratização.

Todas essas pessoas que trabalham para colocar o Brasil em situação menos desfavorável fazem isso porque sabem que estamos competindo com o resto do mundo, meu caro deputado João Fischer. Aqui, além de termos que lidar com serviços essenciais totalmente precarizados por conta da total falta de atenção do Estado, o cidadão ainda vê suas tentativas de prosperar e competir com o resto do mundo diminuídas por uma burocracia massacrante e ineficaz.

No entanto, além da simplificação e consolidação, queremos ir além. Leis imorais precisam urgentemente ser identificadas de forma clara. E revogadas! Não há possibilidade de convivência entre legalidade e imoralidade, meu caro líder do governo, deputado Gabriel Souza – que, aliás, tem conhecido essa realidade diariamente aqui nessa Assembleia Legislativa.

Não há como conciliar legalidade com o que é imoral, e o que é imoral precisa mais do que ser revisto, precisa ser revogado, senhor vice-governador. Retornando às palavras simples e certeiras de Bastiat:

"Quando a lei e a moral estão em contradição, o cidadão se acha na cruel alternativa de perder a noção de moral ou de perder o respeito à lei – duas infelicidades tão grandes tanto uma quanto a outra e entre as quais é difícil escolher."[21]

Nosso trabalho será focado em quatro frentes:

1) Realização de seminários em Porto Alegre;

2) Apreciação de experiências em outros estados, de propostas semelhantes, senhor deputado Altair Silva, e por isso vamos, mais uma vez, visitar o parlamento catarinense, para aprender com o corpo técnico, e também com os deputados, o que foi feito para replicar aqui;

3) Realização de audiências públicas no interior do Estado, na capital e na Região Metropolitana, para colher informações diretamente com os cidadãos e entidades;

4) E, ainda, a participação de entidades e voluntários nesse processo – não é possível empreender esse esforço em quatro meses sem a parceria de

---

[21] BASTIAT, Frédéric. *A Lei*. São Paulo: Instituto Ludwig von Mises Brasil, 3ª ed., 2010. p. 16.

todos vocês, sem estar em conexão com a sociedade, meu caro vice-presidente da FIERGS, Claudio Bier, meu caro presidente da Fecomércio, Luiz Carlos Bohn, meu caro representante da FARSUL, Luís Fernando Pires.

Sem a participação das entidades e da sociedade civil, em quatro meses não temos como fazer um trabalho de revisão de quase duzentos anos de legislações, assim como em Santa Catarina perdura por sete anos um trabalho que ainda vai muito longe, conta o deputado Altair Silva. Como resultado, esperamos oferecer à sociedade gaúcha um relatório final com propostas claras e objetivas de leis a serem simplificadas, consolidadas e revogadas.

Finalizo com Ayn Rand com uma passagem lapidar para o momento do Brasil e lapidar para toda a história do pensamento econômico mundial:

> *Quando há comércio não por consentimento, mas por compulsão, quando para produzir é necessário pedir permissão a homens que nada produzem – quando o dinheiro flui para aqueles que não vendem produtos, mas têm influencia –, quando os homens enriquecem mais pelo suborno e pelos favores do que pelo trabalho, e as leis não protegem quem produz de quem rouba, mas quem rouba de quem produz – quando a corrupção é recompensada e a honestidade vira um sacrifício –, pode ter certeza de que a sociedade está condenada.[22]*

Felizmente nossa sociedade não está condenada. E a maior prova disso é a presença de vocês que, junto com esta Comissão Especial de Revisão Legal, vão demonstrar para o Rio Grande e para o Brasil, assim como Santa Catarina está demonstrando para os catarinenses, que é possível simplificar, consolidar e revogar as leis que já não interessam mais.

Muito obrigado. E viva o Brasil!

O cabidão sindical

As bancadas de "oposição ao cidadão gaúcho", não ao governo somente, nunca cansaram de tentar afundar o Estado. Deputados petistas votaram contra a PEC do Duodécimo e, portanto, favoravelmente a manter seus próprios salários em dia, enquanto policiais e professores recebem de forma

[23] RAND, Ayn. *A Revolta de Atlas*, volume II. São Paulo: Instituto Millenium / Sextante, 2010. p. 86.

parcelada. Não bastasse isso, continuavam não dando quórum para que pudéssemos acabar com o cabidão de empregos dos sindicalistas... mas, enfim, conseguimos aprovar uma redução substancial na mamata. Nada menos que R$ 37 milhões anuais eram destinados para 317 sindicalistas. Eram servidores públicos do estado que não precisavam bater o ponto por manterem atividade sindical mas que, mesmo assim, recebiam dos cofres públicos seus salários todos os meses. Minha indignação na tribuna, erguendo um cabide em que pendurei um cartaz com os números da farra sindical, viralizou nas redes rapidamente[23].

26 de setembro de 2017

Quero aqui fazer uma denúncia ao povo rio-grandense sobre o que estão fazendo com o Estado as bancadas de oposição ao cidadão gaúcho. As bancadas do PT, do PCdoB, do PSOL e parte do PDT não são oposição ao governo, mas sim ao cidadão gaúcho.

Quero mostrar aqui, cidadão gaúcho, o cabide, um cabidão dos sindicatos do Estado do Rio Grande do Sul que vivem às custas do seu dinheiro. Trinta e sete milhões e setecentos mil reais para sustentar 317 sindicalistas mamando nas tetas do Estado! E as bancadas do PT, do PCdoB, do PSOL e parte do PDT não dão quórum nesta casa para que acabemos com essa farra.

É uma farra dos sindicatos estaduais! A farra da licença sindical no RS. Um cabidão! Costumo dizer que político não gera emprego, no máximo cria cabide de emprego. Está aqui um cabidão, criado ao longo dos anos e sustentado por verbas públicas, com 317 servidores que recebem dinheiro público para não precisar bater ponto.

Tenho algo contra os sindicatos? Não! Ao contrário. Os sindicatos são importantíssimos para haver a mediação entre empregadores e empregados. Mas que se sustentem com as suas próprias verbas – que são muitas! Verbas vindas das contribuições dos seus associados. Não com as verbas do pagador de impostos, os gaúchos, que já recebem tão precários serviços e ainda precisam sustentar essa cambada.

São 37,7 milhões de reais nesse cabidão com 317 servidores, gente que recebe até – atenção, cidadão gaúcho, você que vive de salário mínimo ou até está desempregado – 50 mil reais por mês, acima do teto. E esse dinheiro é para o sindicato aqui no Rio Grande do Sul.

Pior, há pessoas aqui cedidas para sindicato de Santa Catarina. A CUT de Santa Catarina tem servidores cedidos e pagos com o dinheiro

---

[23] Confira no Facebook: https://goo.gl/JSjrR3 ou assista no YouTube: https://goo.gl/QYTMWb

dos impostos gaúchos. Além dessa demagogia e de tantas outras, do PT, do PCdoB, do PSOL e de parte do PDT, porque votaram a favor de manter os seus salários de deputados pagos em dia, assim como os dos juízes e dos promotores, enquanto se parcela o salário de professores e policiais militares.

Eu votei a favor do parcelamento de todos na PEC do Duodécimo, para que, se houvesse atraso, que se parcelassem todos, e não apenas uma categoria. Repito sempre: nada contra a figura de promotor, de juiz e de deputado, pelo contrário, são importantíssimos para o Estado de Direito e para a democracia, mas há de haver solidariedade. Mas não, uma parte aqui decidiu votar olhando para o seu próprio bolso. Os deputados do PT, do PSOL e do PDT decidiram que os seus salários de deputados poderiam ser pagos em dia, enquanto que os dos professores e dos policiais não.

E agora, ex-deputado [Jorge] Pozzobom (PSDB), hoje prefeito de Santa Maria, que nos honra com a sua presença nesta Assembleia, nesta tarde, e que pode observar que tudo continua igual a quando o senhor estava aqui... E agora, esses mesmos deputados demagogos querem abrir uma CPI para investigar o crime que eles mesmo cometeram quando estavam no poder com o Tarso Genro (PT) para entregar as finanças públicas na situação em que hoje se encontram.

Querem fazer uma CPI do Parcelamento. Pois bem, por que não fazem uma CPI em São Leopoldo, que é governado por Ary Vanazzi (PT), ex-presidente do Partido dos Trabalhadores, que parcela salários? Por que não fazem uma CPI no governo de Minas, que também paga parceladamente os salários e é governado pelo PT, por Fernando Pimentel? Não vai haver CPI lá? O PT não vai fazer CPI lá? Ou só vale CPI aqui no Estado do Rio Grande do Sul, onde eles atuaram durante quatro anos no governo e entregaram as finanças do Estado destroçadas?

É muita demagogia e irresponsabilidade! É a figura do criminoso, do bandido que chega diante do juiz e, além de não admitir o crime, ainda diz claramente que quer reincidir. Essa é a postura do PT e dos aliados da oposição, do PSOL, do PCdoB e de parte do PDT. Aqui, mais uma vez, deixaram passar a oportunidade, porque não querem votar e acabar com esse cabidão de quase 40 milhões de reais anuais para manter 317 sindicalistas mamando nas tetas do Estado.

Cidadãos gaúchos, são 317 sindicalistas vivendo às custas do seu suado dinheiro!

Atenção, Ibama! A espécie humana também precisa ser preservada!

Na região gaúcha dos Campos de Cima da Serra os produtores rurais vinham lidando com situações que beiram o absurdo. Havia meses o IBAMA multava e embargava áreas que eram produtivas fazia muito tempo. Empreendedores rurais de vários municípios da região recebiam multas pelo correio de mais de UM MILHÃO de reais. Sem direito à defesa em tempo hábil e com prazo de pagamento do boleto da multa para sete dias, produtores tiveram suas terras interditadas para a agricultura e a pecuária. E isso em plena época de plantio!

Milhares de humanos dependendo da agricultura, que em um belo dia chegam em casa e encontram na caixinha de correio multas impagáveis. Felizmente, para um desses casos, uma liminar da Justiça Federal garantiu aos produtores o cultivo da terra enquanto seus recursos administrativos não eram analisados pelo IBAMA.

Órgãos estatais não podem estar alheios à realidade nem abusar de quem produz o seu próprio sustento e o alimento de todos os gaúchos. É importante lembrar ao IBAMA (e, claro, aos legisladores que criam regramentos impossíveis de serem cumpridos), que preservar o meio ambiente é muito importante, sim – e isso inclui preservar a espécie humana[24].

28 de novembro de 2017

---

[24] Confira no Facebook: https://goo.gl/5fBFMP ou assista no YouTube: https://goo.gl/5fBFMP

Venho a esta tribuna para tratar de um assunto que está trazendo muita preocupação, muita dor de cabeça e, sobretudo, muita tristeza no estado do Rio Grande do Sul para quem só quer trabalhar e produzir, evidentemente, dentro das leis, dentro das regras, preservando o meio ambiente e a própria dignidade humana.

Venho aqui falar de uma situação que está acontecendo nos Campos de Cima da Serra, no estado do Rio Grande do Sul. Lamentavelmente, decisões tomadas apressadamente pelo órgão ambiental, o Ibama, que deveria cuidar do meio ambiente, mas também da preservação de todas as espécies, inclusive e principalmente da espécie humana, têm feito com que produtores, proprietários de terra e também quem trabalha nela arrendando-a, receba boletos de multas que chegam até a mais de um milhão de reais. Um milhão de reais!

Felizmente, pelo menos em caráter liminar, a Justiça Federal posicionou-se esta semana por garantir que as áreas, inclusive as embargadas – que, portanto, não estavam mais sendo utilizadas para o plantio como eram até ali, há décadas, há séculos inclusive –, podem continuar servindo à vocação que têm servido até agora para milhares e milhares de agricultores, de pessoas nos Campos de Cima da Serra, no estado do Rio Grande do Sul.

É uma situação que precisa ser trazida a esta tribuna, porque a decisão judicial é clara: o órgão autuador deveria ao menos ser célere para avaliar os recursos interpostos pelas famílias que têm o seu ganha-pão nas terras, repito, há séculos. Essas terras dos Campos de Cima da Serra parecem ser propositalmente confundidas pelo órgão autuador, Ibama, como campo natural, quando são campo nativo.

A discussão sobre o bioma Mata Atlântica é necessária, importante e está prevista em lei. Mas não é possível, meus caros colegas deputados, que áreas que já são utilizadas há tantos anos para plantio de soja, de trigo, de milho, de feijão, que permitem inclusive que seja feito o plantio para que o gado não pereça no período de inverno, não sejam mantidas para o sustento de pessoas que ali residem e produzem e também para milhares de gaúchos estado afora, que dependem do agronegócio, que dependem da agricultura em todos os seus níveis e suas formas para sua própria subsistência.

Em São Francisco de Paula, 33 empreendedores foram multados. Imaginem um produtor chegar em casa, um belo dia, e na caixinha de correio encontrar uma multa de 750 mil reais por utilização de 100 hectares, 200 hectares ou 300 hectares de uma terra que já é arada há muito tempo. E mais: muitas vezes essa terra é apenas uma fração do total da terra utilizada. Há casos de autuações da ordem de 300 hectares em terras que totalizam 900 hectares. Ou seja, 300 hectares são utilizados, e os 600 restantes já são uma espécie de reserva natural, de reserva legal. Ainda assim, com base na interpretação equivocada de uma lei, o Ibama força o produtor a querer reconhecer, inclusive por meio de uma multa e do embargo de suas terras, que todos esses 300 hectares devem ser utilizados como reserva legal.

Aí, não dá! Aí, o Ibama, em vez de preservar todas as espécies, condena à extinção a espécie humana, que depende da terra, que depende da agricultura. E condena as pessoas que ali trabalham a sofrer na própria pele a interferência de um Estado opressor, de um Estado que busca apenas autuar e multar, não valorizando aqueles que querem trabalhar.

Recebi um desses produtores no meu gabinete, e faltou apenas ele chorar. Ele disse: *"O que quero é trabalhar, o que quero é o meu direito de continuar fazendo aquilo que há anos fazemos, que é alimentar a população gaúcha por meio do nosso esforço e do nosso trabalho".*

Felizmente, há um reconhecimento por meio de uma liminar da Justiça. Mas esta Casa precisa ficar atenta para não deixar que isso se repita.

Economia de faz-de-conta

No Rio Grande do Sul, o Judiciário (e outros Poderes também) faz uma manobra costumeira: envia projetos em que extingue cargos vagos para criação de novos cargos. No entanto, em vez de serem claras no sentido de que se está, sim, criando despesa – afinal, se o cargo extinto está vago, ele não está significando nenhum custo –, as justificativas dos projetos normalmente trazem a informação de que "não haverá impacto financeiro". Ora, não haverá no orçamento previsto, mas certamente haverá no realizado. Parece até que dinheiro dá em árvore...

5 de dezembro de 2017

Venho a esta tribuna para dizer que não dá mais para recebermos projetos de lei do Poder Judiciário dizendo que estão economizando um dinheiro que, na verdade, não existe. Os cargos que estão sendo extintos por este projeto de lei, hoje, estão vagos! O Poder Judiciário diz que o total que seria economizado com a extinção desses cargos seria de R$ 2,1 milhões. Descontada a despesa com os cargos que estão sendo criados se este projeto de lei for aprovado, que seria de R$ 1,868 milhão, haveria uma economia de R$ 248 mil.

Mas isso não é verdade! Essa economia não existe! Na verdade, se for aprovado esse projeto de lei, simplesmente se estará aumentando a despesa do Poder Judiciário em quase R$ 2 milhões. Essa é a verdade! Quase R$ 2 milhões!

Não é a primeira vez que se encaminha a esta Casa um projeto de lei com essa justificativa e não é a primeira vez que votarei contrariamente a um projeto de lei dessa natureza, a começar porque a justificativa não está sendo fiel à realidade. Repito: essa economia não existe; é aumento de despesa na ordem de quase dois milhões de reais [por ano], com a criação de 12 cargos no Poder Judiciário.

Quero dizer aqui nesta tribuna que essa discussão fictícia sobre o orçamento precisa acabar. Foi ela, aliás, que originou justamente a definição do duodécimo na Constituição com base num orçamento que não se realiza. E depois o Judiciário se queixa – inclusive por isso veio a esta Casa Legislativa pedir que se rejeitasse a PEC do Duodécimo –, dizendo que o duodécimo deve continuar sendo dividido de acordo com a ficção orçamentária, e não de acordo com o realizado.

Nesta Casa, muitos deputados tentaram fazer o correto, que era dividir o duodécimo de acordo com aquilo que realmente entra no caixa do Estado, de acordo com aquilo que deveria estar na nossa Constituição. Assim, se houvesse o parcelamento de salários – e lamentavelmente isso está ocorrendo no Executivo –, todos estariam juntos nesse bolo, inclusive nós, deputados, os juízes, os promotores, enfim, os servidores de todos os Poderes. Mas insiste-se em se basear na ficção.

Não consigo acreditar que algum deputado aqui vai querer aumentar despesas dessa forma, criando quase R$ 2 milhões em cargos do Poder Judiciário. E eu tive que ouvir, com todo o respeito que eu tenho ao Poder Judiciário e ao presidente do Tribunal de Justiça, no meu Município de Dois Irmãos, quando houve a inauguração do Fórum, um discurso do presidente do Tribunal de Justiça dizendo que aquela inauguração só foi possível porque a Assembleia havia rejeitado proposição referente ao duodécimo.

Ora, meus caros colegas, há mais de 10 anos que aquele Fórum estava prometido para a cidade de Dois Irmãos. As obras já deveriam, aliás, estar concluídas! Faz anos que o Poder Executivo, primo pobre dos Poderes, financia os gastos do Poder Judiciário com construções por meio dos depósitos judiciais imorais, que nem é dinheiro público. Esses depósito judiciais não são recursos que deveriam estar à disposição do Poder Judiciário para emprestar a taxas abusivas, mas [o Judiciário] virou um banco do Poder Executivo.

Esse dinheiro dos depósitos judiciais imorais, que está financiando as construções de muitos prédios do Poder Judiciário, agora não pode ser confundido com a rejeição da PEC do Duodécimo feita neste parlamento por deputados, sobretudo do PT, do PCdoB, do PSOL e por parte do PDT, que entenderam que era melhor que os deputados, juízes e promotores recebessem em dia, enquanto o policial e o professor recebem o salário parcelado.

Essas injustiças não podem continuar prosperando aqui neste Parlamento, muito menos pode continuar prosperando uma justificativa feita pelo Poder Judiciário, que deveria zelar pela correção na sua explanação e pela fidelidade aos fatos ao dizer que menos cargos, depois de criados, irão gerar uma economia. Ora, pois. Não há economia nenhuma; pelo contrário. Há aumento de despesas na ordem de quase dois milhões de reais. Não é possível que sigamos aumentando despesas no Estado, ainda mais nos outros poderes quando, no Poder Executivo, policiais e professores recebem seu salário parcelado e enfrentam a pior crise da história do estado do Rio Grande do Sul. Sobretudo após a tragédia que foi a administração de Tarso Genro (PT), que, aliás, foi o que mais utilizou os depósitos judiciais em comparação com todos os demais governadores que já passaram pelo estado.

Meu voto, portanto, é contrário ao projeto de lei nº 238/2016, contrário ao aumento de despesas no Poder Judiciário ou em qualquer poder, em respeito ao cidadão pagador de impostos que não aguenta apenas ver a conta subir e os serviços não serem adequados àquilo que ele espera.

Privatiza, já! Ou o Rio Grande fecha as portas

Meu último grande expediente do mandato de deputado foi direto ao ponto: privatiza, já! Ou deu pra ti, Rio Grande do Sul.

21 de fevereiro de 2018

Sr. Presidente, caros colegas deputados, sociedade gaúcha que acompanha esta sessão da Assembleia Legislativa, e todos os convidados, boa tarde:

"Apoiarei toda a proposta de redução do tamanho do Estado onde ele não deva atuar. Não é moralmente aceitável que um governo se imiscua em atividades atinentes unicamente à iniciativa privada, ainda mais quando policiais, professores, médicos, bombeiros, enfermeiros são mal remunerados e pouco valorizados. Privatizar o que não deveria estar nas mãos do Estado não é apenas uma convicção ideológica, é também dever moral de quem tem compromisso e respeito para com o pagador de impostos, empreendedores, profissionais liberais, trabalhadores, aposentados, estudantes, enfim, com o povo gaúcho e brasileiro, representado por quem se encontra nessas galerias e que está pagando a conta."

Quero, aliás, fazer uma menção especial a muitos membros aqui do Partido Novo e também ao presidente estadual, Carlos Molinari, pela presença. Muitos também estiveram, como tantos outros, no dia da minha posse, deputado Sérgio Turra (PP), aqui nesta Assembleia Legislativa, e essas palavras que acabei de ler e abriram o meu discurso foram proferidas naquele meu discurso de posse no dia 10 de fevereiro de 2015. Há três anos, portanto. E elas continuam atuais.

Continuam atuais porque jamais perde valor a essência de uma afirmação: privatizar empresas públicas não é escolha ideológica. É imperativo moral. Privatizar é dever moral de quem tem consciência de que o Estado não deve se agigantar e interferir na vida dos cidadãos, na liberdade dos indivíduos, dos gaúchos, dos brasileiros, do senhor e da senhora, do jovem e do idoso.

O Estado não deve interferir em áreas que são privativas do indivíduo, dentre as quais a liberdade econômica, que é essencial. E em um mercado com liberdade, onde os indivíduos não sejam obrigados a consumir o que não queiram e possam escolher aquilo que querem comprar ou vender, o soberano é o consumidor. Ideologismo é justamente inverter essa ordem, impondo, pela lei e pela força, a soberania do Estado no mercado. Ou seja, uma empresa pública, uma empresa estatal desvirtua a lógica do mercado, afrontando a liberdade de consumidores e de empreendedores, dando a um político, a um burocrata ou a um dirigente público, indicado por políticos, a soberania, o mando e o comando.

Há aí uma gravíssima infração e limitação da liberdade individual. E há, sobretudo, uma ditadura de mercado imposta, parcial ou totalmente, pelo agente estatal. É o Estado inimigo da sociedade. Quero saudar também a presença do Leandro Gostisa, que foi presidente do Instituto de Estudos Empresariais e hoje é vice-presidente do Instituto Liberdade, institutos que há anos têm defendido, com fundamentos morais e princípios, esses valores.

É fundamental por isso, Sr. Presidente e meus caros colegas, é necessário, é imprescindível que eu faça essa introdução. A existência de uma empresa pública é uma existência imoral per se, posto que contrária ao domínio do espírito do ser humano, que anseia pela sua liberdade individual.

Para que uma empresa pública seja criada, portanto, necessariamente exige-se uma intervenção estatal de políticos que sequestram para si a soberania, que deveria, no mercado, pertencer unicamente ao consumidor. Se não compreendermos isso, em vão conseguiremos debater os efeitos da criação de empresas públicas e as consequências econômicas vinculadas a suas existências, bem como impossível será debatermos a melhor maneira de proceder com o processo de privatização.

Em suma, só poderemos debater com propriedade este tema da privatização se soubermos que o respeito às liberdades individuais e direitos fundamentais dos seres humanos requerem a compreensão de que, no mercado, o soberano deve ser sempre o consumidor, sempre o cidadão. Ele deve ter garantida a liberdade sobre o que ele quer comprar, em que quantidade e a que preço, e não deve ser dada soberania ao Estado, que, por meio de políticos, burocratas ou dirigentes de estatais, definem o que o cidadão pode e o que não pode consumir e a que preço e a que quantidade.

Como diz Mises em suas Seis Lições: *"O governo, ao dirigir empresas, está subordinado à supremacia do mercado, o que significa que está subordinado à supremacia dos consumidores"*[25]. Contudo, como não é possível a um dirigente político ou burocrático estabelecer o cálculo econômico correto, pois a liberdade do consumidor, do cidadão, é retirada da equação e o *"resultado comumente é um déficit"*.

Eis a consequência, senhoras e senhores, da desvirtuação da lógica da liberdade de mercado: a extorsão promovida pelo Estado, ao espoliar do cidadão o seu direito à livre escolha, acaba por gerar déficits e prejuízos.

Não à toa, o governo do Rio Grande do Sul, proprietário de dezenas de empresas públicas, entre empresas, fundações e autarquias, está endividado até o pescoço. E a solução para cobrir tais déficits? Em vez de privatização, deputada Zilá Breitenbach (PSDB), há quem ainda defenda melhoria de gestão – mas o efeito em empresas públicas é sempre o mesmo. E ainda fazendo referência a Mises, como o governo, teoricamente, tem condições de financiar seu déficit, políticos desviam recursos orçamentários de áreas básicas e essenciais, como a segurança pública, para fechar o caixa de suas estatais quebradas.

Assim, políticos vêm, ao longo dos anos, diminuindo a conta do

[25] MISES, Ludwig von. *As Seis Lições*. Trad. de Maria Luiza Borges. São Paulo: Instituto Ludwig von Mises Brasil, 7ª ed., 2009. p. 46.

monumental déficit de suas estatais entre todos os pagadores de impostos. Em contrapartida, os pagadores de impostos não se opõem com forças suficientes – nós, gaúchos – por não sentirmos os efeitos diretamente nos nossos bolsos. Isso até que – e finalmente sempre vem o dia – não haja mais nenhum centavo em caixa. Além dos salários parcelados no funcionalismo público, os serviços básicos tornam-se tão precários que, no caso do Rio de Janeiro, já ensejam uma intervenção federal na área da segurança pública, a mais básica de todas as áreas para a garantia dos direitos fundamentais do indivíduo à sua vida, propriedade e liberdade.

A interferência de políticos nesse processo é mais nefasta ainda, porque, além de larapiar dos cidadãos a sua soberania no mercado e agredir as suas liberdades fundamentais, o político ainda gasta dinheiro que não é seu para cobrir déficits sem compromisso com o amanhã.

Como ensina o economista Gustavo Franco, que foi presidente do Banco Central brasileiro, com uma pequena adaptação: *"para um típico político brasileiro, cujas ralas noções de economia se constroem a partir de emanações geralmente deturpadas de ideias desenvolvimentistas, o problema de achar o dinheiro para executar gastos de seu interesse simplesmente não lhe pertence."*[26]

E prossegue: "Essa postura se radicaliza a partir da ideia de que a ação dos políticos é redentora e, portanto, o bem que fazem não tem preço e, por isso, é sempre barato, mesmo quando superfaturado."

Não! Basta! Chega! Nós estamos no nosso limite! Com um déficit anual de 7 bilhões de reais nas contas públicas gaúchas, simplesmente 10% ao ano, não é possível que continuemos achando que dinheiro dá em árvore.

Chega de populismo! Já passou da hora de entrarmos na rota do desenvolvimento novamente. E esse desenvolvimento só pode se dar se a liberdade individual for respeitada, se o cidadão gaúcho for tratado como soberano, não como súdito, não como vassalo de um Estado gordo, inchado, que serve a si mesmo sem servir aos outros, que serve aos políticos e apadrinhados, mas que não serve à população gaúcha, que paga a conta.

O modelo fracassado, que levou o Rio Grande do Sul a quebrar, consiste em prometer muito durante as campanhas eleitorais e entregar muito pouco, quase nada durante o mandato.

Talvez seja bom lembrar o economista Thomas Sowell, com vista agora às eleições de 2018: *"o fato de que muitos políticos de sucesso são men-*

[26] FRANCO, Gustavo. *As Leis secretas da economia: revisitando Roberto Campos e as leis do Kafka.* Rio de Janeiro: Zahar, 2012.

tirosos não é exclusivamente reflexo da classe política, é também um reflexo do eleitorado. Quando as pessoas querem o impossível, somente os mentirosos podem satisfazê-las".[27]

Ou seja, promete-se para a população mais segurança, mais saúde, mais educação, mas o que aumenta, efetivamente, é o rombo nas contas públicas, os cargos para apadrinhados, as empresas públicas ineficientes e lotadas de defensores ferrenhos na manutenção dessas mesmas empresas, que estão preocupadas, unicamente, com o fim da própria mamata.

É apenas com a cultura da liberdade a nortear cidadãos responsáveis que poderemos mudar esse quadro. E é essa defesa que faço hoje neste Grande Expediente e que também farei ao longo de toda a minha caminhada, como tenho feito até hoje.

[O deputado Ibsen Pinheiro (PMDB) solicita um aparte]

— Deputado Marcel van Hattem, quero cumprimentar V. Exa. não pela coragem reiterada que V. Exa. sempre apresenta desta tribuna e também nem sequer pela lucidez, outro traço das manifestações de V. Exa., mas pela oportunidade do tema, especialmente em nosso País.

Há Estados inchados – e talvez a França seja o melhor exemplo das democracias ocidentais com uma burocracia poderosíssima – e Estados enxutos e eficientes, como os países do norte da Europa. Mas a contribuição brasileira é singular, porque o nosso Estado é esquálido e obeso. Esquálido porque é incapaz de cumprir as suas funções mínimas, essenciais e indelegáveis, e obeso porque tem um imenso tamanho e nenhuma mobilidade ou capacidade de corresponder às necessidades.

Então: ao mesmo tempo em que inibimos a iniciativa privada, também travamo-la através de um Estado obeso, deixando a população desassistida pelo Estado esquálido no cumprimento das suas obrigações indelegáveis. E o melhor exemplo talvez seja a segurança.

Por isso, deputado Marcel van Hattem, termino com uma observação também tipicamente brasileira: vivemos o momento de maior privatização do Estado Brasileiro, criticada exatamente pelos que defendem o estatismo. É a privatização via corporativização. Atividades corporativas de trabalhadores, de servidores ou mesmo de empresários tomaram a tutela do Estado, que é uma forma gravíssima de privatização, talvez a mais nociva de todas, que é entregar as funções do Estado para as corporações, que cumprem segundo o seu interesse e negligenciam as obrigações do Estado.

---

[27] SOWELL, Thomas. Big Lies in Politics. Porto Alegre. 2012: https://goo.gl/RzhDSF.

Parabéns, deputado Marcel van Hattem.

[Retorno a palavra]

Muito obrigado, deputado Ibsen Pinheiro, pelas felizes palavras. Costumo dizer que a discussão não está entre o Estado mínimo ou o Estado máximo, mas entre Estado presente ou Estado ausente. Hoje, o Estado não está presente onde deveria estar e, muitas vezes, está presente na área pública com estatais em setores em que não deveria jamais ter-se imiscuído.

[O deputado Lucas Redecker (PSDB) também faz um aparte]

– Quero saudar o deputado Vilmar Zanchin (PMDB), que preside esta sessão; a representante do MBL, Paula Cassol; o secretário da Casa Civil, Fábio Branco; o diretor do Desenvolvimento Econômico de Porto Alegre, Leandro Lemos; o deputado Marcel van Hattem. Quero cumprimentá-lo, deputado, por trazer esse tema para debate em nossa Casa. Sem dúvida alguma, é um tema, nesses últimos dois anos, recorrente em nosso Parlamento e também na sociedade gaúcha.

Particularmente, como membro da bancada tucana, não tenho problema nenhum em falar sobre privatizações e tampouco em apoiá-las, porque no governo Fernando Henrique [Cardoso, PSDB] foram feitas privatizações necessárias ao Brasil, com resultados magníficos.

Agora, participamos do governo Sartori (PMDB). A pasta de Minas e Energia, que o PSDB ocupava, foi a única a encaminhar projetos para esta Casa em que se previam privatizações, com a concordância evidentemente tanto minha como do então secretário Artur Lemos, para que pudéssemos debater no Estado do Rio Grande do Sul a função dessas empresas na sociedade gaúcha.

Sabe-se que há muitos anos, quando essas empresas foram criadas, era uma necessidade do Estado promover aquelas ações para a sociedade. Com o decorrer dos anos, viu-se que não era mais necessário o Estado cumprir com aquelas funções e que a iniciativa privada tinha e tem muito mais condição e competência para cumpri-las.

Mas ficamos apegados a um embate, na minha visão, muitas vezes pequeno, a um embate em que se defende o interesse de poucos e não o interesse de muitos. Essas empresas que pertencem ao Estado do Rio Grande do Sul tomam dinheiro dos nossos cofres públicos, enquanto faltam valores e recursos para outras áreas, que são fundamentais do setor

157

público, como saúde, educação, infraestrutura e principalmente segurança.

Muitos dos debates que travamos nesta Casa em relação a empresas públicas referiam-se a empresas que consomem mensal e anualmente recursos grandes e polpudos do caixa do Estado, justamente para financiar uma estrutura que já está defasada há muitos anos e que tem um peso muito grande para o cidadão gaúcho.

Então, vejo que é importante não apenas debatermos esse tema, mas tirá-lo do papel para que se torne de fato realidade e tenhamos condições de diminuir a estrutura pública. Dessa forma, esse dinheiro poderá voltar em serviços para o cidadão, que está cansado de pagar para o Estado as suas obrigações com o seu trabalho, pagar impostos.

Costumo dizer que no Estado do Rio Grande do Sul, no Brasil e nos Municípios, em relação às Receitas Estadual e Federal e às secretarias das Fazendas, sabemos da efetividade da cobrança desses setores. Eles são efetivos na cobrança. Qualquer transação que se faz hoje no Brasil de cartão de crédito, as Receitas Estadual e Federal ficam sabendo. Qualquer custo, qualquer gasto sabe-se. Agora, eles não têm a mesma efetividade no retorno do serviço para o cidadão, porque nossa estrutura é inchada, grande e ineficaz.

Portanto, nós, do PSDB, apoiamos, sim, as privatizações, apoiamos, sim, a discussão do papel dessas empresas dentro do Estado, dentro do Brasil, para que tenhamos um Estado mais justo, que, de fato, retorne em serviços ao cidadão.

Muito obrigado e parabéns pelo tema.

[O deputado Sérgio Turra (PP) solicita aparte]

– [...] Deputado Marcel van Hattem, nosso querido colega, com muito orgulho, represento aqui a bancada do Partido Progressista. Parabenizo V. Exa. também pela coragem e pela coerência de, desde o primeiro minuto, defender aquilo que queremos e com que nos preocupamos neste Parlamento: um poder público eficiente, mas eficiente para a totalidade dos gaúchos, para os pagadores de impostos, para esses que estão sofrendo pela ineficiência do Estado.

De fato, se precisamos mudar o panorama e criar condições para que o poder público atenda ao cidadão, temos que apresentar alternativas, e não a de sempre, a que está esgotada, a que ninguém aguenta mais, que é o sucessivo aumento de impostos. Portanto, ou o Estado faz o dever de casa e diminui o seu tamanho, ou o público arque com as consequências, inclusive do abuso do gigantismo a que chegou, e não teremos o que fazer.

Parabéns pelo tema e oportunidade. Saiba que estamos juntos nesse debate, o debate a respeito das privatizações, o que é possível e necessário para que o Estado, repito, possa minimamente atender a todos os gaúchos.

E, mais do que isso: o Estado do Rio Grande do Sul é o único Estado, dentre os 27 da Federação, que ainda contempla em sua Constituição a cláusula do plebiscito, que não permite ao gestor eventualmente encaminhar privatização e federalização de uma estatal, o que engessa ainda mais o andamento do nosso Estado.

Deputado Marcel van Hattem, parabéns, e vamos seguir em frente pelo Rio Grande e por um Estado que não seja nem mínimo, nem máximo, mas simplesmente eficiente, como os gaúchos merecem. Meus parabéns.

[O deputado Aloísio Classmann (PTB) também pede aparte]

– Cumprimento o deputado, amigo Marcel van Hattem [...]

Sobre essa matéria das privatizações que V. Exa. traz para o debate no Parlamento, eu entendo que o Estado precisa cuidar das coisas essenciais. Cito o exemplo da agricultura, que produz o alimento que vai à mesa do cidadão. O colono não tem sábado nem domingo; ele produz, e produz muito. Mas cadê a segurança para ele? Cadê a saúde? O homem trabalhador trabalha muito e, quando precisa de um hospital, há uma dificuldade enorme para o seu atendimento.

Praticamente setenta Municípios não têm ainda acesso asfáltico, acesso à rodovia. Como fica a autoestima da nova geração, neste século XXI, se nem acesso asfáltico tem ainda? E não é culpa deste governo. São erros do passado que incharam a máquina pública, além dos altos salários pagos neste Rio Grande do Sul. São milhares que ganham 30 mil, 40 mil reais [de salário mensal], em detrimento dos que ganham muito pouco.

Então, faço aqui o meu registro no sentido de que o Estado precisa abrir mão de tudo que dá prejuízo para priorizar as coisas mínimas, necessárias e essenciais para funcionar bem e sermos um exemplo para este País.

[Retorno a palavra]

Muito obrigado, deputado Aloísio Classmann, por seu aparte e contribuição ao debate.

Defender a cultura da liberdade com responsabilidade significa, no tema da privatizações, basicamente duas coisas: primeiro, privatiza já, ou o Rio Grande do Sul vai fechar as portas – ou, numa versão mais gaudéria, "fecha o bolicho", pois o único caminho que restará é a falência total; segundo, as privatizações precisam ser feitas com responsabilidade, respeitando-se a mesma premissa de respeito à liberdade individual e à soberania do indivíduo, que foi ignorada ou mesmo vilipendiada pelos políticos que criaram as empresas estatais.

Vi e ouvi, durante os três anos em que passei neste Parlamento, como o modelo estatólatra defendido e implantado por políticos gananciosos, populistas, demagogos e socialistas geram distorções absurdas.

O maior exemplo disso é que enquanto boa parte da população enfrenta o desemprego, uma parte minoritária e barulhenta, fantasiada de sindicalista, vem a plenário para xingar deputados. E são muito bem pagos para isso. Recebem salários, em geral, totalmente fora da realidade para quem está procurando trabalho, enquanto policiais e professores recebem seus salários parcelados. Fazem de tudo em nome de seu interesse próprio. Dane-se o problema da sociedade. Dane-se o respeito aos parlamentares eleitos. Dane-se o outro.

O caso da empresa de energia elétrica, a CEEE, é emblemático. Somente para manter a operação da CEEE Distribuidora, por exemplo, o Estado, que, repito, não tem dinheiro para pagar em dia professores e policiais, precisará encontrar recursos da ordem de 1 bilhão e 200 milhões de reais para cobrir os rombos de 2016 e 2017, meu caro ex-secretário [de Minas e Energia] Artur Lemos.

Sem esse pagamento, não será possível sequer garantir a manutenção da concessão da empresa. Esse valor equivale a uma folha salarial líquida de todo o funcionalismo do Estado. Ou seja, se não privatizar, os gaúchos todos, mesmo aqueles residentes em cidades não atendidas pela CEEE, mesmo os policiais e professores que também pagam impostos, serão chamados a tapar o rombo de uma empresa que provê um serviço também prestado pela iniciativa privada. É um disparate.

No caso da Companhia Riograndense de Mineração (CRM), a companhia estatal consegue a proeza de possuir apenas um cliente, que também é estatal e que também é deficitário, a CGTEE, ligada à Eletrobras, uma estatal federal. Para se ter uma ideia, a CGTEE deu prejuízo de 1 bilhão de reais em 2016, mas pagou salários de mais de

50 mil reais para seus diretores e de mais de 100 mil reais para o seu presidente. Também há muito que privatizar no âmbito federal.

Outro caso em que deve haver a privatização é o da Sulgás, que em tese dá lucro, mas que obtém o seu resultado sem concorrentes. Que barbada, lucrar assim! Porém, a empresa não lucra o suficiente para permitir sequer que seja aumentada a sua operação. Clientes que necessitam de serviços de gás natural fora do eixo Porto Alegre-Caxias do Sul simplesmente não podem ser atendidos. O governo gaúcho deveria investir mais de 1 bilhão de reais para construir um novo gasoduto, ligando Rio Grande a Porto Alegre, mas obviamente não temos dinheiro para isso. São mais de 7 bilhões de reais anuais de déficit.

Alheio a toda essa farra, o empreendedor e o cidadão desempregado sofrem para sobreviver em um mercado que patina, seja pela dominação de empresas estatais ineficientes e frequentemente monopolísticas em suas áreas, seja pela burocracia que sufoca qualquer inovação, ou mesmo pelos impostos altíssimos cobrados para pagar toda máquina pública inchada. O cidadão, súdito e vassalo do Estado, ainda por cima paga o salário de quem vem toda a terça-feira à Assembleia gritar em coro para não venderem – abre aspas – "o que é nosso". Na verdade, o correto seria que gritassem, como bem disse o deputado Ibsen Pinheiro, para não venderem o que é deles, porque nós, gaúchos, somos chamados apenas para pagar a conta.

Felizmente, os gaúchos, assim como os brasileiros, já perceberam o engodo do discurso demagógico dos defensores de políticos corruptos e condenados. É questão de tempo para que sejam finalmente privatizadas as empresas que seguem sugando os recursos que faltam em áreas básicas e, com o dinheiro da venda, fazer caixa para investirmos no que realmente é atribuição do Estado: segurança pública.

É o que defendo também em relação ao Banrisul, sem rodeios, retornando à segunda premissa anunciada de privatizar com responsabilidade. Sim, deputado Aloísio Classmann, o Banrisul deu lucro recorde em 2017 de mais de um bilhão de reais, mas é bom lembrar: nas costas do funcionalismo, que pagou também muito juro. O Estado quebra as pernas e depois oferece a muleta.

Contudo, políticos que defendem a existência do Banrisul como empresa estatal não revelam que efetivamente, em 2016, por exemplo, apenas 150 milhões de reais foram para o caixa único do Estado. Se o banco fosse vendido hoje a seu valor de mercado de 5 bilhões e 830 milhões de reais – e seria muito mais, se o controle passasse para a iniciativa privada, e há quem diga que poderia ser até o triplo desse valor – e esses recursos fossem depositados em um fundo, apenas no primeiro ano, se reinvestidos à taxa conservadora da poupança de 2016, o Estado teria um rendimento de mais de 440 milhões de reais, quase o triplo. Ou seja, é só fazer conta. Mesmo quem defende banco público como instituição financeira recusa-se a fazer essas contas tão básicas.

A venda do Banrisul, além de livrar o Rio Grande do fardo de administrar mais uma estatal de todas as mazelas do clientelismo e patrimonialismo políticos brasileiros, ainda possibilitaria hoje mais recursos para áreas básicas do que o lucro atual que o banco oferece para o Estado do Rio Grande do Sul e, portanto, para todos os gaúchos. Claro, isso se vendermos logo, antes de políticos acabarem quebrando o banco, como o PT fez com a Petrobras, no Brasil, e quase fez com o Badesul aqui no Estado do Rio Grande do Sul.

O PT age assim: defende estatal quebrada com o argumento que deve melhorar a gestão e defende estatal sadia com o argumento que dá lucro. A realidade é outra: demagogos e socialistas quebraram as empresas que hoje estão arrebentadas e querem ter a oportunidade de voltar ao poder para quebrar aquelas que ainda dão resultado. Por isso é tão importante que se privatize tudo já, ou o Rio Grande do Sul fecha as portas.

A privatização, porém, deve ser feita, repito, com responsabilidade e respeito à liberdade. Precisa ser de forma aberta e transparente, para garantir a soberania final do consumidor no mercado, o que lamentavelmente não tem ocorrido de forma plena nas agências reguladoras paraestatais hoje existentes, crescentemente aparelhadas nos governos Lula e Dilma, em Brasília, e Tarso, no Rio Grande do Sul. Além disso, a privatização também precisa ser feita mirando o longo prazo.

Como apontam Dag Detter e Stefan Fölster em *A Riqueza Pública das Nações*[28], fundos de riqueza nacional ou, no caso do Rio Grande do Sul, estadual, podem ser muito úteis para transformar ativos públicos em investimentos futuros. Em vez de torrar todo o dinheiro arrecadado com as privatizações em despesa corrente, uma parte considerável dos recursos precisa ser preservada para as próximas gerações usufruírem de serviços que o Estado é, sim, chamado a suprir.

Colocar a casa em dia hoje é fundamental, mas ser previdente para com o futuro é tão importante quanto, ou até mais. Minha proposta é que se crie um fundo para gerir, senão todo, a maior parte do dinheiro arrecadado com as privatizações, e que apenas dos rendimen-

---

[28] DETTER, Dag. *A riqueza pública das nações: como a gestão de ativos públicos pode impulsionar ou prejudicar o crescimento econômico / Dag Detter, Stefan Fölster; Trad. Claudia Gerpe Duarte, Eduardo Gerpe Duarte. São Paulo: Cultrix, 2016.*

tos desse fundo sejam sacados anualmente os valores que permitam investimentos contínuos na área de segurança pública.

Só para termos uma ideia: a Noruega criou, há mais de 20 anos, o mais famoso fundo soberano do mundo, idealizado para sustentar o país quando o petróleo acabar. Na Noruega, o governo só pode retirar, no máximo, 3% dos rendimentos anuais do fundo.

Em 2017, o fundo passou pela primeira vez a marca de 1 trilhão de dólares. Eu disse 1 trilhão de dólares! Mais do que a metade do valor do PIB do Brasil e quase 10 vezes todo o nosso PIB, tudo que é produzido aqui no Rio Grande do Sul. Nada mal para um país gelado, de apenas 5 milhões de habitantes, cuja extensão territorial não ultrapassa a do Rio Grande do Sul e a de Santa Catarina somadas.

O que queremos para os próximos vinte anos? Permitam-me essa reflexão, senhores deputados e sociedade gaúcha. Queremos continuar debatendo déficits atrás de déficits; ou queremos, como aliás corajosamente tem feito esse debate o governador José Ivo Sartori, pensar numa sociedade mais sadia daqui a vinte anos e um governo mais enxuto, que cuide do básico?

Costumo dizer que não quero viver em um outro país; quero viver em um outro Brasil. Para realizar esse sonho, porém, precisamos ter como exemplo países que se desenvolveram e hoje são ricos, respeitando as liberdades individuais. É o caso da própria Noruega, um dos país mais livres do mundo, 8º lugar, de 190, no ranking da Facilidade para Fazer Negócios do Doing Business[29], e 23º, de 180, no Índice de Liberdade Econômica da Heritage Foundation[30]. Já o Brasil encontra-se, respectivamente, nas posições 125 e 153 nesses índices.

Ou seja, há muito trabalho pela frente. Mas pelo menos percebe-se que o cidadão brasileiro clama por um distanciamento das políticas desastrosas implementada pelo PT, sob Lula e Dilma, o primeiro condenado pela Justiça, e a segunda afastada por impeachment por conta de seus crimes e de seus apaniguados quando presidente da República.

Essas experiências não deram certo no Brasil e não dão certo, nunca deram e jamais darão em nenhum lugar do mundo. Todos os paraísos socialistas, infernais para quem quer prosperar, infernais para quem quer empreender, infernais para ter liberdade, estão em pior si-

---

[29] Banco Mundial 2018. Ranking de facilidade para fazer negócios. Doing Business 2018: Reformar Para Gerar Empregos. Disponível em: <http://portugues.doingbusiness.org/rankings>.

[30] Heritage Foundation 2018. Índice de liberdade econômica. Disponível em: <https://www.heritage.org/index/ranking>.

tuação do que o Brasil. Basta vermos os exemplos da Bolívia e da Venezuela.

O Rio Grande do Sul e o Brasil querem trilhar outro rumo, Sr. Presidente, e esse rumo é aquele que garante mais liberdade ao cidadão, como menos entraves, menos empresas estatais e mais limitação à ação de políticos e governantes.

Como escreveram para o Instituto Mises Ubiratan Jorge Iorio e Leandro Roque, *"privatizar e desestatizar não significa apenas aumentar a escolha dos consumidores, mas também diminuir ou cortar as escolhas dos políticos. Não exprime tão somente diminuir o desperdício de gastos públicos, mas aumentar os recursos em posse do setor privado, os quais são alocados de maneira muito mais produtiva. Não quer dizer simplesmente melhorar as finanças públicas, mas piorar as dos políticos e de seus grupos de interesse. Não denota meramente diminuir a corrupção, mas aumentar as liberdades individuais"*[31].

Privatiza, já!

Os cabides quebraram o Rio Grande. Para garantir a soberania do indivíduo e devolver ao cidadão as suas liberdades, privatiza já, e privatiza já com responsabilidade, reinvestindo recursos auferidos e garantindo o funcionamento da máquina pública nas suas áreas básicas.

Privatiza já, ou deu para ti, Rio Grande do Sul!

Viva o Brasil! Viva o Rio Grande do Sul!

---

[31] IORIO, Ubiratan Jorge e ROQUE, Leandro. Por que é preciso privatizar as estatais – e por que é preciso desestatizar as empresas privadas. Publicado no website do Mises Brasil. São Paulo. 2016, 4 de julho: https://goo.gl/EDiLRh.

Parte IV

Uma Voz em Defesa do Estado de Direito e das Instituições

Introdução
Política, leis e homens

Rodrigo Constantino[*]

Política não é para amadores. No Brasil, então, nem se fala. Mas uma coisa está clara, ao menos para os liberais com algum senso prático: não há solução sem a política. Ela é parte fundamental do processo de mudanças que desejamos para nosso país, para voltarmos a sentir orgulho da nação, uma que seja livre, justa e próspera.

Cientes disso, alguns jovens liberais resolveram arregaçar as mangas e mergulhar nesse mundo hostil, repleto de oportunistas e demagogos. Marcel van Hattem é um desses, e dos que têm feito mais para levar a mensagem liberal ao campo da política, para desespero da esquerda e do *establishment* acostumado com as regalias de um sistema injusto e cheio de privilégios.

Como Marcel bem sabe por experiência, o processo político é complicado; favorece políticos estabelecidos e famosos. Sua primeira eleição como vereador foi sem organização, no velho estilo "franciscano", de porta em porta, sem recursos. Excesso de idealismo típico da juventude – Marcel tinha apenas 18 anos de idade. É preciso ter uma campanha mais organizada, contar com recursos para ter alguma chance concreta. Mas ele foi eleito.

---

[*] Economista e escritor, presidente do Conselho do Instituto Liberal e colunista da *Gazeta do Povo*. É formado em Economia pela PUC-RJ e possui MBA em Finanças pelo IBMEC-RJ. Trabalhou por mais de quinze anos no setor financeiro. É autor ou coautor de mais de dez livros, dentre os quais se destacam *Privatize Já* (Leya, 2012) e *Esquerda Caviar* (Record, 2013).

Nota do Autor: Rodrigo Constantino, cujos textos e livros serviram muito para a minha própria formação, bem como me inspiraram muitas de suas participações nos Fóruns da Liberdade em Porto Alegre, apoiou abertamente minha candidatura a deputado estadual em 2014. Sou muito grato a ele por isso, por saber da grande importância que teve esse gesto, sobretudo vindo de quem teria, potencialmente e na teoria, apenas a perder apoiando um liberal que se aventurasse na política – que, de fato, não é para amadores.

O primeiro obstáculo, porém, é a escolha do partido. São muitos no Brasil, mas poucos com um DNA programático levado a sério. A maioria é um "saco de gatos" em termos de ideologia, legendas de aluguel que vendem espaço de televisão e vivem do fundo partidário estatal. Além disso, os partidos têm caráter nacional, algo exigido na Constituição. Isso, segundo Marcel, é contrário ao que se esperaria naturalmente. A tendência normal seria a formação de um partido de baixo para cima, com viés mais local, próximo da sociedade, o que seria mais bem preservado com o voto distrital.

O próprio partido de Marcel enquanto deputado, o PP, foi escolhido por alguma afinidade ideológica e mais pelos conhecidos que tinha e confiava em sua região. Mas como defender o PP como um todo, após envolvimento no escândalo do Petrolão, por exemplo? Quais as alternativas possíveis para um liberal? Poucas ou nenhuma. O Partido Novo surgiu para preencher esse vácuo, e foi para lá, por coerência ideológica, que Marcel foi, mesmo com todo o risco que isso representa em termos de menor estrutura partidária.

Antes de ser Novo, Marcel já era "o novo" na política, trazendo uma lufada de ar fresco em meio à asfixia estatizante. Peguemos a questão do "império das leis" e do Estado de Direito, por exemplo. No Brasil predomina a visão do *"cosa nostra"*, típica das máfias, não o respeito pela "coisa pública". Temos republicanos só de nome. A igualdade de todos perante as leis, a única igualdade que realmente importa, é uma realidade distante. Os "amigos do rei" podem tudo. A eles, as benesses estatais. Ao povo, as leis! E leis arbitrárias, muitas vezes absurdas.

Mudar isso representa uma das metas mais importantes do liberalismo brasileiro. Resgatar a ideia de que as leis devem ser isonômicas, conhecidas *ex-ante*, transparentes e aplicadas a todos os cidadãos, sem distinção de classe, sem favorecer os poderosos, esse é o velho objetivo liberal. E como estamos longe disso!

Os liberais chegaram para lutar pelo bom legado do liberalismo, que tem raízes antigas. Para Platão, o ideal de governo seria aquele dos "reis-filósofos", ou seja, de homens esclarecidos. Já para Aristóteles, o melhor seria um "governo das leis", justamente para impedir os arbítrios das paixões humanas. A história do liberalismo pode também ser vista, em resumo, como a luta por um governo cada vez mais de leis, não de homens.

Isso é um norte a guiar as ações dos governantes, claro, pois sempre haverá algum espaço para decisões subjetivas. Mas os liberais

sempre entenderam a importância de um conjunto de regras isonômicas, válidas igualmente para todos. A igualdade que defendem é
aquela perante as leis, não a de resultados, como querem os socialistas. Por isso a imagem da Justiça com os olhos vendados: ela não vê
cara; ela julga o ato em si, com seus atenuantes ou agravantes.

A mentalidade vigente no Brasil, porém, inclusive na cabeça de muitos advogados, é aquela da "justiça achada nas ruas",
que torna o juiz um "justiceiro social", que ignora a própria Constituição do país. Seu símbolo seria uma estátua com olhos bem
abertos e uma foice na mão, em vez de uma espada. Mesmo no
STF vemos "jacobinos" infiltrados, ministros que se sentem no
direito de rasgar nossa Carta Magna a seu bel-prazer, se para uma
finalidade "nobre". Eles invadem os demais poderes e agem como
legisladores sem votos. O arbítrio tem sido a regra nessa "oligar-
quia de toga".

Por outro lado, temos aqueles que partem para um legalis-
mo exacerbado que fere o espírito das leis, ao buscarem brechas
em cada vírgula, sempre de olho na impunidade. Como Shylock
em *O Mercador de Veneza*, de William Shakespeare (1564-1616),
eles querem o detalhe do contrato, ainda que abandonando qualquer bom senso. E Portia, a juíza disfarçada, apela para a mesma
tática: pode tirar sua libra de carne de Antonio, mas não pode
deixar cair uma só gota de sangue, pois nada sobre sangue consta
no contrato. Impasse legal que produz injustiças.

Entre esses dois extremos – os "justiceiros sociais" e os "ga-
rantistas dogmáticos" – encontram-se as pessoas que lutam por
aquilo que Montesquieu (1689-1755) já havia descrito: o espírito
das leis, dentro de critérios razoavelmente definidos para permitir uma vida livre sob o "império das leis". O famoso *"rule of
law"*, que os americanos conhecem tão bem, e que permite maior
previsibilidade a todos, assim como punição aos infratores, sem
as camadas infindáveis de recursos que nosso país inventou para
preservar a impunidade dos poderosos.

Com o avanço da Lava Jato, despertando pânico nos políticos poderosos, acostumados por tempo demais à impunidade, o
esforço de reação não tardaria. A classe, unida por esse propósito,
fez e faz de tudo para impedir o progresso, o combate ao crime
e à corrupção. Quando a Polícia Federal e o Ministério Público
chegaram aos tubarões, a gritaria foi imediata. Principalmente
dos petistas, que sempre se consideraram acima das leis. Prender

Lula, mesmo condenado em segunda instância? Não pode! É golpe! Haverá guerra! E assim o "império das leis" é afrontado, à luz do dia, por bandidos disfarçados de justiceiros.

Mas agora os liberais têm voz nos debates políticos, para apresentar o contraponto, para apontar para a hipocrisia daqueles que dizem defender o povo contra as "elites", mas querem leis feitas sob medida para proteger seus líderes poderosos e corruptos. Marcel tem sido uma dessas vozes, firme, corajosa, destemida.

De alguma forma é necessário abandonar o preconceito de que o caminho político não presta, pois essa mentalidade deixa o espaço totalmente livre para ser ocupado pelos piores, pela esquerda. A experiência que Marcel teve na Holanda mostrou a ele que era possível participar da política e preservar os princípios liberais, a ética, a meta de reduzir o poder do próprio estado, de dentro, e de fazer valer a lei para todos.

Afinal, o liberalismo precisa também de seus executores e defensores no governo. É por isso que os liberais devem, com realismo, se engajar na política, participar do processo democrático representando o liberalismo contra tantas vertentes coletivistas, contra os cinquenta tons de vermelho. Se nós não queremos viver em outro país, mas sim em outro Brasil, como diz o próprio Marcel, então temos de ocupar espaços na política.

Vergonha

A decisão do Supremo Tribunal Federal de soltar José Dirceu, o mentor intelectual do maior esquema de corrupção já descoberto no mundo e liderado por Luiz Inácio Lula da Silva, só poderia ser resumido com uma palavra: vergonha! A impunidade brasileira, com a insegurança jurídica quanto à prisão efetiva de quem roubou do dinheiro público será tema de amplos debates ao longo dos próximos anos no Brasil. Para não mencionar a prerrogativa de foro por exercício de função - que, no Brasil, ganhou a triste mas verdadeira alcunha de "foro privilegiado".

A sociedade brasileira acordou e está cada vez menos tolerante com a impunidade e a desfaçatez. Se na ocasião da soltura de José Dirceu o Ministro Gilmar Mendes disse, em tom de zombaria, que dava uma lição aos procuradores da Operação Lava Jato, ele pode ter acertado. Gilmar Mendes realmente deu uma lição a todos os brasileiros: lição do que NÃO se deve fazer[1].

3 de maio de 2017

Vergonha é a palavra que define não só a soltura de José Dirceu, ontem, determinada pelo STF, mas também a fundamentação da decisão – e já tratarei desse tema. Esse é o sentimento do brasileiro sobre o cenário político e social atual. Estamos envergonhados.

Aliás, ontem, por um desses acasos da vida, o Datafolha divulgou, às 9 horas da manhã, na *Folha de S. Paulo,* que 34% dos brasileiros dizem ter vergonha de ser brasileiros. Dada a decisão, à tarde, [d]a soltura de José Dirceu, aposto que esse número aumentou. Mais do que isso: tendo em vista que a pesquisa foi feita pelo Datafolha, aposto que o índice é ainda maior.

Vergonha é o que sentimos nós, brasileiros, justamente quando esperamos com ansiedade que, diante de Sérgio Moro, Lula seja desmentido finalmente, de forma cabal, e preso. Mas, justamente neste momento, a poucos dias desse encontro, o Supremo Tribunal Federal decide soltar José Dirceu e desfazer a fantástica decisão do juiz Sérgio Moro na primeira instância, que condenou José Dirceu a 31 anos de cadeia por roubar, na mão grande, inclusive durante o julgamento do mensalão. Agora, o Supremo Tribunal Federal decide soltá-lo.

[1] Assista no Facebook: https://goo.gl/Kki527 ou no Youtube: https://goo.gl/2bc2MV

Este pronunciamento na Assembleia Legislativa está sendo transmitido ao vivo na página do MBL, movimento que foi fundamental para que ocorresse o *impeachment* de Dilma Rousseff. A página do MBL tem mais de dois milhões de seguidores. Estou aqui para dizer que a fala do presidente do Supremo Tribunal Federal apequenou uma história centenária. A fala de Gilmar Mendes, reduzindo o trabalho maravilhoso de procuradores, de policiais federais e do Judiciário de primeira instância, em Curitiba, a uma brincadeira juvenil, dizendo que são jovens que não têm a experiência institucional nem a vivência institucional, é um deboche a todos os brasileiros, justamente num momento – e estão aqui o Renan e o Pedro, do MBL, e o Vitor, jovem que foi falar comigo no meu gabinete e demonstrar seu apoio ao meu mandato – em que tantos jovens estão fazendo a diferença no nosso país, no nosso estado, nos nossos municípios.

Na verdade, se o Supremo Tribunal Federal deu uma lição ontem ao Brasil, como disse o ministro Gilmar Mendes, foi uma lição de o que não fazer. Gilmar Mendes, junto com o advogado do PT, o ministro Dias Toffoli, e com o amigo do Lula, o ministro Ricardo Lewandowski, decidiram soltar José Dirceu. Na verdade, estão-se abrindo as portas da cadeia para outros, como disse Rui Falcão, presidente nacional do PT, que quer o companheiro Vaccari livre. Mas se enganam se acham que vai ficar por aí. Com certeza não ficará.

Os ministros ontem – e é obrigação deles – recomendaram a Moro que adote medidas alternativas à prisão de José Dirceu, como, por exemplo, o monitoramento por tornozeleira eletrônica. Moro vai ter que jogar muito duro, colocar algemas de verdade, para que não enfie a mão no seu bolso e nem no bolso de ninguém, porque mesmo enquanto estava sendo julgado pelo mensalão, Dirceu roubava os brasileiros, roubava a Petrobras, junto com toda a camarilha lulopetista.

Essa festa se iniciou ontem. Segundo o *site O Antagonista*, a festa pró-Dirceu começou no Congresso, onde petistas já celebravam a soltura. Mas ela terá duração muito curta, tenho certeza. O juiz Marcelo Bretas, do Rio de Janeiro, disse que se Eike Batista quisesse ficar em prisão domiciliar, não livre, teria que pagar 52 milhões de reais, o equivalente a toda a propina que pagou a Sérgio Cabral – e aposto que não foi só isso. E da mesma forma que Eike Batista certamente em breve retornará à cadeia, também Dirceu não vai durar muito tempo livre, porque é da sua natureza assaltar os cofres públicos. É da natureza dessa corruptalha petista e também de muita gente em partidos aliados, infelizmente, fazer o que há de pior na nossa política nacional.

A esperança que há neste país é justamente a indignação de tantos jovens, de tantas pessoas que estão envergonhadas, mas não envergonhadas de ser brasileiras. A pesquisa do Datafolha talvez não esteja completamente correta. Essas pessoas estão envergonhadas do que acontece no nosso país, mas na verdade todas querem o melhor para o Brasil. Elas não querem viver em outro país; querem viver em outro Brasil! E é por isso que estamos lutando.

Avante, Sérgio Moro!

O encontro de Lula com o juiz Sérgio Moro, que ocorreria no dia seguinte ao pronunciamento deste discurso, estava envolto em expectativas. Lembro-me da capa da Revista Veja de então, que colocava ambos, Lula e Moro, vestidos com fantasias de super-heróis, encarando um ao outro. Uma capa tendenciosa, falaciosa: como digo no meu discurso, o único "guerreiro" de verdade nessa história vinha sendo – e continua sendo – o juiz Sérgio Moro, a quem aliás dediquei a Medalha do Mérito Farroupilha a que tenha direito na Assembleia.

Contrariando o sentimento da população brasileira, que em muitos casos credita à própria Justiça a impunidade de corruptos, o juiz Sérgio Moro personificaria o herói que permite o resgate da moralidade na política. Contudo, por mais elogios que possamos tecer ao juiz Sérgio Moro, ele é exatamente isso: uma personificação do que ele representa. E o que ele representaria, naquele contexto, seria maior do que qualquer indivíduo porque representaria, justamente, a garantia da existência da vida pacífica em sociedade: a Justiça.

Portanto, Lula não estaria diante de Moro. Luiz não estaria diante de Sérgio. Na verdade, um réu estaria diante de um magistrado. Um cidadão comum, acusado de graves crimes, estaria sentado diante da Justiça[2].

9 de maio de 2017

Eu quero falar hoje desta tribuna, nesta terça-feira, 9 de maio, sobre o dia histórico que viveremos nesta quarta-feira, 10. Dia histórico porque Luiz Inácio Lula da Silva se verá frente a frente não com o juiz Sérgio Moro, que é uma pessoa a quem eu pessoalmente admiro e que o Brasil todo do bem apoia, mas que se verá frente a frente com a Justiça, com o Estado de Direito.

Isso precisa ser saudado da tribuna desta Assembleia Legislativa. É o dia em que o cidadão brasileiro verá o seu ex-presidente da República, pois

[2] Assista no Facebook: https://goo.gl/PwF3zG ou no Youtube: https://goo.gl/tjMc8h

foi presidente da República, lamentavelmente, mas foi, do Brasil, vendo que a lei vale igualmente para todos, enfrentando, de fato, frente a frente, o Estado de Direito.

E os nossos colegas petistas aqui, até este momento da sessão, não disseram nenhuma palavra sobre esse julgamento que será histórico, o julgamento de Luiz Inácio Lula da Silva. Em um discurso lunático – lunático, se não fosse sério aquilo que estava dizendo, demonstrando justamente a sua natureza totalitária, ditatorial, de censurador –, no congresso do PT, Luiz Inácio Lula da Silva teve a empáfia, a capacidade de dizer que o prendessem logo. Caso não o prendessem, ele logo mais mandaria prender aqueles que estariam espalhando mentiras contra ele, numa clara ameaça ao Estado de Direito, à liberdade de imprensa, à liberdade de opinião, a cada procurador, a cada juiz deste Brasil, a cada instituição que faz valer aquilo que inclusive nós aprovamos neste ou em outros Parlamentos e sobretudo no Congresso Nacional, que é a lei. Parece nada mais surpreender o povo brasileiro quando diz respeito ao ex-presidente Luiz Inácio Lula da Silva, que debocha do povo como se fosse um processo pessoal, algo meramente político.

Milhares de petistas estão se locomovendo, alguns já estão em Brasília e alguns inclusive são bolivianos. Estão importando até mesmo manifestantes bolivianos, ônibus de bolivianos estão vindo ao Brasil para transformar um processo jurídico em um evento político, partidário. Que bom que o juiz Sérgio Moro, representando uma instituição, não caiu nessa esparrela. Pelo contrário, em um vídeo ponderado, agradeceu a todos os que sempre apoiam a Lava Jato, mas disse que, neste momento, quem apoia a Lava Jato não deve estar em Curitiba, para evitar confrontos.

Claro, é um processo judicial, e não um processo político. Não se deve politizar a justiça, mas Lula e todos aqueles que estão indo a Curitiba e aqueles que já estão lá demonstram que querem transformar o Estado de Direito brasileiro numa brincadeira de quintal, de criança, como se o PT pudesse transformar o Estado de Direito brasileiro naquilo que o partido bem entende. Não, senhores!

Isso vem justamente na esteira de um pronunciamento também de Lula e de todos os petistas no Congresso do PT, em São Paulo, em que chamou José Dirceu de "guerreiro do povo brasileiro". José Dirceu, absurdamente libertado pelo Supremo Tribunal Federal há poucos dias, enfrenta uma condenação de 32 anos por lavagem de dinheiro e outros crimes contra o sistema financeiro nacional.

Dei-me ao trabalho de visitar o site do TRF para buscar todos os expedientes processuais relacionados à apelação-crime de José Dirceu. Encontrei número de inquéritos, de processos relacionados, inclusive muitos em que ele não está presente, mas também será chamado a dar explicações. São mais de 30 páginas! Esse é o tamanho da folha corrida de José Dirceu apenas nessa apelação-crime da primeira condenação por lavagem de dinheiro e outros crimes contra o sistema financeiro nacional.

Esse é o guerreiro do povo brasileiro. Dos petistas, na verdade, porque o verdadeiro guerreiro do povo brasileiro estará sentado amanhã, em Curitiba, diante de Luiz Inácio Lula da Silva, para ouvi-lo com independência e dizer: "Lula, petistas, vocês não são os donos do Brasil. Os donos do Brasil são os brasileiros".

A lei e a ordem devem ser respeitadas e o Estado de Direito precisa prevalecer. Avante, Sérgio Moro! Avante, Lava Jato!

Fora, Marcel!

Admito que quando reli este discurso não me lembrava que havia dito "Fora, Marcel!". Confesso, inclusive, que ri da situação. Mas é risível mesmo: o PT é incoerente. Gritava "fora" para todo mundo. Mas não admitia que gritassem "Fora, Lula!" ou "Fora, Dilma!", cidadãos que para os petistas estão acima do bem e do mal. Mas, tudo bem: gritar "fora qualquer um" é política. Mas gritar "fora, Moro"?! Aí é demais... é o deboche e o desprezo absoluto de um partido contra o próprio Estado de Direito. Este discurso foi proferido no dia da audiência marcada pelo juiz Sérgio Moro para ouvir o réu Luiz Inácio Lula da Silva.

10 de maio de 2017

Retorno a esta tribuna para tratar, mais uma vez, desse dia histórico vivido pelo Brasil. Reforço que não estão em Curitiba, frente a frente, Lula e Sérgio Moro. Frente a frente estão um cidadão acusado de crimes, um réu e um juiz, um membro do Poder Judiciário, que faz com que o Estado de Direito seja realidade em nosso País.

Quem grita: "Fora, Moro!" – para mim, agride muito. Pode gritar "Fora, Temer!", "Fora, Lula!", "Fora, Dilma!" e "Fora, FHC!". Fora qualquer político! "Fora, Marcel!" Pode gritar, porque política é isso, é a liberdade de expressão.

Agora, gritar "Fora, Moro!", por mais que haja liberdade de expressão, demonstra simplesmente um desprezo total ao Estado de Direito. Não por causa do juiz Sérgio Moro, pois você pode gostar ou não gostar de um juiz. Pode gostar ou não gostar de uma pessoa. Mas dizer simplesmente que aquela figura que está ali para fazer cumprir a lei não presta, deve ser retirada do seu cargo porque o seu companheiro ou o seu líder está sendo julgado por ela, isso é absolutamente antidemocrático.

Vivemos tempos turbulentos no país, e é este dia 10 de maio de 2017 que poderá marcar um divisor de águas na nossa história.

Tenho 31 anos de idade. Muitas pessoas mais jovens, sobretudo aquelas que cresceram tendo como primeira visão um presidente da República petista, Luiz Inácio Lula da Silva, que assumiu a presidência da República em 2003, ainda não experimentaram direito o que é serem governados por uma elite política decente. Aliás, basta lembrarmos que Temer foi vice de Dilma. O PMDB e, inclusive, o meu partido, o PP – lamentavelmente, mas com a minha firme oposição –, foram base do governo do PT. Quem votou em Temer para vice de Dilma foram os petistas.

Essas pessoas mais jovens, agora, têm a oportunidade de ver que um ex-presidente da República foi colocado no banco dos réus por crimes que cometeu. Ou alguém vai dizer que o sítio e o tríplex não são dele? Por favor, se alguém tiver coragem de dizer isso... Vejam que os petistas não têm coragem de dizer isso. Aqui veio o deputado Tarcisio Zimmermann (PT) chamar, em seu discurso, o Moro de "criminoso", dando a entender que realmente são de propriedade de Lula o tríplex, reformado pela OAS, e o sítio [de Atibaia].

Sugiro que esta Casa remeta o discurso do deputado Tarcisio Zimmermann ao juiz Sérgio Moro, à Vara Federal de Curitiba, para que seja anexado aos autos, porque ali há uma confissão. Se nem os petistas conseguem mais dissociar que o tríplex e o sítio são de fato propriedade do Lula, por que aquela pessoa que é massa de manobra do PT ainda está defendendo gente desse quilate? Não dá para entender.

Por isso este dia é tão fundamental. Precisamos de uma resposta dura do Judiciário, uma resposta dura, mas séria, como deve ser: Estado de Direito com réu e com julgador. É isso que o Brasil inteiro está vendo hoje. Não é um evento político, não é um comício partidário de Luiz Inácio Lula da Silva, de PT, de MST ou de quem quer que seja. É um simples processo que cada cidadão brasileiro vai ver acontecer na sua vida se também pisar fora da linha, se roubar, se fizer o que fez Luiz Inácio Lula da Silva, Dilma Rousseff e o seu partido, PT, e tantos outros de partidos aliados.

Sempre digo que no meu partido há bandido também, e não passo a mão na cabeça [de bandido]; pelo contrário, quero que divida cela com os bandidos do PT, pois não encaro partido como se seita fosse. Não é seita. Partido político é uma união de pessoas que querem buscar o bem comum. Se há ali laranjas podres, elas precisam ser punidas. Se a laranja podre é líder, sem dúvida nenhuma, deve ser punida ainda mais exemplarmente. Não podemos admitir que em um Estado de Direito haja tanta politização em um processo jurídico.

Viva o Brasil! Viva Sérgio Moro! Viva a Laja Jato! Que possamos viver dias melhores daqui para frente!

O ódio de classe do PT

É importante lembrar que o discurso petista baseia-se, todo, sob as mesmas premissas marxistas do ódio de classes. Meu discurso a seguir, também proferido no dia do encontro de Lula com a Justiça, faz uma análise do ódio espalhado pelos petistas contra a "mídia", contra "o Judiciário", contra, enfim, "as elites", e resume o uso do ódio de classe do PT na seguinte frase: "Trata-se da vontade e de manter aceso apenas um discurso político que ilude as pessoas, que faz com que algumas pessoas – que talvez não tenham formação suficiente ou mesmo aquelas que tenham formação demais, mas apenas no marxismo – sigam cegamente o seu líder Luiz Inácio Lula da Silva".

10 de maio de 2017

Só restou ao Partido dos Trabalhadores o ódio de classe. Neste dia histórico para o Brasil, é o que resta comprovado. Lula agarra-se àquilo que Marx chamava de "guerra de classes" para insuflar os seus seguidores contra uma suposta elite que o estaria perseguindo.

Considero importante dizer isso porque é o relato que muitas vezes falta para o cidadão comum entender como tanta gente diz ainda apoiar Lula. Felizmente não são tantos a ponto de serem a maioria da população brasileira, mas, de fato, assusta que haja hoje tantos seguidores de Luiz Inácio Lula da Silva, uma vez que tantas são as evidências e provas de que Lula não é apenas mais um corrupto, mas o maior corrupto da História do Brasil, sobretudo quando se fala de política e da ocupação de cargos majoritários. Lula ocupou a Presidência da República.

Só restou ao PT o ódio de classe para tentar desmerecer o Estado de Direito, desmerecer juízes, chamar procuradores e juízes de elite, falar da mídia e de tantos atores que estão cumprindo o seu papel dentro de um Estado de Direito.

É por isso que hoje, quando almoçava em um restaurante próximo daqui [do Parlamento], perguntaram-me os proprietários que trabalham no caixa: "Será que o Lula vai ser preso?" E respondi com toda a convicção: "Sim, vai. Talvez não hoje, pois talvez não seja o momento adequado – e quem decidirá isso é um juiz".

São tantas as provas e é tão claro e evidente isso para quem confia no Estado do Direito – e confio que Lula irá para a cadeia – que disse para aquela senhora (e provavelmente também é proprietário o cidadão que estava junto a ela no caixa), que se ele não for preso, não faz sentido as pessoas honestas continuarem pagando impostos e trabalhando decentemente. Não faz sentido para quem sabe que a lei precisa ser cumprida por todos e sobretudo por quem deveria dar o exemplo, que essas pessoas estejam soltas, e nós cidadãos cumpridores da lei sintamo-nos simplesmente desprezados. Isso não faz parte do Estado de Direito e de democracia saudável.

Por isso tenho convicção de que esse processo que faz Lula sentar hoje diante de Sérgio Moro, diante de um julgador, diante de um juiz, não é um embate pessoal entre Lula e Sérgio Moro. Claro que não! É simplesmente a prova de que no Brasil há Estado de Direito, há o devido processo legal e há direito de defesa.

Toda essa pantomima organizada pelo PT e pelos seus movimentos que foram a Curitiba demonstrar apoio a um corrupto, a um safado, a um ilusionista, chamado Luiz Inácio Lula da Silva, demostra apenas que o ódio de classe que levou o PT a crescer nos seus primórdios está de volta. Trata-se da vontade de manter aceso apenas um discurso político que ilude as pessoas, que faz com que algumas pessoas – que talvez não tenham formação suficiente ou mesmo aquelas que tenham formação demais, mas apenas no marxismo – sigam cegamente o seu líder Luiz Inácio Lula da Silva.

Foi o que sobrou ao PT. E vimos isso acontecer aqui mesmo na Assembleia Legislativa ao longo desse período. Depois do governo terrível de Tarso Genro (PT), que quebrou o estado do Rio Grande do Sul, o que restou aos petistas foi justamente fomentar um ódio de classe. Nesse caso, tentando colocar os funcionários públicos, uma classe, contra o setor privado ou contra deputados que querem justamente resolver o problema das finanças do Estado, o que prejudica, em primeiro lugar, o funcionário público, que, como estamos vendo, já não está recebendo o salário em dia, pois justamente aqueles que hoje dizem defendê-lo quebraram o estado do Rio Grande do Sul.

É isso que neste momento sobrou ao PT. Felizmente, é só isso. Precisamos vencer a batalha cultural no nosso país. Precisamos vencer o marxismo cultural, acabar com esse ódio de classe e fazer com que o cidadão brasileiro se sinta realmente brasileiro e prestigiado, sabendo que o Estado de Direito funciona.

O cidadão que está assistindo a esta sessão plenária – e nenhum petista se encontra aqui para nos responder[3] – e que tem confiança no

---

[3] Preciso dizer: "de novo"?

Estado de Direito e no Brasil precisa saber que esse ódio de classe, que aqui no Brasil ainda está nas mãos do PT, é história no resto do mundo, sobretudo no mundo desenvolvido, e, em breve, também será apenas história, uma macabra história na trajetória do nosso país.

A culpa é da finada

A pequenez do caráter de Lula foi mais uma vez confirmada, dessa vez diante do juiz Sérgio Moro. Todos os jornais do país estamparam o principal álibi de sua defesa: culpar sua finada esposa pelos crimes que cometeu. Falando em jornais, Lula, inclusive, tentou aplicar em Sérgio Moro a falácia de que estaria sendo julgado por notícias veiculadas pela imprensa. A resposta do juiz foi simplesmente lapidar e eu a reproduzi textualmente neste meu discurso.

11 de maio de 2017

É evidente que eu viria a esta tribuna para repercutir aquilo que ocorreu ontem, na cidade de Curitiba, que foi um encontro entre um ex-presidente da República, hoje cidadão comum, réu, e outro cidadão, chamado Sérgio Moro, juiz da Vara Federal de Curitiba. De um lado, portanto, Luiz Inácio Lula da Silva; de outro, Sérgio Moro.

Para começar, lembro que tudo aquilo que se falava a respeito de uma grande manifestação política de apoio a Luiz Inácio Lula da Silva não se confirmou. Foi um verdadeiro fiasco o que se viu na cidade de Curitiba no dia de ontem. Realmente, percebe-se que a militância não está mais tão vitaminada como esteve no passado, e aquilo que se prometeu a respeito de um grande ato político a favor de Luiz Inácio Lula da Silva transformou-se, na verdade, numa grande decepção para aqueles que achavam que ainda havia uma base de sustentação importante para Lula, após sua saída do depoimento.

Agora, o que mais chamou a atenção de todos os brasileiros, foi a estratégia de Lula que, diante de Sérgio Moro, caiu em evidente contradição, porque, se verdade falasse, não haveria problema. Caindo em evidente contradição, foi capaz, ontem, de colocar a culpa dos seus crimes, dos crimes cometidos, do favorecimento recebido, sobre sua ex-esposa, falecida, dona Marisa.

Foi capa de todos os jornais do nosso país. Lula, para evitar, ou para fugir à acusação de que o tríplex era seu – ou continua sendo seu, uma doação ilegal de empreiteiras –, decidiu dizer que isso era assunto de dona Marisa e que, lamentavelmente, não era mais possível colher o seu depoimento, pois já não está mais dona Marisa entre nós.

Aí se vê o tamanho minúsculo do caráter de Luiz Inácio Lula da Silva. Disposto a entregar tudo, até a sua falecida esposa, até os parceiros, companheiros de mais longa data. Vaccari, aliás, que o diga – mais um incriminado ontem pelo depoimento de Lula.

Mas foi um depoimento que também demonstrou, ademais de todas as contradições, que Luiz Inácio Lula da Silva segue querendo peitar o Poder Judiciário, o Estado de Direito. Mas, de outro lado, justamente o representante maior do Estado de Direito naquela sala de audiências do Poder Judiciário, em Curitiba, demonstrou que não se deve vergar, mesmo a um cidadão que já ocupou o mais alto posto da República brasileira – o posto de presidente da República.

O juiz Sérgio Moro foi simplesmente brilhante, irretocável na sua postura, não cedendo a provocações. E quando necessário, inclusive, respondendo à altura aquilo que o ex-presidente Lula buscava desmerecer na sua própria trajetória.

Um dos momentos certamente mais memoráveis foi quando Lula disse ser vítima da imprensa. E o juiz Sérgio Moro disse: *"Bom, mas aqui, neste juízo, Vossa Excelência está sendo inquirido, está sendo perguntado, em virtude de denúncias feitas pelo Ministério Público; não pela imprensa"*.

O papel da imprensa não se discute dentro de uma sala de audiências do Judiciário. O papel da imprensa, em um País em que há liberdade de expressão, é o de repercutir e dar transparência a todos os atos de homens públicos, sejam eles atos honestos, sejam eles desonestos. O juiz Sérgio Moro, portanto, seguindo nesta linha, disse, claramente, a Luiz Inácio Lula da Silva, que ele também, se fosse por isso, era perseguido pela imprensa – literalmente, foi assim que disse o magistrado Sérgio Moro –, sobretudo por blogueiros que patrocinam Luiz Inácio Lula da Silva.

Fico muito feliz, portanto, porque o juiz Sérgio Moro está dando aos brasileiros a esperança de viver dias melhores, dias em que o Estado de Direito seja de fato respeitado por todos, de todas as vertentes políticas, porque, hoje, há uma vertente política que coloca em descrédito o Poder Judiciário, o Ministério Público Federal, a Polícia Federal e o próprio Estado de Direito.

Essa tendência política à esquerda, em que se encontra especialmente o PT, com certeza, não sairá vitoriosa, porque o que vale, como disse o juiz Sérgio Moro, não é o clamor das ruas, nem aquilo que sai na imprensa, por mais que tenha que sair tudo, seja ato honesto ou desonesto de homens públicos. O que realmente deve valer é a lei e a Constituição, que não tenho dúvidas de que serão cumpridas.

A saída da crise está numa Carta

Momentos de crise política exigem profunda reflexão. A corrupção endêmica brasileira e sistêmica implementada pelo PT geraram frutos podres que persistirão por muitos e muitos anos. A forma mais efetiva de abreviar o efeito negativo dessa herança maldita é a limpeza política que o povo fará nas eleições em 2018. Antes disso, é uma Carta que precisa ser respeitada: nossa Carta Magna, Constitucional.

A divulgação da corrupção nas entranhas do governo Temer, com malas de dinheiro e visitas de corruptos fora da agenda, foi uma bomba no cenário político nacional. É claro que o fato de Temer ter sido eleito juntamente com Dilma na chapa petista, e o fato de que seu partido, o PMDB, deu suporte ao projeto petista de poder ao longo de mais de uma década, eram sinais mais do que claros de que quem assumia a presidência havia sido, no mínimo, cúmplice de muitas falcatruas do PT.

Por mais, porém, que a reação imediata de qualquer pessoa decente fosse exclamar: "fora, todos!" – como aliás, eu também o fiz –, a reflexão e o respeito à Constituição devem sempre acompanhar a indignação momentânea. O pedido de eleições diretas feito pelos petistas e seus puxadinhos, totalmente ao arrepio da Constituição, não poderia entrar em questão. Se Temer não renunciasse – como não o fez –, caberia ao Congresso analisar denúncias encaminhadas pelo Procurador-Geral e, se rejeitadas – como o foram pelo plenário da Câmara –, a solução restante, constitucional, seria a continuidade do mandato do presidente até as eleições de 2018. Aí, sim, o povo terá a oportunidade de se pronunciar democraticamente nas urnas – e Temer, após deixar o mandato, a responder aos processos que estarão à sua espera, já sem prerrogativa de foro.

O Grande Expediente a seguir foi uma oportunidade para refletir sobre tudo o que envolvia o contexto de então, inclusive para tratar de algumas das importantes reformas em curso no Congresso, mas foi, sobretudo, importante para apontar soluções institucionais para o porvir. Com o sistema político que possuímos hoje, não há saída. Ou discutimos uma mudança profunda no sistema federativo, eleitoral, político e de governo, para centrar-me em apenas quatro temas fundamentais, e que garantam mais indivíduo e menos Estado, ou as tantas crises que já vivemos, como diria Temer, repetir-se-ão com a mesma frequência no futuro.

24 de maio de 2017

Gostaria de tratar do tema *A crise política* e seus desdobramentos em momento menos adverso, tendo em vista que enfrentamos agora provavelmente o pior momento da República brasileira desde a redemocratização. E pior não por ser Michel Temer necessariamente, cuja renúncia já pedi aqui nesta tribuna e fui acompanhado por tantos outros colegas, nem por ser vice de Dilma Rousseff, que sofreu *impeachment* há pouco mais de um ano. Durante o seu período, contribuiu para que hoje tivéssemos mais de 14 milhões de desempregados. Mas o fato é que, mais uma vez, em período tão curto de tempo desde a promulgação da Constituição de 1988, vemos a nossa Carta Magna ser vilipendiada em discursos, em pronunciamentos e mesmo em atitudes.

Venho à tribuna realizar este Grande Expediente em um momento muito difícil para todos os brasileiros. Dia após dia temos sido surpreendidos com novos escândalos envolvendo políticos e, também, os maiores empresários deste país. Além dos agentes públicos do mais alto escalão escolherem a dedo aqueles empresários que serão favorecidos por financiar o irresponsável e criminoso projeto político que nos levou a ter mais de 14 milhões de desempregados, descobrimos também que corruptores e corrompidos continuaram com esse mesmo esquema inclusive quando a Polícia Federal já batia às suas portas. Não havia qualquer freio.

A gangue, que chamo também de máfia, contava com os principais nomes da política brasileira: de Lula a Dilma, de Aécio a Temer, de Eduardo Cunha a Renan Calheiros, Antonio Palocci, Guido Mantega, Fernando Collor, José Sarney, José Serra. Todo mundo já ouviu falar sobre algum deles, tendo votado neles ou não.

Fica claro para todos nós pelo noticiário que, de uma forma ou de outra, todos os brasileiros já votaram em algum bandido. A diferença, neste momento, está entre aqueles que, tendo votado em algum bandido no passado, dizem hoje que merece ele também cadeia, punição e que jamais voltará a contar com o seu sufrágio e aqueles que, vendo os seus candidatos enlameados em denúncias de corrupção e inclusive condenados, continuam a defendê-los como se fossem os salvadores da nação.

Essa é a diferença que precisamos deixar bem clara: aqueles que têm bandidos de estimação e, portanto, não contribuem para uma melhora do nosso sistema político, e aqueles que defendem que sejam punidos todos, independentemente do partido político em que se encontrem. É triste a nossa realidade. Entretanto, a saída para a crise ética não é a promulgação de reformas constitucionais em meio a esse caos político. Manobra, aliás, que resultaria na criação de um estado de exceção, evidentemente antidemocrático e – importante dizer – inconstitucional.

Neste momento devemos buscar uma resposta na nossa Carta Magna. Parece sina, mas, no Brasil, quando estoura uma crise, há que se criar novas leis, novos subterfúgios e aprovar novas emendas, em vez de garantir que leis e dispositivos já existentes sejam respeitados. É isto que o brasileiro quer: que a lei e a Constituição sejam respeitadas. Devemos buscar, portanto, uma resposta na Carta Magna, porque, em tempos de incertezas, a solução é o reforço das instituições do Estado de Direito, e não fugir à solidez.

Aliás, talvez também seja a hora de iniciarmos um debate sério sobre a necessidade de promover uma reforma política para a implementação de um sistema parlamentar de governo após, evidentemente, a resolução dessa crise momentânea por que passa o nosso país. Momentânea, por estar ocorrendo agora, mas tem-se eternizado no tempo. Os nossos líderes, lamentavelmente são patrimonialistas, paternalistas e clientelistas, dos quais o PT foi tão profícuo em conseguir tirar proveito e fazer ainda esse sistema brasileiro, antigo, arcaico, progredir na sua corrupção, e não regredir como havia sido a proposta inicial daqueles que se diziam vestais da ética.

O parlamentarismo é muito mais sensível às condutas corruptas e corruptivas, porque poderes Executivo e Legislativo são muito mais atuantes enquanto um for fiscal do outro, e não como hoje ocorre, um Poder Legislativo vassalo do Poder Executivo; e não apenas vassalo do Poder Executivo, mas submisso a cada ato de corrupção. *"Só o poder limita o poder"*. Essa frase de Montesquieu é muito mais antiga do que a nossa crise política atual.

No parlamentarismo, o Poder Executivo é composto pelo primeiro-ministro e pelo seu gabinete, escolhidos pelo Poder Legislativo. A eficiência do sistema de freios e contrapesos materializa-se num reforço à atuação da Câmara dos Deputados. Aliás, se possuem uma formação tão deficiente hoje, sem dúvida nenhuma, com a Operação Lava Jato, que está colocando muito político corrupto na cadeia, e com a renovação em 2018, certamente a nossa Câmara Baixa e também o nosso Senado terão quadros muito mais qualificados do que aqueles que estão frequentando os corredores do nosso Congresso atualmente.

Nota-se, infelizmente, porém, que muitos de nós, brasileiros, não estamos sabendo lidar com a decepção. Seguimos pensando que tudo não passa de debate político, de táticas eleitorais que visam a destruir a imagem do concorrente. Há muito ceticismo, desilusão, pois também há muitos amantes de teorias conspiratórias acreditando que não há como varrer a bandidagem de dentro de gabinetes de homens poderosos, aceitando, assim, que a podridão da política possa prevalecer sem mais lutar para torná-la o que a política deveria ser, o meio pelo qual podemos melhorar a situação de uma nação.

Esses céticos muitas vezes adotam algum político para fazer a sua defesa, haja o que houver, sem que se observe o respeito às leis, à Constituição e mesmo à moral. O critério adotado por tais pessoas é realmente desprezível. Normalmente, essas pessoas fazem do defensor do bandido não apenas um iludido, mas também um cúmplice dessa crise que nos assola. A verdade pode estar ali ao seu alcance, mas o cúmplice acaba olhando para o outro lado.

Nos casos menos comuns costumamos dizer que se trata de ignorância ou cegueira ideológica, mas, infelizmente, a coisa geralmente é muito pior do que isso. O cúmplice olha para o lado, porque também está devendo, também recebeu vantagens indevidas e, lamentavelmente, talvez ainda receba.

Depois de tantos escândalos, a população brasileira deve desconfiar de todos aqueles que supõem ter uma cartilha do sucesso, pois eles não a têm. Isso ainda é mais certeiro quando a pessoa que estiver apontando o suposto caminho for alguém que já transitou por muitos governos e que demonstra não ter, de fato, uma espinha dorsal ideológica, mas [tem uma espinha que flexiona] de acordo com a força que o vento sopra, e com a sua direção acaba defendendo interesses escusos.

Hoje vemos que a corrupção, em todos os governos, foi regra, não exceção. Tendo essa informação como fato comprovado, não mais como suposição, fica ainda mais fácil dizer que quem participou, ou sabia de tudo, ou era incompetente a ponto de não ver nada. Não consigo vislumbrar outra opção.

Como deputado que toma por base os conceitos liberais, aqueles que levaram os países mais bem-sucedidos do mundo a chegarem aonde chegaram, defendo que agentes públicos não são senhores da razão. Por isso, tampouco pode-se conceder a caneta que tudo assina, que tudo aprova, para que essas pessoas possam ditar os caminhos que uma sociedade livre vai traçar, como se tais agentes públicos fossem tomados por uma aura divina quando tomam posse do cargo.

Vimos muito bem o que acontece quando o Estado se torna superpoderoso e inchado. Ele passa a criar dificuldades para vender facilidades, apenas para que, quando haja a maior das dificuldades, ressurja um salvador da pátria, um dito pai dos pobres, um tipo de líder mentiroso, que lamentavelmente uma parte da população insiste em cultuar.

[A deputada Any Ortiz (PPS) solicita aparte:]

– *Deputado Marcel van Hattem, o senhor trata com muita lucidez desse tema que vem devastando o nosso país. Muitos não acreditavam na Operação Lava Jato ou a consideravam como uma simples perseguição a determinado grupo político. Conseguimos ver, com a Operação Lava Jato e seus desdobramentos, o mar de lama em que nós brasileiros estamos afundados. Não falo aqui apenas dos políticos. A operação nos mostrou que esse aparelhamento do Estado proporcionou a empresas (como OAS, Odebrecht e, por último, a JBS) aumentarem seus faturamentos. A JBS, por exemplo, no início do governo Lula, faturava anualmente seis bilhões de reais. No final de 2016, fechou um faturamento de 170 bilhões de reais, crescimento esse financiado com recursos públicos. Eram recursos ilimitados a juros muitas vezes inexistentes. Os que são contra as privatizações, os que são contra o desenvolvimento que se obtém através de parcerias público-privadas preferem muitas vezes deter esse poder para poder propiciar ações como essas. Só aqui, no Brasil, isso é possível. Gostaria de encerrar o meu aparte lendo um trecho da coluna de hoje de Zero Hora, do economista Ricardo Hingel, que, com uma clareza absoluta, diz: "Após tudo que se tem visto, a tolerância brasileira permite que esses empresários sigam livres, empresas paguem multas irrisórias em relação ao que amealharam indevidamente e políticos denunciados tentem voltar com seus discursos messiânicos e negando até a cor do céu". É o paraíso da impunidade! Esse é o Brasil. Deputado Marcel van Hattem, mais uma vez, parabéns pelo seu pronunciamento.*

[Retomo a palavra]

Muito obrigado, deputada Any Ortiz, que em seu aparte parecia inclusive prever o ponto seguinte da minha manifestação, tratando de uma questão em comum que temos, que é a defesa do empreendedor, da iniciativa privada e das privatizações.

Precisamos ser, além de idealistas e fiéis aos nossos princípios, pragmáticos; precisamos apostar em medidas que deem resultado, mas, caso contrário, temos de ter a humildade, caros colegas, de trocar de opinião.

O caminho que proponho é o caminho do mérito, da liberdade. O Estado existe para prover segurança, em primeiro lugar; depois, saúde e educação para igualar as oportunidades, jamais para privilegiar poucos, sobretudo gestores mal-intencionados. Todo o resto pode e deve ser exercido pela iniciativa privada, pelos empreendedores e empregados que melhor oferecerem o serviço, com preço adequado[4]. Essa é a regra de sucesso quando o Estado permite que o mercado tenha as condições para que o trabalhador seja recompensado.

Não caiamos, meu caro líder do governo, deputado Gabriel Souza, na tentação de acreditar que tais empresas devam ser públicas porque são nossas. Será mesmo que são nossas? É claro que não. O povo paga por elas, isso é verdade, mas quem toma as decisões são políticos que quase sempre indicam apadrinhados para ganharem salários fora da realidade de mercado e que não possuem qualquer compromisso com o resultado real da operação, isso quando não amontoam nos quadros das empresas apenas cabos eleitorais. Infelizmente, a nossa sina no Brasil é somente nos darmos conta de que tais empresas não são necessárias quando se tornam insolventes, quando quebram e levam à breca um estado inteiro, como lamentavelmente hoje é o caso do próprio Rio Grande do Sul.

[Aparte do deputado Sérgio Turra (PP)]

– Deputado Marcel van Hattem, falo em nome da nossa bancada, saudando Vossa Excelência pela exposição e pelo tema. Efetivamente, vivemos uma crise política sem precedentes. E que caminhos tomaremos? O Brasil, seguramente, precisa e será outro depois dessa assepsia forçada, mas necessária.

Precisamos, sim, discutir medidas, o tamanho do Estado e o caminho que queremos para ele. Sem dúvidas, deputado Marcel van Hattem, diminuir o Estado é torná-lo moderno e, mais do que isso e acima disso, em Estado eficiente, que possa atender à maioria dos cidadãos, em estado que não se esgote em si. Este é o momento para essas discussões.

Mas apesar de tudo isso, o nosso país é gigante, é forte e está sobrevivendo a esse massacre das aves de rapina políticas que tomaram de mão grande do Brasil, através de suas empresas.

---

[4] Na verdade, hoje faria eu um adendo a este discurso: inclusive, a saúde e a educação são via de regra melhor providos pela iniciativa privada. Sobre a educação, veja, na parte anterior, o discurso "Precisamos falar sobre *vouchers* na educação – e outros tabus".

Esse debate — inclusive sobre o parlamentarismo — precisa ser feito com mais ênfase por todos nós, brasileiros, porque não queremos ver o nosso País parado e muito menos andando para trás.

Parabéns, deputado Marcel van Hattem. Sigamos assim, firmes e fortes, na luta por um Estado moderno e enxuto, que seja, acima de tudo, eficiente. Muito obrigado.

[Prossigo]

Muito obrigado, deputado Sérgio Turra. É um orgulho poder dizer que somos colegas de bancada e, sobretudo, colegas de ideias. Juntos temos defendido, desde o início deste mandato, ideias que realmente trazem prosperidade, e não retrocesso.

[Aparte de Ibsen Pinheiro (PMDB)]

— Deputado Marcel van Hattem, o pronunciamento de V. Exa. só não é surpreendente. Está na linha invariável das suas colocações, e não apenas olha para os efeitos da crise que vivemos, mas precisa também perscrutar as causas para que possamos pensar, sonhar e até construir mecanismos que nos protejam da repetição invariável dessa espécie de espetáculo que estamos vivendo.

Vejamos o papel do Estado e o modo como se pratica, vinculado ao sistema eleitoral que é, para resumir, indutor das condutas deformadas que estamos vendo. Não se trata de azar do povo brasileiro, que teria um dedo podre para escolher errado os seus representantes. Aí ficaríamos com uma dificuldade analítica insuperável. Como pessoas boas só escolhem pessoas más? Temos de olhar para as instituições.

O nosso modelo de Estado, falsificando num dilema artificial entre o Estado mínimo e o Estado máximo, produziu o pior tipo de Estado, que é o obeso, sem ser saudável, um Estado intrometido naquilo que não é a sua atribuição e que consegue furtar-se às suas obrigações essenciais: segurança, educação, saúde e infraestrutura. Furta-se a elas ou as descumpre para ser um Estado intrometido e obeso.

Quando se fala contra alguns atos de privatização, chega-se a citar como um erro a privatização da telefonia no Rio Grande. Vivemos um tempo em que pagávamos caríssimo por um telefone que não tínhamos; hoje, o Estado arrecada por ano uma CRT em ICMS, e todos temos telefone.

Então, a visão de que é necessário encontrar as causas e revê-las é o que saúdo no seu pronunciamento, nobre deputado Marcel van Hattem.

[Retomo a palavra]

Muito obrigado, caro colega deputado Ibsen Pinheiro, que tem a faculdade e a capacidade de fazer um orador deixar as notas de lado, o discurso escrito, para tecer comentários a respeito daquilo que aquele que o aparteia acaba de proferir.

Vossa Excelência foi pontual. Nós precisamos reformar as instituições. É certo que outras reformas são muito importantes. A reforma trabalhista é importante para dar liberdade tanto ao empregador como ao empregado. Hoje, vivemos presos a uma legislação antiquada, dos anos 1940, baseada na Carta del Lavoro, de Mussolini, ditador fascista.

Lamentavelmente, setores retrógrados, golpistas, não permitem sequer que haja uma discussão saudável em torno do tema da reforma trabalhista. Da mesma forma, a reforma previdenciária é necessária. Falo aqui como um jovem de 31 anos, que fala com muitos jovens, alguns deles mais jovens do que eu, que não têm a menor esperança de um dia se aposentarem pelo INSS. O INSS, para esta geração, é uma ilusão.

O problema da discussão da necessária reforma da previdência é que talvez esse governo, que, diria eu em termos parlamentaristas, está demissionário, não teve sensibilidade com os iludidos, com aquelas pessoas que contribuíram muitos anos e agora esperam uma recompensa que político algum jamais poderia ter prometido. Não [poderia], considerando os déficits subsequentes anuais existentes.

Estamos cobrindo o furo da previdência para tentar saldar a dívida com os iludidos com o dinheiro que deveria ser utilizado em outras áreas, com o dinheiro dos impostos. E o que é mais imoral, deputado Ibsen Pinheiro, é que o dinheiro de contribuições feitas já não existe, e cobrimos prioritariamente esse déficit anual para pagar uma casta de poucos privilegiados.

Talvez o maior erro na condução das reformas do governo demissionário de Michel Temer tenha sido, de um lado, não ter focado em garantir, com sensibilidade, que aqueles que durante muitos anos contribuíram não seriam tão amargamente prejudicados, pois não há como pagar as recompensas que os políticos ao longo dos anos prometeram; e, de outro lado, [outro erro na condução da reforma da previdência foi] tampouco ter focado naqueles, inclusive na classe política, que são verdadeiros privilegiados e que não mereceriam receber as babilônias que recebem de aposentadoria às custas dos mais pobres.

Portanto, precisamos pensar o Brasil que queremos também daqui para a frente e não ceder a oportunismos e a casuísmos, mantendo os princípios que fizeram todas as nações desenvolvidas e realmente ricas prosperarem.

[O deputado Bombeiro Bianchini (PPL) faz seu aparte]

– *[...] Seu pronunciamento é oportuno, deputado Marcel van Hattem, porque o Brasil vive uma situação gravíssima, e não se sabe quais serão os desdobramentos amanhã. Mas quero manifestar o meu pensamento em relação à bandeira que está sendo levantada lá em Brasília, hoje, de eleições diretas. A Polícia Militar avalia que participam do ato 25 mil pessoas; já as organizações sindicais falam em 100 mil.*
Entendo que eleições diretas já seja um golpe dos saqueadores do Brasil para tentarem restabelecer o poder. O país não está preparado para essa eleição. A Operação Lava Jato precisa avançar mais e colocar na cadeia todos os políticos malfeitores para, depois, o povo poder escolher livremente seus legítimos representantes.
Temer tem de ser afastado, conforme prescreve a nossa Constituição, e um novo líder nacional precisa ser escolhido urgentemente, conforme os termos da nossa Constituição. Apressar as eleições diretas é dar chance a incontáveis lobos que se apoderaram da política brasileira.
O povo recém está se dando conta dessa farsa que tomou conta da política do Brasil. Seriam alguns empresários os grandes responsáveis por essa crise? Acho que não, porque o povo está representado por detentores de cargos eletivos, que deveriam ser pessoas probas e exemplares, que não se envolvessem nessa lama de corrupção.
A reforma política é necessária. O povo escolhe livremente os seus representantes. O grande mal do sistema político hoje não é a forma como se escolhe, mas a forma como se elegem os detentores de cargos eletivos, em cima de malas e malas de dinheiro provenientes da corrupção. Parabéns pelo seu grande expediente. Penso que ele é oportuno. Estamos aqui expressando o nosso pensamento em relação a essa grave situação que vive o nosso Brasil, torcendo para que logo, logo o país volte à tranquilidade, à ordem e ao progresso.

[Retomo a palavra]

Faço questão de secundar integralmente as palavras proferidas pelo senhor, deputado Bombeiro Bianchini. Não tenho dúvidas de que eleições diretas neste momento significam um golpe, sobretudo quando vemos quem está propondo, [ou seja,] quem quebrou o nosso país.

Precisamos fazer respeitar a Constituição. E a única forma que vejo como não sendo golpe, deputado, seriam eleições gerais. Aliás, já em 2015 eu dizia algo assim. Que todos renunciassem aos seus cargos e novas eleições fossem chamadas em todo o País – talvez apenas não em nível local –, pois tinham acabado de ocorrer.

Em 2015, não foi o caso de Dilma renunciar e convocar eleições gerais. Poderiam ter renunciado ela, o Temer, todos os senadores, deputados federais e mesmo os estaduais. Agora, certamente, não quererão eles largar o osso; querem, sim, aplicar, na verdade, um golpe ao cidadão brasileiro.

[Deputado Enio Bacci (PDT) faz sua intervenção]

– *Inicialmente, a minha saudação ao presidente Adilson Troca (PSDB) e ao deputado Marcel van Hattem pela proposição deste tema, que precisa permanentemente estar à tona, porque, no ano que vem, haverá a eleição mais importante da história deste país, uma eleição em que o cidadão terá oportunidade de sacramentar tudo o que a Lava Jato fez ou de enterrar tudo que foi feito.*

E mais. Tenho visto que, às vezes, silenciosamente, as coisas acontecem, e o efeito é devastador. Por exemplo, fala-se que o Brasil precisa de uma reforma política, uma reforma tributária. Agora mesmo, estão em andamento uma reforma trabalhista e uma previdenciária. Não vou entrar no mérito dessas. Apenas quero fazer referência à maior reforma que houve na história deste país, que está ocorrendo e parece que alguns não percebem, principalmente os políticos: a reforma da assepsia política. A reforma da limpeza política.

Numa tacada só, tira-se da vida pública Aécio Neves, Michel Temer, Dilma e Lula. Quem poderia dizer isso em épocas passadas? Que o Judiciário, que as investigações, numa só tacada, pudessem pegar as maiores lideranças políticas das mais variadas cores partidárias?

É claro que tudo começou com o PT. A instituição passou a ser usada para a corrupção aberta, pública, escancarada. Tenho dito, com muita clareza, que ladrão é ladrão, não importa a sigla partidária. E aí temos de ter coerência, e essa coerência vem com o debate, ela vem com a discussão do tema. É preciso exigir, sim, que o eleitor dê continuidade a essa grande reforma.

Essa grande reforma surpreende alguns, mas a mim não, deputado Marcel van Hattem, porque vivi 20 anos em Brasília e o que soube agora eu via lá. No elevador, cansei de ouvir: "Olha, deputado, tem uma história de um mensalão por aí". Eu pedia mais detalhes, mas não davam. Isso fervia nos corredores, em Brasília, assim como o nome de alguns políticos. Há alguns que conhecemos aqui, cujo nome é quase sinônimo de corrupção; alguns que foram ministros da Dilma e agora são do Temer. Lá em Brasília, a maioria desses nomes não é surpresa, porque o comentário, o burburinho já existia. Alguns, lamentavelmente, nos surpreendem e nos decepcionam. De qualquer forma, a reforma da assepsia política vai encaminhar este país a um novo Brasil, que vai vir depois da concretização da Lava Jato nas eleições do ano que vem. Muito obrigado.

[Prossigo]

Quero apenas acrescentar a seu excelente aparte o nome de Paulo Maluf (PP), condenado ontem. Ele é do meu partido. Faço questão de citar, ao lado de Dilma, de Lula, de Temer e de Aécio, o Maluf, que foi condenado ontem, finalmente, com essa grande reforma da assepsia política do nosso país, como o senhor tão bem pontuou.

[O deputado Sr. Aloísio Classmann (PTB) solicita aparte]

– [...] Na questão da crise política e seus desdobramentos, Vossa Excelência nos dá a oportunidade de fazermos uma profunda reflexão daquilo que poderá acontecer ali na frente. Quando se fala para a população sobre crise, a maioria pensa em crise financeira, mas é a crise ética e moral que realmente nos deixa muito tristes. É lamentável o que está acontecendo com as nossas instituições, com os homens públicos, que deveriam dar seu exemplo.
Se me perguntarem o que vai acontecer amanhã, confesso que não sei. Se me perguntarem o que vai acontecer daqui a uns seis meses, penso que a situação poderá melhorar. Com tudo o que está acontecendo, acredito que, daqui para frente, a tendência, para quem quiser investir em um cargo na vida política, é ter uma conduta ética responsável.
O Temer tem uma oportunidade ímpar, na minha modesta opinião, para convocar eleições para presidente da República. Que convoque e marque essa eleição em função da sua fragilidade. Em cima do projeto ainda, faça-se a reforma política para acabar essa farsa de partidos.
Faço uma pergunta: num país como o nosso, por que mais de cinco ou sete partidos? Para fazer balcão de quê? De negócios, de vendas, de negociatas? Isso está muito claro. Está muito claro.
Tenho muitas dúvidas. Quero que aconteça o melhor para o Brasil. É preciso separar o bem do mal! Agradeço a vossa senhoria por nos dar a oportunidade de fazer essa manifestação em nome do Partido Trabalhista Brasileiro.

[Retomo]

Deputado Aloísio Classmann, o senhor tocou num ponto fundamental: o debate em todo o país sobre as crises. Precisamos de uma reforma muito mais ampla, inclusive constitucional. Quem sabe, deputado Enio Bacci, a convocação de uma Assembleia Nacional Constituinte juntamente com as eleições de 2018? E que dessa Assembleia Nacional Constituinte só possam participar cidadãos brasileiros durante um mandato. Depois, devem respeitar o período sabático, talvez de 10 ou 20 anos, para não incorrermos em erros cometidos no passado, de participarem de uma Assembleia Nacional Constituinte e, logo depois, serem eleitos deputados federais – na hora de fazer as mudanças, pensam primeiro nos interesses próprios e não nos verdadeiros interesses da nossa Nação.

Reitero que o deputado Aloísio Classmann foi muito feliz em falar sobre a oportunidade do debate, que tanta falta faz, creio eu, no nosso país. Muita falta faz, porque infelizmente, nos últimos anos, vivemos um cenário político de agressão mútua.

Sabemos quem espalhava o ódio e quem chamava aqueles que defendiam a Constituição de golpistas, quem estimulou a cizânia entre a população brasileira, quem coordenou o maior esquema de corrupção já existente na história do Brasil. São os mesmos que, lamentavelmente, não querem debate nenhum, que, do início ao fim desse discurso, não se fazem presentes neste plenário para dar a sua opinião no microfone de apartes e, quem sabe, dizer por que pensam diferentemente[5]. Não têm condições, porque o seu pensamento é o mesmo: quanto pior, melhor. Aquilo que for bom para nós (pensam essas pessoas) é o que vamos defender, não interessa o quanto o País vir a ser prejudicado. É por isso que lamento profundamente que a ausência venha desses deputados neste debate democrático sobre a crise política e seus desdobramentos.

Quando aqui trazemos a proposição de falar sem paixões exacerbadas, simplesmente com foco no conteúdo, na racionalidade e sobretudo nas nossas instituições, baseando-nos no que diz a nossa Carta Magna, ausentam-se do debate. Esses, inclusive, votaram contra a aprovação da nossa Constituição. O PT, a extrema esquerda votou contra a Constituição da República Federativa do Brasil. E é também por isso que não tenho, lamentavelmente, condições de participar de um debate em alto nível sobre o futuro da nossa nação.

Agora, precisamos esquecer velhas brigas, esquecer cizânias artificialmente criadas pelos inimigos da nação para pensarmos de verdade o Brasil. Precisamos saber muito bem o que defendemos para não repetirmos os erros que historicamente fazem o nosso país seguir patinando, ficando para trás, quando

---

[5] Mais uma vez, deputados do PT, PCdoB e PSOL boicotaram meu Grande Expediente.

o mundo inteiro sabe que basta o mínimo de organização política, fidelidade a princípios e ideias verdadeiramente vitoriosas, para que alcancemos um lugar de destaque.

Concluo dizendo que tenho esperança no meu país, tenho esperança nas ideias que deram certo, tenho esperança na juventude, tenho esperança nas pessoas que foram às ruas pedir o fim de um governo corrupto e tenho esperança nas pessoas que votaram nas últimas eleições, independentemente se em Aécio Neves ou em Dilma Rousseff, e se sentem hoje constrangidas, envergonhadas por terem colocado na urna um voto para um corrupto. Tenho esperança em pessoas que não têm bandido de estimação e, por isso, tenho esperança no nosso país.

Vamos superar essa crise política. Vamos superar todas essas adversidades com base naquilo em que acreditamos. Não estou falando de Estado mínimo ou Estado máximo, porque o Estado máximo, no limite, leva a totalitarismos, e o Estado mínimo, no limite, leva a anarquismos. Que se faça essa discussão entre Estado presente e Estado ausente. Não é mínimo ou máximo, é presente onde deveria existir, ausente onde não deveria estar. É nisso que precisamos pensar, porque de fato queremos um Brasil melhor para cada brasileiro, não para a própria agremiação política, não unicamente para nós mesmos, mas para cada cidadão brasileiro, trabalhador honrado, que acredita que esta pátria amada, entre outras mil, é o Brasil. E a ela devemos respeitar, admirar, defender e amar.

Lula lá! Na cadeia

No dia da condenação de Lula pela Justiça Federal, celebrei na tribuna representando a voz de todos os que não aceitam que alguém se coloque acima da lei. Lula lá, brilha uma estrela. Na cadeia[6].

12 de julho de 2017

Parece profético: *"Lula lá, brilha uma estrela. Lula lá, valeu a espera"*. Sem dúvida nenhuma, meus caros colegas, povo gaúcho, povo brasileiro, valeu a espera. Pela primeira vez na história deste país, um ex-presidente

---

[6] Assista no Facebook: https://goo.gl/L6poAc ou no Youtube: https://goo.gl/Tk1mKr

é condenado. A nove anos e meio de cadeia. Está aqui a sentença do juiz Sérgio Moro, um juiz que tem se destacado por servir de fato ao povo brasileiro, destacando inclusive, em sua sentença, que ninguém pode estar acima da lei, nem um ex-presidente da República. Prevalece, enfim!, o ditado. Não importa quão alto você esteja – e eu diria: não importa quão longínqua brilhe uma estrela –, a lei ainda está acima de você.

"Lula lá, brilha uma estrela. Lula lá, valeu a espera". E, talvez, mais profeticamente ainda, diz o mesmo *jingle*: *"Lula lá, é a gente junto"*. Esse jingle que os petistas gostavam tanto de cantar, talvez estivesse profetizando que, junto com Lula, também estariam condenados José Dirceu, José Genoíno, João Vaccari Neto, Palocci. Todos aqueles que, talvez conjuntamente, redigiram esse jingle brilham hoje, junto com Lula, condenados à cadeia.

Foi muito prudente o juiz Sérgio Moro ao deixar que Lula recorra em liberdade. E o que se percebe, pelas decisões do TRF4, é que Lula recorre em liberdade para ser condenado de forma ainda mais cabal quando recorrer dessa sentença.

"Sentença esdrúxula" – disse a deputada petista Stela Farias (PT). Nem eu consegui ler toda essa sentença, desde que foi tornada pública. Mas os petistas são assim: adjetivam tudo. Quando é contra os deles, é injustiça, é golpe; quando é contra os outros, é justo. Nunca deixamos que a nossa régua medisse diferentemente opositores ou aliados. Condenado, corrupto comprovado precisa pagar pelos seus crimes.

O juiz Sérgio Moro diz, inclusive de uma forma muito própria de quem estuda, que Lula não é a primeira "vítima" – entre aspas – do incremento dos meios de controle. Segundo o juiz Sérgio Moro, vários ex-presidentes fora do Brasil, como em Hong Kong, na Croácia e inclusive nos Estados Unidos, com Richard Nixon, já foram condenados por crimes revelados por instâncias de controle institucionais. Mas no Brasil é a primeira vez.

Isso o brasileiro precisa saudar com todas as forças, porque é apenas a primeira condenação de Lula, mas a mais significativa, por ser a primeira na História do Brasil, em 12 de julho de 2017. O brasileiro precisa saudar quando um ex-presidente, comprovadamente, é condenado por corrupção passiva e lavagem de dinheiro.

São nove anos e meio de reclusão para Luiz Inácio Lula da Silva, pena a ser confirmada e, provavelmente, ampliada pelo TRF4. São nove anos e meio de reclusão, com a confirmação da segunda instância que os brasileiros esperam, do líder que iludiu a população, que disse que era do partido da ética e hoje está condenado, que entregou o país, junto com a sua sucessora, Dilma Rousseff, com mais de 14 milhões de desempregados. Inclusive agora, por meio da bancada petista, demonstra o que é ser totalitário, tentando embargar uma discussão democrática no plenário do Senado[7].

Que os bolivarianos nunca mais voltem ao poder! E que Lula, com os direitos políticos cassados e a permanência na cadeia por nove anos e meio, jamais possa retornar a qualquer cargo público, para que essa estrela brilhe onde deve brilhar, dentro da cadeia.

Valeu a pena a espera!

Não temos bandidos de estimação

Corruptos infelizmente podem existir em qualquer instituição. Os problemas começam quando as instituições em que eles aparecem não tomam atitudes adequadas e punitivas para evitar reincidência e contaminação dos demais. O PT demonstra claramente não estar preocupado com isso: corrupto no PT, em vez de ser punido, é digno de odes e gritos de "guerreiro do povo brasileiro". Justiça seja feita, porém, não é só o PT que protege seus corruptos.

Fui filiado por quase 15 anos ao PP e carreguei nas costas o grande peso da impunidade que muitos corruptos progressistas significam para tantos e tantos filiados honestos do PP. Conheci e convivi com muita gente boa dentro do PP e convidei muita gente boa a ingressar no PP para ajudar a renovar internamente o partido. A atitude correta é jamais ter bandido de estimação: se for corrupto na política, não é amigo.

Tenho consciência de que também no Novo, como em qualquer outro partido, repito, podem aparecer corruptos. Minha confiança, porém, é de que o Novo terá muitos mais mecanismos de controle e punição do que os demais partidos pela prática partidária já apresentada desde a sua fundação. Que este exemplo se espalhe também para os outros partidos e que filiados de qualquer partido jamais coadunem com a corrupção.

---

[7]A referência que faço aqui é à patética obstrução aos trabalhos do Senado protagonizada por três senadoras petistas que, inclusive, lancharam na Mesa Diretora impedindo que os demais senadores pudessem se pronunciar. Saiba mais: Fernandes, Talita; Alegretti, Laís; Boghossian, Bruno. Eunício apaga luzes do Senado e adia sessão da reforma trabalhista. Folha de S. Paulo (website). 2017, 11 de julho: https://goo.gl/PJwBL1

O problema do PT, porém, como já referi anteriormente, e também de quaisquer outros partidos totalitários que acreditam que os fins justificam quaisquer meios, é que a própria ideologia marxista é corrupta. Por isso, justificam a corrupção financeira praticada por seus membros desde que ela seja feita em nome da corrupção ideológica marxista.

13 de julho de 2017

Dissemos desde o início: doa a quem doer, jamais passaremos a mão sobre a cabeça de ninguém. Aliás, frisamos sempre que, dentro do partido [PP], temos que cuidar ainda melhor do que apontar o erro dos outros, porque isso nos dá moral para apontar o erro dos outros. [...]

Não precisamos nos orgulhar da moral que temos ao defender a honestidade, pois ser honesto é dever de cada político. Ser honesto faz parte, não é uma vantagem, um privilégio, faz parte da índole de quem presta um bom serviço ao público. Lamentavelmente, vivemos um tempo em que realmente nos perguntamos: o que ocorre neste tempo, o que ocorre com os nossos costumes, com a nossa moral?

Não temos corrupto de estimação. Queremos uma política melhor e, sobretudo, queremos que sejam sempre revelados e levados à luz os grandes artífices da corrupção institucionalizada nacional, coisa que o PT soube fazer tão bem. Agora, com Lula condenado a nove anos e meio de prisão – sentença esta que será sem dúvida nenhuma confirmada pelo TRF4 –, ficamos pelo menos mais tranquilos de que há uma nova página sendo escrita na história da política nacional, uma página mais ética, mais justa, uma página em que esses políticos de caráter, cidadãos que têm orgulho da atividade pública, sim, possam dizer: somos maioria e representamos também a maioria da população brasileira.

Lula e o PT debocham do Estado de Direito

Novamente retornei à tribuna para defender o Estado de Direito. A Justiça brasileira condenou um ex-presidente da República. Ponto. Ex-presidente, mas cidadão como qualquer um. Isso precisa ficar claro e deve ser repeitdo.

Não foi Moro, como cidadão, que condenou Lula, mas a Justiça. E também não foi a imprensa. Isso se chama o Estado de Direito funcionando[8].

13 de julho de 2017

Gostaria de dizer a todos os colegas deputados que é imperioso que se venha a esta tribuna, nesta tarde, comentar e, sobretudo, repudiar as manifestações de Luiz Inácio Lula da Silva a respeito da sua condenação pela Justiça Federal.

Apesar de jornalisticamente ser mais curto, ser mais rápido e, inclusive, muitas vezes, ser mais claro para a população dizer nas manchetes, como apareceu na maior parte dos jornais, que Moro condenou Lula, na verdade, foi a Justiça brasileira que condenou um ex-presidente da República.

Isso precisa ficar claro para cada cidadão brasileiro que acredita no Estado de Direito, que acredita que a lei está acima de todos – que, portanto, ninguém está acima da lei – e que quer, de fato, um Brasil melhor. É só assim, meus caros colegas, defendendo o Estado de Direito que garantiremos um futuro melhor para todos no Brasil. No mundo, não existe nação livre, democrática e desenvolvida que não tenha como pedra basilar o respeito ao Estado de Direito. Luiz Inácio Lula da Silva, hoje, quando enfrenta o Poder Judiciário – que, aliás, precisa se pronunciar –, quando enfrenta o cidadão honesto brasileiro, dizendo que a condenação foi política, ele debocha do Estado de Direito, do Poder Judiciário e de todo cidadão trabalhador honesto do Brasil.

Não estou dizendo aqui que o ex-presidente Lula não tenha o direito de defesa dele assegurado. É claro que tem, e ele já disse que irá recorrer. Mas ter o direito de defesa assegurado é muito diferente de permitir que um cidadão deboche do Poder Judiciário, deboche da lei e deboche do Estado de Direito como faz Lula – aliás, debocha inclusive da democracia, porque um cidadão como o Lula, tendo sido ex-presidente da República, condenado por corrupção passiva e lavagem de dinheiro, deveria simplesmente dizer: "Eu me retiro da vida pública". Não necessitaria de uma condenação de 9 anos afastado da vida pública pelo Poder Judiciário. Deveria ele mesmo ter a grandeza de se retirar da vida pública e dizer: "Recorro porque considero injusta a decisão". É direito dele recorrer. Apesar de justíssima e baseada em provas, é direito dele recorrer – não debochar, mas recorrer. Deveria dizer também: "Eu me retiro da vida pública

[8] Assista no Facebook: https://goo.gl/ZNGWWy ou no Youtube: https:// goo.gl/2pD7xh

pois, lamentavelmente, envergonhei a Nação já com uma condenação em primeira instância".

É o que se esperaria de uma pessoa decente. É o que se esperaria de uma pessoa, repito, que respeita o Estado de Direito, a Constituição da República Federativa do Brasil, o Poder Judiciário – não o juiz Sérgio Moro, que é uma pessoa, um cidadão exemplar, sim, um servidor público exemplar, sim, mas que está ali cumprindo fielmente o seu dever de guardião das leis e da Constituição, atuando no Poder Judiciário e condenando uma pessoa que efetivamente corrompeu-se com dinheiro sujo.

Vejam só a ironia. Vejam só a ironia: o cidadão que dizia que colocaria os pobres no mapa e veio da pobreza foi corrompido pelo dinheiro dos ricos, das empreiteiras. Dinheiro sujo das empreiteiras, que, na verdade, nada mais é do que dinheiro público que saiu dos cofres da Petrobras, que saiu de cofres de outras estatais e mesmo do orçamento geral da União. Há de vir muito ainda em relação ao BNDES, por exemplo.

Não é à toa que Joesley Batista e seu irmão delataram – mas não delataram tudo. Tenho certeza de que também responderão por muitos crimes que cometeram conjuntamente com Lula e Dilma. Não acredito nessa absolvição sumária dos irmãos Batista concedida por Janot e pelo Supremo Tribunal Federal, pois há muito que não foi delatado. Estou convicto disso.

Agora, esse dinheiro público do qual Lula se apropriou para, com a ajuda de ricos empreiteiros, enriquecer a si próprio com um tríplex, com o sítio em Atibaia, com o seu próprio instituto, enfim, que usou para seu próprio usufruto e para a sua família, esse dinheiro sujo, agora, faz com que Lula seja o primeiro presidente ou ex-presidente da história da República Federativa do Brasil condenado por corrupção.

Nunca antes na história deste país um ex-presidente debochou tanto de um Estado de Direito. Não posso permitir que isso aconteça. Não deixarei, jamais, passar isso em branco em defesa do brasileiro honrado e honesto, que acredita no futuro do país e sabe que o respeito ao Poder Judiciário e ao Estado de Direito é fundamental para que uma nação seja livre, democrática e desenvolvida.

O verdadeiro golpista

Há muito tempo reclamamos da vasta burocracia que atrapalha a vida do brasileiro, da vagarosidade do setor público em especial. Mas a defesa de

Lula reclamou do contrário! Para os advogados do ex-presidente petista, a celeridade do Poder Judiciário ao analisar casos da Lava Jato, em especial de Lula, seria um absurdo. Havia quantos anos que Lula se aproveitava dos brasileiros? Queria passe livre para continuar se aproveitando? Alguém já ouviu falar de um inocente que fica contrariado quando seu processo anda rapidamente?

14 de dezembro de 2017

Como brasileiro, nos queixamos da burocracia, da demora com que muitos processos andam no setor público em todas as áreas, em todas as esferas, seja no Poder Executivo, no Poder Legislativo ou no Poder Judiciário. E uma das maiores queixas dos brasileiros é com a demora processual no Poder Judiciário, a demora para que se chegue a uma sentença, que faz com que o sistema muitas vezes garanta a impunidade por anos – talvez até para sempre – de quem é criminoso, de quem roubou dinheiro público, de quem, enfim, andou fora da lei.

No entanto, agora, vemos ser inaugurada uma nova fase no Brasil, com a Operação Lava Jato, quando tem ocorrido prisões preventivas, muitas condenações em primeira instância e algumas em segunda instância. Mas vejam só, colegas deputados e povo gaúcho e brasileiro, no momento em que foi marcado para o dia 24 de janeiro de 2018, logo após a virada do ano, o julgamento do recurso de Luiz Inácio Lula da Silva no Tribunal Regional Federal, inaugura-se um novo modelo de reclamação no Brasil quanto ao Poder Judiciário: a reclamação quanto à sua celeridade.

Esse povo está louco! O advogado do Lula está se queixando de que a Justiça está sendo rápida demais! Onde é que estão com a cabeça?

Há quantos anos começou esse roubo no Brasil, protagonizando pelo PT em parceria com muitos dos seus aliados? Há quantos anos estão roubando esta nação? Há quantos anos Lula frequenta o sítio de Atibaia? Há quantos anos ele tem o tríplex no Guarujá, que Lula diz não ser seu, depois diz que é, enfim, nem sabe se é ou se não é, se formos julgar pelos seus discursos? Há quantos anos? Ainda assim acham que, marcado o julgamento do recurso para agora, 24 de janeiro, deu-se um processo muito célere.

Se Lula fosse de fato inocente, iria querer uma absolvição o quanto antes, o mais rapidamente possível. Qual é o inocente que quer ver um processo levar anos e anos para ser analisado e julgado, para ficar sob suspeita, ainda mais que disso dependa a sua reputação como patrimônio político? Qual é o cidadão que toleraria uma demora na Justiça caso fosse inocente?

Está na cara de pau do advogado do Lula, na cara de pau de Luiz Inácio Lula da Silva, que essa reclamação de que a Justiça está sendo rápida demais é apenas mais um golpe que essa gente quer dar no Estado de Direito brasileiro. Quando chamam um juiz como Sérgio Moro de golpista, quando afrontam o Poder Judiciário, as instituições constituídas como afrontam os petistas sob a liderança de Lula, quando fazem o tipo de declaração que Lula fez no Rio de Janeiro, dizendo que era um absurdo Sérgio Cabral e outros ex-governadores do Rio estarem presos depois de terem roubado dinheiro público, quando dizem isso da forma mais deslavada, demonstram que golpistas são eles. Golpistas contra o Estado de Direito, golpistas que conspiram contra a própria democracia. Porque o que querem é que Lula não seja condenado a tempo de poder concorrer nas eleições. Esta é a verdade.

A estratégia do PT, a estratégia de Lula, a estratégia dos verdadeiros golpistas é garantir que se candidate o maior ladrão que já sentou na cadeira de presidente da República do Brasil. Mas não vão conseguir.

No dia 24 de janeiro, podem chorar, se quiserem, mas haverá, sim, julgamento no TRF-4, aqui em Porto Alegre. E a *hashtag* "Lulanacadeia" vai *bombar*, porque Lula não pode continuar solto, fazendo o que faz Brasil afora, golpista que é, afrontando o Poder Judiciário, afrontando a população honesta e trabalhadora, dizendo os impropérios que diz sem que esteja cumprindo pena pelos crimes que cometeu. Não pode e não vai.

No dia 24 de janeiro de 2018 haverá julgamento, sim. A Justiça pode até tardar – e neste caso está andando num tempo razoável –, mas não vai falhar.

Parte V

Uma Voz que Prioriza a Segurança Pública

Introdução
Uma voz contra o democídio

Leonardo Giardin de Souza*

Uma voz que prioriza a segurança pública atende aos anseios de uma sociedade sofrida, farta de uma narrativa ideológica enviesada, da idolatria de bandidos e da desmoralização do sistema de justiça criminal. Essa cosmovisão distorcida e absolutamente irresponsável, convertida em política criminal, cobra uma conta cara, paga com enorme derramamento de sangue.

Em 2016, o Brasil bateu o próprio recorde de homicídios e latrocínios, com 61.619 brasileiros assassinados. Nosso país manteve, por mais um ano, o triste título de campeão mundial de homicídios em números absolutos. O grau de impunidade é acachapante: dos quase 900.000 assassinatos ocorridos no Brasil entre 2000 e 2016, pode-se estimar que quase 800.000 não tiveram sequer a autoria apurada! Entre 2011 e 2016, quase 3.000 policiais foram mortos por criminosos no Brasil. O risco de morte entre policiais é altíssimo: enquanto a média nacional de homicídios é de 29,7 para cada 100 mil habitantes, entre os policiais a taxa é de 59,7 para cada 100.000. É por isso que, no mundo civilizado inteiro, policiais são tratados como heróis. Não no Brasil.

---

* Promotor de justiça do Ministério Público do Rio Grande do Sul, coautor do livro *Bandidolatria e Democídio: Ensaios sobre garantismo penal e a criminalidade no brasil* (Armada, 2017).

Nota do Autor: Conheci o Dr. Giardin pessoalmente em um programa de debates da *Rádio Bandeirantes* de Porto Alegre chamado *Repórter Bandeirantes*, conduzido pelo jornalista Milton Cardoso. Ali, o Dr. Giardin desmontou uma a uma cada uma das teses defendidas por um famoso e intelectualizado esquerdista gaúcho. Uma a uma. Sem medo. Sem receio. Apenas com dados, argumentos e fatos. Minha admiração pelo prefaciador desta parte foi declarada ao Dr. Giardin ainda naquela noite. Comprei seu livro no dia seguinte – e o recomendo fortissimamente – e é para mim uma honra enorme que ele tenha aceitado escrever estas linhas.

Por aqui vigora a repugnante disseminação de um discurso de ódio contra as polícias. Policiais negros, pobres e favelados são acusados de odiar negros, pobres e favelados. Nada pode ser mais artificial que uma retórica vazia, surda à realidade circundante. No Brasil, quando um policial enfrenta um criminoso, a impressão que se tem é que seu único direito é morrer no confronto, sob o silêncio complacente de governantes, sociólogos e meios de comunicação, entrecortados pelos gemidos quase inaudíveis dos amigos, parentes e colegas do herói morto. Comoção pública? Consternação das autoridades? Meios de comunicação clamando por justiça? Só se o policial sobreviver e o bandido morrer. Aí, será enorme a chance de ser patrolado pelo rolo compressor do *establishment* e da tagarelice irresponsável de uma classe falante acumpliciada ao que há de pior na sociedade.

Nossos legisladores, contaminados por um ideário sinistro e uma canhestra compreensão do conteúdo essencial dos direitos humanos, não se vexam de criar leis que, malgrado as ótimas intenções declaradas, na prática beneficiam enormemente o crime organizado, sobretudo o tráfico de drogas e armas. A despenalização da posse de drogas para uso próprio, sob o argumento de que o usuário de drogas não necessita punição, mas tratamento, não impediu que nosso país se tornasse o segundo maior mercado consumidor de cocaína e maconha e o primeiro mercado consumidor de crack no planeta, com suas cracolândias glamourizadas e defendidas a ferro e fogo por militantes, ONGs, movimentos sociais e até mesmo autoridades.

O Estatuto do Desarmamento, eficaz para assegurar um espúrio confisco do direito de autodefesa do cidadão ordeiro, em nada afetou o altamente lucrativo negócio do tráfico de armas de guerra. Um pai de família corre o risco de ir para a cadeia se possuir um revólver calibre 22 com registro vencido no interior de sua residência, mas criminosos da mais alta periculosidade exibem, prepotentes e orgulhosos, fuzis e metralhadoras pelas ruas das cidades, com as quais submetem populações inteiras de bairros carentes, combatem facções rivais, enfrentam a própria polícia em combates desiguais, e assaltam, sequestram e matam trabalhadores nos semáforos, paradas de ônibus, ruas, estradas e até em residências.

O Brasil é o país onde, a pretexto de "proteger a infância", criminosos menores de 18 anos ganham carta branca para matar, roubar e viciar, ao traficar drogas, um contingente inesgotável de crianças e adolescentes inocentes. É o país onde se "protege" a infância proibindo a prisão provisória de gestantes e mães de crianças de até

12 anos de idade que vivem de atividades criminosas. A mais alta corte judiciária do país, ao pretexto de proteger a infância e a maternidade, cria mais um incentivo à cooptação dessas mulheres pelo crime organizado, mas não vislumbra violação ao ECA no fato de que muitas dessas mães criem seus filhos em bocas de fumo. É surreal que essas consequências inescapáveis sejam ignoradas ou mesmo sequer percebidas!

Em um processo criminoso de contínuo sucateamento do sistema de justiça criminal, a bola da vez é o sistema carcerário. Ante suas péssimas condições e seu histórico déficit de vagas, militantes travestidos de especialistas afirmam que não há dinheiro para investir em presídios, e que devemos construir escolas ao invés de penitenciárias. Esse é evidentemente um falso dilema. Segundo estimativa da Fiesp, R\$ 15 bilhões seriam suficientes para zerar imediatamente o déficit de vagas nas prisões brasileiras. Enquanto isso, o Fundo Penitenciário, que existe exatamente para isso, tinha, ao final de 2017, R\$ 4 bilhões contingenciados pelo governo federal. Gastamos R\$ 65 bilhões em eventos esportivos (Copa do Mundo e Olimpíada). A corrupção drena centenas de bilhões de reais por ano do dinheiro do contribuinte. Não há dinheiro mesmo? Não dá pra investir em escolas e penitenciárias?

Já passa da hora de parar de basear toda nossa política criminal na falácia de que os criminosos são "vítimas do sistema". Como adverte o psiquiatra inglês Stanton Samenow, do alto de seus mais de 30 anos de experiência no sistema prisional da Inglaterra, criminosos não são vítimas, mas algozes que, dotados de um peculiar modo de pensar, enxergam os outros – as verdadeiras vítimas – como peões em um tabuleiro de xadrez. O discurso que busca os "porquês" do crime antes de entender "o quê" é o crime e um criminoso, e tenta tudo explicar, termina por tudo justificar: a culpa de um ato voluntário decorrente de uma escolha individual será transferida do criminoso para fatores que lhe são externos: a família, a sociedade, a condição social, a pressão dos pares. A consequência mais nociva dessa desresponsabilização do indivíduo é impedir que se criem condições para uma efetiva reabilitação do criminoso, pois bloqueia o processo de arrependimento, que decorre da vergonha e do sentimento de repulsa ao próprio comportamento, e impede a assimilação de noções de alteridade, capazes de incutir-lhe travas morais aos impulsos criminosos.

O professor norte-americano R.J. Rummel criou a expressão "democídio" para designar o assassinato de qualquer povo ou indivíduo por seu governo. O democídio também se configura na modalidade de *"practical intentionality"*: "Se um governo causa a morte por uma desleixada e depravada indiferença pela vida humana, as mortes são também intencionais". Devemos, na linha do que podemos extrair da realidade exposta nos discursos de Marcel van Hattem, refletir se não temos tido, nos estados brasileiros e no governo federal, gestões objetivamente democidas ao longo das últimas décadas.

A melhor resposta a esse questionamento talvez decorra de uma acurada leitura do ideário de luta de classes embutido, como cavalo de troia, em uma política criminal informada por uma criminologia marxista e uma doutrina penal voltadas à deslegitimação de todo o sistema. Talvez, auxiliados pelos fatos concretos demonstrados pelo autor, percebêssemos que o povo brasileiro tem sido sistematicamente traído por seus mandatários.

Há um mérito enorme em dar voz aos silenciados, às vítimas dessa lógica perversa, sobretudo em uma época em que o domínio da narrativa pertence a ideólogos travestidos de acadêmicos, "analistas" de mídia e "especialistas". Se hoje a segurança pública é pauta nacional, que mobiliza setores de governo, classe falante e meios de comunicação até há pouco despreocupados com o assunto, é porque, em algum momento, vozes fortes se levantaram em meio à turbamulta estridente, enfrentaram o farisaísmo hipócrita reinante, bateram de frente com forças enormemente poderosas e transformaram um assunto desprezado em bandeira prioritária no debate público, agora objeto de cobiça por quem historicamente se omitiu quanto ao problema e mesmo por aqueles que contribuem decisivamente para o advento do Armagedon nosso de cada dia.

Assegurar que as vozes que sempre priorizaram a segurança pública mantenham essa bandeira a salvo de farsantes, usurpadores e inimigos na trincheira é o grande desafio do momento para aqueles que realmente lutam para combater os criminosos e proteger as vítimas da criminalidade no Brasil.

Ele tem 16 anos, estuprou e matou: como poderia piorar?

A discussão a respeito da redução da maioridade penal é uma das mais demagógicas. Sob o pretexto de defender a "juventude", esquerdistas não aceitam que criminosos de 16 ou 17 anos de idade - ou menos! - sejam punidos. Reduzir a maioridade penal para crimes hediondos e homicídio doloso era o mínimo que a Câmara deveria fazer. Essa discussão precisa avançar, com base no que há de mais avançado na legislação penal internacional, para que se apliquem aqui medidas que realmente punam criminosos de qualquer idade e que impeçam seu retorno ao convívio social enquanto não cumprirem pena proporcional à gravidade do delito cometido. Criminoso que mata, que estupra, precisa ser punido pelo seu crime: é uma questão de justiça! O cidadão quer mais segurança e menos demagogia[1].

2 de julho de 2015

Quero me somar ao debate sobre a maioridade penal, cujo projeto de redução foi aprovado ontem pela Câmara dos Deputados, em primeiro turno, o que foi aplaudido por praticamente toda a sociedade brasileira. Somente os bandidos ficaram de fora.

Deputado Elton Weber, o seu partido, o PSB, foi o que mais teve deputados que mudaram de posição em relação à votação da noite anterior, aprovando a nova proposta, que veio melhorada. Como bem lembrou o deputado Sérgio Turra (PP), a nova proposta acabou com aquela demagogia de dizer que não se pode colocar jovens infratores, bandidos que cometem crimes, que roubam, que matam, que estupram, nas mesmas cadeias que outros detentos que têm mais de 18 anos de idade. Foi previsto que esses jovens sejam colocados em celas ou presídios especiais[2].

---

[1] Assista no Facebbok: https://goo.gl/DRSfoW ou no Youtube: https://goo.gl/6QEUwR

[2] Relendo o discurso, percebo uma aparente contradição: ora digo que foi um avanço colocar o jovem em celas ou presídios especiais, ora que o jovem não poderia piorar se fosse colocado em celas comuns. A verdade é que o calor do momento acabou me traindo pois ambas as afirmações seriam corretas. Sim, é um avanço colocar menores em celas especiais. Contudo, quando se trata de crimes mais graves, contra a vida por exemplo, colocá-los

Não consigo entender como uma pessoa que já roubou, matou ou estuprou poderia entrar na cadeia e ficar pior do que já é, somente porque tem 16 anos de idade. Se já estuprou, já matou, já roubou e depois matou – que é o caso do latrocínio –, essa pessoa já não deve ser de alguma forma punida? É claro que sim! É para isso que existe o sistema penitenciário, é para isso que existem os presídios.

É evidente que qualquer pessoa de bem quer que essa pessoa possa um dia se recuperar. É evidente, não se pode dizer que não. Mas dizer que um jovem de 16 anos que for colocado na cadeia ficará pior é uma demagogia. Vai piorar por quê? Só pode piorar se tirar título de eleitor e se filiar ao PT. De outra forma, não há porque dizer que vai piorar necessariamente.

Então, Sr. Presidente, é muito bom lembrar àquelas pessoas que estão assistindo à TV em casa que fiquem muito tranquilas. A partir de agora, o cidadão de bem estará respaldado, porque aquele bandido – bandido! – que cometer um crime hediondo – como disse o deputado Sérgio Turra, o nome já diz: hediondo – ou cometer um homicídio doloso pagará por isso, irá para a cadeia, como deve ir, porque lugar de bandido, independentemente da idade, quando comete esse tipo de crime, é, sim, a cadeia.

E aquelas pessoas que vêm defender o lado oposto, que dizem que o sistema prisional está falido, deveriam olhar para seus próprios atos, porque eram governo e continuam sendo, mas não resolvem o problema. Esse jovem infrator de 16 anos viveu 12 anos sob o governo do PT. Ele tinha quatro anos de idade quando o Lula se elegeu pela primeira vez. Esse bandido viveu 12 anos sob o governo federal do PT. Por que não resolveram o problema da criminalidade?

É claro que não é somente isso que resolve o problema, mas é uma questão de justiça. O cidadão de bem, que trabalha – que, aliás, é assaltado! – quer ver punição. As vítimas não têm direitos humanos! Direitos humanos devem ser para todos. A ONU adotou a Declaração Universal dos Direitos Humanos. Universal! Não os direitos humanos apenas daqueles que cometem crimes.

Quando esteve no governo, aliás, o senhor Tarso Genro, do Partido dos Trabalhadores, ordenou a demolição do pavilhão C do Presídio Central. Atenção: o pavilhão C era o mais moderno de todos os pavilhões, o mais renovado e reformado. Foram gastos milhões de reais naquela reforma. O pavilhão foi demagogicamente demolido.

---

em celas especiais não necessariamente amenizaria o problema - até porque há casos de menores que são líderes de organizações criminosas, ou seja, não são meros soldados do crime mas verdadeiros generais.

Ouvi – e outros deputados aqui desta Casa também ouviram –, em visita que fizemos ao Presídio Central, uma alta autoridade do estado do Rio Grande do Sul dizer que esse pavilhão foi simbolicamente demolido no dia 13 de outubro do ano passado. Sabem por quê? Preciso explicar por quê? Estávamos durante o segundo turno da campanha eleitoral, em que o governador Tarso Genro concorria contra o atual governador José Ivo Sartori (PMDB)[3].

Pior do que isso! Essa alta autoridade também disse que aquele foi o pavilhão demolido justamente porque ali estariam as facções mais mansinhas do crime. Ou seja, acabaram demolindo o pavilhão mais moderno do Presídio Central – que, aliás, é uma vergonha! Só quem visita o Presídio Central sabe o que é aquilo. Não se deseja isso, de fato, para ninguém. Assim como, obviamente, não se deseja a nenhum cidadão de bem que venha a ser vitimado pelos bandidos que estão lá dentro. No entanto, repito, conseguiram demolir o mais moderno e bem reformado de todos os pavilhões.

Os mesmos que hoje dizem que não se pode mandar um jovem de 16 anos que mata, estupra para dentro de um presídio, porque ele vai piorar, no momento em que têm oportunidade de fazer alguma coisa pela população e pelos que estão encarcerados, não faz. Pior! Entrega o governo destruído do jeito que está, com esses altos índices de criminalidade.

É hora de pararmos com a demagogia. Parabéns aos deputados federais que, em primeiro turno, aprovaram a redução da maioridade penal. Esperamos, mais uma vez, que a vontade do povo brasileiro de ver justiça e mais segurança seja respeitada. Não aguentamos mais!

Ideologia e fisiologia: as causas da nossa insegurança pública

A violência no Rio Grande do Sul é alarmante e medidas enérgicas para conter a criminalidade são urgentes. A contratação de policiais, civis e militares, precisa ser feita o quanto antes. Para ontem! No entanto, o estado está sem dinheiro – inclusive, o funcionalismo público tem seus vencimentos constantemente parcelados no Rio Grande do Sul após o governo de Tarso Genro (PT) que

---

[3] A data seria referência ao número do PT nas urnas, 13.

arrasou as finanças já combalidas do estado. Como foi que chegamos a essa situação? E como revertê-la?

Explico no meu pronunciamento a origem do problema, por razões ideológicas e fisiológicas, ao longo das últimas décadas.

Ideológicas porque, sobretudo governos de esquerda, petistas, socialistas, marxistas, preferem dizer que bandido é "vítima da sociedade" e não priorizam o policiamento ostensivo para defender o cidadão. Além disso, o "prende-e-solta" que a lei frouxa permite e o Judiciário confirma é consequência dessa ideologia.

E por razões fisiológicas, porque governos que incham o Estado em áreas que não são afins à segurança pública, sua primeira prioridade, privilegiam apaniguados e companheiros com cabides de emprego em vez de investirem o dinheiro dos seus impostos em salários para policiais, treinamento e aparelhamento. Aí, chegamos à lamentável e absurda situação a que chegamos.

É hora de virarmos o jogo, rompermos com essa ideologia que só gera o famigerado "prende-e-solta" e acabarmos com a fisiologia de quem só quer parasitar a máquina pública. Só assim poderemos voltar a investir de forma sustentável e positiva nas verdadeiras prioridades do Estado, das quais segurança pública é a primeira. Sem ela, não veremos jamais preservados nossos direitos mais fundamentais à vida, à propriedade e às nossas liberdades[4].

10 de fevereiro de 2016

Se a situação no estado do Rio Grande do Sul é essa de calamidade, é porque, deliberadamente, esse foi o caminho escolhido pelos governos passados, sobretudo no governo Tarso Genro (PT), nos governos do PT e dos mais alinhados à esquerda. E isso se deve a dois motivos: ideológico e fisiológico.

O ideológico é aquela falácia de que o bandido é uma vítima da sociedade. Então, o investimento em segurança pública ostensiva foi deixado para lá. "Precisamos investir em educação". É claro que tem de investir em educação, é claro que precisamos ter melhores cidadãos todos os dias! O que mais precisamos na sociedade é que tenhamos pessoas com cultura e que sejam bem informadas. Agora, deixar de investir em segurança ostensiva e passar a tratar bandido como se fosse vítima?

Os direitos humanos são para todos, mas, há muita gente que deseja direito humano apenas para quem é bandido! Na hora em que um policial é atingido e morto quase ninguém aparece nesta tribuna. Quantos inocentes morrem todos os dias vítimas da criminalidade? É vítima? Também são poucos os que falam… Mas os defensores desses governos que passaram assolando este estado, sobretudo Olívio Dutra (PT) e, mais recentemente,

[4] Confira no YouTube: https://goo.gl/v2aQsM

Tarso Genro, não tinham compromisso ideológico com a segurança pública – pelo contrário.

O segundo motivo é fisiológico, pois é um incentivo ao inchaço do Estado, e está aliado ao ideológico. Afinal de contas, ideologicamente, pensam que a iniciativa privada não pode dar conta das coisas e tudo tem de estar nas mãos do Estado; logo, *vamos inchar o Estado e fazer mais companhias estatais. Se a receita estiver aumentando, ótimo; se estiver diminuindo, não é problema meu. Vamos cobrar mais impostos – e taca-lhe mais imposto na iniciativa privada! Afinal de contas, tenho raiva dela!"* É isso que, ideologicamente, defenderam nos últimos quatro anos, antes do governador José Ivo Sartori (PMDB); e agora, querem que em um ano a situação seja resolvida.

Sempre tenho minhas críticas, pois é necessário, sim, ter uma postura, cada vez mais, altiva e mais forte. Acredito que se precise ter, de fato, essa visão de que, aquele que está do lado esquerdo deste plenário[5], está agindo, ideologicamente, com o compromisso fisiológico que, aliás, move quem governou este Estado. Conforme falei na semana passada, desta tribuna, de uma forma muito próxima ao que se definiu como fascismo: "Não quero saber de iniciativa privada. Aliás, tudo no Estado e tudo no meu partido. Não quero saber de outras ideologias! O que importa é o meu". Por isso, estamos nesta situação.

Portanto, se quisermos ter bom senso, é necessário que façamos um julgamento dos tsunamis, das tempestades, ideológica e fisiologicamente falando, que passaram pelo Palácio Piratini, antes de virmos aqui discorrer sobre aquilo que não entendemos. Não é possível que debates sérios sejam travados nesses termos. Precisamos rever – e muito – tudo o que está acontecendo na segurança pública, que é, sim, prioridade.

Quando o deputado Gabriel Souza [PMDB, líder do governo] vem aqui dizer que precisamos saber se a nossa prioridade é ter uma empresa estatal, por exemplo, uma gráfica pública ou uma companhia de silos e armazéns ou se queremos mais policiais, teremos de dizer aqui: "Queremos mais policiais!" E não na hora de votar o plebiscito da CESA, votar contra, como fez a esquerda[6]. É isso! Eles preferem sustentar elefantes brancos e

---

[5] À esquerda do plenário da Assembleia Gaúcha estão os parlamentares do PT, PCdoB, PSOL, REDE e PDT.

[6] Por disposição constitucional (art. 21, § 2º, § 4º e § 5º) no estado do Rio Grande do Sul sete empresas estatais, dentre elas a Companhia Estadual de Silos e Armazéns, precisavam de autorização popular por meio de plebiscito para que fossem privatizadas. O governo Sartori encaminhou proposta de emenda à Constituição retirando essa exigência no caso da CESA e, também, das Companhias Rio-Grandense de Mineração (CRM), Estadual de Energia

empresas estatais que não têm mais nenhum paralelo com que se comparar na iniciativa privada, do que, realmente, aparelhar nossa segurança pública e dar mais moral aos nossos homens, bravos policiais da nossa segurança pública.

Esse é o compromisso que a esquerda tem de assumir: se eu quero mais segurança pública, tenho de acabar com esse compromisso fisiológico e ideológico arcaico, ser mais prático aqui e dizer que quero dinheiro para a segurança pública, pois esse recurso vem de um só lugar, que é da iniciativa privada que eles tanto odeiam.

Todo apoio a nossos policiais

Subi à tribuna para apoiar o deputado Bombeiro Bianchini (PPL) e seus colegas de farda, que arriscam suas vidas para resguardar a nossa vida, apesar dos baixos salários, das condições precárias e do massacre que sofrem de parte da imprensa e de certos "intelectuais" (assim mesmo, entre aspas). Fiz referência especial aos policiais militares que enfrentaram e venceram quatro criminosos fortemente armados, na sexta-feira, 22 de abril, em Porto Alegre. Um caso que repercutiu fortemente no Estado todo sobretudo após ataques de jornalistas contra a corajosa atitude dos homens de farda contra a marginalidade armada[7].

26 de abril de 2016

Aproveito este espaço para, mais uma vez, solidarizar-me com o deputado Bombeiro Bianchini (PPL), a quem aprendi a conhecer e a

---

Elétrica (CEEE) e Gás do Estado do Rio Grande do Sul (Sulgás). Apenas o fim da exigência de plebiscito para a privatização da CESA, até a publicação deste livro, havia sido aprovada pelo Parlamento, por 38 a 16 (primeiro turno) e 16 a 12 (segundo turno). Obviamente os votos contrários vieram da esquerda, fisiológica e ideológica. As demais proposições de retirada de exigência constitucional de realização de plebiscito para privatização seguem em tramitação na Assembleia. Enquanto isso, pessoas morrem todos os dias, vítimas da violência e do descaso de quem opta politicamente por defender dinheiro público para o que não é prioridade do Estado enquanto as forças policiais e investigativas são mal remuneradas, mal aparelhadas, os presídios caem aos pedaços e a legislação favorece a criminalidade.

[7] Assista no Facebook: https://goo.gl/4cs9So

respeitar aqui nesta Casa Legislativa pela pessoa que é, pela postura que adota e pelo fato de sempre demonstrar ter compromisso com a verdade. Deputado Bombeiro Bianchini, como é bom poder ter pessoas da sua estirpe aqui, alguém que representa tão bem seus colegas de farda: os policiais militares, os bombeiros e todas as forças de segurança do Rio Grande do Sul. Segurança, aliás, que deve ser a prioridade de qualquer governo, senão nossos direitos à liberdade, à propriedade e, sobretudo, à vida não serão respeitados.

Por isso, diante de tantas palavras mal ditas nos últimos dias por parte da imprensa, vejo que alguns classificaram como infelizes, outros como criminosas, no sentido de que, no fundo, acabam apoiando a criminalidade, o bandido, e não o cidadão e, muito menos, as forças policiais. De outro lado, os ditos estudiosos, na verdade, de sociedade não entendem nada.

Pode ficar tranquilo com a sua consciência, deputado Bianchini, porque a esmagadora maioria da sociedade está ao lado das forças policiais. Pode até haver sociólogos, ditos estudiosos da sociedade que digam outra coisa, que tentem defender aqueles "bandidinhos" com metralhadoras, armamento muito superior ao da nossa polícia. Falta apenas eles dizerem que o policial deveria, além de dar voz de prisão, entregar uma caixa de bombons e um ramalhete de flores para o bandido em meio ao tiroteio. Parece que só falta dizerem isso, mas eles não têm conhecimento algum do que é a sociedade e têm conhecimento abaixo de zero acerca do que seja segurança pública, do que é estar em meio a um tiroteio.

E digo mais: não sei o que é estar em meio a um tiroteio. Não sou policial, mas sei o que é ter uma arma apontada na minha direção e, infelizmente, não haver nenhum policial por perto para agir. Sei o que é ficar refém, por alguns instantes, de um bandido que me levou os bens que eu carregava. Eu sei o que é isso. Talvez, muitos sociólogos, quando souberem o que é isso – e não desejo isso a ninguém –, finalmente entenderão de que lado a sociedade de bem deve estar, que é ao lado das nossas forças policiais.

Na hora em que está com uma arma na mão, diante de outra pessoa, quem tem o poder de decisão para apertar o gatilho ou não é apenas o cidadão que está armado. Nesse caso, é o bandido que decide se atira ou não; não é a sociedade, não é o capitalismo. Não existe essa história de vítima de um sistema opressor. A escolha de puxar o gatilho é do bandido que entrou no crime, é dele. Trata-se de uma escolha individual, e por isso ele deve arcar com as consequências, que, lamentavelmente, às vezes é a morte. Repito: sou cristão e não desejo a morte a ninguém, mas, quando há uma situação de guerra, de conflito entre bandido e policial, espero sempre que se preserve a vida daqueles que doam sua vida para defender a minha, a nossa vida, para defender a nossa sociedade. Essas vidas devem ser preservadas acima de tudo!

O cidadão de bem, aquele que nos assiste, que paga os seus impostos e que não aguenta mais a insegurança, tem a sua vida valorizada sobremaneira por todos nós. Só podemos imaginar, já que não sabemos, o que deve passar pela cabeça daquele policial que relatou que, ao chegar em casa, viu sua mulher e seu filho e pensou: *"Agora, a ficha caiu com relação ao que aconteceu hoje à tarde, durante aquele tiroteio. Era ele ou eu".*

Felizmente, nesse caso, foram os policiais que levaram a melhor, e a sociedade foi preservada. Por isso, deputado Bombeiro Bianchini, mais uma vez, registro minhas congratulações por suas palavras. Minha congratulação à sua pessoa, em particular, a quem aprendi a admirar nesta Casa, e minha congratulação a todas as forças de segurança, que representam – e muito bem – a sociedade de bem do Rio Grande do Sul.

Aos verdadeiros heróis

Em janeiro de 2016, o sargento Silveira, que trabalhava na minha cidade de origem, Dois Irmãos (RS), tentou evitar mais um assalto a mais um pequeno empresário. Estava de folga e, mesmo assim, agiu como deve agir um policial que está sempre alerta. Foi, no entanto, covardemente assassinado com um tiro pelas costas, na nuca. Propus a condecoração do sargento, in memoriam, e entreguei a honraria à sua família, na Sala da Presidência da Assembleia, local em que fiz o pronunciamento que segue.

16 de maio de 2016

O que leva um homem a colocar a sua própria vida em risco, sério risco, todos os dias? O que leva um homem a despedir-se de sua família para mais um dia de trabalho, sem saber se tornará a vê-la no fim desse dia?

Com tantas profissões, tantas possibilidades, o que move essas pessoas que nos protegem corajosamente a despeito de tantos riscos? Seria uma promessa de imenso retorno financeiro, um salário altíssimo ou, quem sabe, grandes ganhos extras? Não. Nós todos sabemos que não é assim. Aliás, lamentavelmente nós sabemos que nossos agentes de segurança não são em geral tão valorizados como deveriam, e que seus ganhos estão muito abaixo do que se poderia considerar razoável.

Considerando suas atividades, considerando o preparo físico e psicológico que devem ter, considerando os riscos a que estão submetidos, policiais militares, agentes civis, bombeiros, enfim, todos os que protegem as propriedades, os bens e a vida dos cidadãos, deveriam receber muito mais do que recebem.

Mas não recebem. Porque desde há muito tempo as prioridades do Estado brasileiro estão equivocadas. O Governo federal e os governos estaduais, e digo aqui, senhor Secretário [de Segurança Vantuir Jacini, que estava presente], historicamente fazem de tudo, mas muitas vezes pouco nas áreas que realmente são as mais pertinentes aos governos. Constroem aviões, prestam serviços gráficos, armazenam grãos, administram estradas, dão dinheiro para cinema, para outros países e, às vezes, até perdoam dívidas...

Sem segurança não há locomoção, não há produção, não há comercialização, não há trabalho, não há lazer, não há nada. Mas, se não fosse suficiente o fato de nossos agentes de segurança serem pessimamente remunerados, há ainda o fato de não terem, muitas vezes, condições para trabalhar. E é por isso que estamos aqui, hoje, rendendo homenagens ao Sargento Arilson Silveira dos Santos.

Com efetivo muito abaixo do necessário, acontece o que aconteceu com o Sargento Silveira: acabou se vendo obrigado a trabalhar em seu horário de folga. O sargento teve coragem, teve preparo, teve sangue frio – mas, lamentavelmente, faltou-lhe cobertura. Sozinho, exposto, acabou assassinado covardemente, pelas costas. É assim que trabalham nossos policiais: com armamento insuficiente, com armamento em qualidade e quantidade inferior ao da bandidagem, com deficiências nos veículos, nos equipamentos... São tantos os problemas!

Mas, se não é por retorno financeiro, por ganhos pecuniários, o que, então, leva um homem a expor-se na condição de policial, submetido a tantos riscos?

Seria por fama, por reconhecimento da opinião pública? Também sabemos que não.

Muitos dos ditos intelectuais e boa parta dos políticos e jornalistas formados nos bancos da "escola do ressentimento" marxista, em universidades tomadas por doutrinação revolucionária, insistem em tratar bandidos como se eles fossem vítimas da sociedade. Insistem em colocar sob suspeita toda e qualquer ação policial. Enquanto isso, frequentemente vemos em capas de jornais que os policiais é que são os culpados, até que se prove o contrário – e os criminosos, quase anjos que não tiveram alternativa a não ser comprar armas que custam milhares de reais, porque passam fome e são oprimidos. Falácias.

Sabemos que isso é mentira e, sobretudo, é uma grande desconsideração com homens da estirpe do Sargento Silveira – que merecem todas as honras, todas as nossas continências, todas as nossas condecorações, toda a nossa mais profunda valorização. Por isso tudo que uma condecoração dessas é tão importante, tão valiosa. Todo o nosso reconhecimento aos policiais é pouco perto do que significou e significa o sargento Silveira para todos nós.

Por esse motivo, como deputado, vali-me deste direito que possuo de oferecer esta medalha da 54ª legislatura, que representa todos os deputados estaduais do Rio Grande do Sul, ao Sargento Silveira - in memoriam – e a entrego à sua família.

Por isso tudo que eu saúdo, com muita esperança, as ações que o governo Sartori tem feito para enxugar a máquina pública, para que o Governo possa honrar com seus compromissos e – esperemos – também valorizar financeiramente essa categoria historicamente tão maltratada.

Mas o fato é que o Sargento Silveira, num dia de folga, desarmado, desprevenido, respondeu várias vezes à pergunta que fiz na minha fala: o que leva um homem a colocar a sua vida em risco todos – todos – os dias?

É a vocação. É a missão. É isso que leva homens, como o Sargento Silveira, a até mesmo se sacrificarem. É algo que não se controla, algo que vem de dentro de nós e ao que nós não podemos dizer não. Só a vocação pode ser mais forte que um homem de princípios como foi o Sargento Silveira. Foi ela, creio, que o fez enfrentar bandidos covardes, desarmar a um deles e expulsá-los do recinto que tentavam assaltar.

Foi a vocação ao heroísmo, à bondade, aliás, que o fez ter piedade de um dos marginais que fugiu. Podendo tê-lo abatido pelas costas, o Sargento Silveira apenas atirou para cima, para afugentar os criminosos. Mas nosso herói, um dos tantos heróis que nos protegem, infelizmente tombou ante covardes que se aproveitaram da situação e atiraram no Sargento pelas costas. Mas não atiraram apenas no Sargento Silveira: atiraram em todos nós. Todos sentimos, todos lamentamos, todos choramos quando um de nossos homens mais bravos é abatido por um dos tantos criminosos covardes que andam impunes por aí.

Por isso nós estamos aqui hoje: para dizer que a atuação do Sargento Silveira não foi em vão; que ele deixou rasto, que ele deu exemplo. Onde ele atuou, os homens que comandou... não havia quem não se rendesse à sua eficiência, à sua capacidade de liderança, à sua tranquilidade e bondade no trato com o próximo, à sua inegociável necessidade de cumprir sua missão.

É com o exemplo do Sargento Silveira que ficamos, exemplo de uma vida honrada, com dedicação ao bem comum, ao cuidado para com a sua família e com as nossas famílias. Um herói de carne e osso que deixa sobretudo memórias inspiradoras, alegres e de esperança.

Que deste momento em diante rendamos nossas homenagens ao Sargento Silveira, todos os dias, seguindo seu exemplo de dedicação, de coragem, de cumprimento das missões que surgem, de combate do mal, de defesa do bem e da verdade.

A esquerda totalitária é inimiga da segurança pública

Na mesma sessão em que fiz o pronunciamento anterior, em homenagem a um policial caído, petistas silenciaram. É que a esquerda totalitária é inimiga da segurança pública.

5 de julho de 2016

Precisamos reduzir o tamanho do Estado e priorizar segurança pública? Sem dúvida nenhuma, para que logo aí adiante o Estado possa investir mais e levar a cabo o seu plano de segurança pública, mas, enquanto isso, a sociedade quer que este Parlamento encontre alternativas. Por isso, é tão importante que o nível do debate seja alto. Não o nível do debate proposto aqui pelo deputado petista Jeferson Fernandes, porque o que foi dito aqui é lamentável.

O deputado disse que não adiantava lamentar a morte de um soldado e depois condecorá-lo. Esperava não só dele, mas da bancada do PT e dos demais deputados da esquerda deste Parlamento, que tivessem vindo aqui, sim, homenagear o brigadiano que ontem, lamentavelmente, foi morto em serviço. Deveriam ter vindo aqui, sim, fazer esta última homenagem, porque é o mínimo que se espera de um Parlamento.

Sabe por que não vêm, deputada Silvana Covatti? Porque, na verdade são inimigos das forças de segurança. Essa é a verdade. Essa esquerda totalitária, na verdade, é inimiga de quem presta segurança pública. Essa esquerda de mentalidade totalitária fica defendendo bandido, garantindo direitos humanos só para os bandidos, mas para o resto da sociedade – que também merece, e muito – não há direitos humanos.

Aliás, a deputada [federal] Maria do Rosário (PT/RS) não mandou nenhum *tweet* para solidarizar-se com a família do policial caído. Agora, quando é bandido, quando é estuprador, aí correm os "direitos humanos" – entre aspas – para fazer a defesa. Pelo amor de Deus, isso não pode continuar! A deputada Manuela d'Ávila (PCdoB) inclusive propôs, numa reunião da Comissão de Direitos Humanos, a criação de vale-transporte para [familiar de] bandido e para presidiário, mas não fala nada quando um brigadiano cai em serviço. O deputado Pedro Ruas (PSOL) diz que é defensor dos direitos humanos, mas a sua líder, Luciana Genro (PSOL), esteve presente num evento em que o professor Mauro Iasi disse que os conservadores mereciam uma boa bala e uma boa cova; a ex-deputada não fez nada [naquele momento] nem o deputado Pedro Ruas, que silenciou. Eu já vim quatro vezes nesta tribuna para cobrá-lo, mas ele não veio falar aqui do policial que caiu.

O deputado Jeferson Fernandes veio aqui dizer que as unidades prisionais no Rio Grande do Sul estão virando masmorras. Mas nem parece que há um ano e meio era o PT que estava administrando o estado. O que o senhor está dizendo é que foram vocês que entregaram as masmorras para o estado do Rio Grande do Sul? Que baita competência administrativa é essa do PT, que entregou o sistema prisional falido desse jeito!

É por isso que eu defendo que aquele que está cumprindo pena indenize o Estado pelo valor da sua permanência no sistema penitenciário, como, aliás, é a previsão da lei federal. Isso, sim, faz com que o cidadão não precise pagar duas vezes: uma pelo crime e outra pelo criminoso. Isso, sim, faz com que o criminoso, que está numa cadeia, possa se ressocializar por meio do trabalho. Qualquer pessoa com quem falo na rua diz isso.

Eu não acho justo uma pessoa cometer um crime e ainda ser mantida às nossas custas na cadeia. E quase todos os presidiários dizem que também gostariam de ter uma oportunidade de trabalhar enquanto estão presos para poderem se ressocializar. Mas isso o PT não fez. Aliás, [o PT] tem criticado duramente esse projeto. E o PSOL, que é o PT mirim, também não defende. E o PCdoB, o partido dos comunistas, não quer nem saber.

Vamos continuar nesse nível de debate, Sra. Presidente? Não! Prefiro que tratemos realmente de propostas para melhorar a segurança pública. E com isso, esta Casa tem grande responsabilidade.

O preso precisa trabalhar

A situação por que passaram recentemente os capixabas, de greve das polícias, é resultado de anos e anos de falta de valorização da atividade do policial. Mas também é consequência da impunidade de bandidos e da falta de políticas públicas eficientes para os apenados. A Lei de Execuções Penais brasileira já prevê, inclusive, remissão da pena para quem trabalhar na cadeia. Infelizmente, é mais uma lei que não é cumprida.

Por isso, protocolei também na Assembleia Legislativa um projeto de lei para exigir que os presos trabalhem enquanto estiverem no regime fechado (PL 61/2016). Bom para a sociedade, que não paga duas vezes o custo da criminalidade - uma quando é vítima, a segunda quando precisa pagar pelo sustento dos malfeitores -, e bom para o criminoso, que pode através do trabalho encontrar uma forma de ressocializar-se. Além disso, aproveitei o discurso para defender o direito à defesa do cidadão, contra o estatuto do desarmamento, e a valorização dos policiais.

8 de fevereiro de 2017

Venho a esta tribuna estarrecido como todo cidadão brasileiro com a situação a que se chegou no Estado do Espírito Santo no que se refere à segurança pública. E não falo isso pra afastar-me dos problemas do estado do Rio Grande do Sul. Ao contrário: falo justamente para demonstrar a todos os gaúchos a que ponto pode chegar uma sociedade em que não há a presença do policial militar, em que não há força de segurança para garantir que o cidadão possa em paz se locomover, possa em paz ficar na sua própria casa. A situação lamentável que hoje vivem os capixabas é resultado de anos e anos de falta de valorização da atividade do policial militar, em primeiro lugar pela remuneração dessa atividade e das demais forças de segurança.

Meus caros colegas deputados, que fique de alerta para que jamais aconteça aqui o que está acontecendo no Espírito Santo: uma greve, sim, inconstitucional.

No estado do Rio Grande do Sul, quando iniciaram os parcelamentos de salários, fruto do desgoverno de Tarso Genro (PT), também houve uma ameaça de que pudesse haver uma paralisação das forças policiais por ação dos familiares deles. No Espírito Santo, são os familiares que os impedem de ir ao trabalho. Aqui no Rio Grande do Sul, também chegou-se a sugerir isso.

Sobretudo, essa crise na segurança pública no estado do Rio Grande do Sul e em todo o Brasil, mas mais especificamente a crise por que passa hoje o cidadão capixaba, demonstra que não há possibilidade de segurança pública sem a presença do policial, da força de segurança. Não adianta, por mais bem intencionada que seja, uma *hashtag* pedindo paz, não adianta fazer roda de capoeira e todo mundo se abraçar e com lenços brancos pedir paz, como se os bandidos fossem parar de nos matar, de roubar[8].

Um lado da moeda é, sim, a recuperação daqueles que estão na criminalidade – por isso propus nesta Assembleia Legislativa que presos em regime fechado trabalhem para pagar pelo seu sustento, pois isso ajuda na sua recuperação. Mas não é somente com o discurso da falta de escola, de educação que vamos resolver o problema da criminalidade. Pelo contrário: precisamos começar a valorizar mais as forças policiais e o cidadão que quer se defender.

Aliás, a maior parte dos brasileiros – mais de 60% da população que votou e, no caso dos gaúchos, quase 90% – votou a favor da manutenção do direito de defesa do cidadão, de poder possuir uma arma para se defender do mal. Mas o que aconteceu foi um desrespeito das autoridades, sobretudo federais, baseadas numa ideologia que acha que a paz pode brotar, simplesmente, a partir de boas intenções. Mas o que se vê são os cidadãos à mercê dos bandidos.

Pois digo, meus caros deputados: se a população de bem capixaba pudesse andar armada, pudesse estar agora neste momento com condições de enfrentar a bandidagem, que inclusive surge no próprio seio da sociedade, não haveria um caos tão grande. Haveria caos também, porque a Polícia Militar é a principal responsável pela segurança, mas não seria o mesmo caos que estamos lamentavelmente vendo hoje no Espírito Santo.

Minha solidariedade a cada capixaba. Nos últimos quatro dias, houve mais de 70 mortos. Minha solidariedade aos gaúchos. Somente em janeiro, houve mais de 200 mortos em virtude do crime. Precisamos dar a volta por cima. Preso precisa pagar os custos do seu encarceramento com trabalho, para que a sociedade não pague duas vezes: uma quando o crime é cometido, quando o cidadão é assaltado, roubado ou mesmo morto, e uma segunda vez quando há uma pessoa dentro de um presídio em péssimas condições.

Conseguiremos inclusive melhorar as condições dos presídios garantindo trabalho digno a quem está lá dentro e ajudando na reinserção

---

[8] Refiro-me, evidentemente, a movimentos que não oferecem solução, nem mobilização permanente, apenas aparecem quando ocorrem tragédias na área da segurança pública e são eivados de ideologia e partidarismo. Em contraposição a esse tipo de movimento, existem sérias organizações comunitárias que realizam ações permanentes em favor da segurança pública. Como exemplo, cito sempre o Movimento #Paz da cidade de Novo Hamburgo, que há anos dedica-se à causa da segurança na cidade e na região (Saiba mais: https://goo.gl/oxEZ2T).

social. Sobretudo, precisamos priorizar a segurança pública, inclusive no meu município, Dois Irmãos, onde hoje de manhã o jornal *O Diário* noticiou que o Corpo de Bombeiros poderia funcionar apenas nos dia ímpares em ocorrências externas. Espero eu que graças à nossa intervenção ao longo deste dia, inclusive junto ao secretário de Segurança, essa situação seja revertida para garantir à comunidade de Dois Irmãos a segurança que merece.

A credibilidade do Exército Brasileiro como instituição

O Dia do Exército costuma ser saudado na Assembleia Legislativa com um Grande Expediente. No ano de 2017, a honra de conduzi-lo coube à deputada Liziane Bayer (PSB). Em nome da bancada do Partido Progressista, fiz aparte ao seu discurso mencionando a credibilidade inconteste da instituição militar entre os brasileiros.

Alguns meses após este meu discurso eu recebia, com muita honra, a distinção como colaborador emérito do Exército Brasileiro no Dia do Soldado, 25 de agosto. No ano seguinte, pouco depois de deixar a Assembleia Legislativa, mais duas condecorações valiosas e inestimáveis: fui agraciado com as medalhas do Exército e da Ordem do Mérito Militar, as mais altas honrarias concedidas pela valorosa instituição. Muito obrigado, Exército brasileiro!

18 de abril de 2017

Saúdo o presidente da Assembleia, deputado Edegar Pretto e, imediatamente, V. Exa., deputada Liziane Bayer, proponente deste Grande Expediente que me concede a alegria de, em nome do meu partido e da Bancada do Partido Progressista, celebrar o Dia do Exército.

Permita-me saudar o comandante do Comando Militar do Sul, general de exército Edson Leal Pujol; o comandante da Ala 3 da Aeronáutica, major-brigadeiro do ar Jeferson Domingues de Freitas; o comandante da 3ª Região Militar, general de divisão Valério Stumpf Trindade; o chefe do Estado Maior do Comando Militar do Sul, general de divisão Douglas

Bassoli; o representante do 5º Distrito Naval, capitão dos Portos de Porto Alegre, capitão de mar e guerra Amaury Marcial Gomes Júnior; o general Edson Goulart, ex-secretário de Estado da Segurança Pública; as pessoas ordeiras que se encontram nas galerias; e o coronel [Marcelo] Cantagalo [dos Santos], que tem sido um importante elo entre os parlamentares e as Forças Armadas.

O Exército é importantíssimo para a nossa Nação porque é o guardião, como instituição, da nossa Constituição – assim como nós deputados estaduais juramos cumprir e respeitar a Constituição Federal e a Constituição do Estado – e tem feito por merecer a credibilidade dos cidadãos brasileiros.

Em tempos de crise institucional é muito bom vermos que há instituições que passam incólumes. Há o reconhecimento popular de todos os brasileiros de que o Exército não falha quando é chamado.

É muito bonito ver todas essas pessoas, cidadãs e cidadãos brasileiros, nas galerias assistindo em ordem à sessão. Justamente porque essas pessoas estão preparadas para uma eventual necessidade de guerra, o que felizmente não é o caso do Brasil. Estão respeitosamente acompanhando os trabalhos desta Assembleia Legislativa como convém, como se deve esperar de uma instituição respeitada.

Não é à toa que nós, deputados estaduais, saudamos a importância do Exército na garantia das liberdades individuais, da democracia e da Constituição, que precisa ser respeitada hoje, assim como foi respeitada no passado e como deverá ser sempre.

PT, PCdoB e PSOL: "Mancomunados com a criminalidade?"

Havia empresário querendo DOAR dinheiro para melhorar a segurança pública, querendo criar um fundo privado que ajudaria a aparelhar as polícias e outros órgãos de segurança, mas o PT, o PSOL e o PCdoB insistiam em não dar acordo para que fosse publicada na na Ordem do Dia da Assembleia Legislativa a lista dos projetos enviados pelo Executivo. Na Assembleia, regimentalmente, é necessário que um número mínimo de bancadas dê acordo para que ocorra a votação de projetos de lei em plenário, mas a esquerda recusava-se, semana após semana, a dar acordo para projetos que viriam a minimizar os problemas na área da segurança pública. Enquanto isso, pessoas continuavam roubadas, assaltadas e assassinadas por todo o Rio Grande do Sul. Líderes de esquerda gostam de falar muito em segurança - como, aliás, arrogam-se únicos entendedores de todas as demais áreas -, mas na hora "H" viram as costas para o cidadão acuado pela violência.[9]

7 de dezembro de 2017

Já que a pauta é segurança pública, gostaria aqui de lamentar, profundamente, o fato de que, ontem, três bancadas deste Parlamento (as de sempre, PT, PCdoB e PSOL) não deram acordo para que fosse publicada a lista de projetos da área de segurança pública, a fim de que pudéssemos, o quanto antes, aprovar aqui neste plenário projetos urgentíssimos. Vejam bem: a criação de um fundo com recursos da iniciativa privada, que já paga muito imposto para manter a máquina pública funcionando, está entre esses projetos de lei encaminhados aqui para a Assembleia Legislativa, cuja publicação foi vetada pelo PT, PCdoB e PSOL.

Há empresários querendo doar dinheiro para o Estado, a fim de equipar as polícias, para dar condições aos brigadianos, para comprar veículos e armamentos, para equipar a Polícia Civil, o IGP, para melhorar as condições da Susepe. No entanto, PCdoB, PSOL e PT foram contra – representados, respectivamente, pelos seus líderes: Manuela d´Ávila, Pedro Ruas e Stela Farias. Não deram acordo para que se votasse o quanto antes a criação de um fundo para viabilizar o recebimento de dinheiro da iniciativa privada.

Outro projeto que está entre esses 13 projetos – maldito número 13, mas neste caso, bendito – encaminhados para a Assembleia Legislativa, é um que isenta de ICMS as compras para a área da segurança pública. Mas PT, PCdoB e PSOL não deram acordo para que esses projetos viessem ao plenário. Isso tudo precisa ser dito, porque gostam de falar que defendem segurança pública. Gostam de falar que há uma crise no Estado e que não se faz nada. No entanto, quando há a possibilidade de darem acordo para a publicação desse tipo de matéria, não dão. Ou o projeto que previa a volta de brigadianos, policiais civis, funcionários da segurança pública aposentados para auxiliar na área administrativa, a fim de viabilizar que houvesse mais policiais nas ruas para defender a população. Esse é outro dos projetos para o qual não deram acordo.

---

[9] Assista no Facebook: https://goo.gl/PZyXov

Sabem o que um eleitor me perguntou? *"Será que não estão mancomunados com a criminalidade? Será que não são cúmplices da bandidagem?" "Esses líderes – Stela Farias, Manuela d´Ávila e Pedro Ruas – do PT, PCdoB e PSOL, não estariam reunidos para impedir que esses projetos sejam discutidos na Assembleia Legislativa?" "Será que não há uma cumplicidade que vai além dos direitos humanos, como gostam de dizer que defendem, mas, na verdade, defendem apenas, via de regra, para quem é criminoso?"*

Eu fico indignado como cidadão – indignado! –, porque a minha pauta prioritária como liberal é de que o Estado precisa se centrar, sobretudo, sobre segurança pública. Fico indignado que haja quem impeça a discussão neste plenário e a aprovação de projetos para melhorar a segurança pública no estado do Rio Grande do Sul.

Isso precisa ser dito aqui. Os nomes precisam ser repetidos: deputada Manuela d'Ávila, representando a bancada do PCdoB; deputado Pedro Ruas, representando a bancada do PSOL; e deputada Stela Farias, representando a bancada do PT; ontem, na reunião de líderes, uniram-se e não deram acordo. Segundo diz o Regimento Interno, se três partidos não quiserem dar acordo para a publicação, ela não ocorre. Pois esses partidos não deram acordo, gaúchos e gaúchas, para que esses projetos pudessem ser aprovados o quanto antes.

Pessoas estão sendo mortas dia a dia por causa da criminalidade, roubadas, assaltadas, furtadas, assassinadas – assassinadas! –, e este Parlamento, por meio dessas três bancadas, vai levar ainda mais tempo para discutir aquilo que já poderia, inclusive, estar pautado para discussão e votação.

Fica aqui a minha indignação e minha repetição: sempre que PT, PCdoB e PSOL se reúnem, não dá em coisa boa. Em geral, estão reunidos e votando contra todos os projetos que podem colocar o estado num rumo melhor, e, mais uma vez, não deram acordo para que se discutisse aqui, nesta Assembleia Legislativa, o quanto antes, segurança pública.

Quero informar a todos que uma emenda de minha autoria a um dos projetos está sendo protocolada, em parceria também com o deputado Ronaldo Santini (PTB), que encaminhou uma proposição nesta Casa de uma lei de incentivo à segurança pública. Estamos pedindo apoio de todos os deputados para mais recursos da iniciativa privada, por meio de uma lei de incentivo à segurança pública, talvez a única que seja justificável como lei de incentivo. Estamos protocolando esta emenda para que o cidadão ou o empresário, se preferirem, possam deixar de pagar o ICMS diretamente para o cofre do Estado, pois muitas vezes esse recurso vai para áreas não prioritárias, e possam destinar à segurança pública – que é a prioridade número um.

Estamos propondo isso, mas é urgente que se debata. Não adianta pedir apoio à emenda, se os projetos não estão podendo ser debatidos aqui, se os projetos não podem ser discutidos aqui, graças ao PT, ao PCdoB e ao PSOL, graças à deputada Stela Farias, à deputada Manuela d'Ávila e ao deputado Pedro Ruas – os três juntos – que, ontem, não permitiram que fosse analisado, o quanto antes, esse pacote em favor da segurança pública do estado do Rio Grande do Sul. [...].

Parte VI

Uma Voz Contra o Marxismo Cultural

Introdução
O socialismo morreu: o marxismo cultural tenta mantê-lo vivo

Paulo Roberto de Almeida*

Qualquer pessoa medianamente bem informada – ou seja, educa-
da em algum sistema formal de ensino, ou pelo menos alfabeti-
zada, acompanhando o noticiário corrente pelos meios de comunicação disponíveis, conhecedora de um mínimo de História do Brasil
e do mundo – sabe que o socialismo morreu. Socialismo aqui deve
ser entendido como propostas ou projetos de engenharia social, em-
preendidos a partir de uma base teórica – os escritos de Karl Marx
(1818-1883) e Friedrich Engels (1820-1895) – e de exercícios de política prática, por meio de partidos e movimentos voltados para a
conquista do poder – a exemplo de líderes comunistas como Vladimir
Lenin (1870-1924), Josef Stalin (1878-1953) e Mao Tsé-Tung (1893-
1976) – e cujo resultado mais evidente foi uma imensa tragédia social
no decorrer do século XX: estatísticas compiladas por historiadores
de renome colocam a conta dos empreendimentos comunistas na casa
dos 100 milhões de mortos, em diversos continentes.

Esse socialismo, mais comumente chamado de comunismo,
tomava como ponto de partida as teses de Jean-Jacques Rousseau

---

* Diplomata de carreira; doutor em ciências sociais, mestre em economia
internacional; professor de Economia Política no Uniceub (Brasília); blog
Diplomatizzando.

Nota do Autor: O professor Paulo Roberto de Almeida deu-nos o privilégio de uma
visita à Assembleia Legislativa no início de 2017. A pedido meu e da nossa equipe,
o professor deslocou-se de Brasília para ministrar palestra, na companhia de Percival
Puggina, para novas lideranças políticas no estado do Rio Grande do Sul. Seu
desprendimento e humildade não combinam com a costumeira soberba com que muitas
vezes identificamos aqueles que mantêm intensa vida acadêmica – para não mencionar
seu vasto conhecimento, do que é prova explícita este prefácio, gentilmente escrito
para este livro.

(1712-1778) sobre as origens das desigualdades sociais – que ele colocava na propriedade privada –, amplificou suas demandas igualitárias nas demandas mais radicais da Revolução Francesa sobre a construção da igualdade social com base no poder do Estado, passou pelo Terror da guilhotina contra aqueles que eram julgados "inimigos do povo", manifestou-se filosoficamente na primeira metade do século XIX nas propostas dos chamados "socialistas utópicos" – tal como designados por Karl Marx – e consolidou-se doutrinalmente nos escritos de filosofia política de Marx e Engels, começando pelo *Manifesto do Partido Comunista* de 1848, que pregava a "luta de classes" para derrubar o "Estado da burguesia" e para instaurar por meio da luta revolucionária do proletariado uma sociedade sem classes, com a abolição completa da propriedade privada e a atribuição de todo o poder a um "Estado democrático", que se encarregaria de construir a sociedade ideal, aquela baseada no trabalho de cada um, "segundo suas capacidades", e a garantia de meios de vida a qualquer um, "segundo suas necessidades".

Essa utopia revolucionária de uma sociedade sem classes, radicalmente justa e igualitária, cujo sistema político prometia o desaparecimento progressivo do "Estado dos trabalhadores", substituído pela "administração das coisas", como pretendia Engels, nunca teve nenhuma condição de ser estabelecida, pelo menos sem que a implantação e o funcionamento de tal sistema de organização social e política requeresse graus inéditos de violência, como foi efetivamente o que se passou, quando revolucionários influenciados pelas ideias da dupla tentaram colocar em prática esses gigantescos projetos de engenharia social. Esse vasto empreendimento de transformação sistêmica começou pela Rússia, em 1917, foi tentado em diversos outros países com fracassos espetaculares na primeira metade do século XX, e só conseguiu ser implementado na sequência imediata da Segunda Guerra Mundial, pela força do Exército Vermelho na Europa central e oriental, e na China como consequência da invasão japonesa e da guerra civil deslanchada pelos comunistas contra um governo corrupto e militarmente ineficaz. Alguns outros poucos exemplos se manifestaram aqui e ali, sempre com altas doses de violência contra aqueles que se opunham ao monopólio do poder por um único partido, e rotundos fracassos econômicos em todos os casos.

Esse é o segundo aspecto da utopia marxista, o de suas propostas econômicas, que muitos ainda consideram possuir algum sentido "legítimo", ou historicamente "justificado", em vista de supostas "contradições" do capitalismo: crises, desigualdade, concentração de renda, exclusão, desemprego e pobreza. Marx acreditava que o "modo de produção burguês" estava inevitavelmente condenado ao desaparecimento, por se basear na "exploração dos trabalhadores" – via "extração da mais-valia", uma tese que não possui qualquer consistência econômica – e por aprofundar a polarização social, ao conduzir a sociedade à dominação de um punhado de ricos de um lado, os capitalistas, e da maioria de trabalhadores oprimidos e explorados, de outro. A solução, segundo ele, seria a estatização, depois a coletivização, de todos os meios de produção, e a operação de uma economia administrada pelos próprios trabalhadores. Lênin deu um passo adiante ao tentar implementar essas teses desprovidas de qualquer fundamento empírico de Marx: ele, que era um gênio em política, mas um completo ignorante em economia, decidiu simplesmente abolir os mercados, em favor de um sistema de planejamento centralizado, administrado por burocratas. Obviamente não deu certo, e levou a Rússia à sua primeira "epidemia de fome" (haveria outras), o que interrompeu provisoriamente o experimento e levou a uma "Nova Política Econômica", com funcionamento parcial dos mercados.

Interessante notar que, nessa mesma época, entre 1919 e 1920, um jovem economista austríaco, Ludwig von Mises (1881-1973), que tinha sido socialista antes da Grande Guerra, ao observar as propostas socialistas e o experimento comunista de Lênin, escreveu um "panfleto" econômico, cuidadosamente intitulado *O Cálculo Econômico na Comunidade Socialista*, no qual ele contestava a possibilidade de funcionamento de um sistema econômico que dispensasse os preços de mercados e pretendesse organizar a produção unicamente a partir de preços administrados por burocratas do Estado. Um sistema desse tipo, disse Mises, seria impossível de funcionar em bases racionais, justamente devido à inexistência de cálculo econômico com base na raridade relativa dos insumos, ou seja, dos fatores de produção. O que sabemos, depois disso, foi que Stalin foi capaz de colocar um elefante a voar, ou seja, fazer o socialismo "funcionar", mas ao custo de milhões de mortos, de uma opressão tão descomunal que o comunismo soviético pode ser equiparado à reprodução moderna de um gigantesco modo escravista de produção, com níveis baixíssimos de consumo popular. Essa, aliás, junto com a total falta de liberdade política, foi a causa da implosão e derrocada final do modo socialista de produção, nunca qualquer derrota para os inimigos ocidentais, ou os capitalistas das economias de mercado, que por acaso estavam financiando todos os regimes socialistas durante a maior parte do pós-guerra.

O socialismo de tipo soviético, e suas derivações terceiro-mundistas – hoje reduzidos a dois pequenos resquícios de completa tirania –, foi, portanto, um completo fracasso, e não há ninguém que possa contestar essa realidade, nem mesmo o PCdoB. A China pós--Mao, teve a "sorte" de contar com mandarins comunistas mais esclarecidos, que deram a partida ao mais gigantesco experimento de transformação social da era moderna, com base numa economia de mercado, ainda que dominada por um sistema autocrático de partido único, mas dispondo de mais liberdade de empreendimento, e de menor "opressão tributária" estatal, do que o supostamente capitalista Brasil. Não se conhecem, na atualidade, propostas sérias – isto é, fora dos delírios universitários que conhecemos bem – de retorno à economia planificada centralmente, o que confirma, portanto, a primeira frase do título: o socialismo morreu.

O fracasso de propostas utópicas de organização política e social, de projetos pouco racionais de organização da produção e distribuição de bens e serviços, não significa, porém, o desaparecimento das ideias que lhes deram origem. Ideias são muito mais poderosas do que se pode pensar, mais "permanentes" do que empreendimentos eventuais que delas partiram para algum exercício concreto de implantação efetiva, mas seguido de sua derrota prática. Aqui cabe considerar que o marxismo foi, parcialmente acompanhado pelo freudismo, a mais poderosa ideologia política e social do século XX, e se prolonga no século XXI, mesmo sem qualquer regime socialista digno desse nome, mas com base nas ideias relevantes vindas da vertente rousseaniana do Iluminismo, agregado das pregações igualitárias da Revolução Francesa, passando obviamente pela filosofia social marxista, até chegar na doutrina política do leninismo derrotado, o marxismo *soft* de Antonio Gramsci (1891-1937). O comunista italiano revisou a doutrina leninista com base na leitura de Nicolau Maquiavel (1469-1527) – não só *O Príncipe*[1], mas também os *Discursos da Primeira Década de Tito Lívio*[2] – e de outros clássicos, e daí formulou uma estratégia de conquista suave do poder, pela via da

---

[1] MAQUIAVEL, Nicolau. *O Príncipe*. Martins Fontes, 3ª ed. 2004, São Paulo.

[2] MAQUIAVEL, Nicolau. *Discursos sobre a primeira década de Tito Lívio*. São Paulo: Martins Fontes, 2007.

penetração nos principais aparelhos do Estado, dispensando o *putsch* leninista e formulando as bases da apropriação gradual do poder.

O gramscismo é esse marxismo cultural disseminado ampla-mente no Brasil pós-derrota da esquerda tradicional em 1964, ao lado de alguns empreendimentos leninistas, castristas e maoístas que fo-ram evidentemente derrotados pela força superior do Estado militar. A estratégia transmutou-se na conquista gradual, quase imperceptível, desses aparelhos do Estado – na área educacional, por exemplo – e das diversas correias de transmissão da ação do Estado, ou seja, o corpora-tivismo dos mandarins do Estado e sua expressão social, os sindicatos. Eles passam a disseminar um marxismo vulgar – que tem pouco a ver com a doutrina original marxista – e um esquerdismo simplório, mas que alcança razoável sucesso político e eleitoral pelas mesmas razões pelas quais partidos socialistas ou socialdemocratas são ainda bem votados atualmente: eles prometem igualdade de condições, justiça social, políticas públicas redistributivas, amplos canais de assistência, medidas setoriais de proteção de grupos de interesse, enfim, a "sopa política" de promessas generosas e de reivindicações "justas", que são amplamente bem acolhidas por um eleitorado sumariamente instruído ou informado.

Essas características da política brasileira – igualmente en-contradas em diversos outros países, sobretudo na América Lati-na – foram muito bem percebidas pelo jovem deputado Marcel van Hattem, e isso se reflete plenamente nas intervenções em plenário cole-tadas nesta parte sobre o "marxismo cultural". Os contendores de um diálogo quase sempre unilateral – uma vez que seus argumentos nunca são respondidos ou rebatidos por aqueles com os quais ele se confron-ta no plenário e nas ruas – são os típicos representantes do grams-cismo vulgar que domina a esquerda brasileira desde várias décadas: os sindicalistas da educação, os militantes do politicamente correto, os defensores de privilégios corporativos, os agitadores das novas cau-sas das minorias, raciais ou de gênero. Num ambiente já amplamente dominado pelo agenda do politicamente correto – e que constrange a maior parte dos demais políticos contrários aos delírios dos militantes acima designados –, Marcel van Hattem tem a coragem e a ousadia de contraditar os defensores dessas causas sem futuro, de desmentir seus argumentos capciosos, e de enfrentá-los na palavra e na escrita, se preciso nas ruas.

Todos os representantes do marxismo cultural, do gramscismo vulgar, da idiotice do politicamente correto são por ele alvejados nestas intervenções em plenário, e o que é mais notável, é que tudo é feito de improviso, no calor da hora, sem maiores elaborações teóricas ou históricas, como eu mesmo fiz nos parágrafos precedentes. Esta é a diferença entre os verdadeiros estadistas e os simples acadêmicos, entre os quais eu me incluo: o estadista seminal, como eu designaria Marcel van Hattem, é capaz de, no embate do momento, encontrar o argumento correto para desmontar o discurso e as propostas dos marxistas culturais.

O aspecto que eu mais destacaria, sobre os "combates puramente conjunturais", como do *"Queermuseu"* em Porto Alegre – mas que é revelador das expressões mais delirantes do politicamente correto, que tende a se espalhar no país, como várias outras tendências idiotas de nossa época –, é o do desmoronamento das instituições de ensino, seja pela influência nefasta das ideologias gramscianas amplamente dominantes nesses meios, seja pela ação quase mafiosa dos sindicatos de professores (sobretudo do ensino médio, mas também encontrável no terceiro ciclo), um processo que nos condena ao descalabro pedagógico e à mediocridade no desempenho educativo, incidindo, portanto, sobre o futuro previsível da produtividade em nosso país. Essa erosão da qualidade do ensino no Brasil – em praticamente todos os níveis, do pré-primário ao pós-doc – tem basicamente duas origens: de um lado o efeito nefasto da "pedagogia do oprimido", uma herança nefasta daquele que foi elevado à condição de "patrono da educação brasileira" pelo regime companheiro, Paulo Freire (1921-1997); de outro, a ascensão e o "empoderamento" – esse horrível conceito da terminologia politicamente correta – dos sindicatos de mestres e professores, o que aliás corresponde inteiramente à ideologia predominante durante o regime petista, que foi uma repetição mais bem sucedida da natimorta "República Sindical" do início dos anos 1960.

De certa forma, ainda vivemos sob a "República Sindical", e ela é evidente no corporativismo exacerbado sob o qual vivemos, a partir de um Estado omnipresente e onipotente (mas obviamente não onisciente). Na outra ponta, a organização pedagógica brasileira ainda é dominada pela ideologia do "freirismo" educacional, um conjunto de banalidades políticas – de inspiração maoísta, cabe esclarecer – que desvinculam o ensino brasileiro de suas funções básicas: formar as crianças e jovens no ensino da língua, das matemáticas e das ciências elementares. Os exames do PISA demonstram a total inconsistência, na verdade, o fracasso da educação brasileira, e isto é uma tragédia superior a qualquer crise fiscal ou recesso econômico. Louvo o combate do deputado Marcel van Hattem nesta área absolutamente crucial para o futuro do Brasil e dos brasileiros. Os verdadeiros estadistas são aqueles que focalizam os problemas reais e levam toda a sua capacidade de ação ao enfrentamento direto da questão.

O marxismo cultural representa um dos maiores desafios ao desenvolvimento do Brasil, na medida em que ele é uma tentativa de sobrevivência do socialismo, mas baseado em mentiras, meias verdades, diagnósticos simplistas da realidade, e prescrições totalmente equivocadas para a solução dos nossos problemas. Um dos exemplos mais evidentes dessas tendências nefastas é o chamado "afrobrasileirismo", uma importação de teses já equivocadas em sua origem – a ideologia *African – American nos Estados Unidos* – e que pode estar provocando o nascimento de um novo tipo de *Apartheid* no Brasil, o que separa os supostos "afrodescendentes" de todos os demais brasileiros; ele também é combatido corajosamente pelo deputado Marcel van Hattem, o que é mais uma evidência de sua postura de estadista, o líder político que não hesita em se contrapor aos desatinos da conjuntura em prol de uma concepção mais elevada da sociedade e da cultura brasileira.

O combate apenas começou: o deputado Marcel van Hattem passa agora a ocupar uma tribuna em âmbito federal e nela certamente se distinguirá nos anos à frente. Sua trajetória apenas começou; as amostras aqui presentes demonstram que ele trava o bom combate: o da racionalidade econômica, da qualidade da educação, da defesa da dignidade humana em face do primitivismo dos particularismos que estão fragmentando o conceito de direitos humanos. Trata-se também de uma defesa corajosa da verdade política, do sentido não corporativo das políticas públicas, da noção correta de bem comum, contra o assalto dos novos bárbaros gramscianos contra a sociedade e o Estado no Brasil. Meus votos de pleno sucesso nas próximas etapas de sua luta.

Erros, equívocos? Não! O comunismo cometeu crimes, atrocidades

Socialistas, marxistas e comunistas nunca assumem que suas utopias não deram certo em nenhum lugar do mundo. Repetem, sempre, que o que houve foram apenas "erros", ou "equívocos". Foi o que a deputada Manuela D'Ávila (PCdoB) fez antes de eu subir à tribuna para desconstruir seu discurso. Erros, equívocos? Sim. Mas, na verdade... Não! Foram mais do que erros e equívocos. O comunismo, assim como o nazismo e o fascismo, têm em sua macabra história o cometimento de crimes e de atrocidades[3].

5 de março de 2015

Só quero dizer que a deputada Manuela d'Ávila tem razão, quando diz que o comunismo ou o marxismo cometeu erros, equívocos. Eu os chamaria de crimes, atrocidades; afinal, foram 100 milhões de mortes na História Mundial. Mas a deputada Manuela tem razão quando diz que foram cometidos em outros países e também em outros tempos.

Acrescentaria que o comunismo e o marxismo continuam cometendo erros, equívocos; na verdade, crimes, atrocidades nestes tempos e em países que ainda existem, como Cuba e Coreia do Norte. Cabe a nós não permitirmos que esses erros, equívocos – na verdade, atrocidades, crimes – ocorram nestes [nossos] tempos e no nosso país. Muito obrigado.

Que o Estado não se meta!

Esta é certamente uma das minhas falas que mais repercutiu. Tratava-se da discussão do Plano Estadual de Educação, para dentro do qual a militância esquerdista havia contrabandeado uma série de "debates" sobre ideologia de gênero nas escolas do Rio Grande do Sul. Recomendo fortemente ao leitor assistir à fala filmada e postada no meu Facebook ou no YouTube. Fizemos inúmeras emendas ao projeto, retirando todas as expressões que envolviam ideologia de gênero nos currículos escolares e, ao final, apenas as bancadas

[3] Assista no Facebook: https://goo.gl/Lgp3xg

do PT, PCdoB e PSOL votaram contra a emendas ao Plano Estadual de Educação. O Estado não deve se meter naquilo que cabe à educação familiar[4].

23 de junho de 2015

[Antes ainda de começar minha fala na tribuna, há uma imensa balbúrdia: vaias e muita estupidez dos representantes da UNE, UJS (braço infanto-juvenil do PCdoB) e CPERS (sindicato dos professores do Rio Grande do Sul) não querem permitir que opiniões diferentes das suas sejam manifestadas. O então presidente da Assembleia, Edson Brum (PMDB) faz soar a campainha e adverte]

– Solicito aos visitantes que respeitem os oradores na tribuna. Se houver ofensa ao parlamentar, não me resta outra alternativa a não ser esvaziar as galerias. Estamos pedindo a colaboração de todos, para que se manifestem somente após o discurso do orador. Deputado Marcel van Hattem, a palavra está à sua disposição.

[Começo, então, a falar, dirigindo-me diretamente àqueles que me ofendiam e gritavam contra mim desde as galerias da Assembleia]

Senhor presidente, gostaria de iniciar dizendo que, se as vaias vêm da UJS, da UNE e do CPERS, elas, na verdade, muito me honram, porque, no momento que for por eles aplaudido, ou estou muito errado ou eles mudaram muito para melhor. Portanto, mais amor, menos ódio. É isso que queremos aqui, neste plenário.

[Pelo visto, não gostaram da minha saudação inicial, pois a manifestação das galerias novamente foi enorme, fazendo com que eu aguardasse para que pudesse prosseguir. Quando decidi continuar, falei:]

Eu gostaria de dizer – atenção, atenção, meus colegas deputados! – que é exatamente isto que o PT quer, é isto que a esquerda quer: dividir a sociedade, dividir o povo brasileiro, dizer que há diferenças entre posturas, porque uns não concordam com a visão totalitária de mundo deles, e outros defendem, sim, uma visão democrática e livre de mundo.

[Mais manifestações nas galerias – recomendo assistir a este discurso pelos links no rodapé para que o leitor tenha uma noção mais clara de como foi tensa a sessão]

---

[4] Confira no Facebook: https://goo.gl/gFw9t9

É talvez uma forma de o PT jogar uma cortina de fumaça sobre todas as barbaridades que cometem em Brasília, a corrupção e tudo que leva o país a essa situação falimentar em que vivemos hoje. Os debates feitos sobre ideologia de gênero nos órgãos aparelhados pelo PT, pela esquerda radical e pelas minorias que representam apenas interesses próprios, não representam a sociedade brasileira.

[Manifestações nas galerias, desta vez, em apoio, pois no lado direito das galerias havia muitos representantes da sociedade civil, pais e professores, contra a doutrinação em sala de aula]

Em uma democracia representativa, o Estado de Direito, onde se respeitam as liberdades individuais, é este Parlamento que representa a sociedade brasileira, que é contra a ideologia de gênero.

[Mais uma vez, efusivas manifestações nas galerias, também em apoio à minha fala – algo raro, aliás, dentro do Parlamento que normalmente está tomado pelos sindicatos e por movimentos de esquerda]

A Carta Magna e fundante da sociedade brasileira diz, no seu inciso IV do artigo 3º, que é objetivo fundamental da República Federativa do Brasil "promover o bem de todos, sem preconceitos de origem, raça, sexo, cor, idade e quaisquer outras formas de discriminação", inclusive qualquer discriminação contra a família brasileira. É dever da família educar seus filhos e do Estado garantir essa liberdade. Por isso, os senhores que aqui estão [referindo-me a quem estava à direita, contrariamente à inclusão da ideologia de gênero no Plano Estadual de Educação], com suas vozes entaladas nas gargantas, ouvem os parlamentares contrários à ideologia de gênero e aplaudem a todos aqui nesta tribuna.

A sociedade brasileira, assim como a humanidade, tem individualidades. As pessoas são diferentes entre si. Querer dentro da escola doutrinar as crianças, dizendo que homem não é necessariamente homem, que é um constructo sociológico, e mulher não é necessariamente mulher, querer incutir isso na cabeça de crianças indefesas é um crime, é uma afronta!

[Mais manifestações de apoio nas galerias à direita]

Aliás, como é crime, é uma afronta o que fez o governo federal ao desrespeitar a soberania do Parlamento brasileiro, dizendo para estados e municípios fazerem diferentemente daquilo que o legislador nacional tinha aprovado no Congresso. É crime da presidente Dilma, é crime do PT, é crime contra a sociedade brasileira!

Enquanto discutimos aqui ideologia de gênero, nossas crianças sofrem nos bancos escolares, porque não têm aulas de Português e de Matemática à altura do que merecem, e quem diz isso são os índices dos países mais respeitados internacionalmente. Preciso dizer aqui que não apenas sou contra a ideologia de gênero ensinada nas escolas, mas que não quero que o Estado se meta! O que o Estado deve fazer – e cito aqui Percival Puggina –, além de ensinar conteúdos curriculares como Português, Matemática, Geografia e História sem doutrinação – aliás, falha clamorosamente no ensino desses conteúdos –, é ensinar a não discriminar, é ensinar o respeito mútuo e a responsabilidade.

Essa divisão só interessa a quem divide, não aos gaúchos. Portanto, sou contra a ideologia de gênero. E, no mais, que o Estado não se meta!

As bolinhas de papel do CPERS

No dia anterior a este discurso, a 14 de julho de 2015, fui atacado verbalmente (como de costume), no plenário da Assembleia, por sindicalistas travestidos de professores. Mas a novidade foi que eles também me atacaram fisicamente – de forma infantil, é bem verdade, a exemplo do que fariam maus alunos: jogando bolinhas de papel das galerias na minha direção. O que os maus professores não esperavam é que eu fosse, mais tarde, abrir uma a uma as bolinhas de papel atiradas em mim e fosse descobrir o que eu descobri...[5]

15 de julho de 2015

Peço a atenção dos senhores e das senhoras para aquilo que vou ler.

"Construir uma avaliação da disciplina durante o semestre.

1 - Aluno-turma: é muita bagunça, briga, discussão. Temos que melhorar mais a postura, parar com o bate-boca com os professores.

2 - Professor-escola: os professores têm que parar de faltar à aula. E tem um professor que não passa as coisas corretas no quadro.

---

[5] Entenda o caso: https://goo.gl/gxqMWh
Assista no Facebook: https://goo.gl/dRcwZS ou no Youtube: https://goo.gl/dmqVEH

Construir avaliação da disciplina durante o semestre:
Aluno-turma: os alunos, alguns, são bem educados, outros são mal educados, e a turma, às vezes, está bem agitada, mas às vezes está bem calma.
Professor-escola: os professores, alguns, são ótimos professores, outros não sabem nem dar aula. Alguns faltam mais do que os alunos. A escola tem uma educação boa.
Conteúdo: o conteúdo é bom, alguns, mas alguns não têm nada a ver com a disciplina.
Eu preciso melhorar; professores têm de faltar menos e dar mais aulas. Minha opinião, resume, enfim, melhorar a turma, o conteúdo, e a professora tem que faltar menos que o normal.

Essas são três avaliações feitas por estudantes em sala de aula – uma delas datada de ontem, 14 de julho de 2015 –, que foram amassadas e atiradas na forma de bolinhas sobre as nossas cabeças pelos militantes sindicalizados do CPERS e de outros sindicatos que estavam aqui. Causa-me muita tristeza esse fato, senhor presidente, por três motivos.

Primeiro, o tratamento que os professores deram à avaliação desses alunos foi absolutamente desrespeitoso. Foi no dia 14, ontem mesmo, que esses estudantes fizeram a avaliação, e os professores, à tarde, estavam aqui neste plenário. Então: quer dizer que não sei nem se deu tempo de os docentes lerem tudo antes de amassarem e jogarem as bolinhas.

Eles não só estavam querendo aqui impor aos gritos as suas vontades, jogando bolinhas de papel, como demonstraram, nesse mesmo ato, a incapacidade de conviver com a crítica dos seus próprios alunos.

Segundo, estarrece-me o próprio teor das avaliações, porque depõem contra os professores que estiveram aqui ontem, quando [uma das avaliações escritas por um aluno] diz que os docentes faltam aulas mais do que os alunos e que não passam o conteúdo correto. Esse excesso de faltas precisa ser apurado.

Terceiro, espantam-me a falta de educação e o desrespeito com este Parlamento aqui. Que moral têm esses docentes para exigir dos estudantes disciplina e respeito em sala de aula? Que moral têm para pedir, inclusive, que não atirem bolinhas em sala de aula e que prestem atenção na explicação, se aqui fazem exatamente o que proíbem? Aqui gritaram ofensas e jogaram bolinhas de papel neste parlamentar e nos demais colegas.

Como disse, presidente, vou dar uma finalidade digna aos papéis em branco atirados: vou utilizá-los como rascunho em meu gabinete. Os que não derem para esse fim, que são alguns panfletos de sindicato, vou mandar para a reciclagem. Alguns, em especial, vou mandar para a imprensa e quero que sejam publicados nos anais desta Casa, para que fique bem claro que

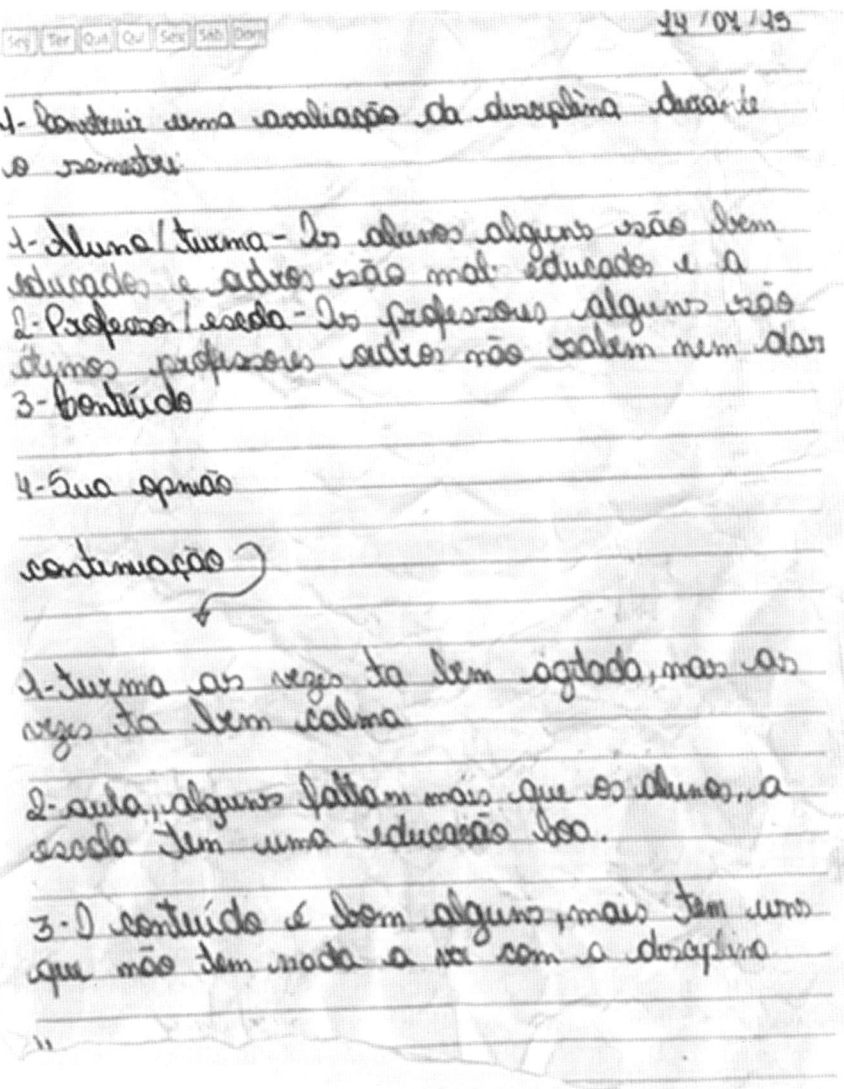

tipo de atitude tiveram esses professores que vieram aqui ontem, desrespeitando este Parlamento e a sua própria profissão, a sua própria classe.

Digo bem claramente, como ex-aluno de escola pública, que fui durante todo o meu ensino fundamental e parte do médio, no meu município, Dois Irmãos, que o CPERS e estes professores aqui não são dignos de se chamarem representantes dos demais – dos bons professores que tive no meu colégio. Não são. Falo isso de peito aberto e com toda a tranquilidade.

Vieram aqui fazer arruaça e desrespeitar este Parlamento. O pleito por melhores salários para o magistério é legítimo e importante. Como sempre digo, a educação, a saúde e a segurança são prioridades do Estado. É por isso que aprovamos uma LDO realista ontem. É nosso desejo corrigir todas as barbaridades que fizeram no passado e apresentar à sociedade, logo ali adiante, um projeto melhor e mais justo de governo.

Os professores – os bons professores! – merecem o nosso respeito. O CPERS, que esteve aqui nestas galerias, presidido pelo PT que prometeu o piso mas não pagou quando governo[6], não representa os docentes, não representa o cidadão de bem e, com certeza, não representa a maioria dos professores e da população gaúcha.

Covardia!

O que o CPERS, PT, PSOL e PCdoB fazem com os jovens nas escolas se assemelha ao que o nazismo fez com os jovens na Segunda Guerra Mundial[7].

19 de maio de 2016

Eu inicio o meu pronunciamento com uma palavra: covardia. Covardia! Minha colega, deputada Zilá Breitenbach (PSDB), professora: o que o CPERS-Sindicato está fazendo com as crianças, com os estudantes, com os jovens do estado do Rio Grande do Sul, é uma covardia. Criminoso o ato de sindicalistas que se utilizam de crianças para fazer avançar a sua pauta política. A pauta do CPERS, que é presidido por uma petista, a pauta da UNE, que é do Partido Comunista do Brasil, não é salário; é revolução, é doutrinação ideológica e aparelhamento dos sindicatos para fins partidários.

É isso o que está acontecendo no estado do Rio Grande do Sul. Não é novidade que façam isso, infelizmente, mas é uma covardia que o façam utilizando agora os alunos; que digam que estão "ocupando" escolas quando o que está acontecendo, na verdade, é uma verdadeira invasão dos espaços públicos.

---

[6] A presidente do CPERS, Helenir Aguiar Schürer, é filiada ao PT e presidente em segundo mandato quando da publicação deste livro.

[7] Assista no Facebook: https://goo.gl/V2KvnV

Estudantes devem ocupar escolas para estudar e aprender a matéria. Por esse motivo, saúdo muito a presença, aqui, na tarde de hoje, do Daniel Ayala, que é estudante do 3º ano do ensino médio da Escola Estadual Ernesto Dornelles, aqui pertinho, próximo da Assembleia Legislativa, e que está preocupado com seus estudos. Afinal de contas, ele irá prestar vestibular no final deste ano para Economia e não pode entrar na escola – isso que ele é presidente do Grêmio Estudantil –, porque discorda da invasão – eu diria da baderna – promovida por esses sindicalistas que estão fazendo algo deplorável com os estudantes que estão aderindo a esse movimento. Os estudantes que estão aderindo não estão percebendo que estão sendo utilizados como massa de manobra por falsos professores.

Quero ler aqui o comentário que recebi no Facebook de Ariel Lucena:

"Olá, Marcel. Sou estudante. Estou no 1º ano do ensino médio, e, hoje, pela manhã, ocorreu uma palestra em minha escola com a UNE e sindicalistas do CPERS. E um jovem, de aparência de 20 anos, da UNE, disse que você tem um projeto: Escola Sem Partido, que é um projeto para roubar a liberdade do professor. Falaram em ocupar as escolas. Também falaram no imperialismo. Criticaram Temer. Tenho apenas 14 anos. Como devo me portar nessas situações?"

Sr. Presidente, esse é o desespero de um estudante que está em busca da verdade, que quer saber o que fazer em uma clara situação de doutrinação ideológica dentro da sala de aula. O que tem a ver o Temer ou o imperialismo com essa discussão que está sendo feita neste momento?

O projeto Escola Sem Partido não visa, não, a impedir o professor de fazer política, mas, sim, quer proibi-lo de fazer politicagem dentro da sala de aula. É por isso mesmo que o projeto Escola Sem Partido precisa ser aprovado. A deputada Stela Farias acabou de entregar de volta o projeto sem relatório, após estar mais de um ano em suas mãos para relatar na CCJ, porque ao PT não interessa uma escola sem partido; pelo contrário, ao PT interessa que a escola e os professores tenham um partido, falem dele e façam doutrinação nas nossas crianças.

Não podemos aceitar isso, assim como não podemos compactuar com o que historicamente aconteceu no mundo. Hitler, nazista, utilizou-se de crianças. Colocou-as no *front* da guerra nos momentos mais decisivos, ao final da Segunda Guerra Mundial, covardemente utilizando-se de pessoas indefesas para defender seu projeto, falido, de poder.

É isso o que está acontecendo neste momento no Rio Grande do Sul e também no Brasil. Acabou a grana para pagar mercenários. Acabaram os argumentos para convencer aqueles que têm miolos. Agora, o PT, a UNE e o CPERS fazem das crianças massa de manobra para o seu projeto político falido. Covardia!

Estudantes a serviço de partidos

Os estudantes que invadiram escolas foram usados como massa de manobra, repetindo a prática de Adolf Hitler com os jovens na Segunda Guerra Mundial. A pauta por melhores condições de ensino não é a prioridade das invasões.

31 de maio de 2016

A culpa é de todos nós que nos omitimos em nosso país, ao longo das décadas, enquanto a militância esquerdista dizia falar em nome do povo – e reforço "o povo" – entre aspas – porque o povo jamais a autorizou a fazer uso dele próprio para seus fins políticos. O povo brasileiro, em geral, hoje, é o mais prejudicado por essas políticas nefastas da esquerda, ao longo das últimas décadas, em especial quando governou em Brasília e, agora, mais recentemente também aqui no Rio Grande do Sul. Porém, a boa notícia é que a sociedade brasileira acordou e percebeu que apesar de ser culpada, a solução também está em suas mãos.

A solução também somos nós. Eles – esta esquerda totalitária, corrupta e incompetente –, eles já não falam mais sozinhos. É verdade que o caminho é longo e tortuoso, mas o temos trilhado guiados pela busca do bem comum, pela defesa das liberdades individuais e pelos valores que sustentaram a civilização. Estamos mudando o Brasil, e as ruas são, sim, prova disso, assim como várias iniciativas que surgiram, demonstrando que estamos virando este jogo.

Nesta Assembleia, propus e estou defendendo a aprovação do Projeto Escola Sem Partido, que visa evitar que o mau professor doutrine, homenageando o bom professor, que defende a pluralidade na sala de aula e ensina matéria demonstrando todos os lados, não apenas um, não apenas defendendo um partido político, como, lamentavelmente, vemos acontecer em uma minoria de professores doutrinadores.

Estamos acordando porque estamos denunciando os jornalistas chapas-brancas, os jornalistas que se utilizam do seu poder de informar para deturpar a informação, para distorcer a realidade. O cidadão está valorizando o jornalista que defende a liberdade, que busca a verdade, ainda mais com tanto acesso à informação nas redes sociais. A política tem sido feita com mais conteúdo e mais sinceridade. Nesse ponto, todos somos responsáveis por sermos mais transparentes na nossa comunicação direta com o cidadão, seja pelas redes sociais, seja na rua, seja aqui mesmo, dentro do parlamento.

Os estudantes estão estudando muito, sim, mas principalmente buscando informações fora das salas de aula, buscando aprimorar o seu conhecimento com uma informação de qualidade, mas também praticando a liderança estudantil, retomando diretórios acadêmicos e DCEs, como tenho visto com muita frequência em muitas universidades. O exemplo disso são os Estudantes pela Liberdade[8], Brasil afora.

Precisamos continuar defendendo o empreendedorismo verdadeiro, com empregadores que realmente respeitem a liberdade de mercado e os direitos dos empregados, e empregados que não aceitem que sindicatos aparelhados digam que eles os estão representando. Essa mudança está acontecendo também na nossa sociedade. Estamos nos pronunciando mais e melhor, veementemente contra essa esquerda totalitária, que tomou conta de muitas instituições e aparelhou muitos espaços de poder no Brasil.

Sim, senhor presidente, sim, meus colegas deputados, sim, povo brasileiro, a culpa pela situação a que chegamos é de todos nós.

---

[8] A rede internacional *Students For Liberty (SFL)*, homônima no Brasil, é um dos maiores exemplos de reação à doutrinação de todo tipo nos campi universitários. Além disso, seus membros têm também feito trabalhos dentro de escolas para levar ciência ao debate estudantil, combatendo as teses marxistas e defendendo a liberdade, o Estado de Direito e a democracia. Em suma: o indivíduo e sua liberdade contra a opressão estatal, política e ideológica. Se você é estudante, recomendo muito uma visita ao site https://www.studentsforliberty.org/brasil/ para saber mais a respeito e descobrir se na sua instituição de ensino já há um grupo formado. Se não houver, estimulo você mesmo a entrar em contato com quem já está envolvido e começar na sua cidade, escola ou faculdade também. Sem dúvida nenhuma, quando do meu retorno ao Brasil em 2013, a existência de diversos núcleos do SFL no Rio Grande do Sul foi determinante para que realizássemos a série de palestras "Imagina DEPOIS da Copa" durante o primeiro semestre de 2014. Estes eventos levaram estudantes universitários estado afora a refletirem sobre princípios, valores e políticas públicas que dão certo no mundo desenvolvido e que, por não serem aplicadas no Brasil, significavam tanto atraso num país que sediaria, em breve, uma Copa padrão FIFA sem serviços públicos com a mesma qualidade.

A culpa é nossa

Mas, felizmente, a solução também está nas nossas mãos. E, somente, nas nossas mãos. É hora de reagirmos[9].

31 de maio de 2016

Venho a esta tribuna para fazer uma reflexão, baseada em um artigo que foi publicado hoje no jornal *Zero Hora* e que gerou muita repercussão.

As escolas públicas no Rio Grande do Sul, neste momento, estão invadidas. Orientados pelo CPERS, pelos partidos políticos como o PT, o PCdoB, os comunistas e o PSOL, os estudantes são utilizados, covardemente, como massa de manobra, conforme já falei desta tribuna – e como, aliás, Hitler fazia com os jovens, na Segunda Guerra Mundial – para, conforme dizem eles, "ocupar escolas" – entre aspas – e não permitir que quem quer estudar e, realmente, quer adquirir conhecimento, possa frequentar esse ambiente educacional.

Venho aqui falar sobre isso, porque a parte justa da pauta dos professores e dos alunos, pedindo melhores condições salariais e melhores estruturas para as escolas, não é, de forma nenhuma, a pauta principal desses movimentos político-partidários aparelhados que hoje estão incentivando essas invasões nos colégios.

Na verdade, seria ingênuo acreditar que essas são as verdadeiras bandeiras dos invasores, pois o negócio dessas lideranças políticas e sindicais é, literalmente, fazer política e conquistar poder. Senhores deputados e sociedade gaúcha e brasileira, precisamos fazer uma reflexão. De quem é a culpa por eles conseguirem manipular essas massas de jovens estudantes em favor desse projeto tão nefasto?

A culpa é nossa, é de todos os professores, é de todos os jornalistas, por exemplo, que seguem princípios e valores de liberdade e moralidade. Os jornalistas, porque deixaram a esquerda tomar as redações e orientar a exposição dos fatos, não pela verdade, mas por narrativas falaciosas e enviesadas, que é o que vemos sendo feito por muitos meios de comunicação, comprando automaticamente essa tese de que houve ocupação, e não uma invasão.

---

[9] Assista no Facebook: https://goo.gl/nFoyaQ

Já os professores, muitos porque permitiram que os sindicatos e os partidos aparelhassem os espaços de aprendizado, transformando-os em centro de formação de militância. Muitos se omitiram nesse processo. Bons professores que deixaram a minoria de maus professores tomarem conta dos sindicatos, que dizem, hoje, representá-los.

A culpa também é mais especificamente nossa, dos políticos que não são alinhados à extrema esquerda, que é raivosa, que é truculenta e que é totalitária. Políticos que deixaram o PT e suas linhas auxiliares deitar e rolar nos parlamentos – nas Assembleias, no Congresso Nacional ou nas Câmaras de Vereadores –, sem que houvesse um contraponto à altura.

A culpa é também de quem achou que somente importava obter um canudo no final do curso, na faculdade, deixando que os centros acadêmicos, ficassem nas mãos de "estudantes" – entre aspas – que se matriculam somente para fazer política nas universidades, que detonam os DCEs, que se apropriam dos diretórios acadêmicos para fazer a revolução, mas não para representar de verdade os estudantes que querem aprender a matéria e obter seus diplomas para serem bem sucedidos.

Também é dos empresários que abriram mão de defender o livre mercado, que se esqueceram de quão empreendedores talvez foram, no passado, para passar a fazer conluio com o governo para obter privilégios específicos.

Também é culpa nossa quando deixamos de alertar nossos amigos sobre as falácias e as distorções de quem acha que o mundo se divide em classes, em cores e em crenças. É de toda a sociedade que se cala nas ruas, no Facebook, ou onde quer que seja para, às vezes, não perder um amigo, quando, na verdade: quem disse que um amigo que quer, muitas vezes, a sua eliminação física por causa do seu pensamento político é de fato seu amigo?

A culpa é nossa quando não declaramos o nosso apoio a quem, realmente, busca a verdade e faz de tudo para que essa verdade prevaleça, deixando que essa esquerda totalitária tenha debochado por tanto tempo da fé alheia, em especial, a fé cristã, relativizando a realidade. Ou quando acaba transformando bandido em vítima, quando acha que luta política se traduz em destruir, e não em construir, ou quando trata como se guerreiros do povo brasileiro fossem os criminosos corruptos que assaltaram os cofres públicos desta Nação.

O jovem tem que saber a verdade sobre a crise do RS

Conversei com jovens estudantes que protestavam por conta do parcelamento de salários a que seus professores estavam submetidos. Pude contar para eles os motivos de Sartori não ter dinheiro em caixa, principalmente pela atuação irresponsável do PT, que votou contra projetos essenciais para recuperar as finanças públicas, como o da redivisão das verbas entre os Poderes. Caso a redivisão das verbas fosse aprovada, chamada de duodécimo, juízes e deputados também teriam seus altos salários parcelados, não apenas professores, policiais e demais servidores do Executivo – que, aliás, nesse caso receberiam parcelas muito maiores do que parcos 350 reais[10].

12 de setembro de 2017

Venho aqui relatar o que ocorreu ontem na cidade de Sapiranga, onde estivemos, juntamente com os deputados João Fischer (PP) e Lucas Redecker (PSDB), para o anúncio da construção de duas passarelas na ERS-239. Mas, ao chegar ao local do evento, percebi, logo na entrada da Câmara de Vereadores, que havia vários jovens adolescentes, menores de idade, estudantes, em horário de aula, que ali estavam para protestar contra o governo Sartori (PMDB), contra Giovani Feltes (PMDB), secretário da Fazenda, que também esteve presente.

Ao ver aqueles jovens, pensei que provavelmente eles estavam sendo usados como massa de manobra do CPERS e de professores mal-intencionados, que os utilizavam politicamente para protestar contra o governo do Estado. E eu disse isso claramente durante a minha fala naquela solenidade, porque, afinal de contas, precisamos dizer o que sentimos e o que percebemos.

Não é possível que, em horário de aulas, que não estavam ocorrendo devido a uma greve política – acerca da qual fui avisado depois –, estudantes adolescentes, menores de idade, dirijam-se a uma Câmara de Vereadores para protestar dessa forma, sem ter a real noção da dimensão política e histórica da crise que ora vivemos. É isso o que mais estarrece!

---

[10] Assista no Facebook: https://goo.gl/GYvpqa

Se fossem bons professores, diriam aos estudantes quem legou esta crise ao Rio Grande do Sul. Assim, esses estudantes não estariam protestando contra Sartori, que tem tentado, sim, aqui nesta Assembleia, aprovar projetos importantíssimos para sanear as contas do Estado. Esses estudantes estariam protestando, se fossem bem orientados, ou se tivessem real noção da crise financeira e histórica nas contas públicas do Rio Grande do Sul, contra o PT, e não servindo de massa de manobra de sindicalistas do PT.

Pois o PT, o PCdoB e o PSOL são os partidos que, nesta Casa, barram quaisquer iniciativas para melhorar o estado do Rio Grande do Sul e votam contrariamente àqueles projetos que interessam aos gaúchos, como a Lei de Responsabilidade Fiscal. Estou falando com relação ao Sartori, mas isso diz respeito ao Plano Real também. Se nos referirmos ao Brasil, veremos que o PT foi contra praticamente tudo que era bom quando não era governo e, quando foi governo, aprovou quase tudo que é ruim e que sobrou. Mas aqui, durante o governo Sartori, foi contra a Lei de Responsabilidade Fiscal [Estadual]; foi contra a previdência complementar, igualando direitos do setor público àqueles que existem no setor privado; foi contra as RPVs, quando havia proposto projeto idêntico na época de Tarso Genro.

Olhem o rosário de projetos que podemos apresentar aqui e mostrar como o PT, como o PSOL, como o PCdoB e como o PDT, em parte, foram danosos, em suas atitudes, ao governo do estado do Rio Grande do Sul. Essas pessoas, esses jovens que estavam lá protestando não acompanham a política porque são, muitas vezes, lamentavelmente, doutrinados em sala de aula por professores petistas, por professores que não estão do lado da verdade.

E o mais importante é que perguntei a um estudante que ali estava, olhando em seu olho: *"Você acha justo que eu receba em dia, como deputado estadual, e o teu professor receba o salário parcelado? Você acha justo que eu, como deputado estadual, receba o dinheiro na conta no dia certo do mês, e o teu professor receba 350 reais parcelados?"*[11]. O estudante respondeu: *"Não, eu não acho justo."* Devia ter 15, 16 anos. Respondi: *"Pois é, então cobra do PT, porque o PT votou contra a PEC do Duodécimo, o PT votou a favor da elite do funcionalismo público. Os deputados do PT, do PCdoB, do PSOL e uma parte do PDT votaram a favor de si próprios, a favor de receberem em dia como deputados, e contra os professores, contra os policiais militares"*.

Há pessoas que se deixam levar pelo discurso de sindicalistas que vêm aqui defender partido político. É isto que o sindicalista vem fazer: defender o seu, defender o dinheiro que entra no seu bolso, às vezes, 40

---

[11] **Para entender melhor, leia o discurso "Independência sem harmonia".**

mil, 50 mil reais por mês, pagos pelo recurso público. Vem aqui gritar na Assembleia, dizer que está defendendo o povo, mas está defendendo o seu e o seu partido, usando como massa de manobra estudantes. É coisa que Hitler fazia no nazismo: usar jovens como massa de manobra.

É lamentável que vejamos no Rio Grande do Sul sindicalistas fazendo o mesmo que no nazismo se fazia. Mas não podemos deixar que isso aconteça. Vou sempre estar do lado da verdade e dizer: não, não acho justo ter o meu salário pago em dia [em época de crise financeira nas contas públicas]. Por isso, votei a favor da PEC do Duodécimo, enquanto o PT votou contra.

Censura *versus* boicote

A legitimidade das manifestações contra o *Queermuseu* foi questionada pela esquerda. É que não toleram liberdade de expressão. Boicote a um banco por parte de clientes insatisfeitos é liberdade de expressão – muito diferente de censura, como a que vigora nas ditaduras comunistas cubana e norte-coreana. A exposição, encerrada antes do tempo, deveria ter preservado crianças do acesso irrestrito. No entanto, como ficou comprovado posteriormente, uma das intenções da exibição era, justamente, que crianças a acessassem. A esquerda e seus braços culturais não têm nada de ingênuo e de inocente.

12 de setembro de 2017

Todos nós vimos a grande repercussão negativa que, nos últimos dias, ocorreu em virtude da Exposição *Queermuseu* aqui em Porto Alegre, no Santander Cultural. É muito importante, caros colegas deputados e demais pessoas que nos assistem, que saibamos, em primeiro lugar, discernir o que é boicote daquilo que é censura.

Censura vem de cima, vem do governo. Censura vem para impedir-nos de ver aquilo que gostaríamos de ver. Boicote é algo organizado no sistema capitalista, numa sociedade livre, por pessoas que discordam daquilo que, por exemplo, uma empresa à qual são associadas lhes oferece – [por exemplo:] um serviço ou um produto. Decidem, portanto, não consumir mais esse produto, esse serviço.

Isso aconteceu com os cristãos no Brasil, e assim iniciou o repúdio ao *Queermuseu*. Cristãos não aceitaram ver a sua religião tratada daquele jeito. Católicos, ao verem hóstias com palavras obscenas em cima delas, evangélicos ou mesmo não cristãos, não aceitaram que se vilipendiasse a fé do cidadão brasileiro em uma exposição de arte e decidiram boicotar o Santander.

Decidiram começar a cortar os seus cartões do banco no ato mesmo, no fim de semana, porque não podiam, naquele momento, ir ao banco encerrar suas contas[12]. Ao longo da semana, no entanto, muitos as encerraram. E o banco Santander, ainda no domingo, em virtude desse boicote – não da censura – decidiu encerrar a exposição.

Mas foi pior do que isso. A liberdade religiosa precisa ser garantida para todos, inclusive para quem não acredita em nada. Mas foi pior do que isso, porque havia apologia a crimes. Havia elementos de zoofilia e pedofilia, com crianças acessando, junto com professores, em turmas organizadas, essa exposição. Isso a sociedade não aceita.

Não tem ninguém aqui que aceite pedofilia. A menos, é claro, que tenha sérios problemas de caráter e de conduta e seja, de fato, um criminoso. Ninguém, ninguém, em sã consciência, no pleno gozo das faculdades mentais, pode chancelar a pedofilia. E, pior ainda, com dinheiro público, porque foi via Lei Rouanet. Foi por meio da isenção de impostos do Santander que foram investidos quase R$ 1 milhão em uma exposição desse tipo.

Aliás, meus amigos, a discussão sobre o que é ou não é arte, ela está muito longe de fazer parte do convívio do cidadão. Hoje, dificilmente conseguimos decidir o que é arte ou não. Em virtude dos altos impostos, poucos são aqueles que podem, com dinheiro do seu bolso, pagar uma entrada de um cinema, um teatro ou uma exposição artística. Hoje, quem decide o que é ou não é arte, deputado Missionário Volnei (PR), é o Estado, é o governo por meio da comissão da Lei Rouanet, e eles decidem a que as pessoas irão assistir gratuitamente. Vejam bem, que generosos!

É por meio do dinheiro do imposto que não é arrecadado. E assim, o Estado é quem acaba decidindo. Se não houvesse a Lei Rouanet, esse grande pecado original, mais dinheiro ficaria no bolso do cidadão. Não iria nem para impostos nem para a renúncia dos impostos, porque ficaria, em primeiro lugar, no bolso do cidadão, e ele, aí sim, poderia decidir o que é arte e o que não é arte. Mas, hoje, não temos, como cidadãos brasileiros – ou a temos muito limitadamente –, a faculdade, a opção de decidir o que é e o que não é arte.

Por fim, o que vimos em relação ao fechamento da exibição por boicote dos correntistas do Santander foi uma orquestração de movimen-

[12] A repercussão negativa do caso começou a viralizar nas redes durante o fim de semana.

tos de esquerda que têm todo o interesse em destruir os fundamentos da sociedade judaico-cristã ocidental, que têm todo o interesse em destruir qualquer tipo de valorização do núcleo familiar, que têm interesse em passar apenas para o Estado a responsabilidade de decidir o que nós, cidadãos, queremos.

Por isso, está havendo agora toda esta gritaria: gente na esquerda defendendo uma exposição com pedofilia. Dizem-se defensores dos direitos humanos, deputado Pedro Ruas, do PSOL; e Luciana Genro (PSOL) disse que era "uma bela exibição artística". Gente da esquerda está defendendo um banco, dizendo que o Santander deveria ter continuado com a exposição que inicialmente tinha sido aprovada.

Quanta incoerência!

Quero aqui declarar o meu repúdio e registrar que amanhã, às nove horas da manhã, na Comissão de Direitos Humanos, teremos um encontro marcado, pois já foram oficiados representantes do Santander e de todas as entidades públicas que precisam de uma satisfação sobre o ocorrido em Porto Alegre, no Santander Cultural.

Tudo tem limite

Chegou às minhas mãos o material entregue nas escolas, produzido pelo Santander e financiado pela Lei Rouanet, para orientar professores que levariam alunos à exposição *Queermuseu*. Cada vez que se mexia no assunto, mais apareciam elementos obscuros a respeito da doutrinação intencional de tal exposição: até mesmo um brinquedo em forma de origami foi distribuído nas escolas para, "inocentemente" levar a discussão de ideologia de gênero às crianças.

A liberdade de expressão e artística precisa ser garantida — mas encontra limites quando há crianças envolvidas no assunto. E, como disseram procuradores criminais gaúchos, de fato, a erotização de crianças e a discussão de ideologia de gênero foram intencionais – e, portanto, também ilegais, cabendo ampla investigação[13].

19 de setembro de 2017

Abordo ainda desta tribuna o caso que há alguns dias, há semanas inclusive, tem repercutido muito na sociedade gaúcha e brasileira, que

---

[13] Assista no Facebook: https://goo.gl/6gd7nk

foi o boicote organizado à exposição *Queermuseu*, uma iniciativa do Santander, criada por meio da Lei Rouanet e, depois, encerrada prematuramente, tendo em vista que havia uma data [ulterior] para encerramento. O boicote foi feito pela sociedade, pelos clientes do Santander, sobretudo, que diziam que fechariam as contas se aquela exposição continuasse, algo presente na liberdade de mercado, na liberdade de expressão, inclusive das pessoas dizerem: eu não quero continuar com uma conta num banco que está patrocinando, indiretamente, inclusive com dinheiro público, uma exposição com a qual não concordo.

Discordo dos conservadores mais radicais quando tentam definir o que é arte. Essa discussão não deveria estar em pauta neste momento, até porque o próprio Cristo sempre garantiu a liberdade às pessoas, o direito ao livre arbítrio e, portanto, não tentou jamais impor a religião, a sua fé sobre os demais nem por intermédio dos seus discípulos.

Também discordo dos liberais mais radicais, mais libertários quando pensam que a liberdade de expressão não encontra fronteiras, sobretudo, quando diz respeito à exposição de crianças a determinadas imagens. A liberdade de expressão precisa, sim, ser garantida, assim como a liberdade artística, mas há certas exposições e certos museus, em outras partes do mundo, que têm restrições etárias. O Museu da Tortura, por exemplo, tem classificação etária. Se um pai quiser levar uma criança, um jovem menor de idade para ver a exposição, ele leva, mas a responsabilidade é sua [inclusive de eventual exposição ilegal da criança]. E esse não era o caso do *Queermuseu* [pois não tinha classificação etária], e deixarei isso mais evidenciado e mais claro aqui em meu pronunciamento.

Conforme disseram procuradores criminais do Estado do Rio Grande do Sul, a erotização de crianças era o objetivo da mostra. Quero lembrar a este plenário que esta Assembleia Legislativa retirou toda expressão de ideologia de gênero do Plano Estadual de Educação[14], por meio de votações de emendas, assim como também o Congresso Nacional retirou, em várias tentativas feitas, não permitiu que isso fosse incluído nos planos de educação, tanto em nível nacional, quanto estadual. Mesmo assim, com dinheiro público de renúncia fiscal foi criada, foi subsidiada essa exposição que incluía um material de apoio, um caderno do professor que tratava sobre esses temas.

Diz o material, assinado pela Ação Educativa do Santander Cultural e também por Sérgio Rial, presidente: *"Este caderno é um material para ser utilizado em sala de aula, no espaço expositivo, bem como há possibilidade de uma mediação estendida"*. Mais adiante, as propostas que são

---

[14] Para mais detalhes, leia o discurso "Que o Estado não se meta!"

dadas neste caderno demonstram claramente que era a intenção, sim, falar sobre ideologia de gênero dentro das salas de aula, que tanto carecem do ensino das matérias de Português, Matemática, Química, Física. Nesta Assembleia, por meio do voto majoritário dos deputados, essas expressões de ideologia de gênero foram retiradas do Plano Estadual de Educação, e ainda assim tentam e insistem.

Diz a proposta sete [do material]:

"Os brinquedos infantis são alvo de inúmeras discussões no que se refere às questões de gênero que influenciam a sua produção e muitas vezes meninos que brincam com brinquedos de meninas são repreendidos. O inverso também é verdadeiro. Essas situações tidas como fora do normal, ou seja, dentro da normatividade, acabam por gerar violências sutis e veladas, porém igualmente danosas. Que tal propor uma visita a uma loja de brinquedos para observar o que é vendido habitualmente a partir de uma visão de marketing destinada a meninos e meninas? Há uma relação de gênero binária, portanto, proponha, senhor professor, que, em grupos, os alunos construam protótipos de brinquedos em papelão ou outros materiais invertendo tais conceitos".

Essa foi a proposta número sete; eu poderia mencionar outras desse caderno destinado a professores. Vários [professores] levaram estudantes a essa exposição chamada *Queermuseu* ilegalmente, pois contraria o Plano Estadual de Educação, que não previa essa discussão de ideologia de gênero nas escolas.

Fica claro aquilo que disseram os procuradores criminais Alexander Lipp e Sílvio Munhoz: *"de fato, a erotização de crianças era o objetivo da mostra"*. E dizem mais:

"Para quem ainda tem dúvida, aqui está a prova de que a ausência de restrição etária não foi um descuido. O evento tinha como finalidade a doutrinação amoral do público infanto-juvenil, e os pais que agora tomaram conhecimento disso podem procurar o Ministério Público para a adoção de providências, sobretudo se descobrirem que os filhos participaram de alguma dinâmica sensorial sugerida no evento, o que pode caracterizar crime contra a dignidade sexual".

Aqui está a cartilha, material de apoio, caderno do professor, em que está escrito "Ação Educativa". Esse material foi distribuído gratuitamente nas escolas, para que os professores levassem os estudantes à exposição. Junto desse material havia também um CD, com fotos dos objetos e das pinturas expostas para o professor mostrá-las em sala de aula, muitas delas inadequadas para menores de idade. Portanto, esse material estava facilmente acessível a quem não deveria ter esse acesso.

E mais, há também nesse material um papelão colorido. Demo-nos ao trabalho, a minha equipe e eu, de fazer esse origami, como era o objetivo. Mostro aqui o joguinho, que toda criança conhece. Diz-se um número e vai se contando, são quatro lados, até abrir o origami.

Vou abrir aleatoriamente aqui. Número um, amarelo, pergunta: *"Rosa é de menino?"* Agora eu pergunto: isso lá é brincadeira para crianças, na escola? Brincadeira inocente, ingênua… Há as cores amarelo, verde, azul e rosa. No rosa: *"O que é gênero?"*

Essa cartilha foi distribuída nas escolas, e nós aprovamos, por meio de diversas emendas neste plenário, que, no estado do Rio Grande do Sul, ideologia de gênero não é matéria de debate em escola. Se criança é homem ou mulher, por ser uma construção social, não é matéria de debate em escola. Este Parlamento rejeitou a ideologia de gênero, que está a serviço daqueles que querem justamente deturpar a educação, parando de ensinar Português, Matemática, Química, Física, para desconstruir o próprio conceito de família. Os procuradores criminais que corajosamente emitiram essa nota deram mais razão para que o promotor de justiça, que cuida de infância e adolescência, se pronuncie de forma ainda mais veemente do que na semana passada, quando disse que, realmente, a exposição era inadequada para menores. Crimes podem ter sido cometidos, e é isso que está em jogo.

Sou contra a violência, e considero errado quem agiu de qualquer forma violenta nos últimos dias. E a esquerda demonstrou bem isso, com um professor agressor inclusive contra Arthur do Val, que recebeu um soco na cara. Esse professor, depois, foi demitido pelo Anglo, por ter feito o que fez em uma das manifestações de esquerda.

Sou contra a utilização de dinheiro público para esse tipo de manifestação imprópria para menores, ainda mais por meio de um banco privado, que sofreu boicote. Mas está lindo de ver a esquerda defendendo um banco capitalista.

Terceiro. Sou contra a pichação e qualquer tipo de violência contra o patrimônio público. Foi horrível o que fizeram em agências do Santander. Não poderiam ter feito isso. Mas é lindo que a esquerda agora está contra isso, mas picha e quebra tudo que vê pela frente quando vai para a rua manifestar-se.

Portanto, deixo aqui a minha manifestação de repúdio ao que aconteceu nos últimos dias e a minha manifestação de apoio a todos os que estão procurando o Ministério Público. A todos os liberais e conservadores que se sentiram atingidos, digo: que bom que vocês se pronunciaram.

Repito: o mais radical liberal não pode aceitar que a liberdade de expressão seja utilizada como argumento para que crianças sejam doutrinadas e abusadas ideologicamente, mentalmente, sexualmente ou de qualquer outra forma.

E o mais radical dos conservadores também não pode querer definir o que é arte ou o que não é arte e impedir que maiores de 18 anos consumam da forma que quiserem, dentro do museu, determinada forma de manifestação artística. Repito, nem Cristo quis impor a religião sobre os demais.

Os verdadeiros liberais e conservadores que acreditam nas instituições que nos trouxeram até aqui, no entanto, manifestaram-se e continuam manifestando-se com repúdio ao que aconteceu na exposição *Queermuseu* do Santander, boicotando uma instituição privada que decidiu unilateralmente encerrar a exibição, pois estava sofrendo com o que perderia de clientes.

Também manifesto aqui todo o apoio, em especial aos procuradores criminais Alexandre Lipp e Sílvio Munhoz, pela coragem de dizer a verdade. E a verdade é que este brinquedinho aqui, que aparentemente é ingênuo, não é ingênuo, e foi muito bem pensado por aqueles que querem, como disseram os procuradores, erotizar crianças a partir daquilo que os professores – maus professores lamentavelmente, que são uma minoria – dizem na escola.

Ideologia de gênero financiada pelos pagadores de impostos

A ONU é campeã nesse tipo de militância camuflada: ela alberga um movimento chamado *"He for She"* (Eles por elas) que, supostamente visa combater a desigualdade entre homens e mulheres e, também, a violência contra a mulher, mas, na verdade, acaba patrocinando pautas como a da difusão de uma suposta ideologia de gênero. Na Assembleia Legislativa do Estado o presidente petista do ano de 2017 propôs realizar com dinheiro dos impostos dos gaúchos um festival de nanometragem vinculado a esse movimento da ONU. Fui duramente contrário, demonstrando a ideologia perversa por trás de um discurso afável.[15]

14 de novembro de 2017

Quero iniciar o meu pronunciamento dizendo que sou contrário a este projeto de resolução, inicialmente porque não creio que seja papel

---

[15] Confira no Facebook: https://goo.gl/kL1HU9 ou no YouTube: https://goo.gl/QFYSX4

As pessoas esperam que eu me defina como menino ou como menina.

desta Assembleia Legislativa criar um festival gaúcho de nanometragem para qualquer fim. Isso deve ser feito pela iniciativa privada, pelos interessados, por aqueles que querem realmente fazer algo pela cultura e pela arte gaúcha, e não por esta Assembleia Legislativa.

Mas o que me chama mais atenção ainda e me dá um argumento forte para ser contrário a este projeto de resolução é o fato de esta Assembleia Legislativa estar subscrevendo o Movimento *He for She*, da ONU Mulheres, que, sob o pretexto de defender igualdade de gênero ou igualdade entre os gêneros, está fazendo, na verdade, apologia àquilo que foi rechaçado por esta Assembleia Legislativa na discussão do Plano Estadual de Educação, que é a ideologia de gênero.

Se entrarmos no próprio canal da ONU Mulheres no Youtube, vamos ver ali vídeos em nanometragem de 60 segundos em que não está em discussão a igualdade entre os gêneros homem e mulher – "*he for she*", ele por ela, na tradução para o português; o que está em discussão é a ideologia de gênero.

Podemos ver, por exemplo, no vídeo *Viés de Gênero – Eles por Elas*, um nenê que pode ser menino ou menina, pois é intencional que não se identifique o gênero. Um locutor, que narra o que seria a voz do bebê, diz: "*As pessoas esperam que eu me defina como menino ou como menina*".

Coloca-se mais uma vez a discussão de ser uma decisão pessoal, por construção social, a definição da pessoa desde a criancice, desde a infância, como homem ou com mulher, como menino ou como menina. E a mensagem é muito clara também no final do vídeo, quando é dito: "*Se nós criamos o viés de gênero, podemos também dar um fim a ele.*" Repito: não se trata de igualdade entre os gêneros, de igualdade entre homem e mulher; trata-se da defesa de ideologia de gênero, de ideologização desde a mais tenra idade a respeito da condição humana.

Por ser favorável aos direitos humanos e, sobretudo, por ser favorável a que a iniciativa privada faça festivais como bem entender, e não o poder público – muito menos incentivando ideologia de gênero –, é que me posiciono aqui contrariamente a este projeto de resolução nº 15/2017, o qual, aliás, não deveria sequer ter sido encaminhado pela Mesa Diretora, que, no meu entendimento, está excessivamente ideologizando a condução dos trabalhos nesta casa[16]. Inclusive, há também o exemplo recente da feirinha do MST em frente a esta Casa, num determinado dia. Depois, tentou-se colocá-la como permanente.

Quero dizer veementemente que sou contrário, porque precisamos dar tratamento igual a todos. Não é possível que apenas um grupo tenha direito a usar esse espaço público, pago pelos gaúchos, para promover determinados produtos, direito que não é dado aos agricultores do interior ou a quaisquer outros. Não há isonomia no tratamento. E não é possível, muito menos, que se dê esse direito a um grupo que representa uma atividade criminosa, que é a invasão de propriedades [promovida pelo MST].

Portanto, Sr. Presidente, reitero que sou contrário à ideologia de gênero, contrário à utilização do dinheiro público para celebração de um festival de nanometragem, mas, sobretudo, sou contrário à realização deste evento com o dinheiro dos gaúchos aqui na Assembleia Legislativa do estado do Rio Grande do Sul. Considero isso um absurdo. Não podemos aceitar.

Consciência negra ou consciência humana?

A Assembleia Legislativa do Rio Grande do Sul tem uma série de sessões solenes ao longo do ano. Algumas delas são notoriamente palanque para a esquerda: sessão solene do trabalhador, da mulher, da consciência negra... em vez de buscar a união da sociedade, são nesses momentos que a esquerda convida seus "movimentos", lota a Assembleia, e faz o seu conhecido discurso de ódio de classes, de divisão das pessoas. De conflito. De desentendimento. De discórdia.

Também é nesse momento que o discurso vitimista é feito com toda força: "vejam como vocês são vítimas, oprimidas. Mas, não se preocupem: contem

---

[16] O presidente de então era o deputado Edegar Pretto (PT).

com a gente pois vamos resgatá-los desta opressão". A demagogia do vitimismo é essa mesmo: esquerdistas pregam o vitimismo dos outros em troca de votos nas eleições que lhes garantam as cadeiras que possuem nos parlamentos[17].

Por esse motivo, aproveitei a oportunidade da sessão solene do "Dia Estadual da Consciência Negra" na Assembleia Legislativa para, diante de muitos representantes de movimentos esquerdistas na plateia, chamar atenção para o fato de que o momento era de exaltação do protagonismo, não do vitimismo. E lembrei da famosa entrevista de Morgan Freeman em que ele diz não querer o dia da consciência negra mas que o que importa é a consciência humana.

22 de novembro de 2017

Saúdo os homenageados e membros da mesa: a representante do governo do Estado, Sra. Tânia Regina Neves de Paula; a representante da Prefeitura de Porto Alegre, Sra. Elisete Moretto; o representante da Câmara Municipal de Porto Alegre, vereador Tarciso Flecha Negra (PSD); o vice-presidente do Codene e coordenador da Comissão Organizadora da Semana da Consciência Negra, Sr. Clóvis André Silva da Silva; a presidente do Congresso Nacional Afro-Brasileiro, Secção Rio Grande do Sul, Sra. Natália Machado. Falo aqui por designação do Partido Progressista. O meu caro colega, que foi líder da bancada nos dois primeiros anos de mandato, deputado Frederico Antunes, também assiste a esta sessão.

Quero dizer que é triste para qualquer ser humano olhar para história do mundo, pretérita e presente, e imaginar que possa haver um ser humano que seja subjugado por outro ser humano. É triste, é lamentável, é abominável.

Temos de pensar em escravidão não apenas em termos de Brasil, mas em termos mundiais; e não apenas em termos coloniais, mas, inclusive, em termos imemoriais; temos que pensar em como a miséria humana pode se manifestar da forma mais nefasta. Lamentavelmente, continuamos a ver regimes políticos em que há subjugação de pessoas a autoridades, a lideranças ou a qualquer um que se coloque como se acima delas estivesse.

Gostaria de quebrar um pouco o discurso que muitas vezes é corrente: do mero vitimismo. Que há vítimas e que houve muitos abusos, todos reconhecemos, lamentamos e profundamente deploramos. Mas nós, sujeitos livres que somos, com capacidade de pensar livremente – essa é a única coisa que não nos podem tomar, pois podem nos calar, mas

---

[17] Assista no Facebook: https://goo.gl/r7wdJb

não nos podem impedir de pensar –, não podemos pensar insistente e constantemente que somos apenas vítimas.

Sim, somos vítimas de muitos flagelos que nos acometem como seres humanos, independentemente do fenótipo, independentemente da cor das nossas peles. Mas somos, sobretudo, senhor presidente e caros homenageados, livres para sermos protagonistas. Cada um de nós é protagonista! Não podemos ser reféns ou escravos, ouso dizer, de discursos que nos colocam apenas como vítimas. Não! Somos, sobretudo como seres humanos, capazes de pensar, de agir, de falar, de nos pronunciar. Protagonistas!

Por isso é tão pertinente a reflexão do ator (negro) Morgan Freeman, de que não deveria haver um dia da consciência negra, mas um dia da consciência humana. Essa afirmação foi questionada nas redes sociais quando a jornalista brasileira Glória Maria compartilhou-a, sendo muito mal interpretada. Ela repetiu o que Morgan Freeman disse em uma entrevista à rede de TV americana CBS, quando lhe perguntaram: *"E o mês da história negra, o que o senhor acha?" Disse ele: "Ridículo. Você vai relegar a minha história a apenas um mês? O que você vai fazer com o seu mês? Qual é o mês da história branca? [...] Não quero um mês da história negra. A história negra é história americana, é a história mundial, é a história de todos os povos, de todos nós, que somos protagonistas. Precisamos é de consciência humana".* Não podemos ser escravos, objetos de discursos meramente vitimistas.

Fui eleito deputado estadual, numa democracia representativa, com votos de brancos, com votos de negros, com votos de pessoas de todas as cores. E também há negros e brancos que são eleitos com votos de pessoas de todas as cores. Ninguém votou em mim por eu ser branco, negro ou de qualquer cor; votaram em mim por causa das minhas ideias e convicções. E que permaneça sempre assim no nosso estado e no nosso país. Que acima de todas as consciências esteja a consciência humana e a certeza de que cada um de nós é protagonista nas nossas próprias vidas.

A guerra cultural marxista continua

Graças ao meu discurso anterior, do dia 14 de novembro, a discussão do Projeto de Resolução 15/2017, da Mesa Diretora, que criava o "Festival Gaúcho de Nanometragem #ElesPorElas" na Assembleia Legislativa, foi postergada. Apresentaram-se emendas ao projeto, retirando as expressões "ideologia de gênero" mas, ainda assim, mantive minha postura contrária. Para a esquerda, concedido o dinheiro público, não importam os termos da lei aprovada: seus representantes sempre darão um jeito de desvirtuar a proposta original.

28 de novembro de 2017

Boa sorte para aqueles que ingenuamente pensam que aprovando este projeto não haverá tendência ideológica dentro dele. Boa sorte aos colegas. Foi isso que o PT fez ao longo de todos esses últimos anos e décadas. Utilizando-se de pautas, dizendo-se defensor das minorias, de quem é vítima, colocando-se como protetor, como defensor para utilizar-se de dinheiro público a fim de fomentar a causa marxista e a guerra do marxismo cultural.

Repito: boa sorte para aqueles que pensam ingenuamente que isso não vai acontecer. Aqui se trata de dinheiro público para criar um festival gaúcho de nanometragem, vídeos de um minuto, que já demonstra, na página da organização superior, que é a ONU, ONU Mulheres, que já faz vídeos com ideologia de gênero.

Quem aqui é ingênuo em pensar que se a organização militante superior já está fazendo isso, a inferior aqui não irá fazer? E mais: que não vai desviar servidores e serviços públicos que poderiam estar atuando em outras áreas, inclusive na defesa de fato da causa tão nobre, que é o combate à violência contra as mulheres, para defender essas outras pautas?

Portanto, digo, ironicamente, boa sorte àqueles que acham que podem ser enganados, iludidos, por quem vem aqui à tribuna, dizendo: *"Não sei o que está acontecendo com este projeto de lei! Como pode que não estão entendendo o que nós queremos fazer?!"* Este foi sempre o discurso do PT: *"Nós vamos defender os menorzinhos. Nós vamos defender as vítimas."* Entregaram o País com 14 milhões de vítimas nas ruas – demitidos, desempregados –, porque ficaram utilizando dinheiro público para promover as suas causas ideológicas da guerra marxista cultural.

E aqui, mais uma vez, tenta fazer isso. Eu deveria ter trazido o cartaz de novo - o que eu trouxe há duas semanas, daquele nenezinho na campanha *Eles por Elas*, o *He for She* da ONU, dizendo: *"Ah, porque a sociedade quer que eu me defina como menino ou como menina?"*

Pesquisem sobre o horrendo trabalho do psicólogo Dr. Money, nos Estados Unidos. Vejam o que ele fez. Vejam o que ele fez, defendendo uma ideologia de gênero que levou à morte por suicídio. Suicídio de duas crianças, dois meninos que, quando nenês, foram separados. Separados, um como menino, outro como menina, porque passaram pela tragédia de uma cauterização malfeita aos oito meses de idade. Uma cauterização malfeita em um dos meninos – os dois tinham fimose – acabou fazendo com que os pais levassem essa criança ao doutor Money, que era famoso como psicólogo por defender a ideologia de gênero [...].

Essa criança foi criada como Brenda. E ao longo dos anos em que foi criada como Brenda, por infelizmente ter perdido de uma forma trágica o seu pênis, sofreu muito. Na verdade, ela não se sentia como tal, mas o psicólogo dizia que a sociedade e o meio é que fariam ela se sentir como Brenda. Matou-se depois, na juventude.

Lamentavelmente, é esse tipo de imposição que não se pode tolerar, desse tipo de ideologia. De que há pessoas e que há um sem-número de formas de convivências, de exercício da liberdade individual, disso eu, como liberal, não discordo. Pelo contrário, cada um é livre para fazer o que quiser, como quiser, desde que não interfira na liberdade alheia. Mas não podemos aguentar que seja, mais uma vez, aprovada a utilização de dinheiro público para incentivar uma coisa que não é o que está escrito nesse papel.

A guerra marxista e cultural continua. E continuará lamentavelmente para sempre, enquanto não denunciarmos isso – e denunciarmos de forma enfática. É denunciando isso que vamos impedir que, mais uma vez, cheguem ao poder sorrateiramente, dizendo aqui: *"Ah, não entendo! Estou só tentando defender os pequenos."* E, na verdade, estão prejudicando os pequenos para dar aos grandes, seus amigos apenas, as grandes benesses.

É o que estamos vendo também via Lei Rouanet, tudo que envolve esse tipo de patrocínio cultural, que deveria surgir de baixo para cima e que, muitas vezes, é imposto de cima para baixo. Mas aqui nós temos a chance de votar contrariamente[18].

---

[18] O projeto de resolução 15/2017, que criaria o festival de nanometragem *"He For She"* com dinheiro público da Assembleia, infelizmente acabou aprovado por 33 votos favoráveis e 15 contrários. Os 15 votos contrários, porém, demonstram uma reação pois é o tipo de projeto que costumava passar na Assembleia no passado com rejeição muito menor. A sociedade está acordando e os Parlamentos estão se adequando a essa nova realidade brasileira de insatisfação com o marxismo cultural disseminado por todas as instituições.

Parte VII

Uma Voz a Favor da Aproximação do Cidadão com a Política

Introdução
A responsável ocupação do espaço

João Dionísio Amoedo[*]

O Brasil passa por um momento único de transformação. A renovação da política e o questionamento sobre o modelo de Estado que queremos estão na pauta do dia. O nosso objetivo, como sociedade, deve ser a construção de um país onde as pessoas possam se desenvolver com segurança e liberdade.

A mudança começa com novos conceitos, novas atitudes e novos atores. O roteiro passa necessariamente pelo diagnóstico correto dos problemas, pela crença de que é por intermédio das instituições que construiremos soluções duradouras; pelo estabelecimento de princípios e valores que norteiem a nossa atuação e principalmente pelo entendimento de que são os indivíduos os agentes de mudança. A participação no processo político é uma responsabilidade de cada um de nós.

Quando conheci o Marcel, há cerca de sete anos, já estava trabalhando no projeto de montagem do Partido Novo e fiquei impressionado com alguém tão jovem com conceitos tão claros e uma firmeza de postura com um espirito público admirável. Um dos principais objetivos do Partido era justamente trazer para a política novas lide-

[*] Engenheiro, administrador e fundador do Partido Novo. Nas eleições de 2018 foi o 5° colocado na disputa para o cargo de Presidente da República pelo Partido NOVO com 2.679.744 votos.

Nota do Autor: Muito antes de decidir ingressar no Partido Novo eu admirava a história de João Amoedo pois, no Brasil, entrar na política já não é uma decisão fácil. O que dizer então sobre criar, do zero, um partido político de posições liberais e que se dispusesse a romper com as velhas práticas desde o primeiro dia? Alguns diriam que seria "coisa de louco". A verdade, porém, é que se tratou de uma ideia visionária e certeira, de quem não apenas defende mas aplica a visão de longo prazo nas suas atitudes pois confia firmemente nos princípios e valores que levaram à prosperidade nações hoje ricas e admiradas. É o que o João, eu e certamente o leitor destas linhas, também queremos para o nosso Brasil.

ranças, com novas práticas. Pessoas admiradas, das quais tivéssemos orgulho e vontade de atribuir o nosso voto. O Marcel van Hattem é um grande exemplo deste perfil, e repetindo as suas palavras: *"A solução dos problemas na política não está no governo, não está em quem governa, mas nas pessoas, no indivíduo"*.

No Brasil atual, onde instituições como o Congresso Nacional e os partidos políticos desfrutam de um índice de confiança de apenas 7%, é gratificante ver a forma de fazer política trazida pelo Marcel. Ele coloca o cidadão em primeiro lugar, tem princípios e valores, disposição de enfrentar os desafios, reconhece os fatos exatamente como são e constrói propostas racionais e objetivas. E é isso que precisamos para mudar o Brasil.

Os discursos do Marcel e seus posicionamentos no período em que esteve exercendo o cargo de deputado estadual pelo Rio Grande do Sul são de grande valor para todo brasileiro, até mesmo para aqueles que não pretendem participar da vida pública no Brasil.

No período em que ocupou essa cadeira, ele foi preciso no entendimento dos problemas (e não apenas dos sintomas) e brilhante e corajoso na exposição das soluções. Marcel, com sólida formação acadêmica e experiência na vida pública, se elegeu vereador com apenas 18 anos de idade, entende a importância da defesa da liberdade do indivíduo em oposição a um Estado intervencionista e paternalista. Expôs com maestria suas ideias e conceitos em relação às reformas no sistema eleitoral de votação; as atitudes dos que ocupam cargos políticos ou públicos e, também, na mensagem sobre a necessidade de um Estado laico.

Ao tratar da implementação do voto distrital, ao falar da necessidade de aproximar o político dos eleitores ouvindo as carências e os anseios da sociedade, ao ser contra o financiamento público de campanhas eleitorais, ao tratar das dificuldades impostas pelas leis e burocracia para a criação de partidos e ao denunciar atividades claramente ideológicas sendo difundidas nas escolas e igrejas, Marcel traz à luz do debate temas que, necessariamente, devem estar na pauta das Assembleias Legislativas de todo o país.

As eleições de 2018 marcaram o inicio de renovação na politica brasileira. O envolvimento do cidadão comum no processo, o conhecimento das ideias que são bem-sucedidas no resto do mundo e o entendimento das falhas do nosso modelo de Estado foram fundamentais nesse processo. O Marcel foi um notável exemplo dessa renovação, eleito pelo NOVO deputado federal pelo Rio Grande do Sul com a maior votação no estado.

O aprendizado trazido pelo Marcel neste livro é de grande valia.

Desejo a todos uma ótima leitura e que ela sirva para continuarmos atentos no acompanhamento da politica e que possa também encorajar as pessoas de bem a participar efetivamente do processo político. Espero que o conteúdo do capítulo que segue, este livro como um todo e ainda a trajetória do Marcel sirvam de fonte de inspiração para inúmeros brasileiros dispostos a vir para a vida pública. Ocupar os espaços com o objetivo genuíno de contribuir para com a coletividade, devolvendo poder do Estado para o cidadão é o caminho para o estabelecimento de uma nação próspera.

Voto distrital, representação real

Ainda na minha primeira semana de mandato aproveitei a tribuna da Assembleia para fazer uma defesa de uma profunda mudança no sistema eleitoral brasileiro. Hoje, lamentavelmente a esmagadora maioria dos eleitores não lembra em quem votou nas últimas eleições, sobretudo para cargos proporcionais (deputados federais, estaduais e vereadores). Ou seja, justamente quem deveria estar mais próximo do cidadão e ter mais vínculo com ele, tem eleitores que sequer sabem em quem votaram.

Além disso, o sistema de financiamento público de partidos e de campanhas já me incomodava, e muito, então - ainda antes de as revelações da Lava Jato escalarem a ponto de demonstrarem que praticamente todas as campanhas eleitorais do Brasil tiveram, em maior ou menor grau, financiamentos espúrios e utilização de verbas públicas, legais ou roubadas[1].

12 de fevereiro de 2015

Fico muito contente em ouvir que o tema da reforma política, já no início deste mandato, começa a tomar corpo nos debates neste Parlamento. É um tema urgente. É mais urgente ainda porque precisa ser muito bem discutido na atual situação em que vivemos.

O deputado Enio Bacci (PDT) fez referência à distância que o cidadão sente da política relatando que, quando foi questionado por um assistente em sua palestra, em Lajeado, respondeu-lhe: "*Tu tens que participar do processo. Não podes esperar apenas dos políticos respostas, se os políticos estão aqui neste Parlamento e em todos os Parlamentos do Brasil por obra dos eleitores.*" Mas para aproximarmos o cidadão da política, precisamos mudar o sistema de tal forma que o eleitor não esqueça em quem votou.

Hoje estamos distanciados como políticos, em geral, da população, porque o sistema proporcional de voto adotado no Brasil elege Tiriricas não somente em São Paulo, mas também em todos os estados da federação, praticamente em todos os municípios e na Câmara Federal. Elegemos Tiriricas com dezenas de milhares de votos que arrastam nulidades para dentro do Parlamento, que muitas vezes não gozam do respaldo popular que seria necessário.

Se tivéssemos o voto distrital, em que o cidadão soubesse e conhecesse o seu candidato, vivesse o dia a dia daquele que vai representá-lo,

---

[1] Assista no Facebook: https://goo.gl/kuPJXz

teríamos de fato parlamentos mais próximos do nosso cidadão. Se o voto deve ser distrital puro ou distrital misto, creio que isso deve ser objeto de ampla discussão para que a transição do sistema proporcional que temos seja mais tranquila. Mas é urgente que se debata o voto distrital para que não caiamos na vala comum dos políticos que querem piorar ainda mais o nosso sistema, dando força a caciques partidários que irão definir, de cima a baixo, quem integrará as listas e acabarão dando ainda menos chance para candidatos jovens, para candidatos que não têm a trajetória de muitos políticos experientes, pelo mal ou pelo bem, têm, e que acabam fazendo com que a política seja tão distante do cidadão, do eleitor comum.

Temos que debater também o financiamento de campanhas eleitorais, sim. Ainda mais quando vemos um governo que perde legitimidade a cada dia em Brasília porque as denúncias dão conta de que o financiamento da campanha eleitoral não só do partido do governo federal, mas de toda a base aliada, foi feita com dinheiro oriundo do roubo dos impostos e das estatais, que são do povo brasileiro. Precisamos discutir o financiamento, mas um financiamento que inclua o cidadão, que inclua cada um que possa, de forma voluntária, contribuir para a campanha do seu candidato, como foi o caso da minha campanha eleitoral. Quase metade das doações que recebi durante a campanha foi de pessoas físicas, de cidadãos que estavam interessados em ver uma política melhor.

Infelizmente, a discussão do financiamento de campanha exclusivamente público é apenas uma cortina de fumaça lançada por quem roubou o patrimônio público para lançar no sistema de financiamento de campanhas eleitorais a culpa pelo fato de ser ladrão. Não podemos admitir esse tipo de discussão num momento em que se fala que mais de 200 milhões de dólares foram depositados na conta de um partido político para fazer campanhas eleitorais.

Infelizmente, o debate, no Brasil, desce em níveis que não gostaríamos de perceber. Mas precisamos, sim, para moralizar o nosso sistema político, dizer "não" a quem se associa pelo lado esquerdo da força política ao grande capital estatal para se beneficiar, enquanto que a população e o cidadão muitas vezes não têm a oportunidade, deputado Enio Bacci, de dizer: "Eu sou parte desse processo de forma positiva, e não sendo saqueado do dinheiro, do roubo, que fazem do pagamento dos meus impostos".

De cima para baixo

O sistema partidário brasileiro funciona de cima para baixo: uma decisão tomada pela liderança nacional, no "canetaço", tem muito mais valor do que o pensamento de milhões de filiados do mesmo partido. A exigência de que partidos políticos sejam obrigatoriamente nacionais e o impedimento à formação de agremiações locais, oriundas realmente da sociedade civil, é um dos principais motivos para a deformação do nosso sistema partidário. Em vez disso, as agremiações partidárias não representam o cidadão mas interesses oligárquicos e mesmo de verdadeiras máfias que operam desde o Planalto Central como também nas suas ramificações regionais e locais.

30 de abril de 2015

Prezado deputado Catarina Paladini (PSB), quero saudá-lo por trazer essa notícia a este plenário e por tratar do tema importante da reforma política.

Trago da bancada do Partido Progressista a mensagem de apoio a que haja uma reforma política no Brasil que ouça as ruas, que ouça o que a população está pedindo. Em particular, os partidos têm de começar a prestar mais atenção no clamor da sociedade civil, do indivíduo, de que o Estado deve ser forte nas áreas em que deve atuar, especialmente segurança pública, educação, saúde e infraestrutura – em parcerias público-privadas preferencialmente[2] –, e fraco nas áreas em que não deve interferir.

Hoje, o que vemos no país é muitas vezes o inverso: um Estado fraco nas áreas em que deveria ser forte ou seja, segurança, educação, saúde e infraestrutura – em que é péssimo, sem falar na burocracia e outras funções –, que no fim das contas são essenciais ao Estado, e um Estado forte em empresas que jamais deveriam estar nas mãos de políticos, como está acontecendo hoje, lamentavelmente, em nível federal, em especial na Petrobras, sobre a qual lemos notícias negativas todos os dias nos jornais.

Infelizmente, o sistema partidário brasileiro também está muito longe do cidadão. Nosso sistema partidário é antigo, muito estatista

---

[2] Hoje em dia frisaria ainda mais a possibilidade de parceria público-privada ou mesmo delegação à iniciativa privada da maioria das atividades nas áreas de saúde e educação, via de regra tão incompetentemente geridas no setor público.

e, no fim das contas, faz com que o cidadão veja o político muito mais como alguém que está buscando a política como profissão, na melhor das hipóteses, e não como uma missão, uma vocação.

No Brasil, as decisões nos partidos políticos, assim como muitas outras coisas, vêm de cima para baixo, quando na verdade, pela própria natureza dos partidos, que em todo mundo são entidades da sociedade civil, deveriam emergir de baixo para cima. A força do filiado, infelizmente, é infinitamente menor – ainda que milhões de filiados a um partido político tivessem uma mesma ideia – do que a força das determinações que vêm de cima para baixo, dos caciques; ou melhor – vamos colocar de uma forma mais bonita –, dos nossos "líderes partidários". Precisamos pensar num sistema político que beneficie mais o cidadão, o indivíduo, que me reaproxime de ti, que nos reaproxime a todos da política, e não o inverso.

CNBdoB

A CNBB passou a colher assinaturas para uma reforma política no auge da crise que Dilma Rousseff e o PT enfrentavam. Justamente, aliás, para uma reforma que era a reforma que o PT queria: mais dinheiro público para o partido e lista fechada. Muitos católicos se indignaram com essa instrumentalização da Igreja e a submissão da CNBB a linha auxiliar do PT, assim como o são PSOL, a Via Campesina, a CUT, a UNE e o PCdoB. Pensando bem, em vez da CNBB se afastar da Igreja e auxiliar os petistas, bem que a instituição poderia passar a se chamar CNBdoB.

19 de maio de 2015

Tenho recebido, com frequência, mensagens e apelos de eleitores e de cidadãos, em especial católicos, em relação à coleta de assinaturas para a reforma política feita em suas paróquias e suas igrejas. A primeira pergunta que me fiz foi: *"O que tem a Igreja Católica a ver com a reforma política?"* Pesquisei e me informei acerca daquilo que sai na imprensa.

Percebi que, na verdade, o que está acontecendo dentro das igrejas católicas é uma coleta de assinaturas promovida por um setor da CNBB, para um projeto de reforma política, assinado também pelo MST, CUT, Via Campesina e UNE. Os católicos estão preocupados, porque estão sendo convidados a assinar um projeto, uma proposição de reforma política em que também constam como signatários MST, CUT, Via Campesina e UNE.

Penso que não seja difícil de perceber que há um viés político nessa coleta de assinaturas. Esse viés político é muito claramente percebido quando se verifica que tipo de reforma política está sendo pedida no documento.

Primeiramente, é solicitado o financiamento público exclusivo de campanhas eleitorais. Sabemos que os maiores beneficiados pelo financiamento público exclusivo de campanhas eleitorais, ou seja, o dinheiro do pagamento dos impostos dos cidadãos para patrocinar campanhas eleitorais, são justamente as maiores bancadas na Câmara Federal, as bancadas do PT e do PMDB. Estes serão, para começar, os grandes beneficiados.

Em segundo lugar, é um projeto de reforma política que pede o voto em lista, que beneficia e privilegia os caciques partidários, favorecendo ainda mais a concentração de poder das instâncias partidárias em Brasília. Pior do que isso: esse mesmo projeto de reforma política ou proposta de reforma política visa também a instituir uma espécie de democracia plebiscitária, em que as grandes questões nacionais sempre terão que passar por um plebiscito e por consulta de entidades como CUT, MST, UNE, Via Campesina.

É impressionante como, infelizmente, algumas lideranças católicas se deixam utilizar para um projeto claramente político. E é por isso que esses cidadãos, esses indivíduos católicos que estão sendo convidados a assinar essa proposta de reforma política, estão pedindo, numa petição, a retirada da CNBB desse projeto de reforma política e plebiscito constituinte.

É interessante notar que o presidente recém-eleito da CNBB, Dom Sérgio da Rocha, disse recentemente, em entrevista à *Folha de S. Paulo*, que essa atitude não é pró-governo, que não é uma atitude de alinhamento político com, por exemplo, o PT, que tem o maior interesse na aprovação dessa reforma política. Pois tenho a dizer ao senhor presidente da CNBB, Dom Sérgio da Rocha, que, infelizmente, ou o presidente deve ter conhecimentos limitados de política – o que se pode justificar, uma vez que, como presidente da CNBB, católico, liderança e arcebispo de Brasília, ele deve ter conhecimentos excelentes de teologia, mas talvez não de política –, ou ele entende o suficiente para saber que está servindo ao projeto do PT de reforma política, de forma deliberada. Por isso, fica aqui o meu registro, desta tribuna, de repúdio a essa coleta de assinaturas de católicos em prol de uma reforma política.

Quero dizer também que encontrei, inclusive, num *blog* dos amigos do presidente Lula, a notícia de que ele se reúne com centrais sindicais, OAB, CNBB e UNE para apoiar a reforma política popular. Se esse não é um alinhamento pró-governo e um apoio explícito a Lula, ao PT e ao projeto totalitário de reforma política que querem implementar no Brasil, Dom Sérgio da Rocha, presidente da Conferência Nacional de Bispos do Brasil, se esse não é um apoio explícito, não sei dizer o que é.

Portanto, fica este registro na tribuna, em nome de todos os cidadãos que têm entrado em contato comigo e dito que é urgente que a CNBB, como entidade, peça a retirada desse projeto de reforma política. Aliás, como disse seu vice-presidente, Dom Murilo Sebastião Ramos Krieger, não é consenso na diretoria da CNBB um projeto de reforma política que sirva ao PT. Esse projeto certamente não serve aos católicos e, certamente, também não serve ao Brasil.

Reforma da "polis"

Uma reforma política de verdade não pode se restringir às reformas eleitorais propostas e aprovadas no Congresso. Precisa ser mais ampla, de forma a incluir toda a *"polis"*, palavra grega radical da palavra política e que dizia respeito a toda uma cidade-Estado, não apenas a parte dela. Logo, uma reforma política de verdade precisaria também ser uma reforma federativa para dar mais autonomia a municípios; de sistema de governo para separar os poderes de chefia de Estado, governo e administração; e da organização das eleições, incluindo sistemas partidário e eleitoral, mas também de votação e apuração[3].

26 de maio de 2015

Também quero me somar ao debate em relação ao sistema do voto distrital no Brasil. É um erro chamar o modelo proposto pelo PMDB de distritão, pois de distrito só tem a circunscrição geográfica. O mesmo acontece no voto proporcional, em que também há um distrito eleitoral, que é o estado do Rio Grande do Sul. É assim que funciona a eleição no sistema proporcional de votos: temos um distrito, mas a forma de votação, de eleição, o sistema eleitoral é proporcional. Ou seja, o distritão não é distrito, se considerarmos a denominação de distrito no sistema eleitoral de acordo com a ciência política.

O *Estado de Minas* publicou um artigo muito interessante sobre o distritão. Esse sistema só existe no Afeganistão e em outros dois países de menor relevância – e o Afeganistão também não é de grande rele-

---

[3] Assista no Facebook: https://goo.gl/tLakMj

vância, com todo o respeito que tenho a todas as nações e à autodeterminação dos povos. O país que serve como modelo de sistema eleitoral para o Brasil é o Afeganistão, cujo modelo, depois de implantado, apenas incentivou o hiperindividualismo, o clientelismo e a exacerbação da presença de interesses ilegais, como acontece no narcotráfico.

Acontece que o deputado, no fim das contas, não tem mais partido porque é eleito apenas com os votos que ele mesmo faz, e os interesses que estão aí fora acabam reunindo os deputados que estão em uma Assembleia, em uma Câmara de Vereadores ao longo do tempo – temos de lembrar que o distritão não valerá apenas para uma eleição, se for aprovado, valerá permanentemente – e começam a fazer suas apostas em determinados deputados e a formar federações, neste parlamento, que os defendam. Essa é uma das consequências mais nefastas da defesa do distritão. O distritão, no fim das contas, pode até, num primeiro momento, aproximar o eleitor do político, porque é isso o que todo mundo quer.

Muitos eleitores dizem: *"Foi injusto, Marcel! Foste o 45º deputado mais votado nas eleições, mas não és titular da bancada. Foste o primeiro suplente [da bancada do PP], sendo que há 55 deputados estaduais eleitos"*. De fato, houve gente com menos votos que se elegeu, e houve gente com um estouro de votos que levou algumas pessoas para dentro da Assembleia, como acontece, via de regra, em todo o país, nas câmaras de vereadores e na Câmaras dos Deputados também. Pode pois parecer, num primeiro momento, que aproxima o cidadão; afinal, ele sabe quem ele está elegendo, sendo que os 55 mais votados entram. Mas, no longo prazo, a proposta é nefasta para a democracia e para o sistema eleitoral.

Sou favorável ao voto distrital puro: aproxima o político do eleitor, faz com que haja uma região menor circunscrita, com poucos eleitores, e permite, portanto, que aqueles eleitores se sintam devidamente representados e não esqueçam em quem votaram. Porque este é outro dos males da política brasileira: mais da metade dos eleitores, na semana seguinte à eleição, não lembram em quem votaram para deputado estadual ou federal. Quatro anos depois, quase ninguém mais sabe em quem votou.

O voto distrital puro vai facilitar isso. Se não for possível o voto distrital puro – afinal de contas, é difícil ver realizado imediatamente todo idealismo, e somos democratas, de forma que precisamos negociar –, que seja, então, o distrital misto, em que se continua o sistema proporcional, que elege muitos dos deputados que estão na Assembleia

Legislativa, na Câmara Federal e em Câmaras de Vereadores, ou seja, acaba fazendo com que aqueles beneficiados do atual sistema não se sintam tão desvalorizados num novo sistema apresentado, mas inclua-se também o voto distrital nas regiões, para que haja maior representação. Essa seria a minha solução.

Agora, a grande pergunta que se faz é: por que não se fala em reforma política, que é uma reforma da *polis*? E em reforma federativa, em que municípios tenham mais autonomia e mais recursos de impostos, para que sejam aplicados pelo bem do cidadão que vive no município? A verdadeira reforma da *polis* inclui [também] uma melhor divisão dos Poderes. Afinal de contas, o que vemos, hoje, é a mesma pessoa, a presidente da República, exercendo os poderes de chefe de Estado, de chefe de governo e de uma administração pública extremamente capilarizada, cheia de cargos de confiança, o que acaba inviabilizando a competência e o profissionalismo dentro do setor público.

Não se pode falar de reforma política atacando apenas o sistema eleitoral ou apenas o sistema partidário. Tem-se também que falar sobre a apuração nas eleições, sobre quem organiza o pleito. O TSE, hoje, é monopolístico: ele executa o processo eleitoral, mas, antes disso, inclusive o planeja e é o responsável pela apuração, pela proclamação dos resultados e também pela posterior auditoria, se houver denúncia. Ou seja, o TSE faz tudo, neste País. Há um monopólio de toda a organização das eleições nas mãos do TSE.

Se quisermos uma reforma da *polis*, uma reforma política, precisaremos falar em reforma da federação, em reforma dos nossos poderes, em reforma do sistema eleitoral e partidário, sim, que é muito importante também, e em reforma na organização das eleições.

Quem votou no Jardel?

O deputado estadual Mário Jardel, ex-jogador e ídolo da torcida gremista, foi cassado na Assembleia Legislativa por haver, segundo o Ministério Público, indícios de cometimento de crimes como concussão, peculato, falsidade documental, lavagem de dinheiro e organização criminosa. No entanto, uma pergunta que precisa ser feita seriamente no país é: quem elegeu Mário Jardel? Sim, foi o povo por meio do voto. Celebridades, artistas, jogadores de futebol têm maior facilidade para angariar votos nas eleições não necessariamente porque sejam bons políticos – até podem ser –, mas porque são conhecidos. É a distorção gerada pelo nosso sistema proporcional de votos para as Assembleias, Câmaras de Vereadores e Câmara dos Deputados[4].

22 de dezembro de 2016

Venho a esta tribuna comentar o caso específico – aliás, já muito bem mencionado pelos colegas que me antecederam – que redundará hoje, creio eu, na cassação do mandato do deputado Mário Jardel (PSD) por unanimidade dos votos desta Casa Legislativa. Não venho aqui para tratar, portanto, dos crimes cometidos, das irregularidades, das acusações feitas contra o deputado Mário Jardel, e que muito bem foram explicitadas no relatório do deputado Sérgio Turra (PP). São acusações sobretudo sobre a malversação dos recursos públicos, coisa que todos nós, agentes públicos, precisamos não apenas repudiar, mas também fiscalizar e condenar.

Portanto, não trato desse aspecto e muito menos trato aqui do aspecto mais midiático, que acabou levando toda a população gaúcha a se debruçar, com indignação, sobre esse assunto, mormente quando, não sendo localizado o deputado Mário Jardel por editais oficiais, como bem mencionado pelo deputado Edson Brum (PMDB), inclusive pagos em jornais de grande circulação no Rio Grande do Sul e no Ceará, [o deputado Jardel] participou de eventos públicos ao lado de Wesley Safadão. Isso causou uma comoção popular ainda maior.

A grande pergunta que nós, deputados estaduais, precisamos fazer como agentes políticos e que nos cabe também responder à sociedade – uma pergunta que se faz em abstrato, sem esquecer do caso concreto, porque decorre dessa situação abstrata – é: quem votou em Mário Jardel?

[4] Assista no Facebook: https://goo.gl/2G2ehk

Essa pergunta – o deputado Ibsen Pinheiro (PMDB), como grande constitucionalista, sabe muito bem disso – ecoa na população, haja vista que vimos tantas vezes, em tempos de redes sociais, comentários nesse sentido no Facebook. Mas a resposta também todos sabemos, pois vivemos em uma democracia. Votaram em Mário Jardel 41.227 eleitores gaúchos.

A situação abstrata a que faço menção aqui é relativa ao sistema político existente. O sistema de voto proporcional em grandes distritos eleitorais, como é o caso do estado do Rio Grande do Sul, tende a eleger pessoas que muitas vezes são conhecidas por boas coisas que fizeram nas suas respectivas áreas de atuação, mas que, infelizmente, não necessariamente serão boas representantes quando eleitas para um parlamento. Não estou aqui fazendo juízo de valor sobre o parlamento como um todo, porque sabemos que há também bons jogadores de futebol que se tornaram bons políticos, e assim em todas as áreas.

Lamentavelmente, o sistema de voto proporcional como o que temos, que, conforme pesquisa, propicia que um mês depois das eleições 44% dos eleitores simplesmente esqueçam em quem votaram, não serve mais ao nosso país. Precisamos adotar urgentemente o voto distrital, se não puro, misto, para que regiões inteiras não fiquem sem um representante, para que o deputado estadual tenha um vínculo direto com a população. Se há essa desconexão entre o eleitor e o eleito não é tanto em virtude da atuação política – e estamos vendo nestes últimos dias que há muito trabalho a ser feito nos parlamentos –, mas também em decorrência do sistema político.

Não se trata aqui de colocar a culpa [apenas] no sistema, deputado Sérgio Turra, pois, como foi muito bem apontado por V. Exa. e pelos deputados Vilmar Zanchin (PMDB) e Juliano Roso (PCdoB), houve fatos condenáveis e reprováveis que o levarão à cassação. Aliás, sobre esses fatos o deputado Tarcisio Zimmermann (PT) aqui falou, mas se esqueceu de mencionar que o PT protelou a aprovação do requerimento e do relatório, alegando que haveria um golpe, sendo que há mais de um ano tramita nesta Casa esse processo, o qual já deveria ter vindo a plenário. Se dependesse da população e dos fatos, o deputado Mário Jardel já estaria condenado e cassado. Não vamos misturar as coisas. Neste momento em que um segundo deputado é cassado nesta Casa, precisamos realmente avaliar, além dos fatos condenáveis e reprováveis, também o sistema político, que já está condenado ao fracasso.

Lista fechada é golpe na democracia

A lista fechada, felizmente rejeitada no Congresso Nacional, perpetuaria muitas das mazelas da política nacional - e muitos dos atuais detentores de mandato. Assim como a proposta do distritão, também a lista fechada tinha como finalidade maior proteger os mandatos daqueles que já estão na política, dificultando a renovação e garantido o foro privilegiado de quem quer se proteger da Justiça pelos crimes que cometeu.

28 de março de 2017

O deputado Tiago Simon (PMDB) fez um pronunciamento muito pertinente em relação à lista fechada! O senhor vai gostar muito do texto que vou ler aqui, uma crônica publicada por Augusto de Franco e escrita por Eduardo Affonso[5], para que quem nos assiste em casa possa saber bem o que é a lista fechada.

Imaginem-se num restaurante, nobres colegas deputados e cidadãos, em que se trava o seguinte diálogo:

– Garçom, me veja o cardápio.

– Não trabalhamos mais com cardápio, senhor.

– Vocês usam uma tabuleta, você me fala os pratos?

– Não, senhor, trabalhamos agora com lista fechada.

– Como assim, lista fechada?

– O senhor escolhe o restaurante – no caso escolheu o nosso –, e o nosso gerente escolhe o que o senhor vai comer.

– E o que é que eu ganho com isso?

– O senhor não precisa perder tempo escolhendo.

– Mas como vou saber o que vou comer?

– O senhor come o que o gerente achar que o senhor deva comer.

– Mas baseado em que, se ele não sabe do que eu gosto?

– Baseado nos critérios dele.

– Que são...

– Ele pode querer que sejam os pratos mais caros, ou os que usam ingredientes que estão com prazo de validade perto de vencer, ou os que já estão prontos, ou os que dão menos trabalho. Isso não cabe ao senhor consumidor decidir.

---

[5] Affonso, Eduardo. À la carte tupiniquim. Publicado no blog Umas Agudas & Outras Crônicas. 2017, 27 de março: https://goo.gl/P3rH4m.

– Então eu me sento e...

– Senta, come o que o gerente quiser e paga a conta.

– E se eu não gostar do prato?

– Nós não trabalhamos com essa possibilidade, senhor. Gostando ou não, vai pagar a conta do mesmo jeito.

– Bem, acho que vou então para outro restaurante.

– Todos agora trabalham assim, senhor.

– Mas quem decidiu isso?

– O sindicato dos donos dos restaurantes.

– Pois então eu não vou mais comer fora, vou comer em casa.

– Não tem problema, senhor. Posso trazer a conta?

– Que conta? Não vou comer nada.

– A conta do fundo suprapartidário dos restaurantes. Comendo aqui ou em casa, o senhor tem que financiar os restaurantes.

– Por que eu tenho que financiar vocês?

– Porque se não financiar por bem, nós vamos conseguir o financiamento de outra forma, que é assaltando o senhor, um método também conhecido como caixa registradora dois. O senhor pagar diretamente é muito mais civilizado, não acha?

– E quem me garante que, eu pagando, vocês não vão me assaltar do mesmo jeito?

– Ninguém, senhor. Ah, aliás, não aceitamos cartão, e os 10% são obrigatórios.

Essa é a crônica do funcionamento do sistema partidário atual. Não há possibilidade de se escolher ou de se iniciar um novo restaurante neste país. Fundar um novo partido é praticamente impossível. E não estou falando de fundar uma legenda nos moldes atuais, o que requer um milhão de assinaturas em tantos Estados, o que já requer, portanto, uma capacidade burocrática e financeira enorme de pessoas para colocar o partido em marcha.

Também não estou falando das máfias organizadas em torno do poder que há hoje em Brasília; estou falando em partidos orgânicos, que partem do seio da sociedade, como acontece em todas as sociedades democráticas, em que um número mínimo de pessoas de uma cidade pode começar um partido de nível e interesse local. Essa possibilidade não existe no Brasil. Sim, há muitos partidos no Brasil – mas lá em Brasília, sem contato com a sociedade. Nos Estados Unidos e nos países europeus há milhares de partidos. Nos parlamentos, sim, há poucos, porque se no parlamento houver muitos, o balcão de negócios, infelizmente, prospera.

Agora, surge essa proposta da lista fechada. Além de haver muitos partidos em Brasília, gerando um verdadeiro balcão de negócios, e pouca participação política na sociedade – originando, talvez, novas formas de participação social –, esses partidos, agora, querem decidir quem vai se reeleger indefinidamente. Essa é a ideia da lista fechada. É você chegar no restaurante partidário e ser obrigado a consumir aqueles mesmos candidatos que durante anos, décadas, vêm transitando nos parlamentos nacional, estaduais e mesmo municipais. Essa é a vergonha da lista fechada. Esse é um verdadeiro golpe.

Pessoas que entram novas na política não terão incentivo nenhum de participar da vida partidária se não tiverem, desde o início, boas conexões partidárias para estar no topo da lista. Sem estar no topo da lista, que interesse vai ter um jovem em realmente concorrer e levantar a bandeira de um partido que já é, lamentavelmente – não deveria ser –, por natureza, fisiológico? É o caso de praticamente todas as legendas do Brasil. A minha [à época PP], lamentavelmente, também faz parte desse sistema político apodrecido. Não gostaria que fosse assim, mas lamentavelmente vivemos num sistema político que nos leva a essa situação.

Para mudar, ainda temos a possibilidade de o eleitor escolher o seu candidato, sim, numa lista, mas aberta. Cada eleitor pode escolher o seu candidato, hoje, para as eleições. Precisamos manter isso, senão, realmente, a lista fechada será um golpe, e um golpe de morte na nossa democracia.

Excrescências eleitorais

Pouco mais de um mês depois de pronunciar o discurso anterior, reforcei a contrariedade à proposta de lista fechada e, também, do financiamento exclusivamente público de campanhas eleitorais, absurdos inaceitáveis. O financiamento público de campanhas já tinha sido a regra na eleição municipal de 2016 e a concentração de recursos nas mãos das cúpulas partidárias acabou determinando quais lideranças locais receberiam o dinheiro, quais não. Uma forma explícita de perpetuar na política municipal os ditos cabos eleitorais de deputados federais que, no caso do Partido Progressista [mas também de outros partidos], eram aqueles que em geral definiam quais candidatos a prefeito e vereadores receberiam recursos na campanha eleitoral de 2016 e quais não.

11 de maio de 2017

Teimam, em Brasília, em tentar mudar as regras do jogo para benefi- ciarem-se a si próprios. Pois senão, vejamos: estamos no mês de maio. Em que democracia séria, em apenas quatro meses, podem ser alteradas as regras do jogo, de forma tão fundamental que o povo pode se ver ainda mais afastado do processo político do que antes? Ainda mais em uma de- mocracia que parece se revigorar tão importantemente, como é o caso da democracia brasileira.

Há um desrespeito, uma desconexão tremenda, porque, sim, até setembro, nós saberemos quais serão as regras do jogo para as eleições do ano que vem, deputado Tiago Simon (PMDB). Só temos mais quatro me- ses, porque as novas regras precisam passar nas duas Casas do Congresso Nacional – na Câmara e no Senado.

Estamos, de certa forma, de mãos amarradas, porque todos aqueles que estão iniciando a caminhada política, neste momento, deputada Lizia- ne Bayer (PSB) – e a senhora também é exemplo disso –, não sabem nem o que vão fazer neste meio tempo até outubro. E ali nós vamos decidir exatamente o que faremos com as eleições do ano que vem, porque a lista fechada é uma excrescência. Tenho convicção de que a minha permanên- cia dentro do Partido Progressista não se justificará mais, por mais que eu jamais tenha ocupado cargo, nunca tenha sido filiado a nenhum outro partido, a não ser no PP. Mas não se justificará mais se a lista fechada for aprovada.

Como pessoas novas na política vão ocupar postos de relevância, tendo de ser abençoadas pela cúpula de um partido, sobretudo se a decisão vier nacionalmente? Isso já aconteceu nas eleições passadas. Haja benevolência! Não acredito mais nisso. Não há como! Acabou a ingenuidade na política dos brasileiros, que permaneceram, infelizmente, durante muito tempo, alheios, alienados, inclusive, ao processo político. Não somos mais ingênuos. E esse jogo político jogado em Brasília não interessa aos milhões de brasileiros que foram às ruas pedir não apenas o *impeachment* de Dilma Rousseff, mas pedir um Brasil melhor, uma política mais justa.

Precisamos, insistentemente, dizer aqui, nesta tribuna, em cada can- to, que somos contrários à lista fechada. Somos contrários ao financiamen- to exclusivamente público de campanha, porque, por mais que se possa dizer que, neste caso, não entraria dinheiro de empreiteiras, etc. – que é, realmente, nefasto para o funcionamento da democracia –, nós vimos o que aconteceu nas eleições passadas. O dinheiro destinado para as campa- nhas eleitorais ficou concentrado, no meu partido, nas mãos de deputados federais e senadores. E eles – e somente eles – decidiram a quem esse recurso seria destinado. Foi assim que funcionou dentro do meu partido – o Partido Progressista. Uma vergonha, nacionalmente, de cima a baixo, a não ser que se contasse com a benevolência de alguns, que passaram os recursos para, por exemplo, a administração do partido. Aconteceu com a nossa senadora Ana Amélia Lemos, que passou o recurso para ser administrado pelo Partido Progressista. No entanto, o que vimos foi apenas uma concentração de interesses por meio do dinheiro público, que deveria ser destinado, de alguma forma justa, sendo utilizado de forma injusta para beneficiar poucos, para prejuízo de muitos.

E é sempre assim: quando há um novo benefício aprovado em Brasília, uma nova regra que diz ser benéfica para a democracia, nós precisamos desconfiar, na hora. A lista fechada deveria privilegiar os partidos políticos. Mas se os partidos políticos, hoje, no Brasil, são, em geral, máfias organizadas em torno do poder, apenas para usar o dinheiro público e depois beneficiar aqueles mais próximos da cúpula, que tipo de benefício representa para a democracia essa lista fechada, combinada com o financiamento público de campanha?

Não é benéfico de forma alguma. Sou a favor, inclusive, do voto distrital. Muito melhor seria se tivéssemos voto distrital para representação do povo na sua localidade e que fosse distrital misto, até para ter uma espécie de transição entre o sistema proporcional existente hoje e o sistema distrital puro, o qual deveríamos ter como ideal. Lista fechada representa retrocesso.

Distritão não é distrital!

A enganação do distritão voltava ao debate político pouco menos de dois meses antes do prazo final para mudanças da legislação eleitoral com vistas às eleições de 2018. O engodo maior de quem defendia o distritão era dizer que era semelhante ao distrital. Não era, não é e jamais será. É o exato oposto pois o distritão distanciaria ainda mais o cidadão do seu representante e garantiria que os caciques partidários estaduais e nacionais tivessem ainda mais controle sobre quem seria e quem não seria um candidato potencialmente eleito[6].

8 de agosto de 2017

---

[6] Assista na Facebook: https://goo.gl/yGRFMV ou no Youtube: https://goo.gl/LtVLSC

Eu conversava com o deputado Tiago Simon (PMDB), a respeito de um golpe que está sendo engendrado em Brasília pela classe política dominante. Um golpe que visa à manutenção do *status quo* e à reeleição da maior parte dos deputados federais que estão hoje na Câmara dos Deputados.

É o tal do distritão. Um golpe ladino, sórdido, justamente porque inclusive no nome ele parece ser algo bom, afinal de contas, o voto distrital é defendido por muitos democratas. O voto distrital aproxima o cidadão do eleito. O representado do representante. Mas o distritão não é distrital, e essa é a primeira diferença que precisa ficar muito clara, porque muitas pessoas pensam, quando falamos contra o distritão, que estamos falando do voto distrital.

Não! O voto distritão vai fazer com que permaneçam no poder os mesmos que hoje já se encontram em Brasília, ou mesmo nas Assembleias Legislativas. E por quê?

Talvez um bom argumento seria de que, elegendo os deputados mais votados, não se teria mais aquela condição de se eleger alguém em virtude do excesso de votos de um puxador, algo que realmente acontece no Brasil e que, muitas vezes, é tido pela própria população como algo injusto, pois elegem-se deputados com muito menos votos do que o mínimo necessário de uma forma geral, enquanto outros deputados que teriam uma votação mais expressiva não chegam a se eleger. Aliás, esse é o meu caso.

Cheguei a obter 35.345 votos, que era a meta da nossa coordenação de campanha [acima de 35 mil votos], fiquei em 45º lugar para a Assembleia Legislativa, que tem 55 deputados, mas sou o primeiro suplente da bancada do Partido Progressista. Muitas pessoas não entendem e consideram injusta essa regra. Digo que, aparentemente, de fato ela é injusta, porque o voto proporcional carrega essas injustiças inerentes. Mas o distritão não visa a corrigir essas injustiças. Ao contrário.

Ao se elegerem os mais votados simplesmente, o que vai acontecer é que a elite partidária, a burocracia partidária vai focar naqueles candidatos que já são os campeões de votos, naqueles que já são os "cavalos vencedores". Um partido que lançou 50 ou 55 candidatos a deputado na eleição passada terá nesta talvez 15, porque dificilmente terá chance de eleger mais do que 10, fazendo com que a base partidária migre apenas para o apoio daqueles que têm chances de se eleger. Marcel van Hattem, que em 2006 concorreu a deputado estadual, recebendo 11.656 votos, que em 2010 concorreu a deputado estadual, recebendo 14.068 votos, tendo, portanto, contribuído para a votação da legenda partidária, certamente nas eleições de 2018 não seria, naquelas condições, interessante para a maioria que comanda o partido político.

E não falo isso em relação apenas ao meu partido, o Partido Progressista; falo em relação a todos os partidos, ao PMDB, do deputado

Tiago Simon; ao PCdoB, da deputada Manuela d'Ávila; ao PT, do deputado Edegar Pretto. Vai-se concentrar o esforço partidário naqueles que são campeões de votos. E aquelas pessoas que porventura estiverem dispostas a desafiar o *establishment*, a desafiar a elite, mesmo de seu partido, para renová-lo desde dentro, essas pessoas contarão com pouco ou nenhum apoio para concorrer, sobretudo nos partidos mais tradicionais, os partidos maiores.

É esse o grande objetivo das elites políticas e partidárias de Brasília. E fala alguém aqui que pode falar, aliás, com total tranquilidade, porque seria em 2018, se aprovado esse distritão, beneficiado. Primeiro, porque muitas pessoas, em virtude da minha postura muitas vezes independente e mesmo divergente do meu partido, sobretudo em relação à direção nacional, temem que votando no Marcel ajudem pelo atual sistema a eleger outro. Portanto, nesse sentido, seria benéfico para mim. Ou poderia ser benéfico porque talvez muitos acreditem que eu não necessite, como [necessitei] nas eleições passadas – nunca se sabe –, da votação de apoio da legenda.

Considero essas falas talvez exageradas, haja vista que haverá uma eleição pela frente daqui a quase um ano. Mas, de qualquer maneira, poderia fazer com que eu hoje, dentro do *establishment* político, mesmo que contrariamente a muitas coisas que acontecem, tivesse um benefício e um privilégio inicial que muitos que estão começando não têm. Mas não mudo de opinião, não mudo de posição ao longo da trajetória para me beneficiar. Pelo contrário, continuo querendo renovação na política, continuo querendo renovação dentro do Partido Progressista, dentro de todos os partidos políticos, dentro da Câmara dos Deputados.

O distritão simplesmente busca proteger aqueles que estão em débito com a Justiça, buscando foro privilegiado e buscando permanecer dentro dos órgãos políticos de representação democrática, que são a Câmara dos Deputados e as Assembleias Legislativas. Portanto, precisamos, todos os deputados estaduais, todos que defendem a renovação na política, todos que defendem o princípio democrático de "um cidadão, um voto", dizer não ao distritão. Esse, sim, é um verdadeiro golpe que está sendo engendrado pelas elites políticas brasileiras, lá em Brasília, na Câmara dos Deputados, em uma reforma política visando a não reformar a política, mas a deformar a representação.

Ao voto distrital sou favorável, inclusive ao puro; se não for possível, [que seja] o misto, numa espécie de transição desse sistema proporcional, que privilegia sobretudo corporações, e não as ideologias políticas. Mas o distritão, este é uma enganação – não me faltou sequer a rima. O distritão é uma enganação, é uma empulhação, é uma forma de a elite política brasileira corrupta blindar-se, salvar-se e prejudicar aqueles que querem entrar na política para renová-la.

Modelo de Estado

Apesar de originalmente no meu Facebook o título desse discurso ter sido "Quem tem a solução para as crises políticas?", decidi usar aqui parte do título que o Movimento Brasil Livre (MBL) deu em sua página a uma versão mais curta desse discurso: "Marcel van Hattem faz discurso inspirador sobre modelo de Estado". Foi com esse título que o vídeo viralizou nas redes, em especial pelo WhatsApp, e usando-o aqui facilitará ao leitor encontrá-lo no livro. Aponto por meio de uma nota de rodapé no discurso, aliás, a partir de que ponto exatamente inicia a versão editada pelo MBL.

Trata-se de um dos meus discursos prediletos. Abordo aqui os graves problemas gerados pelo excesso estatal de maneira indignada, mas baseando-me em fatos cotidianos e na teoria liberal. Como havia jovens assistindo à sessão nas galerias da Assembleia, tentei ser o mais didático possível, após ser provocado por um petista. Pela ampla repercussão que obteve esse discurso, creio que consegui deixar claro que a solução dos nossos problemas não está no governo, mas nas pessoas[7].

5 de setembro de 2017

Retorno a esta tribuna, aproveitando a presença dos jovens que acompanham esta sessão, uma vez que vivemos um novo momento no Brasil. Dois mil e dezoito, aliás, é ano eleitoral. A meu ver, 2018 será um grande divisor de águas na vida política da democracia brasileira.

O deputado Zé Nunes (PT), antes, quando saí do plenário, logo após me pronunciar – e provavelmente quem estava nas galerias ouviu –, questionou-me por que teria apagado as fotos com o senador Aécio Neves [PSDB, candidato à presidência da República em 2014] no Facebook. Respondi-lhe que não apaguei. Não apago fotos,

---

[7] Confira no Facebook: https://goo.gl/1Z25oe ou no YouTube: https://goo.gl/GA2NWd

Para a versão mais curta que viralizou, publicada pelo MBL, no Facebook: https://goo.gl/D2nrEy ou no YouTube: https://goo.gl/N1zjiv

[não apago] posts. Não tenho medo do meu passado. Arrependo-me daquilo que não fiz. Mas no momento em que a opção para o Brasil era Dilma (PT) ou Aécio, e não tendo os brasileiros, à época, o conhecimento sobre a vida de Aécio Neves que têm hoje, a escolha era óbvia! Entre Aécio e Dilma, [era] Aécio, naquele momento.

No entanto, o que me diferencia de quem defende bandido, de quem continua petista de carteirinha, é que eu tenho a capacidade de me indignar e de dizer que jamais votarei em Aécio Neves de novo. Não saio embandeirado à rua para defender um corrupto. E digo mais: o PSDB não vai ter o pejo de colocar Aécio Neves como candidato a Presidente da República de novo. Jamais! Mas o PT vê no Lula, condenado a uma pena de nove anos e meio, sua salvação.

Também preciso dizer que a opção que havia entre Dilma e Aécio também não era uma opção que me agradasse. Vocês acham que eu votei com prazer em Aécio Neves? Para começar, ele é um social democrata. O PSDB é um partido social democrata. Eu não sou um social democrata.

Eu sou um liberal[8], e se há uma coisa em que um liberal acredita é que a solução dos problemas na política não está no governo, não está em quem governa, mas nas pessoas, no indivíduo.

Quando se coloca uma situação dicotômica de capitalismo e socialismo, na hipótese de só haver capitalismo e socialismo, o que diz [Ludwig von] Mises no livro *Burocracia*[9], de 1944? Que no capitalismo prevalece a liberdade de iniciativa – isso vale para todas as áreas, não somente na economia –, a soberania do consumidor no mercado e a soberania do eleitor na política, e que no socialismo prevalece a soberania do político, que quer intervir em cada aspecto da vida em sociedade, seja econômico ou político, tolhendo a livre iniciativa.

Se houver apenas uma opção entre socialismo e capitalismo, não tenho dúvidas de estar do lado da livre iniciativa, da soberania do consumidor e da soberania do eleitor. É por isso que como liberal não posso sentir prazer nas eleições no Brasil, porque as opções que temos em geral são mais governo, do tipo: "Eu vou resolver o seu problema, eu vou gerar milhões de empregos". Que político gera milhões de empregos? Político cria cabide de emprego, não gera emprego. Quem

[8] É a partir desta frase que este discurso, publicado na página do MBL e que viralizou em todas as redes, é cortado e segue até o final.

[9] MISES, Ludwig von. *Burocracia*. Ed. e pref. Bettina Bien Greaves; Apres. Jacques Rueff; Pref. Alex Catharino; Posf. William P. Anderson; Trad. Heloísa Gonçalves Barbosa. São Paulo: LVM, 2017. (N. E.)

gera emprego é a sociedade. Político no máximo cria cabide de emprego e gera desemprego. Aliás, o PT deixou 13, 14 milhões de brasileiros no olho da rua! E um político vai resolver a situação?

Há um livro muito bom chamado *Pare de Acreditar no Governo*[10], de autoria de Bruno Garschagen, cientista político brasileiro, capixaba, doutorando em Estudos Políticos pela Universidade Católica Portuguesa e *visiting student* em Oxford[11]. O subtítulo da obra é: *Por que os brasileiros não confiam nos políticos e amam o Estado*. Nós adoramos falar mal de político. O brasileiro odeia político, mas está louco para ter um beneficiozinho do Estado, está louco para receber um favor do político em quem votou. Troca voto.

Muitas pessoas, me dizem que político, para se eleger, deveria passar por curso. Eu digo que a democracia, feliz ou infelizmente, permite que todos concorram em quaisquer situações. Mas se formos pensar na qualidade do eleitorado, lamentavelmente, quem deveria passar por curso é o eleitor brasileiro. E falo isso sem problema. Ninguém aqui pode me dizer que o meu discurso é elitista. Não. A realidade é essa, basta ver os políticos que estamos elegendo.

Além do mais, como disse Thomas Sowell, economista, a primeira prioridade da maioria dos políticos, para não dizer de praticamente todos, é a sua eleição; e a segunda, a sua reeleição. E qualquer que seja a sua terceira prioridade, ela está muito abaixo na lista.

Enquanto não falarmos em bem comum como objetivo da política, enquanto não dissermos que a solução está em vocês, jovens, está no indivíduo, e não em políticos ou no governo, nós não vamos sair deste buraco em que o PT nos enfiou, com a ajuda da classe política tradicional. Os políticos, em geral, não querem ver o Brasil saindo desse buraco.

---

[10] GARSCHAGEN, Bruno. *Pare de Acreditar no Governo: Por que os brasileiros não confiam nos políticos e amam o Estado*. Pref. João Pereira Coutinho. Rio de Janeiro: Record, 2015.

[11] Na tribuna chamei o cientista político de filósofo, em ato falho. Corrijo a informação aqui.

Parte VIII

Uma Voz de Convicção e Esperança de Quem Quer Viver em Outro Brasil

Introdução
Ideias por um outro Brasil

Marcel van Hattem

Esta é, sem dúvida a seção mais pessoal deste livro. Tanto é assim que sou eu, o autor, a apresentá-la. Paradoxalmente, contudo, é a seção mais coletiva do volume.

Discursos de improviso, como a grande maioria dos presentes neste livro – excetuados alguns proferidos, por exemplo, durante Grandes Expedientes –, são feitos no calor do momento. Em geral, eu anotava tópicos em qualquer papel enquanto assistia aos pronunciamentos de outros colegas (em especial aqueles da oposição, que me enervavam), e encaminhava-me em seguida à tribuna, onde improvisava livremente. Já quando havia Grande Expediente programado eu tinha mais tempo para organizar minhas falas e, inclusive, por vezes lançava mão da assessoria para pesquisar dados e informações para discursos mais complexos.

Faço questão de relatar isso aqui porque eu mesmo já fui responsável por sugerir pautas e tópicos a deputado quando fui assessor parlamentar no passado e, também, quando fui consultor independente, e entendo bem como é contribuir para a escrita de um texto sem, contudo, poder revelar a colaboração. Pois bem, alguns textos da presente seção, bem como alguns das anteriores (mormente os de Grande Expediente), tiveram contribuições relevantes de ao menos cinco pessoas que trabalharam comigo em momentos diferentes ou concomitantes: Ricardo Gomes, ex--presidente do Instituto de Estudos Empresariais (IEE) e que foi meu chefe de gabinete, hoje vereador em Porto Alegre; Rodrigo Massulo, jornalista e administrador, foi meu assessor de imprensa na primeira metade do mandato de deputado estadual e hoje vereador em Santo Antônio da Patrulha; Mateus Colombo Mendes, empreendedor e escritor e que fez a revisão e *copydesk* deste livro e auxiliou na organização; Conrado Lenz Esber, jornalista e assessor de imprensa na segunda metade do meu mandato; e Cláudio Júnior Damin, cientista político, professor na Unipampa em São Borja (RS) e que, também, foi meu chefe de gabinete. A competência de todos eles é incrível!

Quero, aliás, aproveitar aqui para agradecer muito a todos que se empenharam no meu mandato de deputado estadual. Ainda que a esmagadora maioria dos meus discursos tenham sido inteiramente de minha autoria, eu só poderia tê-los pronunciado na tribuna porque sempre contei com uma competente equipe dando todo apoio necessário na retaguarda no agora histórico gabinete 306 da Assembleia Legislativa do Estado do Rio Grande do Sul. Muito obrigado! Digo isso não apenas porque seria hipocrisia, mas também ingratidão não mencionar o trabalho em equipe que foi realizado.

Voltando ao tema dos discursos escritos: sempre eram preparados de acordo com um *briefing* feito por mim depois que eram definidos o tema, os tópicos e o título. E todos os discursos escritos, sem exceção, passaram por minha redação e revisão final, incluindo edições e alterações. Não é apenas perfeccionismo. É a responsabilidade de quem, afinal de contas, passa a ser o único autor e responsável final pelas palavras a serem proferidas. De quem se torna a voz de tantas pessoas ao expressar a sua própria. Ainda assim, não foram raras as vezes em que subi à tribuna com o texto pronto, redondo, revisado e, na hora de proferi-lo, acabava optando pela costumeira improvisação. Coisas que somente a conveniência política pode definir.

Contudo, apesar de me ver à vontade na tribuna para improvisar, reler alguns dos grandes expedientes dá o mesmo sentimento da leitura de dissertações de mestrado ou outros trabalhos acadêmicos: ficamos nos perguntando como foi mesmo que chegamos a determinados fatos e relatos na época em que foram lavrados. Com uma diferença: no caso de discursos mais longos e escritos, a indagação é na primeira pessoa do plural mesmo, pois por diversas vezes foram mais do que duas as mãos envolvidas em todo o processo, desde a pesquisa até a execução da fala na tribuna.

Somos o resultado não apenas daquilo que pensamos por nós mesmos, mas também daquilo que outros pensam e expressam e que impacta sobre nós. Fico feliz em ver hoje, portanto, o impacto gerado por aquilo que expresso. Mas reconheço, também, que muito do que falo é também fruto daquilo que disseram antes de mim – se não, jamais poderia pretender usar "somos nós com uma voz" como mote do meu mandato. Não por acaso convidei tantos renomados prefaciadores, que me deram a honra de enviar textos para a abertura de cada seção deste livro. Sem a inspiração buscada nos livros, artigos, vídeos, enfim, nos conteúdos gerados por estas pessoas, não haveria Marcel van Hattem. Não haveria uma voz a expressar aquilo que sinto, que é baseado naquilo que leio, assisto e ouço.

A própria expressão máxima do meu mandato (e que depois foi também o principal slogan da minha campanha a deputado federal, em 2018), aliás, a vontade de não mudar de país mas mudar o Brasil, tampouco é nova. É, na verdade, aspiração de milhões e milhões – bilhões! – de seres humanos que vivem hoje ou que pereceram no passado em condições muito piores do que as condições que teriam se vivessem em países livres e democráticos, com respeito real ao Estado de Direito com igualdade de todos perante a lei.

Lembro-me do quão inseguro e pensativo eu estava enquanto decidia, no segundo semestre de 2013, se retornava para o Brasil. Eu era residente na Holanda, um país muito mais desenvolvido, livre, democrático e com muito mais igualdade entre os cidadãos perante a lei. Regressar à mãe gentil seria, na visão de muitos, uma espécie de aventura – para os mais cautelosos, considerava-se uma decisão até mesmo irresponsável.

Não obstante, todos precisamos nos arriscar na vida em variados momentos para que possamos progredir. A grande questão é se nessas ocasiões o risco está prudente e razoavelmente bem calculado. Voltar da Holanda, onde eu já empreendia e cursava um mestrado em Jornalismo (meu grande sonho acadêmico e que, na melhor das hipóteses seria interrompido pela metade para ser retomado mais tarde), para retornar à política-partidária e eleitoral parecia-me um risco bastante alto.

Lembro-me bem que, durante esse período de dilema em que discutia com pessoas próximas minha situação pessoal, disse certa vez ao Ricardo Gomes que havia quem me criticasse por retornar da Holanda ao Brasil por que, "se tudo é tão bom na Holanda, porque, afinal, tu não ficas por lá?". O Ricardo, que foi parte do grupo de conselheiros que formamos na pré-campanha e que seguiu ativo durante o mandato, respondeu-me: "Marcel, lembro-me de uma entrevista dada por Yoáni Sánchez em que perguntaram algo similar a ela, que havia estudado na Suíça. Ela respondeu: 'eu não quero viver em outro lugar, mas em outra Cuba'".

Aquelas palavras tocaram imediatamente meu coração idealista e tomei-as com paixão e emoção para definir minha própria situação: eu não queria viver em outro país. Eu queria viver em outro Brasil! E, como otimista que sou, atentei ainda ao lado bom das coisas: se deixasse minha vida no estrangeiro para trás, pouco mais eu teria a perder retornando ao Brasil. No mínimo, faria novos amigos de causa e divulgaria com eles as ideias em que acredito. As ideias, princípios e valores que deram certo em tantos outros países e que teimam em não aplicar por aqui. Ideias por um outro Brasil em que eu e você queremos tanto viver.

Da plateia ao palco

Ser convidado para falar no 28º Fórum da Liberdade ainda em abril de 2015 foi um sentimento indescritível. Desde que havia descoberto o Fórum (promovido anualmente pelo Instituto de Estudos Empresariais - IEE, em Porto Alegre), nos primeiros anos dos anos 2000, minha vida mudou para melhor. Descobri um local onde poderia aprender mais sobre política, economia e sociedade com especialistas de verdade, no palco, e com pessoas que pensavam parecido comigo, na plateia. Depois de muitos anos participando do Fórum como espectador, na plateia, ser protagonista logo no início do mandato, no terceiro mês de Parlamento, foi para mim sinal de que começava minha experiência parlamentar com o pé direito.

Desde então foram inúmeros os convites para palestrar nos mais diferentes rincões do Estado, do país e mesmo no exterior. No entanto, o Fórum da Liberdade continua sendo aquele local especial, em que tenho o sentimento de estar em casa e estar no meio de pessoas conhecidas e amigas, que me auxiliam a trilhar o caminho da busca da verdade com respeito às liberdades, ao Estado de Direito e à democracia. Não é por acaso, pois, que decidi lançar este livro justamente durante um Fórum da Liberdade, na sua 31ª edição, em 2018 - três anos depois de ter proferido a palestra a seguir[1].

14 de abril de 2015

Eu gostaria de agradecer em primeiro lugar ao presidente do IEE, Frederico Hilzendeger, pelo convite para estar aqui. Eu sei que depois de Hilzendeger é protocolar dizer "pronunciei certo?", não é Fred? Agradeço a oportunidade de estar aqui no Fórum da Liberdade, onde pela primeira vez participei aos dezoito anos de idade, aí sentado como vocês estão. Estive ontem aí, estive hoje também aqui sentado mas, dessa vez, pela primeira vez como palestrante. Muito obrigado ao Fórum da Liberdade, porque se eu sou deputado hoje, eu devo ao Fórum da Liberdade também essa condição.

O painel se chama "Nas ruas pela liberdade", porque é isso que o povo brasileiro está fazendo desde junho de 2013. Milhões foram às ruas dizer o que pensavam. Indignados, é verdade – e não era pelos vinte centavos apenas, era por muita coisa diferente. As manifestações foram

[1] Assista no Facebook: https://goo.gl/3vneUw ou no Youtube: https://goo.gl/G6kN6s

desorganizadas, mas foram também pacíficas, até aparecerem os vândalos *black blocs*, que nós sabemos quem patrocinou. Havia um clima de indignação, mas não havia uma pauta, havia uma insatisfação com todos os serviços prestados pelo Estado brasileiro. A liberdade de expressão, sobre a qual nós estamos falando aqui, estava sendo exercido na rede e nas ruas, mas a expressão do que era liberdade era imprecisa. Queríamos ser livres, mas nós não sabíamos exatamente do quê.

A presidente da República tentou, em rede nacional, em 2013, dar uma resposta. Convocou seus marqueteiros pra fingir que entendia as ruas. Prometeu reforma política como solução universal. Incluiu o tema da mobilidade para satisfazer a quem pedia passe livre. Tentou impor a sua pauta e a pauta do seu partido a um movimento que era espontâneo, ao movimento que era pluralista.

Resultado? O resultado foi o óbvio: fracasso. Era lógico que fracassaria. O povo não quer que o governo imponha a sua pauta. O povo quer de volta o poder que o PT tomou para si. Os *black blocs* naquela época assustaram os manifestantes. Mas a indignação permaneceu, ficou latente, e essa indignação voltou a aparecer agora após a reeleição da Dilma, que foi assentada em uma campanha mentirosa, baixa e imoral.

Logo após as eleições, o povo voltou às ruas. Não em grandes números, mas também não com timidez. Agora, em 15 de março e em 12 de abril de 2015, foi a ebulição. Estivemos nas ruas às centenas de milhares, aos milhões. Dessa vez, porém, nós fomos às ruas de forma organizada, porque agora nós temos pauta, nós temos pautas. Dessa vez nós decidimos não voltar para nossas casas sem uma solução.

Mas o que foi que nos levou às ruas? Quais são as causas de tudo isso? Quais serão os efeitos? Eu diria que há causas estruturais e há causas conjunturais. As causas estruturais decorrem da formação política do nosso país e do nosso desenho constitucional. Eu vejo ao menos duas causas estruturais principais.

A primeira causa é a estrutura da nossa separação de Poderes, pois em um Estado moderno, o que nós conhecemos aqui por Poder Executivo, tem três funções diferentes. Como muitos sabem, morei, estudei e empreendi na Holanda, tive a oportunidade de conhecer uma estrutura de três poderes bem divididos.

Naquilo que nós conhecemos como Poder Executivo, temos uma chefia de Estado, representado na Holanda pelo Monarca. Em outros países, é o presidente da República, eleito pelo voto popular. É o caso da Alemanha, por exemplo; é o caso de Portugal. E o chefe de Estado não representa uma ideologia; representa a nação como um todo.

Assim, não é vaiado em estádio de futebol, porque representa o sentimento nacional.

Na Holanda, há também a figura do chefe de governo. No caso, Mark Rutte (VVD), um liberal. Na chefia de governo, sim, temos representada uma ideologia política, porque foi ela que se sagrou em eleições parlamentares como majoritária na sociedade. Assim, necessariamente, o governo tem uma ideologia, sua linha, para dar os rumos da nação.

Holanda

Estado

Governo

Administração

Brasil

Estado

Governo

Administração

Por fim, temos a administração pública, que é independente. Uma administração em que a eficiência, a competência e a valorização do mérito são as tônicas. Não há interferência política ou, se há, é muito, muito pequena, quase irrelevante.

Com essa divisão muito clara e muito respeitada, a taxa de sucesso das democracias parlamentaristas é enorme.

E no Brasil, como é? Por aqui, infelizmente, a chefia de Estado, a chefia do governo e a administração pública ficam todas nas mãos de uma mesma pessoa. No caso, atualmente, Dilma Rousseff. Poderia ser Fernando Henrique Cardoso, poderia ser qualquer outro presidente da República que nós tivemos. Esse é o caso no Brasil.

Não temos uma divisão real de poderes. É um sistema que é institucionalmente falido: temos políticos profissionais, a administração pública é política e o governo precisa comprar, a todo o tempo, a sua base aliada dentro do Congresso, para que consiga governar. O fenômeno da multiplicação de cargos de confiança é o resultado disso: é o modo como a presidente invade o espaço da administração pública, submetendo tudo ao interesse político do momento. É evidente que assim não é possível termos serviços públicos decentes.

A segunda causa é a estrutura federativa do nosso país. O poder político verdadeiro está em Brasília, junto com a maioria do dinheiro dos nossos impostos, quando, na verdade, deveria ficar nos municípios, onde nós vivemos. Qualquer solução que dependa do Estado passa por Brasília, e isso afasta o cidadão da política, desincentiva a participação. Para termos uma ideia, o Rio Grande do Sul enviou para Brasília, em 2013, mais de 54 bilhões de reais; recebeu de volta, contudo, apenas 12 bilhões.

Brasília não cabe mais nos nossos bolsos. Além disso, como os políticos são profissionais, o cidadão não vai fazer política. Política deixou de ser missão, vocação, para virar profissão. O ambiente é hostil à novidade. Os adversários estão muitas vezes dispostos a tudo, inclusive ao assassinato de reputações, para manter seus cargos, suas boquinhas e suas posições políticas. Aliás, neste exato momento, estou também sofrendo o mais grave ataque à minha reputação, vindo de adversários políticos. Uma infâmia, uma baixeza. Mas não passarão!

Em suma, o cidadão está tão afastado da política que não vê uma solução mediada pela própria política. No mais das vezes, é como disse Ronald Reagan: *"O governo não é a solução, o governo é o problema"*.

E o problema tem causas estruturais, que já estavam lá no governo de Itamar, no de FHC, no de Lula... O que mudou agora, então? Por que nós fomos às ruas apenas agora?

Porque mudaram as causas conjunturais, e elas são duas.

A primeira é o projeto do PT. O Partido dos Trabalhadores tem o projeto de tomar o Brasil para si. É um projeto de poder, não um projeto de governo. É um projeto baseado na divisão da sociedade, jogando negros contra brancos, homossexuais contra heterossexuais, pobres contra ricos. É a renovação do pensamento de classes de Marx. Semeiam as diferenças para denunciar o ódio. A estratégia do PT é manipular a totalidade da opinião pública contra quem trabalha, contra quem emprega, contra quem acredita no esforço, no mérito. Contra vocês e contra todos os brasileiros que estão pagando a conta.

No plano internacional, o projeto do PT está bem claro: é a submissão completa do Brasil ao bolivarianismo e ao Foro de São Paulo, financiando obras e perdoando dívidas de ditadores amigos. É nesse contexto que surgem programas como o Mais Médicos, desautorizados pelo povo, que se torna escravo indireto de regimes cruéis, sustentando-os com seus tributos. O Brasil é parte da aliança de países de esquerda para ter a hegemonia no continente. Isso é um fato. Mas quando foi que o PT tratou disso nas campanhas eleitorais? Nunca! Porque não é um plano de governo, é um plano de poder.

A segunda causa conjuntural para a inédita revolta que temos verificado é o próprio governo Dilma em si, dentro do projeto do PT. Dilma é um desastre como presidente. É o suprassumo da má gestão e da incompetência. Uma "gestora" que, quando o dólar estava a 90 centavos de real, nos idos de 1995, 1996, conseguiu quebrar uma loja de R$ 1,99 aqui em Porto Alegre.

Como presidente, Dilma conseguiu ressuscitar a inflação, gerou crise no setor elétrico, conseguiu aumentar o preço do combustível quando no mundo inteiro o preço caiu, aparelhou o BNDES... Como ministra de Minas e Energia e, depois, presidente do Conselho de Administração da Petrobras, foi responsável direta pela crise que destruiu a maior empresa do Brasil e uma das maiores do mundo. Dilma viu durante o seu governo ser denunciado o maior escândalo de corrupção do planeta.

A união dessas causas estruturais e conjunturais causou uma explosão. O povo se jogou nas ruas, com pautas organizadas. Hoje, são milhões nas ruas, contra um inimigo que está bem identificado: o PT, com seu projeto, comandado atualmente pelo governo Dilma. No entanto, quais são os efeitos dessas movimentações doravante?

Num primeiro momento, o que queremos é pôr um freio ao projeto do PT. "Fora, PT!", foi o que se gritou nas ruas. Foi o que ecoou na Esplanada. Hoje, o PT não governa. O PMDB assumiu o país, quer queiram, quer não. Vai tocar a reforma política. Não é o ideal – muito longe disso. Mas, ao menos já não é o PT. Porque o PT propondo reforma política é como se a reforma penal fosse proposta pelo PCC.

Mas os efeitos de longo prazo são talvez mais importantes e passam por este momento aqui. O Brasil está precisando, demandando melhores ideias, melhor governança e melhores líderes. A batalha das ideias está evoluindo. Eu disse, no início, que sou o resultado disso, como deputado que fui eleito com uma plataforma de valores liberais.

A vanguarda hoje não é esquerdista, é liberal. O jovem bem informado hoje toma as ruas e a internet com posicionamentos (em adesivos, cartazes e *hashtags*) que dão recados específicos e até surpreendentes: "Menos Marx, Mais Mises", "Mais Hayek, Menos Lênin", "#OlavoTemRazão..." Os moderados leem Milton Friedman; os *hardcore*, Rothbard e Ayn Rand. E por aí vai.

Mas o próximo passo mesmo, baseado nos valores que foram expostos neste Fórum, é fazer com que mais de vocês estejam aqui em cima, no protagonismo. Precisamos pensar agora no longo prazo. É difícil? É, é difícil. Porque até o sistema político brasileiro, como foi dito, é muito refratário às novas ideias.

Hoje mesmo, na Assembleia, há pouco [utilizando a tribuna durante a sessão daquela tarde], o deputado do Partido Comunista, Juliano Roso, mencionou o teu nome, Kim, e te chamou de "fascista". Eu quero dizer que o deputado Sérgio Turra (PP), meu colega deputado está aqui e saiu na tribuna em tua defesa, até porque ficam tentando nos rotular em relação ao partido à questão do regime militar. Disse o Turra: "Eu tenho nojo de ditadura, mas eu tenho ainda mais nojo da ditadura comunista, pelos milhões de mortes que têm na conta de vocês".

É importante reconhecer isso quando há pessoas de dentro da política fazendo o que tem de ser feito. Pessoas como as que estavam aqui ontem: o Onyx [Lorenzoni] (deputado federal DEM/RS), o [Ronaldo] Caiado (senador, DEM/GO), o [Nelson] Marchezan (então deputado federal, PSDB/RS), o Jorge Pozzobom (então deputado estadual, PSDB/RS). Enfim, gente que está fazendo a sua parte lá dentro do Parlamento.

E também é importante que aqueles que estão aqui se interessem por política, concorram nos seus diretórios acadêmicos, concorram às Câmaras de Vereadores dos municípios, a deputado estadual, a deputado federal... Enfim, participem da política! Façam valer a sua voz nos espaços que nós perdemos durante os últimos anos, muitas vezes por omissão. É o que estão fazendo, por exemplo, o Ricardo Gomes, que foi presidente do IEE, e o Fábio Ostermann: estão junto comigo na Assembleia Legislativa! Muito obrigado pela dedicação de vocês.

Como eu sempre digo: não quero viver em outro país, quero viver em outro Brasil. Um Brasil próspero, democrático e livre. Com a garantia da manifestação que me dá a Constituição, que me permite este Fórum da Liberdade e que me exige a consciência, eu só quero concluir dizendo aquilo que as ruas estão dizendo também: FORA, PT!

[A plateia une-se, em coro, entoando "FORA PT!" por diversas vezes]

Os novos rumos da política

A Federasul, uma das mais importantes entidades empresarias do Rio Grande do Sul e do Brasil, realiza toda quarta-feira seu tradicional almoço "Tá na Mesa". O rol de palestrantes que já passaram pelo Tá na Mesa inclui ministros, prefeitos, empresários e governadores, inclusive de outros estados. Nesta edição, o seu então presidente decidiu, em vez de convidar um palestrante, fazer um painel com os três deputados mais jovens da Assembleia: Any Ortiz (PPS), Gabriel Souza (PMDB) e eu. Era uma forma de valorizar a juventude durante o momento político grave por que passava o Brasil.

Aproveitei a oportunidade para contar um pouco da minha trajetória e lembrar que não basta ser jovem – nem isso é tão determinante assim – para fazer boa política: o que realmente é necessário possuir é boa formação e boa informação. E, claro: dar o bom exemplo desde dentro da máquina pública[2].

9 de setembro de 2015

Boa tarde a todos, meu caro Presidente Ricardo Russowski, a quem agradeço sobremaneira a oportunidade que dá a mim e a meus colegas jovens deputados de falar aqui.

Quando tinha 18 anos de idade e estudava na Universidade Federal do Rio Grande do Sul e regressava diariamente para o meu município de Dois Irmãos, decidi participar da política como candidato a vereador. Eu ia de casa em casa, com a minha mochila, de jeans e camiseta. Batia na

---

[2] Assista no Facebook: https://goo.gl/Ao3oFC ou no Youtube: https://goo.gl/1R4zfk

porta para pedir o voto do eleitor, mas, antes disso, eu fazia toda a minha propaganda política. Falava o que eu queria fazer e que, principalmente, queria motivar mais jovens a participar da política. Em geral, a pessoa ficava olhando, muito interessada. Mas sabe o que normalmente me diziam, depois da minha conclusão e do meu pedido de voto? *"Mas, vem cá... criança pode concorrer? Tu já tens título de eleitor?"*

Infelizmente, presidente, talvez, ainda hoje essas perguntas são feitas. Mas, de qualquer forma, o que me alegra muito estando acompanhado aqui dos meus dois colegas Gabriel Souza (PMDB) e Any Ortiz (PPS), é que as novas e boas ideias não dependem da juventude na idade: elas dependem de boa formação e boa informação. Isso eu vejo diariamente nos meus colegas que, aliás e não por acaso, assim como eu, diga-se de passagem, não são filiados ao PT, ao PC do B ou a algum partido de esquerda, como tradicionalmente eram vistos os jovens que desejavam participar ativamente da política.

E não o são porque nós vivemos novos tempos. Nós vivemos tempos em que, infelizmente, no Brasil, tivemos de experimentar na prática, mais uma vez, aquilo que já se sabia na teoria: que o marxismo não deu certo em nenhum lugar do mundo e não tem como dar. Mais uma vez, na prática, o método de tentativa e erro foi infelizmente mal aplicado pelos marxistas porque, normalmente, o método de tentativa e erro implica em se utilizar novas fórmulas toda vez que você tenta de novo, até acertar. Mas não, são sempre as mesmas fórmulas ultrapassadas que são utilizadas pelos marxistas e, mais uma vez, geram apenas fome, miséria e morte.

Portanto, meus caros colegas deputados, eu não posso deixar de saudar aqui também um outro colega deputado nosso, que é Secretário de Estado, que hoje está aqui representando o governador do estado, o Ernani Polo. Ernani, em primeiro lugar, parabéns pelo trabalho que vem fazendo na Secretaria de Agricultura. Um trabalho louvável e extremamente responsável, como tem que ser. Mas também porque seu trabalho significou, pessoalmente, minha ascensão à Assembleia Legislativa, como deputado estadual, uma vez que, com meus 35.345 votos, fiquei na primeira suplência do Partido Progressista. Preciso pois fazer uma saudação especial e um agradecimento por aceitar esta missão de participar de um governo tão difícil, cumprindo-a com tanta destreza e permitindo a mim, como suplente, estar aqui diante dos senhores e das senhoras na Federasul falando.

Eu não poderia imaginar, não poderia mesmo, há pouco mais de dois anos, que estaria aqui. Não imaginava. Estava vivendo no exterior, estava vivendo na Holanda. Era, inclusive, colunista da *Revista Voto*[3]. Convidado, escrevia mensalmente para a publicação. Também estudava, empreendia e, sendo bem sincero, estava com um sentimento de desistência do Brasil. Como nós vemos, aliás, muitas pessoas dizendo isso hoje: "No Brasil não dá mais para viver, eu quero sair deste país!" É uma situação a que nós chegamos, e que está pior ainda aqui no nosso estado, de onde tem muita gente indo embora, dizendo "Não dá mais pra viver no Rio Grande do Sul"; então, vão para São Paulo, Rio de Janeiro, Minas Gerais. Muitos jovens, muitos que se formaram junto comigo na faculdade, não estão mais no Rio Grande do Sul, e alguns estão fora do país.

Esse sentimento de decepção com o país também é um sentimento de decepção com a própria política. Porque a política não é atraente para a juventude. Mas é na política que nós podemos efetivamente promover alguma mudança. Não tem outro jeito. Política é isso: para alterar o sistema, só estando dentro dele. Mas há uma decepção generalizada sobretudo quando a filiação partidária, para quem não faz parte da política, significa manchar a própria biografia. No momento em que um jovem decide participar da política e se dá conta de que pra concorrer precisa estar filiado a um partido político, ele não pensa duas vezes: ele pensa vinte, mil vezes.

Os partidos políticos são vistos, em geral, como duas coisas: gangues organizadas em Brasília, preocupadas com o interesse individual daqueles que os comandam, ou colônia de parasitas dos recursos públicos. É triste isso, porque não existe uma única democracia consolidada no mundo, uma única democracia representativa no mundo, que não tenha partidos políticos representados nos seus parlamentos. Não podemos fugir dos partidos políticos, mas os partidos políticos que nós temos... Que vontade de fugir deles todos!

Por esse motivo, saí do Brasil decepcionado com a política, depois de tentar por duas vezes ser deputado estadual (já havia sido vereador). E tendo visto que a minha campanha franciscana de bater de porta em porta não era uma campanha viável com o sistema eleitoral que nós temos, meus caros colegas Sérgio Turra (PP) e deputado João Reinelli (PV)... é uma campanha inviável no sistema eleitoral tradicional, a campanha de porta em porta, de contato com eleitor – afinal, não temos os sistema distrital de votos, temos o sistema proporcional. Tendo visto isso e me decepcionado muito, e me dando conta, na leitura de clássicos liberais,

---

[3] A *publisher* da *Revista Voto*, cientista política Karim Miskulin, mediava nosso painel nesse evento.

entre eles a *Revolta de Atlas*[4], de Ayn Rand, que na iniciativa privada, aqui, entre nós, entre todos os indivíduos, o que mais é valorizado é o esforço e o mérito, e no setor público é o compadrio e o tapinha nas costas, decidi que não era o meu ambiente a política e que iria para o exterior buscar qualificação acadêmica.

Fui para a Holanda, terra de meu pai. Estudei Ciência Política, trabalhei no governo holandês, empreendi, abri minha própria empresa e comecei a ver lá que é possível, sim [ser eficiente no setor público], e é muito importante na verdade que haja um setor público eficiente e que se preocupe com aquilo que deve se preocupar: segurança pública, saúde e educação. E que deixe o restante para a iniciativa privada.

No Brasil, levei quatro meses praticamente para abrir a minha empresa de consultoria. Na Holanda, em meia hora, com meu único documento de identidade holandês e com uma única visita à Junta Comercial, saí com a minha inscrição estadual, equivalente ao que nós temos aqui no Rio Grande do Sul. Em quatro dias meu CNPJ estava na caixa do correio. Pra que complicar tanto?

Retornei ao Brasil, e voltei para cá para dizer o que penso. Amigos me convenceram de que era momento de falar aquilo que penso, quando estamos tão carentes de lideranças e sobretudo de ideias boas. Fui convencido disso. Voltei, mas para dizer o que penso, para colocar no papel aquilo que defendo, para que depois, quando eu viesse a ser deputado, se acontecesse de eu me eleger, eu pudesse ser cobrado por quem votou em mim.

Voltei também porque nós vivemos um momento no Brasil, vivíamos então, logo depois dos protestos de junho de 2013, e com todas as redes sociais, o Facebook, um momento de maior interesse das pessoas por política. E um momento em que a campanha franciscana de porta em porta foi substituída em grande medida pela campanha nas redes sociais, onde as ideias são mais facilmente circuladas.

Perguntei a um amigo e apoiador se não seria interessante eu fazer uma pesquisa sobre o que o eleitor achava do que eu pensava ou do que eu teria que dizer antes de começar efetivamente o período eleitoral – porque no período eleitoral, aí sim, nós precisamos estar com o discurso afinado. Ele respondeu para mim: "Marcel, você já não sabe o que quer dizer?" Respondi: "Sei." E ele disse: "Então, pra que pesquisar?" Pensei: "Está certo! Vamos sem pesquisa, vamos fazer aquilo que eu acho importante fazer." E fomos fazer uma campanha de ideias, dentro das universidades, ocupando os espaços

---

[4] RAND, Ayn. *A Revolta de Atlas*. Trad. Paulo Henriques Britto. São Paulo: Instituto Millenium / Sextante, 2010. 3v. (N. E.).

que normalmente são ocupados por quem pensa com a mentalidade que nos trouxe a essa situação que nós vivemos.

Hoje, como deputado estadual, eleito, com 35.345 votos e com uma atividade constante nas redes sociais em que eu continuo essa aproximação com o eleitor e com defesa daquelas mesmas ideias que eu defendi na campanha, eu fico muito contente quando meu discurso é visto como aquilo que realmente é: um discurso ideológico e um discurso de oposição. Um discurso de oposição porque é necessário num país em que a oposição praticamente não existe.

Oposição existe em todas as democracias. Dizer que uma oposição é golpista, só pelo fato de ela existir, é ser, na verdade, ardoroso defensor de golpes porque não se deixa sequer a população falar aquilo que pensa. E a população e a oposição civil e democrática têm ido às ruas. Não com partidos políticos, porque não quer isso. Mas as pessoas têm ido para demonstrar que estão do lado da Constituição, do lado dos valores e do lado de tudo aquilo que representa uma boa política. Independentemente de direita ou de esquerda. E além de ser um discurso de oposição, é um discurso ideológico que, em sete meses de mandato, já tem obtido repercussão e principalmente reconhecimento.

Eu quero falar aqui que uma das menções que considero mais honrosas no mandato, talvez a mais honrosa até agora, veio da jornalista Rosane de Oliveira, que está aqui. Eu considerei um elogio, Rosane, quando disseste, esses dias, num comentário na Rádio Gaúcha, que *"o Marcel certamente vai votar contra o aumento de impostos porque ele é um liberal por convicção"*. Eu me senti orgulhoso! Porque está muito em falta isso: pessoas que tenham posições claras dentro da política, num momento em que a população busca justamente onde se agarrar, busca ideias que possam significar alguma coisa para o futuro, para o seu próprio futuro.

Nós vivemos, porém, num país em que a receita é "cafona", mas a despesa é "charmosa", como bem disse o deputado Gabriel Souza. Vi hoje, inclusive, deputado Gabriel, na Comissão de Direitos Humanos esse exemplo. Na Comissão de Direitos Humanos da Assembleia Legislativa, que integro, havia um pedido de grupos LGBT, assinado por representante de partidos políticos vinculados a PSOL e PCdoB solicitando que verbas da Assembleia, da nossa Comissão, fossem utilizadas para a impressão de cartazes. Estou aqui com os números: 5000 panfletos A5 e 300 cartazes em tamanho A3. Essa cultura da privatização do que é público, no pior sentido dos termos, essa cultura, ela é recorrente.

E eu fui lá o único que disse: "Olha, eu, como liberal que defendo a liberdade de expressão, de manifestação, que acho inclusive que a iniciativa privada, que associações privadas precisam se manifestar, eu não posso concordar que dinheiro público seja investido, por menor que seja a quantia, nesse tipo de ação, uma manifestação ideológica paga com dinheiro do contribuinte. Isso não é certo, nem para a esquerda, nem para a direita".

Nós precisamos superar essa cultura de utilização de recursos públicos para fins privados. Não é possível que continuemos com isso! E, infelizmente, são as minorias histéricas que muitas vezes predominam num debate. E isso eu tenho percebido agora, dentro da Assembleia Legislativa, de forma inequívoca. Por exemplo: o CPERS se posicionando contra um projeto que permitiria à iniciativa privada investir em educação. Falo do projeto Escola Melhor Sociedade Melhor. O CPERS disse que "isso é privatização das escolas, nós não podemos concordar". Não tem condições!

Essa cultura precisa ser alterada. Nós precisamos falar mais, sim, de privatização. É surreal que nós tenhamos plebiscito para privatizar empresas e não haja plebiscito para criação de novas empresas. Se houvesse, tenho certeza de que a EGR não seria criada. E por isso que propus uma Proposta de Emenda à Constituição (PEC) na Assembleia Legislativa exigindo que também houvesse um plebiscito toda vez que se propusesse a criação de uma nova empresa.

Precisamos discutir que Estado nós queremos. Queremos um Estado que tem uma gráfica pública, que lucra somente porque é monopolística, lucra porque tem uma condição especial de mercado, que é contra a livre concorrência, ou nós queremos que com o dinheiro que é colocado todos os anos na Corag o governo compre 479 ambulâncias, o que é uma por município gaúcho praticamente? Precisamos tocar nestes temas.

E, para concluir: eu votarei contra aumento de impostos, por convicção, como já disse antes.

No entanto quero diferenciar esse posicionamento, de quem o faz por convicção e de quem o faz por conveniência política. Porque, hoje, quem faz por conveniência política está propondo em Brasília aumento da carga tributária. Hoje, quem diz que é contra aumentar impostos por conveniência política, faz questão de esquecer que aumentaram taxas no Rio Grande do Sul como nunca. As taxas do Detran [aumentadas no governo Tarso Genro, 2010-2014] representaram o ingresso de centenas de milhões de reais nos cofres públicos, por exemplo. É inconveniente dizer tudo isto neste momento, para algumas pessoas. Para mim não é. O que importa é que precisamos dar o exemplo, ser austeros.

O presidente da Assembleia Legislativa, Edson Brum (PMDB), me passou agora há pouco a economia que a própria Assembleia Legislativa tem feito em seu custeio. Só nesse primeiro semestre, com 72% de cortes! Há todo esse debate sobre os Poderes, o Legislativo, o Executivo e o Judiciário. Acho que precisamos cada um dar os seus exemplos. Quando assumi, decidi abrir mão do reajuste salarial. Não retirei nenhuma diária e, em seis meses de mandato, utilizei apenas o equivalente a uma cota parlamentar. Eu sei, eu sei que todos os demais envolvidos com a coisa pública precisam dar exemplos. E é isso que nós esperamos dos líderes que elegemos.

Esperamos, portanto, que deem o exemplo para que o Brasil empreendedor não se envergonhe do Brasil que está lidando dentro da máquina pública. O Brasil empreendedor, que é representado pelo meu pai, engenheiro civil, pela minha mãe, arquiteta, que é representado por vocês que estão aqui. É representado por tantos jovens que estão buscando, neste momento de grave crise, ampliação de seus horizontes na sua educação e na sua formação profissional. Nós, representantes do poder público, precisamos dar o exemplo.

E é por esse motivo que encerro aqui, com aquela frase que eu digo com muita frequência, deputado Gabriel e deputada Any: se no início eu disse que estava vivendo no exterior e não pensava em voltar ao Brasil, porque não dava mais pra viver no Brasil, hoje estou aqui. Não estou omisso, e gostaria de dizer que cada um de vocês também não pode se omitir. Cada um precisa fazer a sua parte, afinal de contas, nenhum de nós quer viver em outro país, todos nós queremos viver em outro Brasil.

Ventos de mudança: novos ares na América Latina

No final de 2015 dois eventos importantíssimos em países vizinhos prenunciaram a queda de Dilma Rousseff: as eleições de Maurício Macri, em novembro, na Argentina, e as eleições parlamentares na Venezuela, no mês seguinte, que deram à oposição maioria qualificada de dois terços no Parlamento. Acompanhei a ambos eventos como observador internacional e pude relatar, neste Grande Expediente que dei a 15 de dezembro de 2015, um pouco do que vi. Foi uma oportunidade de fazer um resgate histórico das instabilidades político-institucionais da América Latina e celebrar os ventos de mudança em todo o continente. Que continuem a soprar para sempre![5]

15 de dezembro de 2015

A História da América Latina, por mais distintas que sejam as realidades locais, guarda uma coerência impressionante entre os fatos que se desenrolaram nos diferentes países do continente. Desde as revoluções liberais que romperam os laços coloniais até os dias de hoje, as mudanças políticas sul-americanas acontecem, muitas vezes e seguidas vezes, na forma de ondas que varrem o continente, e que fazem com que os relatos históricos de um país, quando lido em linhas gerais, seja muito parecido com o de seus vizinhos.

Assim foi com as revoluções que independizaram e proclamaram repúblicas as antigas colônias espanholas da América do Sul. Hoje, talvez, mais conhecidos pelo nome do torneio de futebol, os Libertadores da América lideraram revoltas inspiradas na Revolução Americana. O Brasil foi a grande exceção, dado que nossa independência, todos sabem, não veio pelo fio da espada e pela pólvora dos canhões, mas pela negociação entre pai e filho, evidenciada pela abdicação de Dom Pedro I para retornar a Portugal.

Nos demais países da América ibérica, as revoluções de independência foram revoluções republicanas. Juntamente com a independência e a

---

[5] Assista no Facebook: https://goo.gl/SFasm8 ou no Youtube: https://goo.gl/U7RkKT. Para ler a íntegra deste discurso, com os apartes feitos por outros deputados, acesse o link: https://goo.gl/PxayxR

instauração da República, veio no mais das vezes a abolição da escravatura. O Brasil tardou mais meio século para juntar-se aos seus vizinhos e libertar seus escravos, com vergonhoso atraso.

Em outra etapa, na primeira metade do século XX, também a maioria dos países do continente viveu regimes de verdadeiros caudilhos, com afetações fascistas, como a ditadura do Estado Novo no Brasil. O corporativismo e o nacionalismo produziram no continente uma industrialização dirigida, com mercados ainda fechados, resultando em grande concentração de riqueza na mão de poucos privilegiados pelo Estado. A quebra da bolsa de Nova York deu espaço para regimes de matiz autoritária, que promoveram uma industrialização disforme e altamente dependente do Estado. Novamente esse momento político se distribuiu pelo continente, e soaria familiar a praticamente qualquer sul-americano. Os argentinos chamam o período de "a década infame".

A essas ditaduras se seguiram breves períodos de abertura política. Mas o continente não se livrou do caudilhismo. Surgia o estado paternalista, com Vargas no Brasil, Perón na Argentina e o domínio do Partido Colorado no Uruguai.

Os anos 1960 e 1970 trouxeram regimes proto-comunistas, insuflados pela Guerra Fria. Quase todos logo seriam derrubados por militares. Estes, por sua vez, estando no poder, promoveram a regulação da economia e, no mais das vezes, agigantaram o estado, semeando estatais, regando-as a subsídios e colhendo economias fechadas e obsoletas. Com variados graus de repressão, perseguiram duramente seus inimigos políticos, adotaram controles da imprensa, censuram, torturaram, suspenderam direitos civis. Em suma: eram tudo, menos liberais.

Derrubados os regimes militares, nas décadas de 1980 e 1990, os países do continente, em sua maioria, reconstituíram-se em democracias. Coisa que, aliás, os opositores armados, na verdade, também não defendiam. Abriram, em parte, seus mercados – e para vermos o quão pouco de fato se abriram, basta olhar para o Mercosul, em comparação com a União Europeia, para entendermos o quão distantes de um mercado livre nós ainda estamos. De todo modo, houve privatizações e abertura de mercado, ainda que incompletas. Acusações de corrupção – algumas bem comprovadas, como na vizinha Argentina, e crises econômicas, que levaram a esquerda ao poder.

E chegamos aos dias de hoje.

Eu não quero cansá-los, colegas deputados, com relatos históricos que podem facilmente ser entediantes. Quero apenas, com essa narrativa que acabei de produzir, demonstrar aos senhores a minha afirmativa inicial: por mais distintas que sejam as realidades locais, a história do continente guarda uma coerência impressionante entre os fatos que se desenrolaram nos diferentes países.

Nos dias de hoje, assistimos aos estertores do bolivarianismo, em todas as suas matizes. A aliança da esquerda latina, incorporada pelo Foro de São Paulo, ao que tudo indica, chegou ao seu limite – e assistirá à próxima onda que lavará o continente.

O que chamamos de bolivarianismo, mas poderíamos chamar, para não ofender ainda mais a memória de Simon Bolívar, de socialismo do século XXI, é, na verdade, um conjunto de regimes populistas assentados em falácias econômicas e em uso político-partidário das instituições do Estado. Por onde passaram, os bolivarianos adotaram práticas que demonstram a natureza antidemocrática, antirrepublicana e antiliberal desse regime.

Esse movimento, como que para repetir a história, também tomou o continente, e afetou Brasil, Venezuela, Argentina, Equador, Bolívia, Uruguai, Paraguai – e até mesmo o Chile, embora em menor escala. Entendemos que esse movimento não é apenas uma aliança entre governantes, mas, acima de tudo, uma nova matriz de organização política, montada à revelia da Constituição e dos valores republicanos e democráticos. O bolivarianismo pariu regimes que, uma vez eleitos, substituíram as constituições vigentes – ainda que informalmente. Se na Venezuela o chavismo conseguiu descaracterizar a Constituição, em outros países mudou-se o modo de governar sem mudar o texto da Carta Maior. A forma de governo do socialismo do século XXI, como bem identificou o historiador mexicano Enrique Krauze, está baseada em 10 padrões de conduta:

[O deputado Ibsen Pinheiro (PMDB) solicita aparte]

– *O Sr. Ibsen Pinheiro (PMDB) – V. Exa. permite um aparte? (assentimento do orador)*

Deputado Marcel van Hattem, primeiro quero registrar a alegria com que comecei a escutar a manifestação de V. Exa., porque é bom perceber que esta tribuna se mantém capaz de expressar inquietação e também reflexão sobre como superarmos as dificuldades do nosso País e do nosso continente.

Talvez, deputado, mais uma vez, os grandes países da América do Sul, como a Argentina, como o nosso e como a Venezuela, estejam perdendo a oportunidade de avançar nos conteúdos sociais preservando a capacidade do crescimento econômico e compatibilizando os dois ter-

mos que definem a sociedade que buscamos, solidez na sua economia e justiça social na convivência das diversas forças.

Infelizmente, nos últimos anos, houve um acréscimo, uma novidade que é a ideologização do populismo. O populismo foi tido como um mal, e, às vezes, como um mal necessário. Governos que precisaram fazer mudanças drásticas que eventualmente contrariaram interesses, precisavam fazer concessões de natureza populista como meio de viabilizar os avanços que pretendiam.

Identifico na figura de Getúlio Vargas essa visão de Estado, sua presença, especialmente no Estado Novo se marcou pela supressão de liberdades e por concessões populistas, mas ninguém nega a visão estratégica que fez o Brasil moderno era o preço que Getúlio Vargas cobrava para realizar essas mudanças.

Infelizmente, na última década, ou um pouco mais, instalou-se entre nós o populismo como objeto, como finalidade, como fim em si mesmo. O populismo ideológico, a pregação de que os benefícios sociais têm de ter o caráter da caridade sem a fundamentação econômica que lhes dá permanência e dignidade.

É claro que nós devemos ter com os mais desprotegidos uma atitude de compaixão, mas é claríssimo que políticas públicas não repousam na caridade, e sim na viabilidade da sustentabilidade.

Por isso este modelo não apenas fracassou como modelo, como também arrastou para o fracasso toda e qualquer possiblidade de recuperação com esse modelo de visão da sociedade e do Estado.

Por isso eu também festejo que os novos ventos que sopram na América, já sopram no Brasil também. Espero que nós possamos, em cima desta percepção, construir não um estado mínimo de alguns setores privilegiados que só querem serviços, nem o estado intrometido e omisso – intrometido naquilo que não é sua função e omisso nas suas tarefas –, mas o estado necessário.

Vejo no conteúdo da sua manifestação, deputado Marcel van Hattem, esta visão que eu quero, por isso eu quero cumprimentá-lo.

Muito obrigado.

[Retomo a palavra]

Muito obrigado, deputado Ibsen Pinheiro, que falou em nome da bancada do PMDB, aparte que acolho com muita satisfação e prossigo.

Como bem identificou o historiador mexicano Enrique Krauze, há 10 padrões de condutas em que se baseia o socialismo no século XXI.

1) A exaltação de um líder carismático, tal como Lula, Chávez ou os Kirchner

O culto à personalidade não é novidade, está mais do que estudado desde os tempos de Stalin e Hitler – mas na América Latina a velha herança do caudilhismo deixa o terreno fértil para os "salvadores da pátria". A figura do pai dos pobres, tão forjada por Getúlio Vargas, dá um ar de bondade a ditadores que, lembremos, não hesitavam em fechar parlamentos e mandar às masmorras ou aos cemitérios os seus opositores. Não posso deixar de lembrar que a única vez que essa Assembleia Legislativa deixou de funcionar, desde sua abertura, foi durante o Estado Novo, ou seja, durante o governo Vargas.

2) O controle da palavra, através do controle e da tomada da imprensa

Não é por acaso que o "controle social da mídia", proposto pelo PT – é um compromisso de todo bolivariano quando chega ao poder. Na Venezuela, de onde aliás acabo de retornar, mesmo na véspera da eleição os canais de televisão passam, incessantemente, discursos de Maduro e de Chávez. A RCTV, cujo proprietário veio a Porto Alegre para receber uma homenagem no Fórum da Liberdade, teve sua concessão cassada por ser contrária aos interesses do regime, ou seja, simplesmente por relatar a verdade.

3) A fabricação de uma verdade, através de revisões unilaterais da história, e da construção de narrativas partidarizadas

O controle do sistema público de ensino é uma ferramenta eficiente para a reprodução de uma história recontada. Das salas de aula de Cuba às perguntas ideologizadas do ENEM, nota-se um esforço ideológico de produção de uma "verdade histórica" embasada sempre nesta visão bolivariana.

4) O uso discricionário dos fundos públicos – em desrespeito à institucionalidade econômica e financeira

O líder populista se vale do orçamento público de forma quase pessoal, ignorando a responsabilidade fiscal. É o que se vê hoje, no Brasil, com as pedaladas fiscais de Dilma e os crimes de responsabilidade por ela cometidos, inclusive com quebra literal e direta de diversos dispositivos da Lei de Responsabilidade Fiscal. A apropriação, pelo PT, não apenas da Petrobras, mas também do BNDES, onde a alocação de recursos se deu em decorrências de preferências ideológicas de Lula e Dilma, reforçam essa posição. Note-se que construímos um porto em Cuba e um metrô em Caracas, enquanto a infraestrutura brasileira é cara e carente.

5) A repartição de riqueza como instrumento de dominação política

Como ocorreu no Brasil, ocorreu também em outros países: o Estado, distribuidor de riqueza, utiliza-se dessa condição para angariar apoio político. Nada mais eloquente do que a ameaça de Maduro na semana em que seu partido perdeu as eleições parlamentares. Disse ele: "Eu iria construir cem mil casas populares, agora já não sei se vou. Não que eu não possa construí-las, mas eu pedi um apoio e vocês não me deram." Lembremo-nos também de Dilma que dizia na campanha que se Aécio ganhasse as eleições, ele cortaria o Bolsa Família...

6) A promoção do ódio de classes como forma de incorporar discursos classistas para fortalecer o regime

A polarização do país, como assistimos aqui, se deu de forma muito mais grave em outras nações. Na Venezuela há conflitos violentos, violentíssimos. No Equador, idem. Com a queda do muro de Berlim, o discurso classista de Marx se transfigurou. Já não opõem apenas "capitalistas" e "proletários". Agora, a nova esquerda semeia o conflito entre brancos e negros, entre indígenas e brancos, entre pobres e ricos, entre homossexuais e heterossexuais, entre homens e mulheres. O discurso da divisão de classes busca nada mais do que a apropriação, pelo partido, de todo e qualquer radicalismo que possa por ventura existir na sociedade. Qualquer coisa que sirva para atacar a civilização ocidental serve de discurso ao populista. Aqui no Brasil, como em todos os países dominados pelo socialismo do século XXI, tenta-se classificar qualquer pessoa que não seja simpatizante dessa vertente ideológica de machista, racista, elitista, coxinha, golpista e tantos outros adjetivos artificialmente jogados sobre os detratores do bolivarianismo. Não preciso acrescentar aqui outros adjetivos, pois os senhores parlamentares, meus colegas, já estão acostumados a ouvi-los aqui mesmo, disparados desta tribuna.

7) A mobilização permanente de grupos sociais, como forma de legitimar o poder

O poder bolivariano se sustenta em minorias organizadas, que, chamadas a se manifestar de forma aparelhada, dão aparência de respaldo majoritário ao governo. Assim é na Argentina, com La Cámpora, grupo radical que, embora absolutamente minoritário, ocupa os espaços públicos em defesa do projeto bolivariano. Aqui no Brasil, as tradicionais estruturas de apoio da esquerda monopolizaram durante muito tempo as ruas, com os sindicatos à frente. Assim, professores ideologizados, alunos doutrinados, corporações de ofício, e outras tantas minorias organizadas e aparelhadas, ditam o rumo de políticas públicas, à revelia da maioria. É a negação mesma da democracia, é a constituição de verdadeiras milícias – o jornalista Ricardo Setti chamou La Cámpora de "guarda pretoriana" dos Kirchner. Aqui, os *black blocs* conseguiram, por algum tempo, silenciar a oposição nas ruas brasileiras; e é o que vem tentando fazer (mas sem sucesso) o MST e a CUT.

8) A acusação a um inimigo exterior
Também velha tática redesenhada. Agora, o inimigo é o imperialismo, o capitalismo internacional, os ianques (como sempre). Para a Venezuela, a Colômbia e, pasmem, a Guiana são inimigos em guerra econômica contra o país. A culpa do desabastecimento é do imperialismo, assim como o fracasso cubano seria culpa dos Estados Unidos. Dilma incessantemente acusa a crise internacional pelos problemas de sua gestão – esquecendo-se de perceber que, salvo a França, todos os países europeus tiveram crescimento do PIB em 2015, assim como os maiores países emergentes. A tese do inimigo externo, portanto, é usada mesmo quando não é verdadeira.

9) O desprezo pelas instituições e pela separação de poderes
O bolivarianismo é profícuo na sujeição dos demais poderes ao Executivo, a qualquer custo. Rafael Correa, após tomar o Parlamento no Equador, propôs uma nova Constituinte – o mesmo que Chávez já havia feito. Evo Morales é presidente da Bolívia desde 2006 e, em fevereiro, tentará mudar a Constituição para não sair do poder. Aqui no Brasil, Lula dominou o Congresso à base do Mensalão e do uso do orçamento do Estado, e todos vemos o resultado de suas indicações políticas ao Supremo Tribunal Federal. Para eles, as instituições e os Poderes devem estar submetidos ao projeto bolivariano, partidário.

10) Por fim, todo bolivariano despreza e ataca a democracia liberal
Não reconhecem os parlamentos, como este aqui, e buscam criar conselhos que, aparelhados, substituam os representantes eleitos pela maioria. É o que Dilma tentou fazer com os Conselhos Populares. A velha estratégia de criar sovietes dominados pelo partido, para, então, atri-

buir-lhes poder. A desgraça do Parlamento, a sua diminuição perante a opinião pública, serve muito bem aos propósitos bolivarianos[6].

* * *

Essas são as características, resumidamente, desse monstro ideológico que tomou o continente. Tomou-o pelas urnas, é verdade, mas constituiu-se no que Aldous Huxley chamava de uma "ditadura perfeita". É uma ditadura que se traveste de institucionalidade, que se apresenta como democracia, que corrói a Constituição aos poucos e desde dentro. É o que o professor e cientista político José Antônio Giusti Tavares batizou de "democracia totalitária".

O fim desse modelo é chegado. Sopram sobre o continente ventos de mudança, ares de renovação.

[O deputado Sérgio Turra (PP) solicita aparte]

— Saúdo o deputado Edson Brum, presidente desta Casa, e o deputado Marcel van Hattem, nosso colega de bancada, a quem parabenizo pela profundidade da reflexão, pela certeza nos pontos de sua convicção, que também é a do nosso partido, o Partido Progressista.

Os ventos de mudança na América Latina são bons ventos, deputado Marcel van Hattem, são ventos que queremos soprar juntos. Não aguentamos mais, assim como o povo da América Latina, sermos escravizados, fadados ao insucesso. Queremos progredir. Queremos liberdade. Queremos desenvolvimento. E mais do que tudo, respeitamos as instituições, os ordenamentos jurídicos e a democracia, que parece não existir no vocabulário dos governos populistas.

Estamos com o povo nas ruas lutando por melhores dias, por liberdade, por desenvolvimento, por um País livre e verdadeiramente soberano. Chega do populismo! Não tenho nenhuma dúvida de que o nosso País também vai acompanhar esse bom vento, e nós iremos juntos navegar nele. Se for pelo impeachment, que seja; se for pelo voto nas urnas, como estão fazendo em outros países, também.

O Partido Progressista, deputado Marcel van Hattem, tem se posicionado neste sentido: sempre a favor da legalidade e em respeito às instituições, aos ordenamentos e especialmente à Constituição.

[6] KRAUZE, Enrique. Decálogo del populismo ibero-americano. *El País* (website). 2005, 14 de outubro: https://goo.gl/fnhMpZ

Com muita honra, como líder do nosso partido na Assembleia, quero enfatizar a nossa posição favorável ao processo de impeachment e ao afastamento do presidente do Congresso Nacional, deputado Eduardo Cunha, que até bem pouco tempo servia aos interesses do populismo. Depois que não serviu mais, está sendo cuspido por ele. Sempre fomos contra.

Parabéns, deputado Marcel van Hattem! Vamos continuar defendendo a democracia!

[Retomo a palavra]

Obrigado, meu colega deputado Sérgio Turra. E esses ventos, deputado, primeiro sopraram na Argentina. Lá estive acompanhando as eleições presidenciais. O candidato oficial kirchnerista foi derrotado, e o Mauricio Macri venceu as eleições. A Argentina, com toda sua história e importância, deu, nas urnas, o primeiro basta ao avanço do bolivarianismo, que já destruiu o que sobrava da economia tão castigada dos nossos vizinhos. Uma vitória parcial, ainda. Uma mudança na presidência, sem ainda uma mudança no Congresso.

O contrário se dá na Venezuela: uma mudança no Congresso, mas sem ainda uma mudança na presidência. Embora em poderes distintos, a mudança é a mesma: anuncia-se o fim do bolivarianismo. E, no caso venezuelano, cujas eleições também acompanhei *in loco*, há um simbolismo ainda maior: é o berço do bolivarianismo, a ponta de lança do modelo. Um breque à revolução bolivariana na Venezuela é um suspiro de alívio para todo o continente.

[A deputada Zilá Breitenbach (PSDB) solicita aparte]

– Quero cumprimentar V. Exa. por este grande expediente de reflexão. Com a devida permissão, também cumprimento o presidente da Assembleia Legislativa, deputado Edson Brum, e a todos que nos assistem.

Reportando-nos à história do Brasil, sabemos que houve vários momentos em que um ou outro governante fez a sua opção de governar dando benefícios, apoiando o povo, porque o populismo é uma opção de poder. Não tanto, porém, como fizeram nesses últimos 13 anos, em que procuraram, valendo-se dos recursos do governo, fazer com que a sociedade mais pobre ficasse refém daqueles que lhe estendem a mão e dão benefícios. Isso tudo foi criando uma força popular de um líder que não tinha consistência política de governar com eficiência, com gestão, e hoje temos o resultado expresso nos números: os benefícios dados não têm resposta estatística dentro dos índices da pesquisa agora apresentada, do IDH, de tudo aquilo que vimos com relação à posição do Brasil.

Não fazem bem a nenhuma sociedade regimes que queiram pender para esse populismo quase ditador. E a América Latina está dando a sua volta, está dando oportunidade para que a população possa se manifestar com cidadania. Essa é a diferença. Não adianta fazer manifesto democrático, se a pessoa não tem o conhecimento e a cidadania como opção.

Aqui no Brasil, hoje é um dia, como todos os demais agora, de sobressaltos. A cada dia, mais uma história, mais uma novidade, e nós não podemos mais esperar. O Brasil precisa de respostas, para que haja o seu crescimento econômico.

Em nome da bancada do PSDB, dos deputados Jorge Pozzobom, Pedro Pereira e Adilson Troca, quero cumprimentar V. Exa. Muitos debates ainda teremos de fazer, para que a sociedade entenda que precisa ser valorizada. E é isso que nós queremos.

[O deputado Enio Bacci (PDT) solicita aparte]

— Com a devida licença, cumprimento o presidente da Casa, as Sras. e os Srs. Deputados.

Deputado Marcel van Hattem, mesmo discordando em muitas posições de V. Exa., não dá para deixar de reconhecer que o colega, como jovem deputado, novato na Casa, tem trazido muita energia e tem lutado muito por suas convicções. Isso tem de ser respeitado, sim, independente da postura de direita ou de esquerda dessas convicções.

Queria deixar aqui um registro. Preocupam-nos muito, e tenho certeza de que falo em nome da bancada do PDT, os rumos deste País. Preocupam-nos os rumos que este País vai tomar para 2016. Estamos caindo num precipício, e a principal causa de tudo isso é a falta de confiança não só na presidenta, mas a falta de confiança na classe política de uma forma geral.

Não temos dúvida de que, se em um ano uma presidenta que fez mais de 50 milhões de votos passa a ter a aprovação de 7%, 8% ou 9%, isso tem um significado muito grande.

Entendemos que a melhor solução para resgatar a confiança do povo brasileiro seria o chamamento de uma eleição antecipada. Talvez eu esteja pregando sozinho no deserto, mas continuo achando que a simples saída da presidente Dilma e o ingresso de Michel Temer não trazem tranquilidade para que o País recupere a sua questão econômica. Vamos continuar caindo no abismo, sim.

É importante que a possibilidade de uma antecipação das eleições seja analisada por todos, inclusive pela presidenta. Se a presidente Dilma quisesse dar algo à Nação e deixar um registro de seriedade, ela chamaria uma eleição para o ano que vem, casada com a eleição municipal, e o povo, pelo voto, diria os rumos que quer seguir.

Muito obrigado.

[O deputado Elton Weber (PSB) solicita aparte]

– Com a devida permissão, saúdo o presidente Edson Brum, as Sras. e os Srs. Deputados, as Sras. e os Srs. Representantes da imprensa, as senhoras e os senhores que nos visitam nesta tarde.

Estimado deputado Marcel van Hattem, V. Exa. faz, hoje, o grande expediente nesta Casa sobre Ventos de Mudança, Novos Ares na América Latina.

É cíclico esse processo. A história conta que, de tempos em tempos, há mudanças. Quando o regime, seja mais de esquerda, de direita ou de centro, começa a demonstrar supostas falhas, as mudanças acontecem.

A democracia emana do povo. A democracia vem do povo.

O Partido Socialista Brasileiro vem aqui parabenizá-lo por trazer as suas ideias, propiciando este debate com as colocações feitas neste plenário, nesta tarde, para que, de fato, possamos analisar os ventos de mudança ou as mudanças, que talvez, como disseram os meus antecessores aqui, sejam necessárias para consolidar a democracia, com melhores condições de vida para toda a sociedade, sejam trabalhadores, empresários e todos os setores organizados.

Esse debate, que não poderia deixar de também ser feito aqui, foi muito bem apresentado por V. Exa. nesta tarde, ressaltando o cenário de mudanças que estamos tendo na América Latina e, quem sabe, até possa haver no Brasil também.

A Assembleia Legislativa é o local para abordar esse tema. Parabéns, deputado!

[O deputado Sérgio Peres (PRB) solicita aparte]

– Com sua licença, saúdo o presidente Edson Brum, os colegas parlamentares, os representantes da imprensa, as senhoras e os senhores que nos acompanham nas galerias.

Deputado Marcel van Hattem, parabenizo V. Exa. por esse tema tão importante. Gostei do título: Ventos de mudança, novos ares na Amé-

rica Latina. Às vezes, há ventos estranhos, mas quando o País, o governo opta por fazer aliança com a América Latina, deixando de fora os europeus, nós, que somos primos ricos, minguamos, porque estamos sendo despojados. O Brasil só não quebrou porque é um País muito rico.

O que temos da América Latina para que possamos crescer e desenvolver? Esses ventos e essas mudanças que vêm acontecendo já aconteceram em nosso País.

Daqui para frente, acredito que servirá de lição para os nossos eleitores, a fim de que a população brasileira possa ter uma política com mais conteúdo, que não seja apenas assistencialismo, que não seja para investir em algo que não produz. Claro que torcemos para que venhamos a ter assistência e direitos. Acredito que as grandes empresas e o governo têm de dividir um pouco a riqueza, que é a parte social, mas temos de dar prioridade àquilo que produz e que gera riqueza e emprego.

Como dizia o vice-presidente, que era do PRB, o falecido José Alencar, a dignidade do homem é o trabalho, e nada vence a força do trabalho.

Quando o empreendedorismo dá o emprego, a pessoa se torna digna de ter o seu salário para poder administrar a sua vida e não ficar como uma massa de manobra, dependendo do governo a, b ou c.

Parabenizo V. Exa. por esse tema. Tenho certeza de que o Brasil já está pegando os ventos para um prumo certo.

Muito obrigado.

[Retomo a palavra]

Agradeço os apartes recebidos. Aproveitando o ensejo, deputado Sérgio Peres, sim, no Brasil, a brisa da liberdade também começa a soprar forte. As ruas já não são exclusividade das hordas populistas. Foram retomadas pela cidadania. Não há pão com mortadela que faça o governo do PT ter maioria em qualquer manifestação pública. A única forma de comparar as manifestações contra Dilma é medindo-as contra si mesmas – já que o governo não consegue mobilizar mais que meia dúzia de mercenários.

Aqui, onde a tomada das instituições não foi ainda completa, a Polícia Federal e o Ministério Público, mais Sérgio Moro e seu time no Judiciário Federal, resistiram e expuseram à nação o cerne corrupto do bolivarianismo tupiniquim. Aqui, o governo Dilma já acabou – e o *impeachment* será apenas a pá de cal que a população tanto quer lançar. O projeto bolivariano está em recuo.

Que os ventos de mudança possam trazer ao continente, como uma nova onda, a antítese de tudo o que os populistas causaram. Que venha a exaltação da lei, e não do líder carismático; que venha a pluralidade, e não a apropriação da palavra e da mídia; que venha a história como ocorreu, sem reconstruções ideologizadas.

Que os novos tempos tragam a responsabilidade fiscal, acabando com a arbitrariedade orçamentária populista; que permita a criação de riqueza por todos, e não a exploração da pobreza pelos governantes; que o ódio de classes dê lugar à harmonia e à tolerância.

Que as ruas se encham para celebrar a liberdade, e não para impor restrições à maioria silenciosa; que vejamos no mundo ao redor oportunidades de aprendizado e de comércio, e não inimigos culpados pelos nossos erros; que as instituições sejam respeitadas, e não postas a serviço do populismo.

Por fim, desejo que os novos ventos que sopram sobre o continente tragam algo que a América do Sul ainda não experimentou: Estado de Direito, democracia, livre comércio, livre iniciativa, respeito às liberdades individuais, tudo isso ao mesmo tempo.

Pode parecer demais – e certamente parece que ainda estamos muito longe disso. Mas não estamos sós: há milhões de pessoas, continente afora, que sonham viver em países livres, plurais e abertos – que sonham com o fim do bolivarianismo e do populismo. A derrota do populismo é a derrota da falácia e é a vitória do povo, da liberdade, da democracia. Que as ruas se encham para celebrar novos ventos de mudança no Brasil e na América Latina.

Nós mudamos o Brasil - II

Nós mudamos o Brasil, e mudamos em decorrência de três fatores principais: um econômico, um institucional e a maior participação política do brasileiro. E vamos seguir mudando!

4 de agosto de 2016

Sejamos otimistas, pois mudamos o Brasil! O povo nas ruas mudou o Brasil, e são três os principais fatores dessa mudança. O primeiro fator é negativo, o segundo é positivo e o terceiro também é positivo, mas sobretudo essencial para uma nação que quer ser democrática e com ampla participação popular.

Qual é o fator negativo? A grande crise econômica que se abateu sobre o nosso país e que, em 2015, foi traduzida em aumento de impostos e inchaço de um Estado que já tinha sido severamente questionado pela população nas ruas em junho de 2013 em virtude dos altos custos pagos pelo cidadão em impostos e do baixo retorno em serviços públicos de qualidade. Uma crise econômica que também foi uma crise de governo, de um Estado inchado.

O segundo é um fator muito positivo. O fator positivo é o brasileiro ver o Estado de Direito funcionando. Talvez não tão adequadamente como gostaríamos, pois há muito a avançar, mas o juiz Sérgio Moro e as instituições – o Poder Judiciário, o Ministério Público Federal e a Polícia Federal – estão fazendo a sua parte, prendendo, inclusive preventivamente, corruptos, sejam eles políticos ou empresários. Isso motivou os brasileiros a irem às ruas. O fator positivo de ver que finalmente ninguém está acima da lei fez com que o brasileiro empunhasse a bandeira verde e amarela e dissesse: "*Vou às ruas apoiar quem está combatendo a corrupção, a incompetência, este governo corrupto e todos que se aliam a ele, independentemente de partido*".

Por fim, o fator que é positivo, mas sobretudo essencial: o crescimento intelectual da população brasileira no sentido de buscar mais informações sobre o que é política. Hoje, a nova novela das oito no Brasil começa pelas 8 horas mesmo, 8h30min, 8h35min. Não é mais às 9 horas, como era antigamente, porque a nova novela das oito no Brasil é o *Jornal Nacional*. O povo quer saber quem é o próximo a ser delatado, a ser conduzido coercitivamente, a ser preso. Está esperando ansiosamente pelo dia em que o chefão maior de tudo o que se passou em nosso país, Luiz Inácio Lula da Silva, também veja o sol nascer quadrado. É isso! O povo brasileiro está acompanhando a política de perto, e isso foi altamente favorável.

Portanto, são três fatores: o fator econômico negativo, a crise: o fator jurídico positivo, o Estado de Direito funcionando; e o fator essencial, que é o povo se informando mais sobre a política e querendo participar.

Nós mudamos o Brasil. O povo nas ruas mudou o Brasil no passado; e está mudando no presente. E por isso é bonito: nós mudamos o Brasil.

Essa mudança pode ser no passado: eu mudei, tu mudaste, ele mudou, nós mudamos.

Mas também pode ser no presente: eu mudo, tu mudas, ele muda, nós mudamos o Brasil.

O povo brasileiro segue mudando.

Nós mudamos o Brasil e seguiremos mudando.

Um parlatório livre

Fui convidado a falar, na Assembleia Legislativa de São Paulo, em um evento do Parlatório Livre. Em meio a renomados representantes dessa nova geração política, tive quinze minutos para falar sobre o novo momento político nacional. Abri meu coração. Contei minha história. Estimulei a participação política de todos. Falei em patriotismo e instei a não desistirmos do Brasil. Estava em um parlatório livre e, com total liberdade, parlei. Fui pego de surpresa ao final da minha fala pois todos se levantaram e aplaudiram, de pé. Recebi a demonstração pública de apreço com humildade e com a responsabilidade e determinação de continuar trilhando o mesmo caminho[7].

12 de agosto de 2017

Antes de saudar os palestrantes e aos demais membros da mesa, eu queria fazer uma saudação especial a cada um de vocês que está aqui porque nós vivemos um momento muito bonito no Brasil. Um momento novo, um momento de algum tempo já de construção de uma conscientização das pessoas que não costumavam se envolver com a política. E vocês que estão sentados aqui hoje, vocês estão de fato ocupando um espaço, não estão invadindo. Não vão deixar nada quebrado. Não vão precisar mandar dedetizar isso aqui depois. É possível que fique até mais perfumado [este espaço]. Mas eventos como esse precisam ser feitos mais e mais frequentemente.

Eu sou deputado estadual na Assembleia Legislativa do Rio Grande do Sul, meu nome é Marcel. Eu percebo que lá na Assembleia Legislativa, apesar de termos feito alguns eventos como esse, são muitos poucos perto daqueles que são feitos diariamente – "diuturnamente, e noturnamente", como diria Dilma Rousseff –, e que emporcalham a Assembleia. Mas sobretudo emporcalham corações e mentes de tanta gente jovem iludida ainda com os ideais comunistas, socialistas – não vão achar que a guerra está vencida, a guerra é cultural, e o Carlos Jordy [vereador em Niterói] tem muita razão nisso.

E nós precisamos ocupar espaços. Nós não vamos invadir, não vamos usar os mesmos métodos, vamos fazer o que o Parlatório Livre está

---

[7] Assista no YouTube: https://goo.gl/V5WQsQ

se propondo a fazer: discutir e debater ideias, e é isso que o Brasil precisa e é isso que os espaços públicos precisam cada vez mais. Então, antes de mencionar a mesa toda e também a anterior, uma salva de palmas para vocês que estão aqui. Muito obrigado!

E eu quero dizer, Vinicius [Ricieri Ferraz, organizador do evento] da minha grande alegria de estar aqui. Quando vi aquele rol de convidados, eu disse: "mas o que que eu estou fazendo no meio de tanta celebridade?".

Estava ali o Felipe Camozzato [Vereador em Porto Alegre], o Fernando Holiday [vereador em São Paulo], o Felipe Barros [Vereador em Londrina] falou antes, Vinicius; também estava a Zoe Martinez [refugiada cubana e ativista], e nesse nosso painel aqui já tive a oportunidade de ouvir o Leandro Lyra [vereador no Rio de Janeiro], o Carlos [Jordy, vereador em Niterói] e nós vamos ouvir ainda o Eduardo Bolsonaro [deputado federal], Caio Coppola e a Janaína Lima [Vereadora em São Paulo], que eu tive o prazer e o privilégio de conhecer ontem na Câmara de Vereadores.

Parabéns ao Parlatório Livre, aliás, por ter trazido duas mulheres: uma para integrar essa mesa e outra à mesa anterior. Acho que poderia ter mais. Não sou a favor de cotas, muito antes pelo contrário, não sou defensor do feminismo, tampouco sou machista e talvez – não entendam mal meu comentário, mas eu gosto de mulheres –, seria bom que tivéssemos mais.

Com essa saudação inicial a todos que estão aqui, eu queria dizer para vocês que, é verdade, não falo aqui com nenhuma espécie de demagogia, populismo, busca de reconhecimento por tudo que foi feito ao longo dos últimos 14 anos porque eu não teria imaginado, quando busquei um partido político para me filiar, que eu estaria hoje em São Paulo diante de uma plateia desse tamanho, com tanta gente boa na mesa aqui, falando sobre ideias que podem dar certo no Brasil.

Quando entrei na política, era o ano de 2004, Lula tinha sido eleito pela primeira vez fazia pouco tempo e eu sentia em casa, no dia a dia, o peso do tamanho do Estado. Tenho um pai engenheiro civil, uma mãe arquiteta, não são da política. Até onde eu sei, no máximo tive um tataravô na Holanda que foi participante na política lá como vereador na cidade de Workum. Meu pai inclusive é estrangeiro: nunca votou em mim, não tem título de eleitor. Aliás, que documento bacana esse nosso, burocrático, não é, Bolsonaro? Tantas burocracias no Brasil sobre as quais a gente nem pensa… mas o título de eleitor é tão fabulosamente útil que no dia da eleição a gente precisa levar um documento com foto e pode deixar ele em casa.

E refletindo sobre toda essa burocracia, meu pai engenheiro civil já teve empresa de construção, já sofreu muito com funcionário vagabundo que ingressa na Justiça do Trabalho, que é uma justiça injusta, que deveria ser extinta. Deveríamos ter a Justiça Comum apenas porque a Justiça do Trabalho se baseia no pressuposto marxista da divisão de classe. Ela cria já no nome essa divisão dizendo que é uma justiça do "trabalho", como se só empregados fossem trabalhadores e não o empregador também que, aliás, cria emprego, gera renda. É pois uma justiça injusta no próprio nome.

Eu vi o meu pai fechar a empresa dele de construção civil porque não aguentava mais funcionários que mentiam, que diziam que tinham feito horas extras, etc. Uma minoria, é verdade, mas ele se obrigava a fechar acordos para não levar um prejuízo ainda maior na hora de uma sentença injusta, no Judiciário.

E também vi o descaso do poder público, muitas vezes não sendo pago em dia o serviço que meu pai prestava para determinadas prefeituras. Portanto, ele preferiu continuar como autônomo ou trabalhando na área privada de uma forma independente - é a saída, sobretudo em cidades pequenas onde é difícil prosperar se a pessoa não for realmente sócia de governos. Meu pai decidiu continuar as atividades dele de uma forma muito mais autônoma e livre.

Comecei como repórter no jornal local de Dois Irmãos aos 17. [...] Decidi ser repórter [depois de trabalhar com meus pais desde os 14 e ser jornaleiro a partir dos 15] e hoje sou jornalista, minha profissão. Durante aquele período [de repórter] cobria a Câmara de Vereadores e via o custo do clientelismo para o próprio município, como em cada Câmara Municipal, incluindo a da minha cidade.

O clientelismo era muito mais importante – ou seja: a troca de favores entre eleitos e seus eleitores – do que uma política realmente focando no bem comum. Como diz Thomas Sowell: *"a primeira prioridade de qualquer político é se eleger e a segunda prioridade é se reeleger, e qualquer que seja a terceira prioridade está muito abaixo na lista dele"*. Está mudando um pouco, nós temos exemplos aqui de políticos que não pensam nesse sentido, mas a gente sabe que esta é a regra num país que é muito patrimonialista e muito clientelista.

Eu decidi concorrer a vereador e ia de casa em casa pedir votos. Eu tinha 18 anos de idade, era bem novo, e fazia a minha conversa, dizia para as pessoas que eu queria incentivar mais jovens a participar da política. Isso, imagina, lá atrás ainda, há bastante tempo, na cidade de Dois Irmãos. Batia nas portas, dizia minha ideia do que o governo deveria fazer: focar no básico e deixar o resto para a iniciativa privada.

As pessoas ouviam com muita atenção, e normalmente eu achava que se engajariam mais na minha conversa e fazer uma pergunta interessante, mas normalmente o que me perguntavam era: "escuta, criança pode concorrer?" Ou: "Já tens título de eleitor?" Ou ainda: "É teu pai o candidato?", "estás fazendo campanha pra quem afinal...? Não entendi, é você o candidato?".

Faço essa menção aqui a essa minha história de, aos dezoito anos de idade ter sido candidato a vereador porque jovem na política, sim, sofre muito preconceito. E não é vitimismo, é verdade! Isso não é apenas na política: é em qualquer área da vida. Como é difícil conseguirmos o primeiro emprego. Nós sabemos que não é fácil, não é fácil mostrar o nosso valor. Mas a gente se esforça pra isso. Eu cheguei lá, como candidato a vereador. Foram 697 votos e não foi impossível, foi algo que eu tinha na cabeça que iria conseguir fazer. Era uma cidade pequena, 20 mil eleitores e consegui visitar casa por casa para fazer a votação que recebi.

Logo em seguida, ainda em 2006 – fui eleito portanto em 2004 –, tentei ser candidato a deputado estadual e fiz da mesma forma a minha campanha. Fui de casa em casa buscando contato, olho no olho, com o meu eleitor, e buscando fazer da minha representação uma representação de votos sinceros, honestos e comprometidos com algo que fosse considerado uma boa política e não a política clientelista. Eu precisava em torno de 35 mil votos, é o que é necessário, no meu partido lá no Rio Grande do Sul, mas, obtive 11.656 votos.

Quando se é candidato, busca-se a eleição e acha-se que ela virá – se o candidato não pensar assim não adianta nem ser candidato. A gente tem aquele sentimento: "vai dar certo, vai dar certo!". Mas não deu certo. Fiquei bastante longe até, e comecei a refletir um pouco sobre a participação na política e de que forma deveria funcionar de fato uma campanha eleitoral para que eu pudesse obter sucesso.

Eu continuava vereador, pois não se perde o mandato quando concorre-se durante o mandato de vereador – aliás, estimulo todos os que são vereadores hoje, sobretudo essa nova safra, que concorra na próxima eleição. Acho que é importante: o cargo permanece mas ascende-se, e é necessário que nós tenhamos novas lideranças no Congresso e também nas Assembleias estaduais.

Concluí então meu mandato de vereador e vencemos [no ano seguinte] as eleições para o DCE da UFRGS (Universidade Federal do Rio Grande do Sul). O Felipe Camozzato participou daquela oportunidade, naquela vitória histórica, depois de 40 anos de esquerdismo, petismo, psolismo, no nosso Diretório Central de Estudantes. Em seguida, decidi concorrer uma segunda vez a deputado estadual.

Eu já estava um pouco mais conhecido. Tinha ido estudar em Porto Alegre, concluído meu curso de Relações Internacionais na UFR-GS, e voltei a fazer a campanha na minha base eleitoral, no município de Dois Irmãos que fica a 60 quilômetros de Porto Alegre, não é tão longe, visitando de novo casa por casa e pedindo voto. Resultado: quatro anos depois minha votação tinha crescido, mas pouco para poder me eleger: foram 14.068 votos. Aí eu comecei a ver que o sistema político brasileiro, na verdade, faz com que se precise depender, como candidato a deputado, de todo o clientelismo e estrutura já existentes, por exemplo, por meio das emendas parlamentares no Congresso Nacional. Elas fazem com que deputados cooptem lideranças locais que fazem o serviço do olho no olho, que deveria ser do candidato.

Este é o sistema proporcional que nós temos hoje no Brasil e que beneficia tanto corporações, sindicatos, determinados tipos de associações ou interesses econômicos e a figura do cabo eleitoral local. Eu pensei: "bom, ser político não é pra mim. Vou sair, vou pro exterior." Inclusive, como relatei, meu pai é holandês.

Fui aceito em alguns cursos de mestrado na Holanda e passei a cursar o mestrado em Ciência Política. Fiz Ciência Política e depois, fiz o mestrado em Jornalismo, afinal de contas, queria ter uma qualificação na minha profissão de jornalista. Não considero política profissão. Eu tenho uma profissão que é de jornalista, inclusive, no Brasil, registrada, que é a autorização do estado para atuar como jornalista, o que quer que isso signifique...[8] Mas eu precisava me qualificar nas minhas áreas de conhecimento e de atuação profissional.

Quando, em 2013, eclodiram as manifestações no Brasil todo, percebi que o Brasil vivia um novo momento – mas sobretudo primeiro percebeu quem estava morando no Brasil e que era meu amigo e ajudou depois na campanha eleitoral. Está aqui presente um exemplo desses, que é o Paulo Moura, professor e Cientista Político, que ajudou muito na campanha, foi muito importante como conselheiro pois eu estava fora do país dois anos. Vimos portanto o que estava acontecendo em conjunto.

Havia aquela revolta do brasileiro, pedindo por serviços públicos padrão FIFA, mas era uma espécie de rebeldia sem causa. Sem causa

[8] Na verdade, sou contrário à obrigatoriedade do diploma e mesmo registro para exercício da profissão de jornalista. Ela deveria ser totalmente livre, para garantir as liberdades de expressão, opinião e imprensa o máximo possível.

porque havia gente pedindo passe livre e havia gente pedindo menos imposto. E havia gente pedindo, ao mesmo tempo, passe livre e menos imposto! Como equacionar isso? É impossível!

Começamos então a perceber que havia uma janela de oportunidade para uma pessoa como eu, que já tinha um discurso liberal fazia muitos anos; que já tinha buscado preparo, qualificação e participação na política fazia tempo; e que estava decepcionado, sim, mas que tinha condições de voltar ao Brasil e durante um ano da minha vida dedicar o meu tempo, o meu esforço para uma campanha eleitoral que atingisse os eleitores como eu atingia quando fui candidato a vereador, porta a porta, casa em casa. Dessa vez, porém, não fisicamente mas virtualmente, pelas redes sociais.

Essa foi a grande mudança no Brasil que permitiu que os jovens, que nós, que os idealistas, que as pessoas esclarecidas, pudessem inclusive, derrubar uma presidente da República. Derrubar um projeto de ditadura, derrubar um partido que estava falindo o Brasil e que me fazia pensar que não valia a pena voltar para esse país. Um partido, aliás, tão ruim que, quando chegou ao poder no Brasil, chegou nas costas da ilusão da população que via, com justiça, o sistema político anteriormente existente e dizia, "isso está ruim, está péssimo", ao que o PT respondia "eu sou o partido da ética, eu sou o partido da moralidade, eu sou melhor do que os outros".

O PT, que se dizia melhor, hoje se esforça para parecer igual para esconder que é muito pior. Tão bem foi construída essa ilusão para o brasileiro, esse estelionato eleitoral, que o crescimento econômico inicial se deu apesar do PT, apesar do Lula e não por causa do Lula que, como vice [de Dilma], legou-nos um dos maiores representantes daquela velha política que combatia. Um vice em quem eu não votei, um vice em que certamente a maioria daqui não votou e que quem nele votou está amargamente arrependido. Está hoje inclusive "no outro lado da força".

Mas este momento não é momento de saudar uma mudança em virtude de um *impeachment,* em virtude de quem ficou na presidência [Temer]. É momento, na verdade, de saudar uma mudança em virtude da nossa própria mobilização, porque quem muda o Brasil somos nós. Nós mudamos o Brasil, e o verbo mudar é muito bonito porque o verbo mudar, quando no presente do indicativo na primeira pessoa do plural é mudamos, assim como é no pretérito. Nós mudamos até aqui, no passado, e nós vamos continuar mudando, porque nós mudamos o Brasil.

E essa grande mudança que nós já fizemos no Brasil derrubando uma presidente no *impeachment,* nós vamos fazer na segunda fase da reforma política que o Congresso não fez. A primeira fase foi a Lava Jato, feita pelas instituições e que segue, botando político corrupto e empresário corrupto, que não é nem digno do nome de empresário, na cadeia. A segunda fase nós vamos fazer nas urnas em 2018, nós vamos limpar esse Brasil nas urnas.

Eu incentivo quem acha que não tem candidato bom para votar que se candidate, como eu fiz, porque nós precisamos mudar o Brasil em 2018, nas urnas, democraticamente. Afinal, quando eu estava lá fora e pensava em não voltar para o Brasil, me convenceram a voltar para o Brasil.

Fizemos uma campanha limpa, honesta, olho no olho, nas redes sociais, porque eu dizia que aquilo que eu sentia no exterior, não era o amor pela pátria amada que eu tenho aqui no Brasil. Cada um de nós, cada um de nós, se olhar para dentro do seu próprio coração, assim como os venezuelanos que estão sendo mortos como gado, na rua, cada um de nós não quer viver em outro país, nós queremos viver em outro Brasil! Um Brasil, próspero, democrático, livre.

Obrigado!

[Aplausos, de pé]

Obrigado, pessoal. E isso eu esqueci de falar: fora, PT!!

Sem jornalismo, não há democracia; e sem democracia não há jornalismo

Logo após o período eleitoral de 2016, concluído o processo de *impeachment* de Dilma Rousseff e encaminhados os projetos na Assembleia, retirei uma licença não remunerada do Parlamento gaúcho para dedicar-me aos estudos. Regressei à Holanda e retomei o Mestrado em Jornalismo, Mídia e Globalização, com especialização em Mídia e Política.

O primeiro ano desse meu segundo mestrado foi cursado em Aarhus (Dinamarca). Eu o havia concluído ainda em 2013. Logo após, regressei ao Brasil e à política e, portanto, deixei o segundo ano, o da especialização em Amsterdã, como um sonho interrompido. Sempre quis ter também uma formação acadêmica em jornalismo, minha profissão, mas se chegasse a tomar posse como deputado eu sabia que minha vida mudaria tanto que dificilmente eu conseguiria concluir o curso durante o mandato.

No entanto, como você lerá abaixo, "difícil não é impossível". Retirei a licença não remunerada da Assembleia a partir de outubro de 2016, retomei meu mandato a partir ainda do final daquele ano, realizei algumas idas e vindas entre Brasil e Holanda durante os primeiros meses de 2017 e escrevi, no Brasil, minha dissertação fazendo uma análise da cobertura da mídia durante as manifestações contra o PT e Dilma Rousseff. Para coroar, fui convidado a ser o orador da minha turma na cerimônia de formatura. Eis, abaixo, o discurso que proferi então no Royal Tropical Institute, de Amsterdã[9].

19 de outubro de 2017

Uma bonita e especialmente ensolarada tarde para os padrões de Amsterdã. Aliás, isso significa que vocês estão desculpados por desejarem que eu termine este discurso rapidamente, para que possamos aproveitar o sol antes de anoitecer. Mas para quem sobreviveu ao clima da Dinamarca, está muito bom. Não se preocupem, serei breve!

Primeiramente, definitivamente este momento não se resume a mim, mas eu preciso agradecer a esta turma pela honra de discursar em seu nome. Minha relação com este mestrado remonta a 2010, no mínimo, quando eu pesquisei sobre ele na internet. Eu imprimi a maior parte do *website* (desculpe-me, meio ambiente, jornalistas ainda gostam muito de papel...), e eu me lembro de levar as folhas A4 até mesmo para a cama.

Sonhei em fazer o curso que me permitiria retornar mais preparado para o campo jornalístico depois de algumas decepções na política brasileira. Em 2011, decidi candidatar-me para o mestrado e fui aceito, mas não tinha as condições financeiras para pagá-lo e viver na Dinamarca.

No ano seguinte fui aceito novamente – e como já estava trabalhando na minha empresa de consultoria na Holanda e já havia começado a ganhar algum dinheiro, pude bancar minha mudança para Aarhus. Mas, no meio de 2013, após completar meu primeiro ano em Aarhus, minha vida mudou drasticamente: voltei ao Brasil – e para a política, interrompendo os estudos logo após ter iniciado o ano em Amsterdã.

Eleito para a Assembleia Legislativa do Rio Grande do Sul pelo voto popular, em 2014, eu sabia que seria muito difícil voltar algum dia à Holanda para terminar aquilo que um dia comecei e sonhei tanto para concluir.

---

[9] Assista no Facebook: https://goo.gl/xT4yxq ou no Youtube: https://goo.gl/Z4TTj1

Mas difícil não é impossível. E aqui estou. E aqui estão vocês: todos com suas próprias histórias, com seus próprios desafios pessoais, limitações e capacidades surpreendentes, celebrando este momento.

Parabéns! Vocês merecem.

Este é um grupo muito especial. Internacional, transcultural, diversificado. Um grupo de pessoas que compartilharam muitos sentimentos, expectativas e bons momentos ao mesmo tempo. A sabedoria local se tornava universal para nós; gírias locais passavam a ser parte da nossa própria língua franca.

Isso não é *bacana*[10]?

Quero dizer "muito bacana, cara!"[11].

E quem teria pensado que tudo isso teria começado em Aarhus, dentre tantos outros lugares no mundo? Em resumo, de acordo com nossa colega Lara Büsing (que também agradeço por me ajudar a revisar este discurso), e eu cito ela: "cidade pequena, tanta natureza, morro idiota".

Obrigado Bettina Andersen, obrigado Henrik Bødker: vocês representaram fantasticamente bem como os funcionários e docentes dinamarqueses cuidaram de nós durante a época de nossas vidas na qual vivemos entre os vikings. Obrigado, de novo! Quanto a Amsterdã, nosso agradecimento especial vai para o Andreas Schuck e a Penny Sheets, representando a faculdade, e Erik, da equipe da Faculdade.

Ainda que muitos de nós (jornalistas profissionais e alguns acostumados a trabalhar em ambientes perigosos) ficássemos assustados no começo com as toneladas de artigos, *one-way* ANOVA, *t-tests* e regressões (sem mencionar os modelos causais sobre os quais alguns de nós ainda estamos nos debatendo), não houve desistências. Perseveramos e estávamos sempre sendo motivados pelos professores e pelos funcionários a não só passar, mas também a darmos o nosso melhor. Obrigado!

Para todos aqueles que ajudaram de fora, nossa carinhosa e sincera gratidão. Eu tenho que agradecer pessoalmente ao Instituto Acton e ao Instituto Ling, que me proporcionaram bolsas de estudo para este ano acadêmico, e, em nome deles, gostaria de agradecer a todas as instituições que ajudaram a todos desta classe. Seu investimento terá retorno, se já não deu resultado. Caso ainda não tenha dado, por favor, sejam pacientes!

Um especial muito obrigado, a propósito, para o anônimo pagador de impostos holandês, dinamarquês e europeu que nos ajudou.

[10] Tradução livre para a expressão queniana *"fresh"*.

[11] Frase própria do mestrando Ken, oriundo do Quênia: *"really fresh, man!"*.

É sempre bom lembrar que dinheiro público não existe se não existir o pagador de impostos.

Finalmente, obrigado, família e amigos, aqueles próximos e aqueles de longe, porque sem o seu apoio, isso seria simplesmente impossível. Obrigado a Deus – qualquer crença que você tenha ou não.

O jornalismo, como o conhecemos, está mudando tão rapidamente que até nós, profissionais com um diploma de mestrado obtido em duas das mais respeitadas universidades do mundo, temos dificuldades de nos mantermos informados sobre tudo. No entanto, como Jesper Strömback escreveu, *"o jornalismo precisa da democracia para a sua liberdade e independência, e, em contrapartida, a democracia precisa do jornalismo para a disseminação de informações, para discussões públicas sobre questões políticas, e como sentinela contra o abuso de poder"*[12].

Portanto, um alerta: ainda que tenhamos que nos manter informados e estar atentos a qualquer pequena mudança na área e adaptarmos a nós mesmo o quanto for possível, nós não podemos e não devemos perder de vista o fato de que – e eu cito James Carey – *"sem jornalismo não há democracia, e sem democracia também não há jornalismo"*.[13]

Como estudantes de mestrado e jornalistas profissionais, nós devemos defender o verdadeiro jornalismo, baseado em fatos e na busca da verdade, e a verdadeira democracia, defendendo o Estado de Direito e instituições fortes, confiáveis e responsáveis. Infelizmente, tanto a Freedom House quanto os Repórteres Sem Fronteiras concluem, ano após ano após ano, que a liberdade de imprensa está diminuindo em todo o mundo.

De acordo com a Freedom House, em 2016 apenas 13% dos cidadãos do mundo viviam em países onde a imprensa é livre, enquanto 42% viviam em países com imprensa parcialmente livre e 45% da população em países onde a imprensa não é livre. O que é mais chocante: muitos de nosso grupo vivem ou vêm de países onde a imprensa é parcialmente livre (como é o meu caso) ou vivem ou vêm de países onde a imprensa não é livre.

De fato, 12 dos 27 novos graduados no mestrado em jornalismo, que também são jornalistas profissionais em 25 diferentes países do

---

[12] STRÖMBÄCK, Jesper. In Search of a Standard: Four Models of Democracy and Their Normative Implications for Journalism. *Journalism Studies*, 6(3): 332. 2005.

[13] CAREY, James. In Strömbäck, J. (2005). In Search of a Standard: Four Models of Democracy and Their Normative Implications for Journalism. Journalism Studies, 6(3): 332. p. 31, 1999.

mundo (ou, 44% de nós), repito, doze são de países onde a imprensa é ou parcialmente livre ou não é livre. Isso significa que temos pessoas nesta sala que estão colocando suas próprias vidas em risco pelo mero fato de que escolheram seguir seus corações e exercer suas vocações profissionais, apesar de todas as pressões políticas, econômicas e legais que possam vir a sentir ou presenciar.

Nós não podemos aceitar isso! Nós não podemos aceitar isso!

E eu acredito, falando especialmente em nome daqueles que vieram para estudar na Holanda e na Dinamarca, onde a imprensa é livre e a democracia é tida como garantida, que todo esforço para mudar essa situação é necessário e absolutamente inestimável porque o jornalismo e a democracia estão sempre ameaçados. Devemos fazer mais. Nós podemos fazer mais! E eu espero que mais seja feito também na academia, para estudar este fenômeno e dar motivação para aqueles que estudam aqui para voltarem aos seus países mais motivados para mudar as coisas.

Como eu costumo dizer desde que voltei para o Brasil em 2013, também como uma maneira para convencer a mim mesmo de que eu estava tomando a decisão correta ao partir de um país tão belo e livre como a Holanda: "Eu não quero viver em outro país, eu quero viver em outro Brasil." Eu gostaria que cada cidadão e jornalista aqui nesta sala, não importa de onde sejam e o que façam, na sua terra natal ou no exterior, eu desejo que todos aqui não levem nada do que tem na sua vida como garantido, porque o preço da liberdade é a eterna vigilância.

Teresa, Natascha, Anna, Lara, Belén, Alicia, Charis, Samia, Salt, Jiayi, Sandra, Yajie, Vinicius, Alessandro, Veronica, Ken, Søren, Jesse, Anja, Emma, Florence, Lena, Paula, Marlis, Isabelle, Michaela.

O preço da Liberdade é a eterna vigilância.

Parabéns!

Um prêmio de todos

Discurso proferido na entrega do Prêmio Líderes & Vencedores 2017 – promovido pela Federasul e Assembleia Legislativa Gaúcha, em homenagem a lideranças de destaque na política, na iniciativa privada, na cultura, na educação e no terceiro setor. Pela primeira vez, um suplente no exercício do mandato era honrado com tal distinção, já entregue a senadores, ministros, governadores e presidentes da República ao longo dos seus 23 anos de existência.

3 de outubro de 2017

Boa noite! Não há como falar aqui em agradecimento, presidente Simone Leite, sem lembrar um pouquinho da história da minha vida recente. Felizmente, sou bastante jovem, então não tomo muito tempo para falar disso. Mas, há quatro anos, eu jamais poderia imaginar que estaria aqui hoje. Eu estava com a vida – imaginava eu – bem encaminhada no exterior. Estava cursando um segundo mestrado, empreendendo, inclusive, achando que ficaria por lá [na Holanda], apenas mantendo os vínculos com o Brasil – empresariais, comercias e sobretudo familiares e afetivos.

Algumas pessoas foram muito importantes naquele momento, após as manifestações de junho de 2013, em que o Brasil entrou em ebulição, pra me convencer do contrário. O Instituto Ling, aliás, que foi agraciado aqui, foi muito importante para minha formação por meio de bolsa de estudos, e o William Ling, também presente, foi uma pessoa fundamental ao ver, incentivar e apoiar aquilo que hoje todos nós estamos vendo aqui.

Também Percival Puggina, que está presente, que representa todo o conselho de um mandato que foi montado ainda na época de uma campanha eleitoral baseada em ideias, baseada em valores e, sobretudo, na força voluntária da sociedade. Muitos dos que estão aqui hoje à noite representam essa força voluntária da sociedade. Portanto, meu muito obrigado a todos vocês.

Obrigado à minha família, ao meu pai e à minha mãe que estão aqui. A meu irmão Christiaan. A família normalmente é a última a ser convencida por quem entra na política, sobretudo quando se está fora dela. A Simone sabe bem disso. Mas também é a primeira a apoiar e a estar do nosso lado.

Eu agradeço aos 35.345 eleitores que me apoiaram em 2014. E agradeço também aos mais de 300 mil seguidores que tenho hoje apenas na página do Facebook, além de tantos outros em outras redes sociais, que acompanham de uma forma muito presente o meu mandato.

Quero agradecer também aos meus amigos particulares, Cláudio Damin e Renan Pretto, que integram também a minha equipe do Gabinete 306, e a todas as pessoas que hoje trabalham comigo ou que já passaram pelo gabinete, algumas das quais foram eleitas recentemente em seus municípios, em câmaras de vereadores, demonstrando que a boa política se faz no dia a dia, mas também se faz na amizade. E em nome de todos os amigos que não estão

tão próximos, agradeço ao meu querido amigo Cássio Ricardo Severo Pitt, que assiste ao vivo a esta transmissão no Facebook, no município de Nova Bassano.

Aos amigos de Dois Irmãos, onde tudo começou, aqui representados pelo Paulo Gehrke, que é vereador no município e que está presente. Quero deixar também, ao meu partido, Partido Progressista, representado na figura do nosso líder partidário, Sérgio Turra (PP), que deu a abertura para mim como suplente chegar à Assembleia Legislativa e ser acolhido como um dos deputados da bancada Progressista, composta por sete parlamentares, mas também contando com os dois secretários que hoje estão no governo do estado. Nunca, em momento nenhum me senti menos. Pelo contrário, sempre me senti extremamente valorizado e acolhido.

Quero fazer uma especial menção à Federasul, por ter esta postura, não só de vir, ao longo dos anos, 90 anos, defendendo aqueles que precisam ser defendidos na sua classe, mas também demonstrado que o melhor antídoto contra um minoria barulhenta e sem razão é uma maioria silenciosa mas com bom senso e bem representada. Nunca mais nos calaremos.

[Aplausos]

Por fim, não posso esquecer-me deles: quero agradecer também aos opositores, aos adversários políticos, sobretudo aos educados, que raramente me convencem, dificilmente consigo concordar com eles, mas sempre me dão excelentes subsídios para melhorar o meu debate, para destruir as próprias falácias que inventam.

Quero agradecer a Deus, Criador Supremo, que nos dá a oportunidade de todos nós estarmos aqui reunidos, confraternizando este momento tão feliz.

E, finalmente, quero aqui dedicar este prêmio, essa menção, esta distinção, a cada brasileiro que foi às ruas, a cada brasileiro que acredita num país melhor, a cada brasileiro que valoriza o poder das ideias. Como dizia Ludwig von Mises: *"Ideias, somente ideias, podem iluminar a escuridão"*.

E aqui, Liziane Bayer (PSB), nossa representante da Assembleia Legislativa do estado do Rio Grande do Sul, estamos vendo muito bem como boas ideias, em todas as categorias, estão sendo valorizadas, premiadas, prestigiadas.

Faz pouco mais de quatro anos que eu achei que estava com a vida bem encaminhada. Eu não sabia o quão confuso estava naquela época. Hoje, tenho a certeza de que a decisão que eu tomei naquela época, baseada no meu sentimento, foi a mais correta. O meu sentimento era, então, e continua sendo agora, de que *"eu não quero viver em outro país, eu quero viver em outro Brasil"*. Um Brasil próspero, democrático e verdadeiramente livre.

Muito obrigado pela oportunidade. Boa noite a todos, obrigado mesmo. E parabéns a todos os demais agraciados.

O novo despertar político brasileiro

Este discurso foi feito após minha saída da Assembleia. Originalmente, seria um Grande Expediente a ser realizado em 27 de fevereiro de 2018 – meu penúltimo Grande Expediente antes de deixar o mandato, uma vez que fui diplomado suplente pelo PP e o partido havia decidido deixar o governo a 15 de março. Meu último Grande Expediente seria uma prestação de contas, a ser realizada a 8 de março. Contudo, o anúncio público que fiz a 25 de fevereiro, comunicando minha decisão de desfiliar-me do PP e ingressar no Partido Novo ao final do mandato para concorrer nas eleições de 2018 a deputado federal, acabou antecipando o retorno dos secretários do PP à Assembleia Legislativa por decisão da Executiva estadual do Partido.

Reforcei no meu anúncio, aliás, que além da afinidade natural de ideias que mantenho com o que propõe o Partido Novo, minha decisão de saída do PP dava-se levando em consideração o PP nacional, tomado pela corrupção e presidido pelo senador Ciro Nogueira (PP/PI), investigado pela Lava Jato. No Rio Grande do Sul, e mais ainda nas bases partidárias locais, o Partido Progressista segue tendo uma grande parte de líderes comprometidos com os mesmos valores que os meus; além disso, o PP tem se renovado internamente com rapidez no Estado, inclusive com a criação recente de um grupo interno liberal chamado "Progressistas pela Liberdade".

Minha intenção no Grande Expediente que publico a seguir era justamente expor esse novo momento político brasileiro, que ensejou a criação de movimentos e partido novos, e está renovando partidos tradicionais. Aliás, esse texto estava escrito muito antes da minha tomada de decisão de mudança para o Novo: já estava até mesmo publicado, praticamente com as mesmas palavras que seguem abaixo, na forma de posfácio, que escrevi para o livro *História do Liberalismo Brasileiro*[14], de Antonio Paim, e também publicado por esta LVM Editora. Não era, enfim, um anúncio de troca de partido que se faria no Grande Expediente, como o contexto acabou permitindo interpretar, nem era, muito menos, de desmerecimen-

---

[14] PAIM, Antonio. *História do Liberalismo Brasileiro*. Pref. Alex Catharino; Posf. Marcel vam Hattem. São Paulo: LVM, 2ª ed. rev. e ampl., 2018.

to da história do PP – da qual, aliás, eu mesmo fiz parte por quase 15 anos.

O Partido Progressista gaúcho, no entanto, sabedor também de que havia uma grande quantidade de pessoas convidadas para o evento pelo Facebook, muitas vinculadas ao Partido Novo, e temeroso da repercussão que causaria um Grande Expediente dado por um deputado suplente, ainda no PP, mas que já anunciava ida a outro partido, preferiu enviar de volta à Assembleia os dois secretários estaduais e deputados titulares, evitando assim que eu usasse a palavra.

Tampouco pude utilizar a tribuna no dia 8 de março, tendo retornado à Assembleia apenas por alguns dias, a tempo de usar a palavra uma última vez somente a 15 de março. Aproveitei aquela última oportunidade para realizar um discurso de despedida mais curto, de seis minutos, que está publicado neste volume sob a forma de epílogo.

O discurso que segue foi proferido no Restaurante Rambla, em Porto Alegre, na abertura do evento que oficializou minha filiação ao Partido Novo. Acabou se tornando um belo evento para celebrar, também, o novo despertar político brasileiro.

2 de abril de 2018

Não foi por 20 centavos. Não, definitivamente, não foi por 20 centavos.

É impossível relembrar a história recente do Brasil sem fazer menção à indignação das massas em junho de 2013. Indignação com o *status quo*, indignação com os estádios construídos para a Copa do Mundo no "padrão FIFA", enquanto mais de 60 mil pessoas são mortas por ano pela violência que assola o país; indignação com o excesso de impostos e a escassez – senão inexistência – de serviços públicos básicos decentes na saúde ou na educação.

Era uma indignação coletiva, *"contra tudo o que está aí"*, não só pelos 20 centavos. Mas também era uma indignação contra quem a vida toda se contentou em "lutar" por 20 centavos para defender privilégios bem próprios. Para fazer prosperar uma mentalidade estatista, interventora. Para, no fundo, exigir algo gratuito para alguns ("passe livre"), mas que custa muito caro para todos – ainda mais se considerada, no caso específico, a cartelização das empresas de transporte público em todo o Brasil, um dos símbolos mais claros da atuação monopolística de mercado defendida, com unhas e dentes, pelos grupos mais retrógrados desse país.

Não à toa, quando a população brasileira de verdade passou a ir às ruas a partir de 13 de junho de 2013 clamar por uma atividade política mais voltada à sociedade, não à manutenção da máquina incompetente, corrupta, patrimonialista e clientelista nacional, quando isso aconteceu, quando os brasileiros mesmos se encorajaram a ir às ruas, os extremistas de esquerda que desde a semana anterior organizavam os protestos passaram a desprezar a participação popular.

Não, definitivamente, a intenção do Movimento Passe Livre, umbilicalmente vinculado a partidos da extrema esquerda como o PSOL, não era o despertar de um gigante adormecido. Um gigante coletivo de milhões de brasileiros que queriam mais atenção para si, sem demagogias, incompetência e corrupção – sem falsas ilusões de que a solução para seus problemas está nos políticos e governos, mas que, ao contrário, um coletivo de indivíduos que sabe, mesmo inconscientemente, estar a solução na sua própria iniciativa, hoje severamente limitada pelo gigantismo estatal reinante no Brasil.

Essa mentalidade pró-liberdade do brasileiro, aliás, foi recentemente, em março de 2017, confirmada pelos próprios petistas: a Fundação Perseu Abramo, vinculada ao partido PT que destruiu o Brasil, demonstrou que moradores da periferia de São Paulo reconhecem o esforço pessoal como uma característica essencial ao sucesso. Demonstrou, ainda, que desejam pagar menos impostos e que consideram que alguém de direita é alguém correto. Já quem se identifica com a esquerda seria alguém que vive reclamando da vida. Por fim, identifica de forma clara nas suas conclusões que, no imaginário da população, não há "luta de classes" e que o inimigo é, em grande medida, o próprio Estado, ineficaz e incompetente.

A mentira está perdendo efeito e os petistas descobriram que inclusive os mais pobres, aqueles que tal partido se orgulhava em supostamente representar, não acreditam nas demagogias de quem dizia estar acima de qualquer suspeita e agora se revela o partido mais corrupto do Brasil, inclusive com um ex-presidente condenado a doze anos e um mês de prisão pelos seus crimes de corrupção – e sua sucessora provavelmente seguindo o mesmo caminho. A ilusão a que foram submetidos os brasileiros acabou – e um novo despertar liberal está em curso.

Na história brasileira, aliás, são muitos os episódios em que ideias de liberdade floresceram, como bem demonstra Antonio Paim em sua obra *História do Liberalismo Brasileiro* os movimentos pela independência, a pressão das províncias por maior autonomia diante do poder centralizador do Império, a campanha abolicionista, a pressão pelo retorno à democracia representativa após anos de ditadura varguista e o movimento Diretas Já! são alguns desses exemplos.

Ideias de liberdade não nos faltam. Elas povoam nossa história. Isso, no entanto, não significa que elas tenham triunfado no Brasil. Sempre nos faltaram dois elementos essenciais: instituições verdadeiramente liberais, que rompam com a tradição clientelista e patrimonialista brasileira; e uma melhor defesa pública das ideias liberais como as únicas a garantirem a prosperidade individual e, portanto, o desenvolvimento de uma nação.

A tradução das ideias de liberdade em instituições liberais sempre foi obstaculizada, com a consequente condenação de toda uma nação ao subdesenvolvimento institucional. Intérpretes do Brasil, como Sérgio Buarque de Holanda e Raimundo Faoro, apontaram o fato de que no Brasil a chamada revolução burguesa foi incompleta, restando um país com mentalidade e práticas corporativistas e patrimonialistas. A revolução burguesa permite que um país se modernize e estabeleça o primado do indivíduo, reconhecendo seus direitos como eleitor e consumidor. Aliás, a polêmica palavra burguesia é tão odiada por marxistas, comunistas e petistas justamente porque representa as pessoas que se insurgiram por meio de seu trabalho e esforço contra os laços cruéis impostos pelos regimes feudais europeus.

O burguês, talvez um dos maiores exemplos de *revolucionário--raiz* de que se tem notícia, teve sua própria definição satanizada ao longo dos séculos pelos disseminadores do ódio marxista por quem trabalha, empreende, se esforça e prospera. Já os *revolucionários-Nutella*, socialistas de iPhone, que não gostam de trabalho mas adoram o dinheiro dele resultante (sobretudo o dinheiro dos outros, pilhado de terceiros, inclusive os mais pobres, para fazer suposta "redistribuição de renda"), não suportam a ideia do mérito e, por isso mesmo, atacam ferozmente a classe empreendedora (originalmente conhecida como "burguesa"). Esta foi obrigada, empregados e empregadores, a financiar os gastos públicos, privilégios políticos e abusos das corporações, ao longo de toda a história brasileira. No Brasil, portanto, houve uma junção recente entre as práticas antiliberais históricas dos "donos do poder" com a mentalidade esquerdista, marxista que nos legou um país em frangalhos economicamente.

Vejamos apenas algumas manchetes da imprensa durante o ano de 2015, penúltimo da ex-presidente Dilma Rousseff no poder[15]:

- "Inflação oficial acumula alta de 9,56% em 12 meses, a maior desde 2003" – *G1*, em 07 de agosto de 2015.
- "Rendimento real dos trabalhadores tem maior queda mensal em 12 anos" – *Agência Brasil*, em 28 de abril de 2015.

---

[15] Seleção de manchetes retirada de artigo de Leandro Roque para o *site Mises Brasil*, disponível em https://goo.gl/LbKSkX

- "Vendas no varejo têm maior queda no trimestre desde 2003" – *O Estado de S. Paulo,* em 14 de maio de 2015.

- "Vendas de veículos novos caem 22,4% em julho; no ano, queda chega a 21%" – *O Estado de S. Paulo,* em 31 de julho de 2015.

- "Comércio tem pior semestre de vendas em 12 anos" – *Veja,* em 12 de agosto de 2015.

- "Venda de alimentos cai pela primeira vez em 12 anos" – *Jornal Hoje,* da Globo, em 5 de maio de 2015.

- "Classe C recorre a bicos para equilibrar o orçamento" – *O Estado de S. Paulo,* em 13 de junho de 2015.

- "Pessimismo na construção civil é o maior em quase 16 anos" – *O Estado de S. Paulo,* em 12 de junho de 2015.

- "IBGE: Construção civil fechou 700 mil vagas no país em um ano" – *Valor Econômico,* em 25 de agosto de 2015.

- "Produção da indústria cai em 13 de 14 locais em abril; pior resultado desde dezembro de 2008" – *G1,* em 9 de junho de 2015.

- "Produção da indústria cai em junho e tem pior primeiro semestre em 6 anos" – *Globo News,* em 4 de agosto de 2015.

- "Endividamento das famílias é o maior da série histórica, diz Banco Central" – *G1,* em 15 de junho de 2015.

- "Executivos brasileiros são os mais pessimistas" – *O Estado de S. Paulo,* em 16 de junho de 2015.

- "Lucro de empresas aéreas mundiais deve ser o maior desde os anos 60, mas Brasil vai na contramão" – *O Estado de S. Paulo,* em 9 de junho de 2015.

Esses dados sobre o trágico legado econômico do PT ao Brasil, que motivou milhões de brasileiros a voltarem às ruas a partir da reeleição de Dilma Rousseff – que foi fruto da mais mentirosa das campanhas eleitorais já realizadas no país –, trazem-nos às seguintes reflexões: por que motivo as ideias da liberdade, que tanta prosperidade trouxeram a todo o mundo desenvolvido, encontraram tanta dificuldade para serem difundidas e mesmo defendidas no país? Foi preciso mais um colapso econômico, aliado a uma avalanche de comprovações de corrupção, prisão inclusive de políticos e de empresários corruptos, para que o gigante despertasse e enveredasse por um novo caminho?

A verdade é que, sim, este novo despertar se deu em grande medida como reação ao dirigismo estatal e como indignação contra a corrupção institucionalizada no Brasil. Felizmente, porém, desta vez a reação foi acompanhada de uma conscientização muito maior dos brasileiros, sobretudo os mais jovens, de que o governo não é a solução: é parte do problema.

O novo despertar liberal brasileiro é calcado no trabalho incansável, de muitos anos, de instituições sérias, como o Instituto Liberdade e o IEE, no Rio Grande do Sul; os Institutos Millenium e Liberal no Rio de Janeiro; e o Mises Brasil, em São Paulo; as iniciativas mais recentes, como os Estudantes Pela Liberdade *(Students for Liberty)*; grupos de estudos dentro de universidades brasileiras; institutos de formação de lideranças em Santa Catarina, Belo Horizonte, São Paulo e Vitória; além de um sem-número de outras instituições por todo o Brasil.

Esses grupos foram e continuam sendo essenciais para a divulgação de obras liberais como *As Seis Lições,* de Mises[16], *A Lei*, de Bastiat[17], ou *O Caminho da Servidão*, de Hayek[18], que tratam com clareza sobre as desvantagens do dirigismo estatal, que escraviza o indivíduo, e as vantagens da garantia das liberdades individuais para a garantia da prosperidade. Além disso, as prateleiras das livrarias têm sido abastecidas por publicações liberais e conservadoras da melhor qualidade em uma quantidade jamais vista, comprovando o grande interesse dos brasileiros por maior conscientização e conhecimento político.

Este despertar cultural e intelectual brasileiro extrapola agora os limites da academia e dos grupos de estudo para adentrar o ambiente político brasileiro. As eleições municipais de 2016, em que uma parte expressiva dos candidatos de esquerda e estatólatras amargou derrotas para Câmaras de Vereadores e prefeituras municipais, revelou também uma grande renovação de caras e pensamentos, elegendo uma série de políticos liberais ou simpáticos ao liberalismo por todo o Brasil.

Partidos tradicionais, como o PP, ao qual estive filiado, passaram a atrair – e eleger! – muito mais adeptos de um Estado menos inchado e mais focado no básico. Também, vimos surgir opções como o Partido Novo e uma corrente política liberal chamada LIVRES, primeiro dentro

---

[16] MISES, Ludwig von. As Seis Lições: Reflexões sobre Política Econômica para Hoje e Amanhã. Apres. Murray N. Rothbard; Prefs. Ubiratan Jorge Iorio & Margit von Mises; Intr. Bettina Bien Greaves; Posf. Alex Catharino; Trad. Maria Luiza X. de A. Borges. São Paulo: LVM, 2017.

[17] BASTIAT, Frédéric. A Lei. São Paulo: Instituto Ludwig von Mises Brasil, 3ª ed., 2010.

[18] HAYEK, F. A. O Caminho da Servidão. Trad. Anna Maria Capovilla, José Ítalo Stelle e Liane de Morais Ribeiro. São Paulo: Instituto Ludwig von Mises Brasil, 6ª ed., 2010.

do PSL e agora independente, que dão abrigo a filiados, candidatos e representantes eleitos que defendem menos Estado, mais indivíduo – ou, "Menos Marx, Mais Mises".

Estas instituições têm, no Brasil, a grande responsabilidade de corrigir o segundo elemento bem apontado por Antonio Paim como faltante na tradição liberal brasileira: uma melhor defesa pública das ideias liberais como as únicas a garantirem a prosperidade individual e coletiva. Cabe aos políticos liberais atuais e, logicamente, também às instituições que difundem tais ideias, uma defesa dos princípios que compartilham entre si para deixar claro a uma Nação ainda pobre como o Brasil que a liberdade individual e a defesa do direito de propriedade, do Estado de Direito e da democracia constitucional e representativa são o melhor caminho possível. De longe.

Tal defesa implica não somente criticar as mazelas deixadas pela mentalidade estatista patrimonialista, clientelista e socialista de quem já passou pelo poder – ou seja, focada nos aspectos negativos –, mas, sobretudo, focar nas estratégias positivas e que deram resultado mundo afora. Os números são muito claros.

Para ficarmos em apenas um índice, o relatório do Programa das Nações Unidas para o Desenvolvimento (PNUD)[19] divulgado em março de 2017 demonstra que os vinte países que lideram o ranking têm economia muito livre e possuem notas altíssimas no índice de liberdade econômica da Heritage Foundation. Já na América Latina, o único país com índice de liberdade econômica semelhante ao dos mais ricos do mundo é o Chile. Líder no ranking regional do índice de desenvolvimento humano (IDH), o país tem o melhor ambiente de negócios e resguardo às liberdades civis e direitos sociais de toda a América Latina. Por outro lado, a Venezuela o país menos livre do continente e macabro xodó da liderança petista, socialista e comunista brasileira, obteve regressão no seu IDH nos últimos anos. A violência que campeia por suas ruas e as hordas de venezuelanos que deixam o país para tentar a vida em outras nações é retrato, mais uma vez, do fracasso das políticas antiliberais.

É evidente que existem muitos entraves ainda à participação de mais liberais na política para que essas defesas sejam mais correntes do que hoje. O sistema partidário arcaico e a concorrência desleal com políticos com acesso, literalmente, a bilhões de reais do Fundo Partidário para suas campanhas são apenas alguns exemplos dos desafios que precisam ser superados por quem quer participar da política. Já no meio intelectual,

[19] Heritage Foundation 2018. *Índice de liberdade econômica.* Disponível em: <https://www.heritage.org/index/ranking>.

os financiamentos via Lei Rouanet e a educação estatal em grande parte ideologizada à esquerda são desafios monumentais para que o novo despertar político brasileiro possa se consolidar, já que conta, até por princípio, quase apenas com a atuação de entidades privadas em concorrência desleal com atores públicos bem financiados. Não obstante, os atalhos encontrados pelos interessados em dar um novo rumo ao país, com liberdade, têm sido trilhados nas redes sociais.

O Facebook e o Instagram, sem contar o sem-número de *blogs*, *websites* e contas de *Twitter*, têm sido fundamentais para romper os bloqueios institucionais existentes e divulgar as teses liberais sem as limitações de outrora. Não à toa, movimentos de rua pedindo o *impeachment* de Dilma Rousseff foram organizados, entre outros, por grupos como o Movimento Brasil Livre (MBL), que têm no DNA de seus membros e líderes o liberalismo e o conservadorismo clássicos. Sem a internet, esse novo momento por que passa o Brasil não teria sido possível, pelo menos não, certamente, com o alcance que obteve. Se não fosse a comunicação livre e sem filtro das redes e do conteúdo gerado pelos usuários, talvez achássemos hoje, lendo apenas o que se publicou em grande parte da mídia tradicional, que, em 2013, tudo não tivesse passado de uma "luta pelo passe livre" e "pelos vinte centavos".

Mas não, não foi. Não foi pelos vinte centavos. E não será nunca mais apenas por isso, porque nós mudamos o Brasil. Mudamos no passado recente e mudamos agora, no presente. E, certamente, este novo despertar político brasileiro demonstra que seguiremos mudando o Brasil.

Sim, nós mudamos o Brasil.

Parte IX
Outras Vozes

Introdução
Uma Voz Admirada

*Cláudio Júnior Damin**

*Cláudio Júnior Damin**

Acompanho o Marcel desde o tempo em que fazíamos graduação na UFRGS. Ele, um estudante de Relações Internacionais e exercendo seu mandato de vereador no município de Dois Irmãos. Eu, um estudante de Ciências Sociais – provavelmente o mais marxista dos cursos universitários –, batalhando diariamente para não me deixar seduzir pelas ideias fajutas da esquerda. Desde então, construímos uma história juntos, baseada na lealdade, na franqueza e, sobretudo, na inspiração para seguir adiante, mesmo quando os mares são bravios.

Inegavelmente, Marcel destacou-se em seu mandato na Assembleia Legislativa gaúcha sobretudo pela clareza, firmeza e coerência de seus discursos. Ele, muito provavelmente, foi o deputado que mais vezes subiu à tribuna do Parlamento para expressar suas ideias e seus princípios. E, não por acaso, através principalmente das redes sociais, suas palavras conseguiram atingir gaúchos e brasileiros ávidos por encontrar uma liderança autêntica, não fabricada pelo *marketing*

---

* Doutor em Ciência Política (UFRGS) e professor na Universidade Federal do Pampa, campus São Borja, RS.

Nota do Autor: Antes de qualquer outra qualificação, Claudio Damin é um amigo. Meu amigo. Como ele mesmo relata neste ensaio, conhecemos um ao outro durante a nossa graduação na UFRGS. Ele, um estudante de Ciências Sociais que não tinha receio de publicar em seu Orkut sua admiração pelos Estados Unidos e a cultura da liberdade e da democracia no país; eu, um idealista de igual modo, estudante de Relações Internacionais e já envolvido na política de Dois Irmãos como vereador. Ambos enveredamos pelo mundo acadêmico, ele com mestrado e doutorado em Ciência Política, eu com mestrado na mesma área. Como gosto de brincar, no fim das contas ele atua mais com a ciência, eu com a política. Mas como, para cientistas políticos, uma não vive sem a outra, nossa lealdade e admiração mútua mantém muito firme a ponte a conectá-las.

e não afeita ao populismo, que representasse suas vozes. O slogan da campanha de 2014, "Somos nós com uma voz", tornou-se o guia da atuação parlamentar de Marcel. Os discursos reunidos no livro são a prova cabal de que é possível, sim, manter a coerência de princípios e o compromisso com o eleitor mesmo no exercício do poder. O poder não corrompeu Marcel.

Marcel, aliás, acredita que o poder, esse objeto mais imediato da Ciência Política, deve ser retirado das mãos dos políticos e devolvido ao indivíduo. Esse seu desinteresse pela utilização do poder para agigantar o Estado e suas estruturas ou para promover privilégios a determinados setores da sociedade foi, sem dúvida, inspirador. Marcel, a cada discurso, conseguiu traduzir como ninguém para o grande público como as ideias de liberdade são capazes de transformar a política. Marcel inspirou pessoas e fez circular ideias, princípios e valores que, dizia-se, jamais iriam prosperar no Brasil.

Ao longo de sua jornada, Marcel inspirou muita gente. Ajudou, por exemplo, a forjar novas lideranças políticas de diferentes filiações partidárias e em várias partes do país. Conseguiu, também, manter a confiança dos formadores de opinião que apoiaram seu mandato ao longo desses anos. Diria, aliás, que seus discursos tiveram o condão de consolidar a confiança dessas pessoas em seu trabalho.

Muitos desses formadores de opinião, lideranças políticas e pessoas que foram inspiradas pelo exemplo de Marcel apresentam breves testemunhos sobre sua atuação e seus discursos. São pessoas que, a partir de uma multiplicidade de formas, foram influenciadas pela trajetória daquele que inclusive já pensou em desistir da política e do Brasil. Esses depoimentos mostram que sua decisão de retornar à política para mudá-la foi a mais acertada possível.

Uma prova contundente desse acerto, que foi incentivado por quem sempre acreditou nas ideias e práticas liberais defendidas por Marcel, foi dada nas urnas, em outubro de 2018. Cumpridos três anos de mandato como deputado estadual e passados ainda outros sete meses após a entrega da cadeira na Assembleia gaúcha ao deputado titular – Marcel teve a coragem de fazer os discursos inflamados deste livro mesmo estando na condição de deputado suplente –, veio uma outra decisão muito difícil: filiar--se ao Partido NOVO e fazer toda a campanha para deputado federal sem usar um centavo do dinheiro público. O resultado foi uma grande surpresa para muita gente, mas não para quem sabia que Marcel estava apenas atendendo ao que exige a própria sociedade. Os gaúchos elegeram Marcel como o deputado federal mais votado do Rio Grande do Sul, com praticamente o dobro da votação do segundo colocado.

Cumpre destacar, por fim, que talvez tenha faltado tempo para solicitar contribuições para muitas outras pessoas que também se inspiraram no exemplo de Marcel van Hattem. O prazo para a coleta dos depoimentos foi extremamente exíguo, pois o livro seria lançado no Fórum da Liberdade de 2018. O mesmo Fórum que há anos juntos frequentamos e que cumpriu papel fundamental na formação intelectual do Marcel. A essas pessoas, pedimos desculpas. Ao mesmo tempo, o fato de muitas estarem apresentando seus depoimentos sobre Marcel, mesmo que em alguns casos tenham tido poucas horas para mandá-los devido ao prazo de fechamento do livro, demonstra o quanto Marcel fez a diferença para muita gente. E irá continuar fazendo.

Depoimentos sobre Marcel van Hattem

Esta segunda edição vem a público após as eleições de 2018, festejadas como as de maior renovação na política nacional desde a redemocratização. Tal renovação política é perceptível dentre os próprios autores dos depoimentos: trinta se candidataram a cargos eletivos nas eleições, a maioria pela primeira vez, dos quais catorze foram eleitos e três foram reeleitos. Agradeço a todos pelas palavras, que me emocionam e demonstram que estamos, todos juntos, defendendo de forma correta as ideias e valores necessários para fazer do nosso país uma nação admirada.

O Marcel é um jovem diferente dos demais, tem a incrível capacidade de ser um despertador de novas lideranças. A sua principal marca é a coragem e a generosidade de viver para servir. Tenho muito orgulho de dizer que acompanho sua trajetória desde o início: sua conduta, seus princípios sempre foram e são seus guias. É um perfil raro na política, ama o que faz, se dedica de forma integral, tem um senso de responsabilidade para com seus eleitores. Está deixando um legado importante, de que é possível fazer a diferença na vida das pessoas e viver em prol delas.

Adriana "Drica" de Lucena Francisco
Foi candidata a vereadora em Caxias do Sul, RS.
Nas eleições de 2018, elegeu-se suplente de senador (PP)
pelo estado do Rio Grande do Sul

A trajetória do político Marcel van Hattem é de meu conhecimento há cerca de 10 anos, quando ainda era vereador em Dois Irmãos. E suas bandeiras defendidas em campanhas foram exatamente aquelas que ele defendeu – com garra – durante seu mandato de deputado; portanto, foi comprovada a sua coerência. Em linha de convicções, o vejo como um liberal que preza pelos valores, pelo senso comum. Há um ponto que é necessário enfatizar: o contato pessoal do político em campanha, jamais foi construído sobre promessas; ao contrário, sempre colocou em primeiro lugar a exposição de suas ideias, o que foi aceito pelas pessoas. Outro fator notável é que suas campanhas sempre foram realizadas com recursos escassos.

Alexandre Tomljanovie
Foi vereador (PP) em Três Coroas, RS

Os discursos do deputado estadual Marcel van Hattem são – e continuarão a ser – como lampejos de inteligência e vivacidade que expulsam de nossa alma aquele desânimo no qual hoje podemos cair tão facilmente. Muitas vezes experimentei isso eu mesmo! Sua força não deriva da mera retórica, nem do interesse partidário, mas de um amor patriótico ornado pelo exemplo de sua conduta. Em contraste com tanta politicagem barata que se vê no Brasil, é revigorante vê-lo falar a verdade autenticamente, com destemor e franqueza, ainda que sob o risco de não mais poder falar no parlamento estadual gaúcho.

Allan dos Santos
Fundador do Canal Terça Livre. Bento Gonçalves, RS

"Que barbaridade!" foi a primeira expressão efusiva de um discurso do Deputado Marcel que me impressionou! Imediatamente recordei da tese defendida pelo filósofo Mário Ferreira dos Santos acerca da forma como os bárbaros militantes têm invadido todos os espaços do nosso país: a cultura, a política, a mídia e as escolas. Naquele momento, identifiquei no Marcel um representante da indignação de todos nós, cidadãos de bem interessados em preservar a civilização e seus valores. Desde então, tenho acompanhado com satisfação da atuação política e pública do deputado, sempre responsável, transparente, solícito e incansável na defesa dos ideais da liberdade. Seu posicionamento e exemplo quanto à redução dos gastos públicos, a efetiva busca dos interesses da população, a luta pela aprovação do projeto Escola sem Partido e tantas outras pautas o transformaram em um verdadeiro herói gaúcho.

Ana Caroline Campagnolo
Professora de História e idealizadora do canal vlogoteca.com. Itajaí, SC
Nas eleições de 2018, elegeu-se deputada estadual (PSL)
no estado de Santa Catarina com 34.825 votos

Com pleno equilíbrio entre as variáveis filosóficas de direita, o Marcel representou de maneira adequada tanto as correntes conservadoras como liberais, e o faz na dose certa. No que diz respeito à segurança pública, está justamente na retomada de algumas receitas conservadoras o almejado convívio harmônico e pleno, numa sociedade saudável. Valores tão simples e ao mesmo tempo complexos, como a ética, a moral e principalmente a preservação da família como instituição alicerçal da humanidade, funcionam como um verdadeiro antídoto para uma juventude exposta às tentações da vida no crime. Já dos princípios liberais, especialmente no fomento ao empreendedorismo, surgem as oportunidades de crescimento e avanço real. Marcel van Hattem representa um verdadeiro alento, uma providencial força renovadora da esperança em um Brasil melhor!

André Luiz Stein
Major da Brigada Militar
Comandante do 34º Batalhão de Polícia Militar em Esteio, RS

Os discursos do Marcel são intensos, verdadeiros, certeiros. Escuto a voz que propaga os sentimentos dos pagadores de impostos e que se sentem saqueados pelo Estado. Eis o jovem cidadão político, que tem sua marca registrada na coragem e transparência, e que deu esperança a milhares de cidadãos, para acreditarem que é possível fazer a boa e verdadeira política. Marcel é o marco dos novos tempos políticos e exemplo para aqueles que batalham pela recuperação da nossa nação.

Andrea Azevedo
Foi candidata a vereadora em Canoas, RS
Nas eleições de 2018, concorreu a deputada estadual (NOVO)
no estado do Rio Grande do Sul e recebeu 6.668 votos

As quatro décadas de convívio profissional com a Política permitiram-me conhecer os protagonistas e suas diferentes características. As do deputado estadual Marcel van Hattem têm sido a seriedade, a coerência e a firmeza de propósitos.

Armando Burd
Jornalista. Porto Alegre, RS

Descobri esse jovem talentoso por seus vídeos que capturaram minha atenção por sua sagacidade, inteligência e firmeza, que tem obrigado a esquerda a conviver com o contraponto. Estudioso, Marcel revela um conhecimento muito além do que normalmente se vê no parlamento. Da tribuna, em ambiente hostil, defende valores como a liberdade, a família, motivando e espalhando esperança, ao tempo em que causa profundo incômodo nos seus pares adeptos ao totalitarismo. Na defesa do Escola sem Partido, desmascara aqueles que há muito perderam a cerimônia de usar a sala de aula para desequilibrar o jogo democrático e fazer de nossos filhos militantes marxistas.

Bia Kicis
Presidente do Instituto Resgata Brasil – IRgB. Brasília, DF
Nas eleições de 2018, elegeu-se deputada federal (PRP)
pelo Distrito Federal com 86.415 votos

Quando vi o Marcel falar na tribuna da Assembleia do RS, percebi que algo diferente acontecia no cenário político: o ressurgimento das ideias da liberdade, que pareciam ter nos deixado com Roberto Campos. Na sequência daquela fala, os brasileiros realizaram as maiores manifestações de rua da História, o impedimento da ex-presidente Dilma, o fortalecimento dos movimentos liberais na academia e a multiplicação dos institutos dedicados a estudar a as ideias da liberdade. Para mim, todo esse ressurgimento das ideias da liberdade na política, tem como marco temporal aquela primeira fala de Marcel na tribuna. Foi quando percebi que "era possível viver em outro Brasil".

Bruno Souza
Vereador (PSB) em Florianópolis, SC
Nas eleições de 2018, elegeu-se deputado estadual (PSB)
no estado de Santa Catarina com 32.512 votos

Diante da crise política, ética e moral que estamos vivendo, a sociedade está mais crítica e exigente. Hoje o político tem que ter lado, atitude e ser a voz dos seus representados, e o Marcel conseguiu unir isso em seu mandato. Com coragem de falar o que pensa e firme com seus ideais, seus discursos foram emblemáticos e pontuais. Destaco uma de suas falas sobre o modelo de estado, onde enfatiza que a solução não está nos políticos nem nos governos e sim nas pessoas. Marcel ecoou o desejo de muitos por um Estado liberal, se tornou um grande líder, exemplo pra mim e vários jovens políticos.

Carlos Delgado
Vereador (PP) em Uruguaiana, RS
Nas eleições de 2018, concorreu a deputado federal (PP)
no estado do Rio Grande do Sul e recebeu 10.131 votos

No "Parlatório Livre: Jovens na Política", em agosto de 2017, a ALESP estava lotada para ver vários políticos da nova geração. Nomes importantes do cenário da direita estavam lá. Contudo, quem brilhou naquela tarde foi o deputado Marcel van Hattem. Felizmente, discursei antes dele, pois, após seu emocionante pronunciamento, ficaria muito difícil qualquer um conseguir arrancar tantos aplausos da plateia. Em pouco mais de 15 minutos, ele falou de forma empolgante e inteligente, inspirando a todos com seu patriotismo e eloquência. Todos temos dias de inspiração; aquele foi o dia do Marcel.

Carlos Jordy
Vereador (PSL) em Niterói, RJ
Nas eleições de 2018, elegeu-se deputado federal (PSL) pelo estado do Rio de Janeiro com 204.048 votos

---

A minha história é a busca pela liberdade e, durante esta caminhada, encontrei o amigo Marcel em um evento do Instituto Frederich Naumann. O resultado desde este primeiro encontro impactante foi a certeza de que Marcel estava no caminho: cada palavra dita não era componente apenas de um discurso mas reflete alguém real, que atua da maneira como fala. Cada palavra se conecta com a minha alma e traz a certeza de que o combate pela liberdade, o combate por um Brasil sem corrupção e por uma atuação eficiente é mais do que o nosso caminho: é também nossa missão.

Carolina Antunes
Diretora Executiva do IFL Brasil e do Instituto NAAÇAO. Belo Horizonte, MG

No cenário hostil da política brasileira, na qual por décadas se ressaltou o estado de bem-estar social como panaceia para a população, era praticamente uma heresia ressaltar a importância das ideias de liberdade. Neste contexto, o Marcel foi um dos pioneiros da minha geração a quebrar a espiral do silêncio e trazer novamente à tribuna dos debates públicos a defesa da liberdade como imperativo contra o autoritarismo. O Marcel é um tipo especial de político que desperta facilmente a admiração, pelo seu destemor, por sua vontade em efetivar seus ideais e, sobretudo, pelo seu exemplo, que tem contagiado pessoas de todo Brasil, e, particularmente serviu de inspiração para a minha entrada na política. Por isso, meu muito obrigado.

Caroline de Toni
Foi candidata a vereadora em Chapecó, SC
Nas eleições de 2018, elegeu-se deputada federal (PSL)
pelo estado de Santa Catarina com 109.363 votos

O Marcel foi o primeiro candidato gaúcho assumidamente liberal, sem rodeios para falar de privatizações, cortes de privilégios e diminuição de impostos. Sempre muito incisivo e firme em seus discursos, conseguiu a credibilidade dos gaúchos e demais brasileiros demonstrando coerência ao abrir mão do aumento de salário e outros tantos privilégios. Um mandato baseado em ideias, afinal só elas podem iluminar a realidade sombria do nosso Estado, feito por um jovem que aproveitou de sua visibilidade para disseminar estas mesmas ideias de liberdade em todo país, compartilhando o seu conhecimento em palestras, eventos e formando novas lideranças. Um mandato que começou certo desde a campanha, quando a grande maioria dos voluntários era formada por jovens que ansiavam por um país livre e com perspectiva de desenvolvimento econômico. Os recursos eram escassos, mas a vontade de melhorar o RS era muito maior e, pela primeira vez, nós elegemos um deputado liberal.

Caroline Viezzer
Coordenadora do Instituto Atlantos em Porto Alegre, RS

Para um liberal a solução dos problemas na política não está no governo, não está em quem está governando, está no indivíduo, nas pessoas. Os pronunciamentos do Marcel na Assembleia Legislativa do RS nos fazem refletir sobre a responsabilidade individual de cada cidadão em nossa sociedade, despertando uma grande parte da sociedade que estava esperando tudo do governo. Com certeza, depois que muitos viram seus discursos, mudaram suas atitudes frente ao Estado brasileiro.

Cleber Rachel
Vereador (PP) em Sapucaia do Sul, RS

O jovem Marcel van Hattem é uma agradável surpresa na vida política de um Estado que tem nos dado, nas últimas décadas, mais desgosto do que qualquer outra coisa. Marcel van Hattem surge com um discurso essencialmente liberal: de liberdade, de empreendedorismo, de diálogo, de crescimento econômico, mas, sobretudo, de um contraponto elevado, de um contraponto sério e bem assentado à esquerda hegemônica. Depois de Marcel van Hattem na Assembleia eu tenho certeza que a política do Rio Grande do Sul não será mais a mesma, porque ele deu o caminho do bom combate. Ou seja, nunca mais se deve deixar a esquerda falar sozinha, a esquerda defender as suas teses totalitárias antiempreendedorismo, antiliberdade, sozinha. Marcel van Hattem nos mostrou que isso é possível. Por isso, fico feliz e torço para que ele alce voos mais altos.

Diego Casagrande
Jornalista, diplomado desde 1993. Porto Alegre, RS

Trabalhei no Ministério Público e lidava com processos envolvendo crimes e desvios de conduta de políticos, atuando na apuração e investigação de mandatários. Tive grande contato com a fiscalização dos Poderes Legislativo e Executivo. Em um certo momento, pesquisando sobre política, desacreditado com o que via no trabalho, descobri um jovem político que inspira a muitas das novas lideranças no Brasil. O deputado Marcel van Hattem. Comecei a acompanhar o seu trabalho pelas redes sociais e a me surpreender com suas ideias, força de trabalho e posicionamento. Nesse momento eu o escolhi para ser o meu representante. Ademais, ao saber que havia um líder corajoso, honesto e competente com uma trajetória firme no sentido da promoção da renovação política, fui motivado de uma forma iluminada para também ingressar nessa jornada. Me orgulho como gaúcho por ter tido um parlamentar brilhante como o Marcel na Assembleia Legislativa do Rio Grande do Sul e lhe desejo muito sucesso em todos os seus projetos de vida e profissionais.

Dirceu Godoi de Quadros
Concorreu à presidência do Diretório Acadêmico do curso de Direito da Unisinos, em São Leopoldo, RS
Nas eleições de 2018, concorreu a deputado estadual (NOVO) no estado do Rio Grande do Sul e recebeu 4.982 votos

Nossas ideias – as ideias da liberdade – precisavam de alguém que as expressasse no parlamento gaúcho. Marcel, uma voz que ecoava nos corredores da UFRGS

357

lutando contra a hegemonia de um modo de pensar, assumiu essa bandeira com exímia competência. Seus discursos inspiram pessoas e influenciam no ambiente de ideias. Suas palavras ressoam pelo país, vencem fronteiras e alcançam uma dimensão até então impensável para o pensamento liberal. Os movimentos de rua surgiram sob a liderança de pessoas cujos elos foram as ideias e a vontade de viver não em outro país, mas em outro Brasil. Essa frase do Marcel marcou história e serve de inspiração para construirmos um país mais livre e admirado.

Douglas Sandri

Foi Secretário do Desenvolvimento Econômico, Turismo e Agricultura de Lajeado, RS
Nas eleições de 2018, concorreu a deputado estadual (NOVO)
no estado do Rio Grande do Sul e recebeu 15.907 votos

Nestes últimos anos, temos acompanhado a atividade parlamentar do deputado van Hattem. E neste período, as suas palavras na luta pelos mais altos interesses do povo gaúcho evidenciaram a sua atuação na defesa dos valores democráticos e contra a corrupção e o mau uso dos cargos públicos nos Poderes Executivo e Legislativo.

Edson Leal Pujol

General do Exército Brasileiro
Foi Comandante Militar do Sul em Porto Alegre, RS
Em janeiro de 2019 foi nomeado Comandante do Exército Brasileiro pelo presidente da República Jair Bolsonaro

---

Sou testemunha de vários discursos feitos pelo deputado Marcel van Hattem na Assembleia Legislativa em prol da segurança pública e em defesa do cidadão de bem, bem como de várias solicitações de reforço policial, não só para Dois Irmãos, como também para vários outros municípios do Estado, sempre apoiando e reconhecendo o trabalho feito pela Brigada Militar. Marcel entregou ainda à família do sargento Silveira, a medalha da 54ª Legislatura, in memoriam, que tombou em confronto com a bandidagem. Marcel fez um emocionante discurso, no qual lembrou o trabalho realizado diariamente pelos policiais em defesa das suas comunidades.

Edson Luís Maicá Severo

Tenente da Brigada Militar, ex-comandante do Corpo de Bombeiros e atual Secretário de Agricultura, Indústria, Comércio e Turismo de Dois Irmãos, RS

*O Marcel van Hattem é um colega de trabalho, também parlamentar, que tem uma história linda. Pude conhecê-la um pouco mais em um evento na Assembleia Legislativa do Estado de São Paulo [*no Parlatório Livre - o discurso está publicado na Parte VIII*]. Já conhecia a atuação do Marcel e o reconhecia pela sua intelectualidade, mas não sabia do histórico que o fez entrar na política. Depois de conhecer essa história, passei a ter uma admiração ainda maior. Parabenizo-o e torço para que siga em frente e não saia da política. É necessário oxigenar o Congresso Nacional e as Assembleias Legislativas com gente jovem, que corre atrás e pensa no Brasil acima de tudo.*

Eduardo Bolsonaro
Deputado Federal (PSL/SP). Brasília, DF
Reelegeu-se deputado federal (PSL) pelo estado de São Paulo com 1.843.735 votos

Uma liderança jovem, voz ativa e comprometida com agendas essenciais para o futuro de nosso Estado: a redução da máquina pública, o estímulo à livre iniciativa, o combate ao corporativismo e a redução da burocracia. Sua atuação não se pautou por agradar a um lado ou outro. Defendeu aquilo que considera correto, mesmo que seja "polêmico" para alguns. Líderes como o Marcel nos trazem a esperança de um Rio Grande do Sul e um Brasil melhores.

Eduardo Macluf
Empresário, vice-presidente da FEDERASUL em Porto Alegre, RS

Alguns dos discursos do Marcel na tribuna da Assembleia Legislativa do RS foram históricos porque narraram algumas das grandes tensões que marcaram a política do nosso estado nos últimos tempos. Para além do mero conflito entre esquerda e direita, vimos no parlamento gaúcho o embate entre visões de mundo e visões de estado. Futuro contra passado. Pagadores de impostos contra consumidores de impostos. Princípios contra interesses de curto prazo. A presença do Marcel na Assembleia, ainda que curta, fez história. Deixará o exemplo de que um homem, acompanhado de seus princípios e de sua convicção, nunca estará só.

Fábio Ostermann
Fundador e membro da direção nacional do LIVRES.
Foi candidato a prefeito em Porto Alegre, RS
Nas eleições de 2018, elegeu-se deputado estadual (NOVO) no estado do Rio Grande do Sul com 48.897 votos

Em 2014 fui voluntário na campanha do Marcel e seu slogan não podia ser mais adequado: "somos nós com uma voz". Durante o tempo em que ocupou a cadeira de deputado estadual, vi as ideias em que acredito serem apresentadas à sociedade e Parlamento gaúcho, e rigorosamente defendidas de ataques daqueles que por muito tempo falavam sozinhos e tomavam o estado para si e para os seus. Sem dúvidas, minha decisão de ser candidato a vereador em Porto Alegre teve a influência do que observei no trabalho de representação dos ideais de liberdade no parlamento estadual.

Felipe Camozzato
Vereador (NOVO) em Porto Alegre, RS

Admiro o Marcel por ter a capacidade de condensar em seus discursos aquilo que pensamos mas não temos uma tribuna para falar. Ele representa a todos nós que ainda temos a capacidade de nos indignar contra tudo o que tem sido feito neste país, no nosso estado, na nossa cidade. Quando ele vai à tribuna, suas palavras e seus argumentos são certeiros e trazem o desconforto necessário aos corruptos, aos desonestos, aos hipócritas. Em cada oportunidade, bem aproveitada, pontua os fatos do nosso caótico e quase surreal mundo político, do ponto de vista do cidadão de bem, pagador de impostos e cumpridor das leis, que é a maioria do povo brasileiro. Marcel, como deputado, resgatou a ideia da representação política verdadeira, sendo a nossa voz, todos os dias.

Fernanda Barth
*Foi candidata a vereadora em Porto Alegre, RS
Nas eleições de 2018, concorreu a deputada estadual (NOVO)
no estado do Rio Grande do Sul e recebeu 14.458 votos*

Neste momento de superação do populismo de esquerda na política, surgiu meu amigo Marcel van Hattem, uma das primeiras referências do movimento liberal-conservador da política nacional. Foi através de sua coragem, tão presente em seus discursos firmes, que me inspirei, quando eleito vereador, para enfrentar as mesmas lutas que ele encarou no mandato de deputado. Tenho certeza de que outros tantos como Marcel despontarão para a política animados com a força presente em cada palavra dita por ele e em cada gesto de convicção em defesa da liberdade.

Fernando Holiday
Vereador (DEM) em São Paulo, SP

Conheço o Marcel desde muito antes de sua posse na Assembleia Legislativa. Sempre vi nele um tipo de político diferenciado: alguém movido por convicções. E convicções liberais, o que é ainda mais raro em nossa tradição. Mesmo sendo ainda muito jovem, possui já uma sólida formação acadêmica, que claramente se reflete nos projetos que apresentou ao parlamento gaúcho. Não tenho dúvidas de que ele tem à frente uma bela trajetória na vida pública brasileira.

Fernando Luís Schüler
Cientista Político e Professor do Insper. São Paulo, SP.

Todos os fatos e notícias do nosso país, nos últimos anos, convidavam – e, às vezes, até intimavam – jovens como eu, recém-formados (por universidades que mais estão preocupadas em fazer lavagem cerebral e militância política) a construir nossas vidas em outra nação. Operação Lava Jato, erotização das nossas crianças, falta de apoio às nossas forças de segurança, crise econômica afugentando empresários e os escravizando pelo emaranhado burocrático existente. Foi quando, por acaso, assisti ao discurso de posse de um jovem gaúcho que, até então, não sabia quem era. O seu discurso me incentivou a construir minha vida no Brasil, reviveu minha esperança por um novo país e me encorajou a disputar o cargo de vereador em Londrina, minha cidade. Hoje, posso dizer, em coro com meu amigo Marcel van Hattem: eu não quero viver em outro país, quero viver em outro Brasil!

Filipe Barros
Vereador (PSL) em Londrina, PR
Nas eleições de 2018, elegeu-se deputado federal (PSL)
pelo estado do Paraná com 75.326 votos

Nunca esqueço de uma situação emblemática que ocorreu na Assembleia. Foi logo no início do mandato do Marcel. Ele era deputado fazia uns 3 meses e, durante uma reunião de comissão da qual ele era membro, iniciaram ataques da deputada Stela Farias, do PT, que disse mais ou menos o seguinte: "Eu acho um absurdo que, desde que o Marcel entrou aqui, nossa vida não é mais a mesma. Não temos mais paz dentro da Casa! Estamos sempre sendo vigiados, filmados. É um absurdo!". Na prática, ocorria naquele momento um embate do novo contra o velho, era a quebra do modus operandi político das últimas décadas. O Marcel apenas abriu, para a população, um portal de acesso ao Parlamento. Transparência não é entregar para a população, através de um site complicado de acessar e entender, um monte de números desconexos e balanços orçamentários de impossível compreensão para quem não tem conhecimento técnico. Transparência é fazer o povo entender o que realmente acontece, é mastigar os fatos e entregá-los ao vivo no celular de cada um. E isso tira a paz dos velhos políticos, que se acostumaram a atuar escondidos da população. Essa foi só uma das tantas situações em que essa quebra das práticas do establishment foi simbolizada. A cada vez que o plenário da Assembleia Legislativa era lotado por pessoas que não faziam parte de nenhum sindicato, pessoas que tinham se deslocado para acompanhar o deputado que as havia convocado pelas redes sociais, todos os parlamentares presentes se espantavam – era algo incompreensível para a maioria. Para a esperança daqueles que querem mudar a política, não foram poucos os parlamentares que se encantaram com essa forma verdadeira de fazer política. Com o tempo, muitos colegas deputados se aproximaram do Marcel e, aos poucos, vários vêm aderindo a uma relação mais direta com o eleitor através das redes sociais. Com coragem de lutar por um ideal lúcido, contrário ao populismo da velha política. O mandato no gabinete 306 da Assembleia Legislativa do Estado do Rio Grande do Sul representou para o Brasil o primeiro ato de uma necessária revolução na política brasileira.

Henrique Viana
Fundador do Brasil Paralelo. Porto Alegre, RS

As falas do amigo Marcel van Hattem na tribuna da Assembleia refletem exatamente aquilo que cada brasileiro gostaria de falar em alto e bom som: a verdade, doa a quem doer. Lucidez, coerência e coragem são apenas alguns dos adjetivos que definem os pronunciamentos do Marcel nos microfones do Parlamento gaúcho. Quem já conhecia seu trabalho, sabia o que esperar. E quem não conhecia, passou a identificar um divisor de águas na tribuna da Assembleia: o antes e o depois do Marcel. Se o parlamento é o pai da democracia, van Hattem deu novo patamar aos discursos históricos que o plenário gaúcho já presenciou. Mais do que nunca, é hora de acreditar que palavras fazem a diferença e fazem acontecer. Sobretudo neste momento ímpar em nossa política, quando coragem e postura estão em escassez, Marcel mostrou que é possível fazer a diferença. Mostrou que é possível – e necessário – termos voz. Uma voz que fale por todos. A nossa voz.

Issur Koch
Vereador (PP) em Novo Hamburgo, RS
Nas eleições de 2018, elegeu-se deputado estadual (PP)
no estado do Rio Grande do Sul com 35.803 votos

Discursos emocionantes que acalentam o coração e alimentam a nossa alma de esperança de um novo Brasil: Marcel van Hattem – esse é o nome! Uma liderança consolidada e respeitada no cenário político, exemplo para quem sonha com um mandato coerente. Acompanhar a atuação de Marcel van Hattem no Rio Grande do Sul foi uma das minhas inspirações para concorrer e ganhar uma cadeira na Câmara Municipal de São Paulo e, depois de eleita, marcar uma postura forte e seguindo meus ideais no parlamento paulistano. Um líder corajoso que, certamente, influenciará a transformação do país em direção ao desenvolvimento. #somosTODOSVanHattem

Janaína Lima
Vereadora (NOVO) em São Paulo, SP

Sempre almejamos que nossos representantes políticos sejam o melhor de nós, aqueles com o mais elevado senso de dever e respeito à coletividade. Belas palavras em uma tribuna, mas a prática é geralmente oposta aos valores defendidos. Eis um pouco do nosso país. Ao acompanhar a trajetória do deputado Marcel através de seus discursos, juntamente com um olhar atento às suas ações, reacendeu-me a chama da esperança de que nossa sociedade pode ter o destino grandioso que realmente merece. Tenho sido profundamente inspirado por suas ideias, seu vigor e o exemplo digno de sua conduta. Tenho, assim como milhões, a esperança de viver dias melhores em um outro Brasil, e sei que Marcel é um dos líderes a pavimentar esta estrada.

Jean Marques Regina
Advogado e diretor da ANAJURE (Associação Nacional de Juristas Evangélicos).
Porto Alegre, RS

A coragem em assumir uma posição que foi por tanto tempo contida pelas pessoas de bem, suprimida pelo barulho de uma onda esquerdista radical, truculenta, totalitária e manipuladora, deu voz a uma legião de homens e mulheres que já não suportavam mais tanta corrupção, demagogia e afronta aos valores mais básicos de uma sociedade organizada, como os conceitos de família, propriedade e direitos individuais. Nosso País precisa de agentes transformadores na política e na sociedade. O Marcel representa a transformação e nos representa.

Jerri Adriani Meneghetti
Vice-prefeito (PP) em Dois Irmãos, RS

Marcel van Hattem, com seus pronunciamentos ímpares, esboçou novos horizontes para toda uma geração, fazendo irromper em cada líder a coragem para fazer as mudanças necessárias, desmantelar antigos moldes e combater com maestria o que jamais deveria ter existido na política brasileira. Seu posicionamento marcante, coerência e valores inquebrantáveis devolveram a cada um de nós algo que há muito tempo estava perdido: a esperança de viver em outro Brasil. É imponente o legado construído, o que torna ainda mais difícil expressar em palavras o orgulho por ter acompanhado a trajetória singular de alguém que, de certa forma, também pavimentou nosso caminho. Marcel: uma voz, nossa voz.

Jéssica Boniatti, Maico Morandi, Danrlei Pilatti, Pipa Sacarol
Vereadores (PP) em Nova Pádua, RS

Conheço o Marcel desde seu primeiro mandato, como vereador. Sempre me chamou atenção a sua defesa dos valores morais, de um estado menor e seu forte posicionamento contra a esquerda, que à época reinava sem oposição no país. Ao assumir o mandato de deputado estadual em 2015, em um país em ebulição mergulhado na sua maior crise econômica, política e moral, o Brasil pode conhecer aquele que eu já conhecia: um jovem de coragem e princípios inabaláveis. Sem dúvidas, Marcel entrou para a história como um dos mais combativos e coerentes deputados do parlamento gaúcho.

José Henrique Westphalen
Cientista político, foi vice-presidente da Juventude Progressista Gaúcha na gestão em que Marcel atuou como presidente. Cruz Alta, RS

Nas eleições de 2018, concorreu a deputado estadual (DEM) no estado do Rio Grande do Sul e recebeu 2.846 votos.

O mandato do Marcel retomou o uso das ideias de liberdade e do exercício da razão na atividade parlamentar gaúcha. A Casa Legislativa, típica para o confronto de ideias, foi engrandecida com a atuação de uma pessoa bem formada e com sólidos valores morais, lastreados na absoluta convicção da liberdade do indivíduo como valor universal supremo e motor do desenvolvimento da sociedade. Por isso, na atuação do Marcel, os gaúchos encontraram seu representante em um dos mais desafiadores momentos da democracia brasileira, quando o povo era subjugado e vilipendiado pela classe política.

Júlio César Bratz Lamb
Presidente do IEE (2017-2018). Porto Alegre, RS

Quem já viu um parlamentar tradicional discursar numa tribuna sabe bem o quanto suas palavras são irrelevantes. Enquanto o sujeito fala, seus colegas conversam, dão risada, olham o celular, dormem etc. Não é o que acontece com Marcel van Hattem. Ele, que é fundador do MBL no Rio Grande do Sul, sabe usar a tribuna como um canhão, um catalisador e propagador de denúncias e propostas, como um desconstruidor de mentiras socialistas e alicerce de propostas liberais – não para um outro país, mas para um outro Brasil.

Kim Kataguiri
Coordenador do Movimento Brasil Livre. São Paulo, SP
Nas eleições de 2018, elegeu-se deputado federal (DEM)
pelo estado de São Paulo com 465.310 votos

Marcel van Hattem é um tribuno inspirador. Isso decorre não só de seu abundante carisma, mas do poder de suas ideias, que representam as esperanças e os sonhos das pessoas em todo o mundo. Eu acompanhei com entusiasmo e compartilhei seus discursos publicados nas mídias sociais desde o discurso inaugural proferido em sua posse na Assembleia Legislativa do Rio Grande do Sul, que literalmente me levou às lágrimas. O apelo emocionante de Marcel para viver em um "outro Brasil" é uma inspiração para as pessoas em todos os lugares do mundo trabalharem para mudanças positivas em seus próprios países!

Kris Mauren
Diretor Executivo do Acton Institute for the Study of Religion and Liberty. Grand Rapids, Michigan, EUA

Podemos discutir por dias qual o papel e o tamanho do Estados. Mas todos concordam que vivemos hoje em um ambiente com o qual ninguém está satisfeito. Não temos os serviços mais básicos de saúde, educação, infraestrutura ou segurança. Se queremos mudar nossa realidade, precisamos de novas regras e menos leis. Leis são feitas por políticos e por ideias. Para termos um estado diferente, precisamos de políticos diferentes, com ideias

novas. Marcel van Hattem já representou estas ideias na tribuna da As-
sembleia Legislativa gaúcha e confio que continuará representando onde
quer que esteja.

Leonardo Fração
Empresário, Presidente do IEE (2009-2010) e Presidente do Instituto Cultural
Floresta. Porto Alegre, RS

Eu tive a honra de apoiar o Marcel em 2010 e participar da coordenação de
campanha de 2014. Desde então, não o tenho apenas como líder, como ins-
piração política, mas sim, como um amigo especial que me orgulhou muito
neste mandato. Destacou-se na Assembleia Legislativa por sua posição for-
te, coerente e por seus discursos inspiradores. Foi quem renovou as esperan-
ças de muitos jovens. Inspirados no seu mandato, vários jovens foram elei-
tos vereadores e prefeitos nas últimas eleições municipais. Considero Marcel
van Hattem um fenômeno da política brasileira. Com certeza, tem um futuro
brilhante pela frente.

Leonel Schaefer
Secretário de Administração de Nova Hartz, RS

A tribuna é o ponto alto do Parlamento. É a arena das ideias, da confronta-
ção de posições. Grandes oradores marcaram a nossa história. Verdade que
andaram sumidos nesses últimos tempos. Os embates saíram dos plenários
e ganharam os meios de comunicação. Para nossa grata surpresa, vimos
surgir um jovem combatente e vibrante, que devolveu a razão de existir do
púlpito sagrado da democracia. Ao defender os valores da família, do em-
preendedorismo e se contrapor a uma agenda ideológica atrasada, o depu-
tado estadual e cientista político, Marcel van Hattem, se coloca como uma
das grandes vozes da nossa sociedade gaúcha. Esperança de rumos melhores
para a política.

Luciano Zucco
Tenente Coronel do Exército Brasileiro, em Porto Alegre, RS
Nas eleições de 2018, elegeu-se deputado estadual (PSL) no estado do Rio Grande
do Sul com 166.747 votos

O Marcel é um dos pioneiros de um momento de Brasil que vem exigindo cada vez mais transparência e debate, com profundidade, na política brasileira. Ele é pioneiro em demonstrar que para ser um bom político não basta somente militar por causas ou partidos mas sim tem de exercer conhecimento e enfrentar contra-pontos de maneira racional para trazer a luz dos fatos ao debate. O Marcel é o guerreiro esclarecido que todo futuro parlamentar deveria usar como modelo.

Luiz Philippe de Orléans e Bragança

Cientista Político, co-fundador do Movimento Acorda Brasil. São Paulo, SP

Nas eleições de 2018, elegeu-se deputado federal (PSL)

pelo estado de São Paulo com 118.457 votos

Meu primeiro contato com o Marcel foi quando auxiliei na organização do evento "Imagina depois da Copa" em Santa Maria. No começo, o franzino rapaz que se apresentou e disse que iria defender ideias liberais de uma forma direta, convicta e sem temor me aparentou até ser uma soberba, afinal, não havia terreno mais inóspito para estes princípios do que a política gaúcha. Mas ao longo do seu mandato na Assembleia o Marcel se mostrou um verdadeiro gigante, a cada discurso proferido sua capacidade de defender exatamente aquilo que ele e seus eleitores acreditam, reforçava seu tamanho e nestes quase quatro anos de plenário, para mim ficou impossível ver o Marcel como um cara franzino, mas sim como um verdadeiro brutamontes intelectual e liberal.

Marco Antonio Jacobsen

Atuou como Secretário de Desenvolvimento Econômico, Turismo e Inovação.

Foi candidato a vereador em Santa Maria, RS

O deputado Marcel van Hattem é um dos grandes parlamentares gaúchos da atualidade. De personalidade combativa, centrada em princípios sólidos e valores inegociáveis, despontou como um tipo político sui generis em nossos dias. Em um Estado com instituições anacrônicas e governos movediços, o mandato do nobre parlamentar foi exemplar. Não só quanto à postura, mas também ante o compromisso com as plataformas de campanha e com as demandas de um Rio Grande empobrecido. Por isso, reafirmamos a marca indiscuti-

velmente republicana de sua atuação, ocupada com a liberdade em todas as suas dimensões.

Marcus Boeira

Professor na Faculdade de Direito da UFRGS em Porto Alegre, RS

A sobrevivência de uma sociedade só é possível através da política. Essa política deveria ser feita pela elite (os melhores de um grupo, não quem tem mais dinheiro) de seu povo. Hoje acontece justamente o contrário: somos governados pela escória do Brasil. Conheço Marcel desde a época em que gastava muita sola de sapato divulgando seus ideais, seus princípios, seus sonhos, sua maneira correta e justa de defender o todo e não a parte. Acredito profundamente que ele é o exemplo que precisamos para viver num novo e justo Brasil.

Marcus D'Arrigo

Empresário, foi presidente do Conselho Deliberativo da Câmara de Industria, Comércio e Serviços em Caxias do Sul, RS

No Rio Grande do Sul, a oratória foi sempre a escola de formação de cidadãos e dos grandes tribunos e oradores da nossa história política. Todavia, essa característica de nossos parlamentares estava há muito adormecida e assim continuaria se não fossem as brilhantes manifestações do jovem deputado Marcel van Hattem ao longo de seu mandato. Ver essa jovem liderança resgatar as mais belas tradições da política riograndense nos enche de esperança que novamente, graças aos espírito combativo de van Hattem, o Brasil possa contar, como outrora, com lideranças gaúchas para mudar os rumos da política nacional.

Mateus Wesp

Vereador (PSDB) em Passo Fundo, RS
Nas eleições de 2018, elegeu-se deputado estadual (PSDB)
no estado do Rio Grande do Sul com 28.173 votos

Marcel van Hattem foi um dos primeiros políticos brasileiros a compreender e abraçar a proposta do Movimento Escola sem Partido; e está entre aqueles que mais têm lutado para fazer com que ela seja conhecida da população e transformada em lei. Sua empatia com o projeto – que ele apresentou à Assembleia em 2016 – deriva, por certo, da experiência que teve, como estudante de fortes convicções liberais, no ambiente intoxicado de marxismo barato das escolas e universidades brasileiras. O jovem deputado fala com autori-

dade sobre o tema da doutrinação, porque viu de perto, com seus próprios olhos, a ação abusiva de militantes disfarçados de professores, aproveitando-se da função docente para transformar inexperientes alunos em réplicas ideológicas de si mesmos. É saber de experiência feito. Diferentemente de outros liberais – que veem o projeto com reservas, por entenderem que ele configura mais uma intervenção do Estado na educação –, Marcel compreendeu desde logo que o ensino obrigatório é que representa uma gigantesca intervenção estatal na vida dos indivíduos e das famílias, e que a proposta do Escola sem Partido nada mais faz do que explicitar os marcos jurídicos dessa intervenção, a fim de evitar o abuso de poder por parte dos agentes do Estado. Ao lutar por uma escola sem partido, Marcel van Hattem se coloca, decididamente, ao lado da liberdade dos estudantes, do direito dos pais sobre a educação religiosa e moral dos seus filhos, e da democracia.

Miguel Nagib
Advogado, fundador do Movimento Escola sem Partido. Brasília, DF

O Brasil precisa de pessoas comprometidas com o presente e o futuro. Acredito que podemos reverter este momento de degradação social, econômica e política, transformando a política, que é a arte de gerir o bem comum entre as pessoas, num instrumento de compromisso com a nossa pátria. Ordem e Progresso: a frase estampada na nossa bandeira precisa estar na mente do nosso povo do Oiapoque ao Chuí. Digo isso porque acredito na competência do Marcel para ajudar a resgatar o nosso Brasil, ocupando espaço no cenário político nacional para detonar com as cicatrizes que desfiguram o nosso país. Sua determinação de espírito público, acima de conveniências partidária ou qualquer outro interesse que não seja qualidade de vida para as pessoas, deve permanecer.

Milton Cardoso
Jornalista. Porto Alegre, RS

Marcel deu voz a milhares de gaúchos que estavam fartos da velha política de ficar em cima do muro, escancarando, de forma esclarecedora e profunda, os reais objetivos e táticas da esquerda nas ruas e na tribuna. Esse enfrentamento mudou a forma de muitas pessoas encararem a política, aproximando-as do pensamento liberal e demonstrando a possibilidade de fazer diferente.

Paula Cassol
Coordenadora do MBL no Rio Grande do Sul. Porto Alegre, RS
Nas eleições de 2018, concorreu a deputada federal (PP) no estado do Rio Grande do Sul e recebeu 13.274 votos

Marcel van Hattem, jovem deputado gaúcho, em seu primeiro mandato, com sabedoria leva às páginas deste livro seus pronunciamentos na tribuna da Parlamento do Rio Grande. Coloca, sem qualquer tipo de dúvida, seu posicionamento político sempre carregado de emoção e de enorme fidelidade a sua condição de liberal e formação conservadora. Van Hattem encarna, em seus discursos e manifestações, a coragem inata dos idealistas desassombrados. Carrega consigo uma legião de seguidores adeptos de uma direita que se contrapõe à esquerda mais efetiva e operosa no nosso País. Seus conhecimentos adquiridos em academias europeias e universidade brasileira somados ao forte ativismo político em defesa do que acredita, tornam mais fácil vislumbrá-lo no horizonte dos vitoriosos.

Paulo Sérgio Pinto
Jornalista. Porto Alegre, RS

Acompanho a trajetória política de Marcel van Hattem desde que ele militava no movimento estudantil, apoiando-o, e posso assegurar que o conteúdo do seu discurso, a coerência narrativa e o destemor com que ocupa espaços dentro da sociedade, são pouco comuns nas relações que os indivíduos sustentam entre si. Isto tudo foi potencializado pela sua atuação parlamentar no âmbito da Assembleia Legislativa do Rio Grande do Sul, mesmo quando sua voz pareceu a única dissonante dentro do Legislativo. Os discursos de Marcel nunca tangenciaram a questão principal que submete a República a sucessivos vexames institucionais, que é sem dúvida alguma a incondicional defesa das liberdades individuais e públicas, tanto em relação ao regime político quanto em relação ao sistema econômico, sempre subordinados ao império das leis que governam os homens, portanto ao estado democrático republicano de direito. As opções que ele faz agora, buscando maior coerência ao que pensa e ao discurso que faz todos os dias, ou seja, optando por um Partido, o Novo, sem compromissos com passado partidário e político promíscuo de qualquer esfera da Federação, como também indo atrás, agora, de um mandato como deputado federal, apenas confirmam a brava presença que vem marcando sua passagem pela cena diária da vida brasileira.

Políbio Adolfo Braga
Jornalista em Porto Alegre, RS

Como milhões de brasileiros, eu sempre achei que político era tudo igual, e que política não era para as pessoas de bem. Por isso me mantinha numa distância segura e nunca quis participar. Até que um belo dia, durante a crise do governo Dilma, viralizou no Facebook um discurso de um político gaúcho na tribuna. Não me lembro do assunto, mas me lembro de que aquilo me interessou a ponto de eu ir atrás de mais informações. Descobri que era o deputado estadual Marcel van Hattem, do Rio Grande do Sul. Passei a acompanhá-lo. Virei fã. Sou baiana, e a Assembleia Legislativa do Rio Grande do Sul não tem o poder de mudar nada em minha vida. Porém, ver que existe gente boa na política me deu esperanças e me inspirou a entrar na política também, em 2016, quando me candidatei a vereadora em Salvador. Aos que diziam que política não presta, e que eu iria me sujar, já tinha a resposta pronta: "Você conhece Marcel van Hattem?" E qual não foi a minha surpresa ao ver que, além de me apoiar, o meu ídolo na política veio a Salvador me ajudar a pedir voto? Não cheguei a ser eleita, fiquei na suplência. Mas tenho certeza de que devo a ele uma parte expressiva dos 3.711 votos que recebi. Hoje, temos outros exemplos de bons políticos, mas Marcel foi um pioneiro, inspirou e ainda inspira muita gente!

Priscila Chammas
Foi candidata a vereadora em Salvador, BA
Nas eleições de 2018, concorreu a deputada federal (NOVO) no estado da Bahia
e recebeu 33.649 votos

Marcel expressa milhares de vozes silenciosas que estão cansadas de um Estado gigantesco que nos sufoca cada vez mais. O deputado representa a voz da liberdade no Brasil.

Rafael Kaefer
Foi candidato a vereador em São Leopoldo, RS

O Marcel teve valentia para assumir a linha de frente na batalha política, conseguindo dominar territórios hostis e pôr fim a uma época em que só um lado podia se manifestar. Em seus discursos, transformou em palavras a coragem de seus atos, sendo peça fundamental para denunciar o esquema marxista de tomada de poder e pôr em debate as soluções para os problemas apontados. Inspirou uma nova geração que entrou com entusiasmo no mesmo combate. Se conquistamos espaço nas ruas, nas universidades e nos parlamentos, devemos agradecer a quem abriu esse espaço para nós.

Ramiro Rosário
Vereador (PSDB) eleito e atual Secretário Municipal de Serviços Urbanos em Porto Alegre, RS

O amigo Marcel tem sido um incansável combatente para que a sociedade gaúcha acorde do pesadelo comuno-socialista em que viveu nesses últimos tempos. Sua atuação parlamentar, altiva e guerreira, inspirou os livres e de bons costumes a também cerrarem fileiras no combate pela liberdade e pela valorização do indivíduo acima do Estado.

Raul José Ferreira Dias
Major-brigadeiro-do-ar da Força Aérea Brasileira. Porto Alegre, RS Nas eleições de 2018, concorreu a deputado estadual (PP) no estado do Rio Grande do Sul e recebeu 3.386 votos

---

Marcel já demonstrava ser um outlier na Universidade Federal do Rio Grande do Sul, onde enfrentou, durante anos, os militantes de esquerda. Foi membro atuante e fundador do movimento que deu início a todo esse processo de mudança que estamos vivendo em nosso país, pois há mais de 10 anos já desmentia e desconstruía o discurso esquerdopata. Tive a felicidade de estar ao seu lado nestas batalhas e de celebrar a histórica vitória sobre a esquerda em 2009, quando juntos elegemos uma gestão alinhada com os valores e princípios liberais, após mais de 40 anos de domínio da ideologia marxista no Diretório Central dos Estudantes da UFRGS. No Brasil não há nenhum político com sua vanguarda, coragem e transparência. Esses pilares o levaram a ter mais de 300 mil seguidores em sua página no Facebook e a ser referência no meio em que atua.

Renan Artur Pretto
Ex-presidente do DCE da Universidade Federal do Rio Grande do Sul (UFRGS) e da Junior Chamber International (JCI) em Porto Alegre, RS Atuou como coordenador da campanha de Marcel para deputado federal nas eleições de 2018

O Brasil passa por um momento crucial na sua história, cuja participação política torna-se essencial para que o país retome os rumos do desenvolvimento e da defesa dos valores essenciais ao Estado democrático. É diante deste cenário que os bravos e idealistas tomam a dianteira na defesa dos valores e das liberdades constitucionais. O interesse e a participação dos jovens pelo processo político tornam-se fundamentais para conduzir o Brasil rumo ao desenvolvimento. Marcel é um destes jovens, é um baluarte da liberdade, da nova política na prática, aquela que mostra resultados, que vai além dos discursos. Marcel é uma inspiração positiva para a renovação política de todo o Brasil.

Ricardo Alba
Vereador (PP) em Blumenau, SC
Nas eleições de 2018, elegeu-se deputado estadual (PSL)
no estado de Santa Catarina com 62.762 votos

Os discursos de Marcel são o maior legado de seu mandato. Suas palavras encorajaram jovens de todo o país a erguerem a voz contra a dominação ideológica e a captura do Estado que o PT e seus asseclas produziram no Brasil. No renascimento político dos ideais liberais e conservadores, lá estava Marcel, com o microfone, o megafone ou o celular, a transformar em palavras o que tantos sentíamos.

Ricardo Santos Gomes
Vereador (PP) em Porto Alegre, RS
Foi presidente do Instituto de Estudos Empresariais (2011-2012)
Nas eleições de 2018, concorreu a deputado estadual (PP)
no estado do Rio Grande do Sul e recebeu 16.667 votos

Conheci o Marcel há dez anos, em Porto Alegre, no Fórum da Liberdade. Desde então lutamos juntos para influenciar a política, desde dentro, com nosso ideário liberal. Tenho a satisfação de vê-lo, ja como deputado, seguindo com suas posições firmes, corajosas, coerentes e bem fundamentadas. Um exemplo de homem público, a merecer todo o nosso apoio.

Ricardo Salles
Presidente do Movimento Endireita Brasil
e ex-Secretário de Estado do Meio Ambiente de São Paulo, SP
Nas eleições de 2018, concorreu a deputado federal (NOVO) no estado de São Paulo
e recebeu 36.603 votos. Convidado pelo presidente da República Jair Bolsonaro, foi
nomeado ministro do Meio Ambiente em 2019

Um discurso verdadeiramente liberal não era entoado no Brasil em parlamentos desde o desaparecimento da voz de Roberto Campos. Eis que, nos últimos anos, uma voz de esperança ecoa na defesa das liberdades individuais, da propriedade privada e da livre iniciativa no parlamento gaúcho. De fato, ecoar é o verbo correto a ser utilizado, pois o Plenário 20 de Setembro passa a ser visto Brasil afora. Seguidores de todos os rincões do país começam a prestar atenção e, sobretudo, a multiplicar as ideias de liberdade defendidas com afinco e convicção por um jovem de origens holandesas. Marcel van Hattem, com seus discursos, alcançou engajamento inimaginável e trouxe alento a tantas pessoas que outrora queriam distanciamento da política. Marcel representa cada um de nós que deu aval a ele, para que, com sua voz, fale por todos que defendem as ideias liberais. Somos nós com uma voz!

Rodrigo Massulo
Vereador (PP) em Santo Antônio da Patrulha, RS

Estou há muitos anos no movimento liberal, acredito que "ideias e somente ideias podem iluminar a escuridão" e acredito também que somente pessoas imbuídas com os ideais de liberdade irão mudar o país. Durante as minhas viagens pelo Brasil, tive o prazer de conhecer Marcel van Hattem, um dos maiores entusiastas da liberdade que já conheci e que teve a coragem, antes de muitos, de ingressar na política. Sua coragem e os seus discursos incentivaram muitos outros a seguir o mesmo caminho e a tentar não morar em outro país e sim morar num outro Brasil.

Rodrigo Saraiva Marinho
Advogado, professor de Direito, membro do Conselho Administrativo do Instituto Mises Brasil e Diretor de Operações da Rede Liberdade.
Nas eleições de 2018, concorreu a deputado federal (NOVO) no estado do Ceará e recebeu 17.960 votos

Ninguém faz mudança sozinho. Ela começa quando várias vozes começam a convergir, pedindo a mesma coisa, cada qual com o seu próprio estilo. O Brasil protagonizou, em 2015 e 2016, as maiores manifestações políticas da História, e o Movimento Vem Pra Rua foi um dos palcos dessa revolução.
Tendo conduzido o processo de perto, eu conseguia identificar cedo quem eram os líderes que faziam a diferença. Aqueles que, ao se unirem à revolução, carregavam uma legião de pessoas que nele acreditavam. Marcel foi um dos primeiros.

Reconhecer precocemente o poder da causa é uma das características de líderes natos. Eles entendem rápido o que está acontecendo, percebem a importância da sua voz no processo, entram no barco antes dos outros, e ajudam a conduzi-lo. Naquela época, eu e Marcel nos encontrávamos por toda parte, não por coincidência. Unimos nossas vozes nas ruas, nas tribunas, nas redes. Chamamos outras e resistimos à descrença. Por trás disso, mais do que a queda de um governo, estava em jogo a descoberta do poder do povo brasileiro. A vitória veio sem sangue, sem violência, sem destruição. Veio pela voz, pacífica, mas contundente. O processo de mudança continua, e não vai acabar tão cedo. Às vezes, parece lento, mas evolui todos os dias, a cada discurso, a cada voz, a cada batalha.

Rogério Chequer
Fundador do Vem Pra Rua. São Paulo, SP
Nas eleições de 2018, concorreu a governador (NOVO)
no estado de São Paulo, recebeu 673.102 votos

Por três anos, somamos forças na Assembleia Legislativa ao combater o bom combate. Defendemos um Estado com foco no essencial – voltado a todos os gaúchos, e não refém de categorias de intocáveis. Fiéis às nossas convicções, firmamos um contraponto à ideologia demagógica que muito mal fez ao Rio Grande e ao nosso país. Marcel van Hattem tem atitude e coerência e, assim como eu, acredita que há caminhos para a construção da nova política.

Sérgio Turra
Deputado estadual (PP) no Rio Grande do Sul
Nas eleições de 2018, reelegeu-se deputado estadual (PP)
no estado do Rio Grande do Sul com 52.668 votos

A postura firme diante do radicalismo que permeia a esquerda reacionária foi fundamental para que a Assembleia Legislativa fosse palco de debates memoráveis. Van Hattem foi firme e corajoso, não cedendo a pressões, mas desconstruindo dogmas e sofismas socialistas petrificados na cultura política gaúcha. A determinação do deputado Marcel na defesa da democracia liberal deixou um legado de inestimável valor político junto ao Parlamento gaúcho. Suas defesas candentes proferidas da tribuna demonstraram profundo comprometimento com a liberdade individual e a ética política, engrandecendo a atuação parlamentar e fortalecendo um campo ideológico sem representação expressiva.

Tiago Simon
Deputado estadual (MDB) no Rio Grande do Sul
Nas eleições de 2018, reelegeu-se deputado estadual (MDB)
no estado do Rio Grande do Sul com 45.792 votos

Desde meu despertar para a política, procurei encontrar em nossos representantes, as convicções e a coragem que o Marcel possui. Marcel inspira, ao acompanhar-mos suas ações e discursos, que acreditemos na política como instrumento de trans-formação da nossa sociedade e que tenhamos a esperança de que é possível fazer diferente. Fazer parte do mandato do Marcel na Assembleia foi muito mais do que um aprendizado político. Carregarei comigo o orgulho de ter caminhado ao lado de uma referência, de um homem de muita coragem e que não se curva aos interesses daqueles que nada produzem além de demagógicos discursos.

Vitor Azambuja
Foi presidente do Grêmio Estudantil do Colégio Mãe de Deus em Porto Alegre, RS

Marcel, um jovem político inspirador, nos faz ter esperança de um Brasil melhor e mais próspero. Se todos os políticos fossem como ele, com certeza viveríamos em um país diferente do que temos hoje. Espero que continue influenciando e inspirando outros jovens, assim como é comigo, e que não se curve por nada e nem ninguém, que continue nessa luta honesta e transparente.

Zoe Maria Martínez
Refugiada cubana, é ativista em Campinas, SP

Epílogo à 1ª Edição
Fomos Nós Com Uma Voz

Marcel van Hattem

O pronunciamento a seguir foi meu último na Assembleia Legislativa – a menos que, por continuar na suplência, eu volte a ser convocado a assumir o mandato no futuro e até 31 de janeiro de 2019, algo improvável mas possível. Aproveitei meus derradeiros seis minutos na tribuna da Assembleia Legislativa, no dia 15 de março de 2018, para fazer um breve resumo da minha atividade legislativa e de como usei minha voz ao longo do mandato.

Como o leitor perceberá, a mesma estrutura deste livro – que naquele dia já estava em sua fase final de redação e, portanto, muito presente na minha mente – é o fio condutor da minha fala. Citei as diferentes vozes que expressei ao longo de pouco mais de três anos como parlamentar e o sentimento de dever cumprido: de ter conseguido, na medida das minhas limitações e capacidades, ser a voz de tantos que confiaram em mim e que antes não se viam representados no Parlamento gaúcho[1].

15 de março de 2018

Deputado Frederico Antunes,
Eu fico muito contente que eu possa fazer esta minha última manifestação, neste dia, na sua presença presidindo os trabalhos desta Casa. Meu colega de partido, o Partido Progressista[2], que aliás era o líder da bancada e foi o primeiro a me cumprimentar, quando desci desta tribuna após dar o meu discurso de posse, em 10 de fevereiro de 2015. Que felicidade poder aqui chegar com o sentimento de dever cumprido, de mandato cumprido.

---

[1] Assista no Facebook: https://goo.gl/9Khtqp ou no Youtube: https://goo.gl/HJQZkG

[2] Até então, ainda filiado ao PP. A confirmação de filiação ao Novo ocorreu em 18 de março e foi informada à Justiça Eleitoral no dia seguinte.

Um mandato que se baseou sobre ideias, princípios e valores defendidos em uma campanha eleitoral limpa, com muitos voluntários. Muitas pessoas que acreditaram na mensagem de que eu poderia ser a voz dessas pessoas. Era nosso slogan: "somos nós com uma voz". E naquela abertura, naquele discurso de posse, eu disse que havia três graves crises em curso: uma política, uma econômica e uma moral, que continuam em curso, mas cuja solução se dará a partir de 2018, nas urnas. Muito já foi feito nesse meio tempo, mas muito o cidadão brasileiro ainda vai fazer com este novo despertar político que nós vemos hoje acontecer no nosso Brasil.

Fico feliz com os projetos que foram protocolados aqui, nesta Casa, e que continuam tramitando, e que continuarão com o apoio de muitos colegas, a quem eu agradeço também a compreensão e o apoio ao longo deste período. Dos mais importantes, foi justamente na semana passada aquele projeto que previa a revogação de muitas leis, o relatório final da Comissão Especial de Revisão Legal, que passou Estado afora colhendo informações junto às bases, junto aos cidadãos, sobre as leis esdrúxulas – aquelas que atrapalham a vida de todos.

Fiquei muito contente de poder aqui também na prática dar transparência aos meus gastos, à economia no meu mandato, com mais de 70% de economia tanto na verba de gabinete, como também nos demais gastos, coisa que, aliás, é tradição nesta Casa, que em geral está no Brasil dentre aquelas mais econômicas. Isso também deve nos orgulhar a todos como deputados e a mim, em particular, como representante.

Fico contente que este mandato tenha obtido também uma repercussão nacional, graças, em grande parte, às redes sociais, e esta repercussão nacional redundou, inclusive, em um *impeachment* de uma presidente, a presidente Dilma Rousseff. Não que eu tenha sido responsável por isso, não. Milhões de brasileiros! Afinal de contas, não foi golpe coisa nenhuma. Golpe quem deu na população brasileira foi o PT, que prometeu uma coisa durante toda a sua trajetória e entregou outra muito diferente e muito pior durante os seus mandatos. Legou-nos um país com crises política, econômica e, repito, sobretudo moral.

Ao longo desse período, pude ser, portanto, uma voz firme a favor do *impeachment*, tendo sido o primeiro parlamentar no Brasil a defender publicamente como deputado o *impeachment* da presidente Dilma. Uma voz que jamais se deixou intimidar aqui, e jamais deixei que me calassem, mesmo que tentassem. Uma voz liberal contra o inchaço do Estado, um estado que não cabe no bolso do pagador de impostos e que felizmente tem hoje no comando um governador que tem enfrentado a duras penas, e com uma oposição muito firme, ferrenha e irresponsável em muitos casos, os problemas do inchaço da máquina estatal. Uma voz que sempre foi a favor do Estado do Direito e que sempre defendeu que ninguém está acima da lei, inclusive repetindo muitas vezes "Lula na cadeia".

Uma voz que priorizou a Segurança Pública. Uma voz contra o marxismo cultural que impregna todas as instituições no Brasil e, inclusive, esta Casa Legislativa, deputada Liziane Bayer (PSB), e precisamos firmemente ser contra este tipo de ideologia que não deu certo em nenhum lugar do mundo e jamais poderia ter dado certo, obviamente, no nosso Estado e no nosso País.

Uma voz, enfim, que buscou uma aproximação maior do cidadão com a política no dia a dia do meu mandato. Eu disse no primeiro dia, no meu discurso de posse, que "eu não quero viver em outro país, eu quero viver em outro Brasil". E esse discurso repercutiu muito. E mais ainda repercutiu, ao longo destes anos, três anos, o meu mandato nessa Casa Legislativa. Mas repercutiu graças ao apoio que obtive de muitos colegas deputados. E quero fazer uma menção especial à bancada do Partido Progressista, uma banda honrada, uma bancada que sempre me deu aqui o espaço necessário durante o período em que frequentei as sessões legislativas, para concordar e para discordar, e para fazer o exercício da boa política no dia a dia, um exercício sadio. Também dos dois secretários que fazem parte do governo Sartori, Pedro Westphalen e Ernani Polo, que como secretários respectivamente dos Transportes e da Agricultura, tem feito um trabalho de representação realmente daquilo que o Partido Progressista defende.

Agradeço aos meus eleitores, 35.345 que me trouxeram até aqui por meio da mão dos voluntários que fizeram campanha em 2014, acreditaram em uma campanha de ideias. Aos meus colegas de trabalho sentados aqui e todos aqueles que passaram no meu gabinete, meu muito obrigado. Sempre firmes e leais e, sobretudo muito, muito, competentes, a equipe do gabinete 306.

Quero agradecer à imprensa. Quero agradecer inclusive à oposição, que sempre me fez debater ferrenhamente e garantir que nas minhas falas eu pudesse buscar sempre a verdade por meio do contraditório. E finalmente, senhor presidente, quero apenas dizer que eu tenho a convicção de que, se o meu lema quando cheguei aqui era "somos nós com uma voz", concluo o mandato dizendo que aquela esperança do meu eleitor foi confirmada porque deixo essa tribuna dizendo que "fomos nós com uma voz".

Epílogo à 2ª edição
"Esta é a Casa do Povo do Brasil"

Marcel van Hattem

A primeira edição deste livro foi lançada poucos dias após meu último pronunciamento como deputado estadual na Assembleia Legislativa gaúcha. Mal eu pronunciava na tribuna "fomos nós com uma voz", deixando assim o Parlamento gaúcho, já iniciava minha pré-campanha a deputado federal. Este livro, aliás, foi também parte fundamental do esforço eleitoral. Aonde quer que eu fosse, no Rio Grande do Sul ou fora dele, levava comigo cópias de "Somos Nós Com Uma Voz" para vender e autografar nos eventos aos quais eu era convidado a palestrar.

Foi a melhor forma encontrada para, a um só tempo, lograr três objetivos: o primeiro, o de cristalizar o que defendi durante um ciclo da minha trajetória política em uma publicação e dar, a quem me conheceu pelos discursos proferidos, a oportunidade de ter em casa uma cópia textual e comentada dos principais discursos; o segundo, o de gerar exposição pública e interesse de pessoas que ainda não me conheciam, ou que me conheciam superficialmente e que passaram a conhecer minha trajetória e minhas ideias de forma mais aprofundada; e, terceiro, a possibilidade de auferir algum retorno financeiro. Empreendedorismo defendido não só na teoria, mas também praticado.

Vencidas as etapas de pré-campanha e de campanha eleitoral, mais uma vez com uma campanha baseada em ideias, uso intenso das redes sociais e o apoio de voluntários estado afora, sem a utilização de um único centavo de dinheiro público e a contribuição de mais de mil doadores individuais de campanha, veio o resultado: as urnas gaúchas deram-me a honra de ser o deputado federal mais votado do Rio Grande do Sul, com 349.855 votos, obtidos em absolutamente todos os 497 municípios do Estado. Tive como consequência, também, uma exposição nacional gigantesca, pois fiquei na sétima colocação dentre os deputados federais mais votados em todo o Brasil. Um resultado fantástico sob todos os aspectos e sou agradecido a cada eleitor e apoiador por ter confiado em mim.

Ao longo do período em que me preparava para assumir a cadeira na Câmara dos Deputados – no Brasil, quatro longos meses separam parlamentares eleitos em outubro de suas posses em fevereiro –, viajei a Brasília quase semanalmente para conhecer melhor a Câmara e organizar a transição para a capital federal. Ainda em novembro, fui convidado pelos meus sete colegas eleitos do Partido Novo, a assumir a liderança da bancada no primeiro ano da nova legislatura. Como bancada novata, que não possuía ainda um único representante na Câmara, era importante definirmos com antecipação quem seria o representante do partido no Parlamento o quanto antes – os demais partidos já tratavam de se articular para a interlocução com o Presidente da Câmara, para a composição das comissões, e nós ainda teríamos a tarefa adicional de estruturar do zero uma assessoria de bancada partidária.

Apesar da qualidade individual inquestionável de cada colega, coube a mim, como único dos oito eleitos do Novo que já havia exercido anteriormente atividades parlamentares, a tarefa da liderança, contando com os vice-líderes Tiago Mitraud, de Minas Gerais, que focou suas atividades primordialmente na área de gestão da liderança e do nosso processo seletivo; e Paulo Ganime, do Rio de Janeiro, que também auxiliou no processo seletivo e focou-se mais na participação dos colegas nas comissões temáticas da Casa, dividindo-nos de acordo com as expertises individuais de cada um.

À medida que se aproximava nossa posse, também a eleição para a Presidência da Câmara tomava corpo: de um lado, Rodrigo Maia (DEM) trabalhava pela própria reeleição. De outro... de outro lado praticamente não se viam movimentações que condissessem com as mudanças na Câmara que nós gostaríamos de ver capitaneadas por alguém que tivesse alguma experiência parlamentar. Entre optar por um presidente da Câmara que concorria à reeleição e que se declarava apoiador das reformas, mas que não demonstrava ir tão a fundo nas mudanças exigidas pela população brasileira nas urnas em 2018, e lançar uma candidatura própria, optamos como bancada por um caminho alternativo. Escolhemos, em meados de janeiro e a poucas semanas da eleição, que lançaríamos uma candidatura própria. E a bancada, novamente, deu-me a honra de representá-la em mais este desafio.

Anunciamos em entrevista coletiva no Salão Verde[1], no dia 22 de janeiro, que defenderíamos uma Câmara mais transparente, mais austera, e que pautasse as reformas que o Brasil necessita. No dia seguinte, Kim Kataguiri (DEM), deputado liberal que havia lançado candidatura à presidência ainda no dia da sua eleição, em outubro de 2018, renunciou à pretensão própria e passou

---

[1] Assista no Facebook: https://goo.gl/DihoqG ou no YouTube: https://youtu.be/QTbq5qojM0I

a nos apoiar.[2] Dali em diante, batalhamos como grupo por cada voto dos colegas deputados que seriam empossados juntamente conosco, lembrando que o mínimo de oito votos que teríamos em razão do tamanho da nossa bancada já estava superado com a adesão do Kim Kataguiri.

O resultado final foi de 23 votos em "Marcel Presidente da Câmara" – além dos oito votos da bancada, outros quinze deputados decidiram apoiar nossa candidatura apesar de que as orientações de seus partidos tivessem sido o apoio a outras candidaturas. Ainda mais importante do que esse expressivo apoio para um candidato estreante de um partido estreante, foi a marca que deixamos, já no primeiro dia de mandato, na tribuna da Câmara dos Deputados[3].

O discurso que proferi fazia menção às nossas principais propostas para a Presidência da Casa, claro. Contudo, mais importante do que isso, buscava desde o primeiro dia resgatar o que de mais importante, fisicamente, possui um parlamento: a sua tribuna. Assim como eu já havia feito no mandato de deputado estadual, e que este livro registra para a história, assim como fazem os anais da Assembleia Gaúcha, fiz uso da tribuna para dar o tom ao meu mandato e ao de todos os deputados que, como eu, querem fazer do nosso querido país um outro Brasil.

É a tribuna, reforço, o mais importante espaço de uma Casa Legislativa. É ali que a democracia se faz sentir de verdade, com diferentes opiniões sendo exprimidas e sendo ecoadas, internamente e na sociedade. Recuperar o prestígio da tribuna parlamentar, tão esquecida e menosprezada nas últimas décadas, será uma tarefa assombrosa para os novos parlamentares que chegaram em 2019 a Brasília. A força das redes sociais, porém, e a repercussão que falas de deputados na Câmara tem gerado na sociedade depois de postadas e viralizadas, é sinal de que as coisas estão mudando, para melhor. Aliás, o sucesso da primeira edição deste livro também é prova desse reviver da força da tribuna parlamentar. E é bom que assim seja, afinal, como a Assembleia Legislativa é a casa do povo gaúcho, e ali fiz o possível para bem representá-lo mesmo que tivesse que enfrentar as fortes vaias de grupos de pressão nas galerias, a Câmara dos Deputados é a casa do povo do Brasil. E a voz desse povo, que merece liberdade, Estado de Direito e democracia de verdade, precisa ser expressada com transparência, idealismo e muita firmeza.

Brasília, 1º de fevereiro de 2019

[2] Confira no Facebook: https://goo.gl/iuupr2

[3] Assista no Facebook: https://goo.gl/9NUR9q ou no YouTube: https://youtu.be/gS7xeZwr920

Exmo. Sr. Presidente, caros colegas deputados. Brasileiros e brasileiras. Esta é a Casa do Povo do Brasil. Esta é a casa de Joaquim Nabuco, do Visconde de Cairu e de Roberto Campos. E, agora, é a nossa casa: a Casa dos 513 deputados federais que representarão por quatro anos mais de 200 milhões de brasileiros.

É uma honra e uma enorme responsabilidade para cada um de nós estar aqui, representando a esperança do povo brasileiro na esteira de um turbulento período de crises econômica, política e moral. Estivemos submetidos, por muito tempo, ao jugo do paternalismo estatal, ao jugo dos desmandos da política corrupta do privilégio individual em oposição ao bem comum, ao jugo da inversão de valores disseminada por quem deveria, justamente, liderar pelo bom exemplo.

O povo brasileiro decidiu romper com esta realidade. Muitos dos que se elegeram pela primeira vez trouxeram das ruas o clamor por mudança, por um país mais justo, mais livre, sem corrupção. E muitos se reelegeram apesar das intempéries e obstáculos que as velhas práticas impõem cotidianamente a quem quer fazer a boa política.

Candidato-me à presidência desta Casa, por indicação do NOVO - um partido que defende a renovação política - com uma candidatura que tem apoio crescente de parlamentares de outros partidos, porque conheço bem ambas as realidades: tanto a de quem foi às ruas como a de quem atua em um parlamento.

Chego agora à Câmara dos Deputados, mas já exerci mandato de vereador, na cidade de origem Dois Irmãos, e de deputado estadual na Assembleia Gaúcha. Já trabalhei como assessor parlamentar nesta Casa — e já estive diante dela e mesmo dentro dela para exercer meu direito de me manifestar como cidadão. São realidades distintas, mas absolutamente complementares.

Quem foi às ruas, sabe: a sociedade faz suas demandas e é iniciadora dos processos de mudança, mas em uma democracia constitucional e representativa, é somente no Parlamento que as mudanças exigidas podem ser efetivadas. Tanto é assim que vários ativistas de ontem são parlamentares hoje.

Por isso sei a importância de lançar uma candidatura que paute as mudanças que o povo brasileiro quer ver acontecer nesta Casa. Precisamos recuperar a credibilidade deste Parlamento! Para isso, transparência é fundamental. E eliminar o que for considerado privilégio precisa estar na ordem do dia. O fim do foro privilegiado precisa ser pautado. Todos devem ser iguais perante a lei! Precisamos voltar a priorizar uma das funções mais elementares dessa Casa: seu papel de fiscalização. Um parlamento que não fiscaliza é um parlamento capenga, é um parlamento omisso. Esta Casa não pode ser conhecida por proteger quem é corrupto, mas por combater a corrupção!

Já no seu papel de Casa Legislativa, é hora de revisarmos todas as leis que estão hoje em vigor para fazer cumprir as boas e revogar aquelas que interferem indevidamente na vida do cidadão honesto e trabalhador. Hoje, Executivo e Judiciário têm legislado muito mais, inclusive avançando sobre matérias que não são de sua competência. Esta Câmara não deve delegar suas prerrogativas a órgãos burocráticos, muitas vezes descolados da realidade do cidadão, e precisa voltar a ser um Poder que exerce plenamente suas responsabilidades! Temos de voltar a ser protagonistas!

Por outro lado, a Câmara dos Deputados, de forma altiva e independente, precisa atuar em harmonia com os demais poderes. As pautas prioritárias para o país precisam ter seu andamento garantido e acelerado. Esta Casa precisa ser responsável e altaneira, atuando firmemente pela concretização das reformas.

A reforma da Previdência é urgente, para acabar com a injustiça da transferência de renda dos mais pobres para os mais ricos e para atacar o déficit fiscal. A reforma tributária é fundamental, para que quem trabalha e produz não se sinta de mãos atadas e discriminado pelo Estado. A reforma da nossa lei de execução penal e do nosso código penal não pode mais esperar. Precisamos urgentemente discutir o endurecimento das leis contra o crime e garantir paz para uma sociedade atormentada e refém da criminalidade. Chega de bandidos que seguem livres nas ruas enquanto nós nos sentimos presos em casa. Basta!

Por fim, mas não menos importante: precisamos de uma reforma política verdadeira. Uma reforma que aproxime o cidadão dos seus representantes. A Câmara não pode mais fazer puxadinhos que busquem beneficiar quem já está no poder. O povo brasileiro demanda por liberdade de participação política e demonstrou isso de forma cabal nas últimas eleições! O dinheiro público, que deveria ir para saúde, segurança e educação, não pode mais ser utilizado para fazer campanha política: os resultados, na prática, demonstraram que a influência do dinheiro diminuiu muito, e a capacidade de conexão transparente com o eleitor, nas ruas e nas redes sociais, tornou-se fundamental para muitos de nós, eleitos e reeleitos.

Aliás: temos de fazer a nossa própria "reforma política", a reforma do Parlamento! Uma reforma regimental profunda, que reduza o poder da Presidência e devolva o poder aos parlamentares. Líder que é líder de verdade sabe delegar e trabalhar em conjunto com seus liderados – e o regimento deve ser um instrumento para incentivar que esse tipo de liderança sadia seja desenvolvida e exercida em sua plenitude. O número excessivo de comissões, as possibilidades quase infinitas de obstrução no plenário e a pouca previsibilidade das pautas de votações são apenas alguns exemplos que são incompatíveis com uma Câmara que precisa, ao mesmo tempo, ser eficiente e democrática.

Mais ainda: para mim tem sido particularmente importante esta candidatura, por experimentar eu mesmo as consequências nefastas de um regimento que mistura eleição para Mesa Diretora com formação de comissões. Percebi que é urgente separarmos a eleição à Presidência da Câmara do processo de formação das Comissões. As comissões devem ser plurais e inclusivas para todos os deputados - respeitada a proporcionalidade. O atrelamento da eleição da Presidência à formação das Comissões leva o processo eleitoral a vícios insanáveis. Decisões tomadas por lideranças partidárias, por vezes sem consulta a todos membros da bancada, de apoio a candidaturas à presidência da Casa em troca de espaços privilegiados, é um dos mais nefastos vícios que atingem este Poder, independentemente de quem preside a Casa. Só uma reforma regimental é capaz de corrigir essa situação.

Caros colegas, temos uma grande responsabilidade. A responsabilidade de unir o Brasil! Esta Casa representa a todos os brasileiros. É uma chance enorme que nós temos, eu repito, de representar a vontade do brasileiro. Esta eleição que passou foi a da surpresa. Não foi a do óbvio, tanto para quem se elegeu, quanto para quem se reelegeu. Práticas arraigadas há muito tempo tornaram-se obsoletas. Ideias liberais, antes consideradas coisa de "herege imprudente", nas palavras de Roberto Campos, confirmaram sua previsão de que os acontecimentos mundiais o promoveriam a "profeta responsável" e permearam os discursos de quase todos os candidatos à Presidência da República, da direita à esquerda.

Agora, neste plenário, temos a primeira oportunidade de demonstrar ao povo brasileiro que estamos fazendo diferente, desde o início, e que não temos medo da mudança. Estamos aqui para mudar o sistema, não para sermos mudados por ele.

Temos, neste momento histórico, a responsabilidade de fazer a diferença. Certa feita, disse o ex-Presidente desta Casa, Ulysses Guimarães: "está achando ruim esta composição do Congresso? Então espere a próxima: será pior. E pior e pior".

Disseram-me várias vezes que esta eleição é diferente da eleição popular; de que pelo voto lá fora, eu estaria eleito, mas que aqui dentro as coisas não são assim. Discordei. É o lastro do voto popular que garantiu, em primeiro lugar, a presença de todos nós aqui dentro.

O voto consciente de cada um dos colegas parlamentares, diante das nossas famílias que acompanham as nossas posses, certamente representará a vontade do povo brasileiro. Nós demonstraremos por meio do nosso voto que, a partir desta legislatura, o vaticínio de Ulysses deixa de ser verdadeiro: vamos demonstrar, por meio do voto consciente e que quer mudanças de verdade, que esta será a melhor composição do Congresso das últimas décadas. E a próxima será melhor, e melhor e melhor.

A trajetória pessoal e o vasto conhecimento teórico que acumulou
sobre as diferentes vertentes do liberalismo e de outras correntes políticas, bem como os estudos que realizou sobre o pensamento brasileiro e sobre a história pátria, colocam Antonio Paim na posição
de ser o estudioso mais qualificado para escrever a presente obra.
O livro *História do Liberalismo Brasileiro* é um relato completo do
desenvolvimento desta corrente política e econômica em nosso país,
desde o século XVIII até o presente. Nesta edição foram publicados,
também, um prefácio de Alex Catharino, sobre a biografia intelectual de Antonio Paim, e um posfácio de Marcel van Hattem, no
qual se discute a influência do pensamento liberal nos mais recentes
acontecimentos políticos do Brasil.

Ao narrar os bastidores das manifestações nas ruas contra o governo petista de Dilma Rousseff, este trabalho de Carla Zambelli demonstra que o processo democrático que levou ao impeachment não foi golpe. Em uma linguagem clara, a autora narra inúmeros episódios desconhecidos pela maioria das pessoas. A obra conta com um prefácio do renomado jurista Ives Gandra da Silva Martins e com textos da jornalista Joice Hasselmann, do empresário Geraldo Rufino, da advogada e professora Janaina Conceição Paschoal e do economista Luiz Calado. Escrito por uma das protagonistas da oposição ao corrupto governo petista, *Não Foi Golpe* é leitura obrigatória para todos que buscam entender melhor a história política recente de nosso país.

Nascido em 1917 e tendo falecido em 2001, o diplomata, economista e parlamentar Roberto Campos foi um dos mais importantes pensadores liberais brasileiros do século XX, sendo uma figura central no projeto de modernização de nosso país. No contexto após a abertura democrática, tanto como senador e deputado federal quanto como colunista de grandes jornais, foi um crítico do intervencionismo da Constituição Brasileira de 1988 e das nefastas consequências dela para a sociedade. Na coletânea *A Constituição Contra o Brasil*, organizada pelo embaixador Paulo Roberto de Almeida, estão reunidos 65 ensaios de Roberto Campos sobre a temática, escritos entre 1985 e 1996, que ainda guardam uma impressionante atualidade, além de incluir três importantes estudos do organizador.

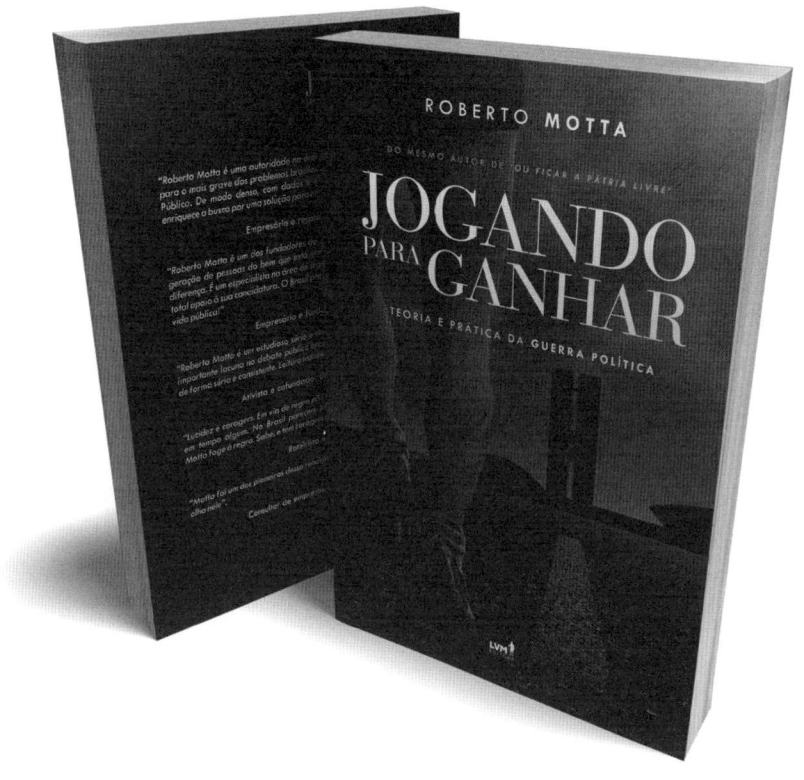

Jogando Para Ganhar é um conjunto de histórias, ideias e reflexões sobre o Brasil, nossa cultura, política e sociedade, bem como sobre o momento que vivemos. Roberto Motta apresenta uma conversa sobre passado e futuro, sobre medo e oportunidades, e sobre as causas dos nossos problemas. O autor usa a própria experiência profissional associada a uma sólida base teórica para discorrer sobre a guerra política a partir uma visão objetiva desta realidade, além de abordar outros importantes temas como a segurança pública, as dimensões culturais das nações, e os atuais desafios dos regimes democráticos, bem como outros temas fundamentais para a política em nosso país.

Acompanhe a LVM Editora nas Redes Sociais

 https://www.facebook.com/LVMeditora/

 https://www.instagram.com/lvmeditora/

Esta obra foi composta por Ricardo Bogéa | Artífices em
Bodoni MT, Adobe Garamond Pro e Univers LT Std
e impressa pela Rettec para a LVM em abril de 2019